主编 李昊

德国著作权法
（第2版）

［德］图比亚斯·莱特（Tobias Lettl） 著

张怀岭 吴逸越 译

Urheberrecht
(2. Auflage)

中国人民大学出版社
·北京·

第二版前言 ◀

本书第二版反映了最新的立法、司法和学说动态。

罗伯特·帕伦（Robert Pahlen）先生对本书的草稿进行了认真的编辑加工，对此，我表示由衷的感谢。

图比亚斯·莱特
2013 年 2 月于波茨坦

德文第三版的主要变化 ◀

本书的德文第三版已经于 2018 年 3 月在德国出版。第三版中主要的变化有以下两个方面。

第一，反映最新立法。其中最为主要的是《德国著作权因应教育与科学发展需要法》（Gesetz zur Angleichung des Urheberrechts an die aktuellen Erfordernisse der Wissensgesellschaft-Urheberrechts-Wissensgesellschafts-Gesetz-UrhWissG）*，已经于 2018 年 3 月生效。该法的生效导致《德国著作权法》中基于教育与科学目的对著作权权利人之权利进行限制的规定在体系上发生了根本性的变化（《德国著作权法》第 44a 条及以下诸条）。

第二，吸纳欧盟法院（EuGH）和德国联邦最高法院（BGH）的最新判例。例如，欧盟法院基于《欧盟运作方式条约》第 102 条第 2 句第 a 项的规定对著作权实施组织不当资费问题的判决（WRP 2017，1322）；又如，德国联邦最高法院关于共同设施中资费义务的判决（BGHZ 206，377）。

---

* 该法下载地址：https：//www.bmjv.de/SharedDocs/Gesetzgebungsverfahren/Dokumente/BGBl-UrhWissG.html；jsessionid＝807B863E878E7D4231E16C21BDD5C6C0.2 _ cid297？nn＝6712350。——译者注

缩写目录 ◀

d. h.	das heißt	也就是说
EG	Europäische Gemeinschaft	欧洲共同体
EGV	Vertrag zur Gründung der Europäischen Gemeinschaft	《设立欧洲共同体公约》
Einf.	Einführung	导言
Etc.	et eetera	等等
EU	Europäische Union	欧盟
EuG	Gericht 1. Instanz der Europäischen Gemeinschaften/Gericht der Europäischen Union	欧共体初审法院/欧盟（初级）法院
EuGH	Gerichtshof der Europäischen Union	欧盟法院
EuGH Slg.	Sammlung der Rechtsprechung des Europäischen Gerichtshofs	欧盟法院司法判例集
EuZW	Europäische Zeitschrift für Wirtschaftsrecht	《欧洲经济法》（法学期刊）
EWG	Europäische Wirtschaftsgemeinschaft	欧洲经济共同体（欧共体）
f.，ff.	folgende，fortfolgende	以下
Fn.	Fußnote	脚注
FS	Festschrift	贺寿/纪念文集
GebrMG	Gebrauchsmustergesetz	《实用新型法》
GEMA	Gesellschaft für musikalische Aufführungs- und mechnische Vervielfältigungsrechte	德国音乐著作权协会
GeschmMG	Geschmacksmustergesetz	《外观设计法》
GG	Grundgesetz	《基本法》
GmbH	Gesellschaft mit beschränkter Haftung	有限责任公司
GmbHG	Gesetz betreffend die Gesellschaften mit beschränkter Haftung	《有限责任公司法》
GRUR	Gewerblicher Rechtsschutz und Urheberrecht	《工业产权与著作权法》（法学期刊）
GRUR Int.	Gewerblicher Rechtsschutz und Urheberrecht，Internationaler Teil	《工业产权与著作权法》（国际版）
GS	Großer Senat	大参议会
GVO	Gruppenfreistellungsverordnung	《集体豁免条例》
GWB	Gesetz gegen Wettbewerbsbeschränkungen	《反限制竞争法》
h. M.	herrschende Meinung	主流观点
Hrsg.	Herrausgeber	主编
HS.	Halbsatz	半句
i. d. F.	in der Fassung	版
i. S. d.	im Sinne des/der	在……意义上
i. V. m.	in Verbindung mit	与……结合
JURA	Juristische Ausbildung	《法学教育》（法学期刊）
JZ	Juristenzeitung	《法律人》（法学期刊）
KG	Kammergericht	柏林州高等法院
KOMM. / Komm.	Europäische Kommission	欧盟委员会
krit.	kritisch	批评意见
KUG	Gesetz betreffend das Urheberrecht an Werken der bildenden Künste und der Photographie	《美术与摄影作品著作权法》

KWG	Gesetz über das Kreditwesen	《信贷法》
LG	Landgericht	州法院
lit.	littera	字母
MarkenG	Markengesetz	《商标法》
NJW	Neue Juristische Wochenschrift (Jahr und Seite)	《新法学周刊》（年/页）
NJW	NJW-Rechtsprechungs-Report Zivilrecht	《新法学周刊》（民事判例）
Nr., Nrn.	Nummer (n)	编码
OLG	Oberlandesgericht	州高等法院
öOGH	österreichischer oberster Gerichtshof	奥地利最高法院
OwiG	Gesetz über Ordnungswidrigkeiten	《行政治安法》
RegE	Regierungsentwurf	政府草案
RiL	Richtlinie	欧盟指令
Rn.	Randnummer	边码
Rspr.	Rechtsprechung	判例
S.	siehe/Seite	参见/页
Str.	strittig	争议
u.	und	和
u. a.	unter anderem	及其他
UrhG	Uhrhebergesetz	《著作权法》
UrhWahrG	Gesetz über die Wahrnehmung von Urheberrechten und verwandten Schutzrechten	《著作权与邻接权实施法》
UWG	Gesetz gegen den unlauteren Wettbewerb	《反不正当竞争法》
VerlG	Verlagsgesetz	《出版社法》
vgl.	vergleiche	对比；参见
VO	Verordnung	条例
VwGO	Verwaltungsgerichtsordnung	《行政法院条例》
VwVfG	Verwaltungsverfahrensgesetz	《行政法院程序法》
WM	Zeitschrift für Wirtschafts-und Bankrecht，Wertpapiermitteilungen	《经济法、银行法与证券法通讯》（法学期刊）
WRP	Wettbewerb in Recht und Praxis	《竞争法理论与实践》（法学期刊）
z. B.	zum Beispiel	例如
ZHR	Zeitschrift für das gesamte Handels und Wirtschaftsrecht	《商法与经济法》（法学期刊）
Ziff.	Ziffer	数字
ZUM	Zeitschrift für Urheber-und Medienrecht	《著作权法与媒体法》（法学期刊）
ZUM-RD	Rechtsprechungsdienst der Zeitschrift für Urheber-und Medienrecht	《著作权法与媒体法》（案例通讯）

文献目录 ◀

Rebbinder	*Rebbinder*，Urheberrecht，16. Aufl.，2010《著作权法》，第 16 版，2010 年
Dreier/Schulze/ *Bearbeiter*	Dreier/Schulze， Urheberrechtsgesetz， Kommentar， 3. Aufl.， 2008，《著作权法法典评注》，第 3 版，2008 年
Fromm/Nordemann/ *Bearbeiter*	Fromm/Nordemann， Urheberrechtskommentar， 10. Aufl.， 2008 《著作权法法典评注》，第 10 版，2008 年
Köhler/Bornkamm/ *Bearbeiter*	Köbler/Bornkamm，UWG，31. Aufl.，2013《反限制竞争法》，第 31 版，2013 年
Larenz/Canaris	Larenz/Canaris， Schuldrecht-Besonderer Teil， Bd. 2， Teilbd. 2，13. Aufl.，1994 拉伦茨/卡纳里斯，《债法—分论，卷二》，第 13 版，1994 年
Lettl，Kartellrecht	Lettl，Kartellrecht，3. Aufl.，2013 莱特，《卡特尔法》，第 3 版，2013 年
Möhring/Nicolini/ *Bearbeiter*	Möhring/Nicolini， Urheberrechtsgesetz， Kommentar， 2. Aufl.，2000《著作权法法典评注》，第 2 版，2000 年
MünchKomm-BGB/*Bearbeiter*	Münchener Kommentar zum BGB，6. Aufl.，2012《慕尼黑民法典评注》，第 6 版，2012 年
Palandt/Bearbeiter	Palandt，Bürgerliches Gesetzbuch，71. Aufl.，2012《帕朗特民法典评注》，第 71 版，2012 年
Schricker/Loewen-heim/*Bearbeiter*	Schricker/Loewenheim， Urheberrecht， Kommentar， 4. Aufl.，2010《著作权法法典评注》，第 4 版，2010 年
Wandtke/Bull-inger/*Bearbeiter*	Wandtke/Bullinger，Praxiskommentar zum Urheberrecht，3. Aufl.，2010《著作权法实务评注》，第 3 版，2009 年
Schack	Schack，Urheber-und Urhebervertragsrecht，5. Aufl.，2010《著作权与著作合同法》，第 5 版，2010 年

目 录

第一章 基础理论

第一节 欧盟法与著作权法

一、立法权限

在著作权法领域，欧盟没有独立于其成员国的立法权。迄今为止，欧盟在著作权领域的所有立法活动主要以《欧盟运作方式条约》（AEUV）第 114 条为依据。[1] 这一规定旨在建立统一的欧盟内部市场。由于欧盟在著作权法领域欠缺排他性的立法权，因而在这一法律领域，各个欧盟成员国国内法上的著作权法律规范为主要内容。正是基于这样的原因，可以说不存在统一的欧盟著作权法。但是，如果在特定问题上，由于各成员国相关法律规定的差异如此之大，进而有悖于建立共同体内部市场的宗旨，那么在这种情况下就需要欧盟层面通过"指令"的法律形式来进行统一协调的规定（参见边码 41 及以下）。

在欧盟现行法律框架下，缺乏对各成员国著作权相关法律规范的统一协调（关于授权参见《欧盟运作方式条约》第 118 条），各成员国——除履行特定国际条约的义务外，可以自行确定对作品提供著作权保护的法律条件。[2] 这些法律所赋予的权利旨在为权利人的（1）人格权和（2）财产权提供保障。[3] 其中，对人格权的保护使著作权人和表演人尤其可以阻止他人对其作品进行任何可能损害自己荣誉或者声誉的更改（即所谓的著作权人的人格权）。此外，著作权及其邻接权（参见第九章边码 1 及以下）与其使用权相结合又具有财产性特征。因为这些权利赋予权利人将受保护的作品——尤其是以有偿许可的形式投入市场流通的权限。

对于著作权人而言，对著作权的商业利用意味着一种经济收入来源。但是，这

1

2

3

---

① Dreier/Schulzer/*Dreier*，Einl. Rn. 48. 其他法律依据是 AEUV 第 53 条第 1 款和第 62 条。
② *EuGH* Slg. 1993，1-5145 Rn. 19-Phil Colhns［菲尔·柯林斯案］。
③ *EuGH* Slg. 1993，1-5145 Rn. 20-Phil Collins［菲尔·柯林斯案］。

也会导致著作权人、使用人以及被许可人对（作品的）出售进行控制，因此，通过赋予作品排他性的权利可以像其他工业和商业财产权一样影响到欧盟内部市场范围内的商品、服务交易和竞争关系。正是基于这一原因，这些权利即便是由各个成员国国内法进行规定，也同样必须满足《欧盟运作方式条约》的要求。①

二、欧盟（宪法性）法律

（一）市场自由，尤其是《欧盟运作方式条约》第34条、第56条

4　　aa）著作权人的地位。在以货物和服务流通自由为基本特征的欧盟内部市场范围内，著作权人原则上可以自己或者通过诸如出版社等第三人在各个成员国中自由地选择将其作品投入市场的具体地点。他可以根据自身的利益衡量作出上述选择，这些衡量因素除了包括诸如特定成员国的收益水平外，还包括其他（例如，销售潜力等）因素。

5　　bb）货物流通自由（《欧盟运作方式条约》第34条）。（1）适用范围。欧盟各成员国在著作权领域的立法权限受到以跨国界市场交易行为作为规范对象的市场自由的限制，尤其是《欧盟运作方式条约》第34条、第56条所规定的"货物与服务自由"的限制。欧盟成员国的国内法律规范，包括著作权法不得违背《欧盟运作方式条约》第34条、第56条的规定，其内容和界限则由欧盟法院（EuGH）在个案中予以确定。由此产生的疑问是，欧盟法究竟允许成员国国内法给予著作权哪些保护？提出这样的疑问是因为特定的成员国国内法律规范（即便在成员国各自相应规定内容一致的情况下）可能会以违反欧盟法的形式损害货物与服务的流通自由。

6　　《欧盟运作方式条约》第34条包含了所有那些"可能直接或间接、事实上已经或者有可能阻碍内部市场自由交易行为的措施"（即著名的Dassonville公式）②。* 各个成员国的国内著作权法不得以违背欧盟法律的方式导致市场分割或者市场隔离。

　　示例：通过法律禁止从一个成员国向另外一个成员国进口商品属于违反《欧盟运作方式条约》第34条规定的行为。如果一个成员国国内法赋予一家德国的录音载体生产商如此强的排他性发行权，从而使它能够禁止（他人）将其向自己的法国子公司出口的磁带（重新）进口到德国，那么就属于这种情形。③ 当然，《欧盟运作方式条约》第36条第1句规定了上述第34条禁止性规定的例外情形。

7　　（2）例外情形（《欧盟运作方式条约》第36条）。《欧盟运作方式条约》第36条对第34条的禁止性规定作出了例外规定。其中，《欧盟运作方式条约》第36条所规定的一个例外是针对以下情况，即有正当的理由可以通过工业和商业性财产权

---

　　* "Dassonville判决"是欧盟法院在保障共同体内部市场货物流通自由领域中的经典判决。该判决阐释了"与对贸易进行量化限制具有同等效果的措施"的判决标准。"成员国的任何一项贸易规则，只要可能直接或间接事实上或者有可能阻碍共同体内部贸易，便被作为与对贸易进行量化限制具有同等效果的措施对待。"这被称为Dassonville公式。
　　① *EuGH* Slg. 1993, 1-5145 Rn. 22-Phil Collins［菲尔·柯林斯案］。
　　② *EuGH* Slg. 1974，837 Rn. S-Dassonville.
　　③ *EuGH Slg*. 1971，487 *Rn*. 6-*Deutsche Grammophon*［德意志留声机公司案］。

对货物与服务流通自由进行限制。但是，对货物流通自由的限制不得存在恣意的歧视性规定，并且也不得构成对成员国之间贸易模糊不清的限制（《欧盟运作方式条约》第36条第2句）。虽然《欧盟运作方式条约》第36条允许以保护工业或商业财产权为由对货物流通自由进行限制或者禁止，但是，这一规定所允许的对商业自由的限制仅仅包括那些对于实施构成上述财产权客体的权利所必不可少的措施。①

在欧盟法院（EuGH）的判例中，著作权以及其他八项邻接权被视为《欧盟运作方式条约》第36条第1句意义上的工业财产权。② 据此《欧盟运作方式条约》第36条第1句所规定的例外情形也同样适用于著作权。因此，就著作权而言，通过诸如授权许可的方式进行商业利用受到法律的保护。尽管许可权授予制度可能会损害到著作权商品在各个成员国内的销售。③

但是，就发行受著作权以及邻接权保护的有形载体而言（示例，电影的DVD），欧盟法院赋予货物流通自由优先于成员国国内著作权法的权利（即所谓的"发行权共同体范围内耗尽原则"）。④ 因此，当特定受著作权保护的有形载体经由权利人的许可（通过销售）进入商品流通领域时，那么它的发行权（不包括诸如复制和公共播放权）在整个共同体市场范围内耗尽（但是，这仅适用于这些被出售的特定有形载体，而不包括其他有形载体）。⑤ 欧盟成员国国内法上的禁止性规定会导致其国内市场的封闭，从而违背了《欧盟运作方式条约》将国内市场与统一的共同体市场连接在一起这一核心宗旨。因此，无论是著作权人或者许可权人自己，还是以著作权人或者许可权人名义实施著作权的其他组织（示例，德国音乐作品表演权与复制权集体管理协会，GEMA）均不得以成员国国内法所赋予的排他性著作权或者邻接权为由，对进口在其他成员国经过这些权利人许可合法进入市场的产品加以阻止或限制。因为在这种情况下，通过成员国国内著作权法所赋予的排他性权利已经（在共同体市场内）耗尽。

示例：在前述边码6所举示例中，德国生产商行使发行权的行为违反了《欧盟运作方式条约》第34条的规定，并且不符合《欧盟运作方式条约》第36条所规定的例外情形。⑥ 由此可以得出的结论是，欧盟成员国国内法之间即便因缺乏统一而继续存在的差异也不得造成对共同体市场内货物流通自由的限制。

然而，对于文学和艺术作品而言，除通过出售图像和声音载体来行使发行权外，还有另外一种商业利用的可能性。因为这些作品不仅可以通过发行，而且还可以通过对制作的图片和声音载体进行复制和投入流通来实现其经济价值。就此而言，电影作品尤其如此。

① *EuGH* Slg. 1998，1-5171 Rn. 13-Laserdisken［激光碟案］。
② *EuGH* Slg. 1981，147 Rn. 12-Musik-Vertrieb Membran/GEMA.
③ *EuGH* Slg. 1981，147 Rn. 9-Musik-Vertrieb Membran/GEMA.
④ *EuGH* Slg. 1971，487 Rn. 12 f. -Deutsche Grammophon［德意志留声机公司案］；Slg. 1981，147 Rn. 10 u. 15-Musik-Vertrieb Membran/GEMA；Slg. 1998，I-5171 Rn. 13-Laserdisken［激光碟案］。
⑤ Dreier/Schulzer/*Dreier*，Einl. Rn. 49.
⑥ *EuGH* Slg. 1971，487 Rn. 12 f. -Deutsche Grammophon［德意志留声机公司案］。

示例：面向购买人之外的其他公众出租受著作权保护的电影 DVD 构成电影制作人的一项重要收入来源。

11　　　　著作权人最基本的两项权利——排他性的表演权和排他性的复制权则没有受到《欧盟运作方式条约》的限制。因此，共同体市场范围内发行权的权利耗尽并不同时直接导致出租权的耗尽。① 此外，受到著作权保护的特定载体进行首次出租后，并不导致对该载体进行再次出租权利的耗尽。如同对作品的表演权一样，即使著作权的物质载体被售出，作者依然享有对该作品的出租权。因此，首次出租并不导致著作权人出租权的耗尽。② 假如通过首次提供出租便导致权利耗尽的话，那么著作权人许可或禁止出租权的实质内容将会被"掏空"。

　　　　示例：电影制作人应当可以获得与实际出租量相匹配的收益，确保其在出租市场上占有合适的份额。如果电影制作人获得收益的请求权仅仅被限制在向私人消费者出售以及 DVD 的出租人上，那么获得上述收益则不再可能。因此，如果成员国引入一项旨在给予 DVD 的出租权特别保护的法律规范则会从《欧盟运作方式条约》第 36 条第 1 句所规定的工业和商业产权（gewerbliches und kommerzielles Eigentum）中找到合理依据。③

12　　　　就无形作品（unkörperlicher Werke）的广播权而言，欧盟共同体市场范围内的权利耗尽自始至终都不适用（参见欧共体第 2001/29 号指令第 3 条第 3 款）。此欧盟指令第 4 条第 2 款对著作权国际耗尽的禁止进行了规定。根据这一规定，如果权利人在共同体市场之外的其他市场将受著作权保护的作品投入市场流通领域，那么在共同体市场范围内则不会导致权利耗尽的法律后果。

13　　　　cc）服务流通自由（《欧盟运作方式条约》第 56 条）。前述关于货物流通自由的基本原则大体上同样适用于服务流通自由。

案例：

　　　　一家比利时影院公司（A）以其著作权受侵犯为由起诉一家法国公司（B）和另外三家比利时有线电视公司（C1、C2 和 C3），并主张损害赔偿。A 之所以遭受损失，是因为在比利时（观众）能够接收到一个播放电影《屠夫》的德国电视频道；而 A 公司从 B 公司已经获得了在比利时境内通过影院和电视频道独家播放该电影的权利。而根据 A 的计划，该电影本应该在影院上映后的 40 个月后才能通过电视频道播放。

　　　　本案中一个争议问题是，在某一欧盟成员国境内授予对电影作品的使用权是否违反《欧盟运作方式条约》第 56f 条的规定？考虑到众多的此类使用权合同可能会导致影视领域的经营活动在共同体市场内部被相互阻隔，上述问题的答案是肯定的。欧盟法院首先认为，电影属于可以由公众任意多次反复播放的文学和艺术作品

---

① *EuGH* Slg. 1998，1-1953 Rn. 16-Metronome Musik。

② *EuGH* Slg. 1998，1-5171-Laserdisken［激光碟案］。

③ *EuGH* Slg. 1998，1-1953 Rn. 16-Metronome Musik（针对录像带）。

范畴。① 由于这里涉及无形作品，因而需要作出不同于有形作品的判断。电影作品的著作权人以及其权利的继受者应当享有这样的正当利益，即其基于放映许可获得的报酬应当依据放映的次数来计算，并且能够自主确定在电影首次在影院上映的一定期限后进行电视转播。著作权人所享有的对于电影的每一次放映都可以收取报酬的权利构成著作权的核心内容。即使根据《欧盟运作方式条约》第56条的规定，对服务流通自由的限制是禁止的，但是，这一规定原则上不包括成员国国内法超出知识产权保护之外对特定经济活动的限制。

（二）歧视禁止（《欧盟运作方式条约》第18条）

《欧盟运作方式条约》第18条所规定的"歧视禁止"适用于著作权及其邻接权。② 该条不仅对于明显的基于国籍的歧视加以禁止，而且所有那些通过其他区分标准事实上达到同样结果的隐性歧视也在禁止之列。因此，在著作权人是其他欧盟成员国公民的情况下，一个成员国不得依据该著作权人母国对著作权保护期限的规定来对其在本国法上所享有的法律保护设定限制。此外，违反《欧盟运作方式条约》第18条第1款规定的情形还包括诸如一个成员国国内法律在特定条件下排除其他成员国著作权人和实用艺术家享有本国著作权人同等条件下享有的著作权，以及表演在其他成员国境内发生的情况下，排除著作权人禁止未经他本人许可所生产的录音制品在本国进行销售的权利。这些原则同样适用于那些从原著作权人或实用艺术家获得相应权利的人（权利继受者）。

示例：一个录音制品经销商将未经英国歌唱家 Phil Collin 许可录制了其在美国的一场音乐会的 CD 在德国投入市场。歌唱家 Phil Collin 因此在欧盟成员国 A 申请临时性禁令，禁止该 CD 的销售。即便表演行为发生在外国，为了维护 A 国艺术家的利益，A 国的著作权法为核准此类禁令申请提供了法律基础。但是，如果 A 国著作权法没有为其他国家的艺术家提供类似于 Phil Collin 享有的权利的话，则构成对《欧盟运作方式条约》第18条的违反。③

《欧盟运作方式条约》第18条所规定的平等对待的权利是由欧盟法直接赋予的。因此，遭受不平等对待的权利人可以直接在欧盟成员国的国内法院主张此权利。他可以主张特定成员国国内歧视性的法律规范——即未能对其他成员国公民提供与本国公民同样保护的条款，不予适用。

（三）欧盟竞争法规则（《欧盟运作方式条约》第101条、第102条）

aa）保护目的。《欧盟运作方式条约》第101条、第102条旨在保护市场竞争免受造假行为的危害。这些规定以保护竞争自由为目的。这同样适用于维护新作品

---

① *EuGH* Slg.1980，881 Rn.12-Coditel I.
② *EuGH* Slg.1993，1-5145 Rn.27-Phil Collins［菲尔·柯林斯案］；Slg.2002，1-5089 Rn.24-Ricordi。
③ *EuGH* Slg.1993，1-5145 Rn.33-Phil Collins［菲尔·柯林斯案］。

创作和出版的自由。因此，《欧盟运作方式条约》第 102 条应当阻止滥用市场支配地位的不当竞争行为。从这方面而言，著作权法也具有同样的立法目的，因为著作权法也旨在保护新作品创作和出版的自由竞争。但是，著作权法却以相反的措施，具体而言，通过赋予权利人排他性权利来实现此目的。由此而产生的一个争议问题是，单纯的著作权的行使是否可能构成违反市场自由竞争的原则？

17　　bb）《欧盟运作方式条约》第 101 条第 1 款。《欧盟运作方式条约》第 101 条第 1 款的禁止性规定包含以下构成要件：（1）企业或者企业联合体之间（规范客体），（2）存在可能损害（潜在的作用）欧盟成员国之间贸易的协议、决议或者其他相互协调的行为方式（行为种类），并且（3）以限制、阻碍或者伪造自由竞争为目的（主观意图而言）或者会造成这样的结果（客观效果而言）。①

18　　（1）企业。针对企业的法律概念，《欧盟运作方式条约》没有进行直接界定，因此需要进行（自主）法律解释。在对这一法律概念进行解释的过程中要充分考虑到《欧盟运作方式条约》第 101 条的立法目的——即保障市场的统一以及自由竞争促进共同市场目的实现的有效性。因此，企业的概念应当予以扩大解释并且仅以实施经营性活动为标准（所谓的功能性企业概念）。据此，此处的企业包括了开展经济活动（参见《欧盟条约》第 3 条第 3 款）的任何一种组织。②

　　示例：自由职业③组织的成员，诸如医生、职业运动员属于企业④；艺术性、创作性或智识性服务成果的提供者也同样。⑤

19　　（2）行为方式和对竞争的限制。各个成员国国内的著作权实施组织（实施组织）——诸如"德国音乐作品表演权与复制权集体管理协会"（GEMA）以及其上层组织"国际作者和作曲者协会联合会"（CISAC）在其他国家设立的姊妹组织之间签订的国际协议原则上不构成对自由竞争的禁止。但是，这些组织涉及著作权人、使用人或者其他著作权实施组织的特定的具体措施可能构成限制竞争的行为。⑥

20　　企业间的协议也可能构成《欧盟运作方式条约》第 101 条第 1 款所禁止的限制竞争的行为。示例，以实施排他性权利为内容的行为导致对共同体市场进行划分的效果，从而使其能够阻止在其他成员国合法地进入流通领域的商品的进口。⑦　即使《欧盟运作方式条约》第 101 条第 1 款的禁止性要件不被满足的情况下，也可能构成对其他禁止性规范的违反，诸如《欧盟运作方式条约》第 34 条的规定。⑧

21　　cc）滥用市场支配地位（《欧盟运作方式条约》第 102 条）。构成违反《欧盟运作方式条约》第 102 条第 1 句所规定的禁止性行为必须同时满足以下三个要件。

　　[1] 一个或多个企业在整个共同体市场或者其核心构成部分具有支配地位。

---

① 参见 Lettl, Kartellrecht［卡特尔法］, § 3 Rn. 27 ff.。
② *EuGH* Slg. 2004, 1-2493 Rn. 46-AOK; Slg. 2005, 1-5425 Rn. 112-Dansk Rorin-dustri.
③ *EuGH* Slg. 1998, 1-3851 Rn. 36-Zollspediteure.
④ *EuGH* Slg. 1976, 1333-Donä.
⑤ *EuGH* Slg. 1998, 1-3851 Rn. 38-Kommission/Italien［欧盟委员会诉意大利共和国］。
⑥ *EuGH* Slg. 1987, 2521-Tournier; Slg. 1989, 2811-Lucazcan.
⑦ *EuGH* Slg. 1971, 487 Rn. 6-Deutsche Grammophon［德意志留声机公司案］。
⑧ *EuGH* Slg. 1971, 487 Rn. 7-Deutsche Grammophon［德意志留声机公司案］。

［2］对这种支配地位的滥用行为（示例，《欧盟运作方式条约》第102条a-d项的规定）。

［3］上述市场支配地位的滥用具有损害成员国之间的贸易的效果。

（1）企业。企业的概念以与《欧盟运作方式条约》第101条第1款相同的标准进行确定（参考边码18）。 22

（2）市场支配地位。市场支配地位是《欧盟运作方式条约》第102条最基本的概 23 念。《欧盟运作方式条约》第102条所规定的禁止性规定仅适用于那些在（全部）欧盟共同体市场上或者其核心组成部分作为商品的销售者或者购买者享有支配地位的企业。一个企业的市场支配能力在满足以下条件的情况下构成具有市场支配地位。

［1］有能力阻止在共同体市场或者其核心部分形成有效的自由竞争；

［2］在市场竞争中处于这样一种地位，即不需要考虑诸如竞争对手以及市场对立面，尤其是雇员和消费者的利益而可以独立采取行动。①

通常情况下，在相关市场上的支配地位可以基于满足多项标准来确定。这些标 24 准的单独某一项不一定是决定性的。多数情况下更为重要的是整体评价的结果。在确定一个企业是否在相关市场上享有支配地位时，需要考察：（1）他的企业结构以及（2）相关市场上的竞争状况。

示例：

（1）一家爱尔兰电视频道（A）对其电视节目享有排他性的著作权。虽然作为特定知识产权的权利人这一属性并不能单独构成市场支配地位。但是，播放渠道的基本信息（诸如，日期、时刻和频道的题目）是电视频道节目规划的必然结果，从而使得只有电视频道掌握这些信息。基于这样的原因，该电视频道是一家出版电视节目杂志的唯一信息来源。如果一个电视频道对于电视节目的组成的信息享有事实上的垄断，并且大多数爱尔兰家庭都能够接收到这些电视节目的话，那么该电视频道则处于一种能够阻止电视节目杂志市场上形成有效竞争的能力和地位。因此，他便具有市场支配地位。②

（2）一家德国录音载体生产商将其享有排他性权利的产品投入市场的情况下，它并不仅仅基于其拥有著作权的邻接权这样的事实便已经具有《欧盟运作方式条约》第102条意义上的市场支配地位。③ 更加可能的情况是，该企业必须自己或者与同属于一家集团的其他企业一起处于能够阻止在相关市场的核心部分形成有效竞争的能力。在这个评判过程中，尤其需要考虑是否存在生产同一产品的其他厂商以及这些厂商的市场地位。如果歌手根据与该生产商的排他性协议与这家音乐载体生产商绑定在一起，那么需要考虑诸如歌手在公众中受欢迎的程度、其履行义务的期限和范围以及其他录音载体生产商的以相应的内容获得歌手的可能性等因素。

（3）一家德国（著作权）特许权使用费征收协会以实施表演艺术家的著作权为

---

① *EuGH Slg.* 1978，207 *Rn.* 64-*United Brands*［联合商标案］。

② *EuGH* Slg. 1995，1-743 Rn. 47-Magill.

③ *EuGH* Slg. 1971，487 Rn. 16-Deutsche Grammophon［德意志留声机公司案］。

目的。就权利实施的主体而言，在欧盟成员国国内它是唯一的一个。在此情形下，相关的市场不是艺术表演的交换市场，而是作为对于主张并实施表演艺术家的报酬请求权的唯一主体从而享有一种市场支配地位。[①]由于范围上相关的是整个德国市场，因而，上述企业对于共同体市场的核心组成部分享有支配性地位。

25　　　　（3）* 滥用。（a）一般规定。滥用市场支配地位包括了"一个具有市场支配地位的企业所采取的能够影响特定市场结构的行为，即在相关市场中，竞争已经由于该企业的存在遭到削弱，并且由于具有市场支配企业所采取的不同于其他经营者正常的、基于给付所进行的产品或服务竞争手段阻碍了维持或促进该相关市场尚存的竞争"[②]。

26　　　　关于滥用市场支配地位构成要件的其他具体化措施可见《欧盟运作方式条约》第 102 条第 2 句第 a-d 项中的规定[③]；该条以举例的方式列举了一些滥用的（特别）典型形式。

27　　　　（b）《欧盟运作方式条约》第 102 条第 2 款第 a 项。《欧盟运作方式条约》第 102 条第 2 款第 a 项将直接或间接强制接受不合理的购买或销售价格或者其他交易条件作为滥用市场支配地位的例子。

案例：

在以下情况下，《欧盟运作方式条约》第 102 条第 2 款第 a 项的条件可能得到满足，即当一家成员国国内著作权集体管理公司（Verwertungsgesellschaft）（本案中为一家法国公司）根据与其他成员国著作权管理公司互相代理的合同约定，管理该其他著作权集体管理公司的作品并确定一个累计的费率。如果一家具有市场支配地位的企业事实上实施了针对其服务的定价，并且该定价超过了在其他成员国所确定的价格，那么，则存在滥用市场支配地位的嫌疑。为了避免遭受《欧盟运作方式条约》第 102 条第 2 款第 a 项这一规定的制裁，所涉及的企业通过指明该特定国家与其他成员国具体情形的不同来佐证定价差异的合理性。[④]

28　　　　《欧盟运作方式条约》第 102 条第 2 款第 b 项。根据《欧盟运作方式条约》第 102 条第 2 款第 b 项的规定，如果对作品的制作（Erzeugung）、销售或者技术发展进行限制，从而导致消费者利益受损，则构成滥用。

案例：

一家电视台根据其成员国国内法享有对其电视节目的著作权。在该电视台拒绝向一家电视节目指南周刊提供其全部节目表以及关于它所播放节目的基本信息，并且又不存在其他提供下周电视节目信息的每周电视节目预告指南的情况下，特定报纸在周

---

*　原书的序号排列与中文图书不同，本着尊重原著的精神，译者尽量不对书中序号体系作大的变动，只改正明显的错误。——译者注

①　*EuGH* Slg. 1983, 483 Rn. 45-GVL.

②　判决具有争议；vgl. Z. B. EuGH Slg. 1979, 461, 541-Hoffmann-La Roche。

③　相关内容参见 Lettl, Kartellrecht［卡特尔法］, § 3 Rn. 27 ff。

④　*EuGH* Slg. 1989, 2811 Rn. 25-Lucazeau.

末或者节假日前夕公布的未来 24 小时或 48 小时电视节目的完整节目单不能满足电视观众了解未来一周电视节目的需求。只有一份提供未来一周完整电视节目信息的周刊能够使得消费者事前决定观看哪些节目。① 电视台以成员国国内法为依据而拒绝向电视指南周刊的发行者提供基础信息阻碍了电视节目市场延伸市场中新产品（涵盖面广泛的电视节目指南）的产生。由于消费者对于该种产品至少存在潜在的需求，而电视节目提供者本身并不提供此类产品，那么，在这种情况下电视台拒绝提供其电视节目的基本信息构成滥用行为（《欧盟运作方式条约》第 102 条第 2 款第 b 项）。②

（c）其他行为。由于《欧盟运作方式条约》第 102 条第 2 款第 a-d 项只是进行了列举性的规定，而不是穷尽性的规定，因而，其他行为也可能构成滥用市场支配地位。例如，一个德国音像制品生产者如此行使权利，从而导致其产品在国内市场上的约束性定价（gebundene Verkaufspreis）高于从其他成员国重新进口的该原产品。这种情形下，虽然并不必然构成滥用；但构成了滥用的迹象，所以该企业必须通过提供实质性理由来论证其定价的合理性。③ **29**

在知识产权法领域，滥用市场支配地位尤其常见于拒绝授予相关许可权的情形中。④ 由于对作品的专属复制权由权利人享有，因而，对此拒绝授予许可权原则上并不构成《欧盟运作方式条约》第 102 条第 1 款意义上的滥用市场支配地位。⑤ 构成此种意义上的滥用，必须具备极为特殊的条件。 **30**

（d）通过拒绝授予许可权而构成的滥用市场支配地位。 **31**

（aa）关键设施（Wesentliche Einrichtung）。许可权拒绝所涉及的必须是对于特定活动的开展是不可或缺的（设施的关键性；Essential Facilities）。

案例：

A 和 B 两家企业将出售关于地区性药品销售情况的市场报告作为主要营业活动。为此，A 企业开发了一套受到著作权保护的信息系统，该系统以标准化区域模块架构涵盖了销售数据信息。A 企业将此种信息模块结构出售给客户，其中包括制药企业。这些客户将 A 企业提供的信息用于组织和控制自己的外派业务。此外，A 企业还将制作的信息模块结构无偿提供给相应地区的药店和诊所。A 企业提供的模块结构取得了通行标准的地位。A 企业的客户以其为标准来调整自己的信息处理（EDV）系统以及销售结构。A 企业建立了一个由其客户参与的工作组试图通过优化模块的组成来进行系统完善。B 企业则希望进入 A 企业的信息系统。

由于技术上以及经济上的障碍，对于 B 公司来说，A 公司的信息系统是不可或

---

① *EuGH* Slg. 1995，1-743 Rn. 54-Magill.

② *EuGH* Slg. 1995，1-743 Rn. 54-Magill.

③ *EuGH* Slg. 1971，487 Rn. 19-Deutsche Grammophon［德意志留声机公司案］。

④ 关于知识产权法与反垄断法之间的关系，参见 Podszun，JURA 2010，437 ff。

⑤ *EuGH* Slg. 2004，I-5039 Rn. 34-IMS Health［IMS 医疗公司案］；批评意见参见 Heinemann，GRUR 2006，705，710。

缺的。A 的客户在转而采用 B 企业提供的信息系统时可能基于以下原因导致这种转换存在障碍，即 A 的客户可能由于 A 设立的工作组而广泛和深入地（不得不）参与到该公司模块结构的开发中。[①] 因此，对于 A 企业的客户而言，如果从 A 提供的信息系统转换到 B 企业提供的信息系统存在巨大的技术和经济障碍。

32

　　（bb）阻碍新产品的市场进入。这种拒绝必须阻碍了一种存在潜在消费者需求的新产品进入市场。因为只有在这种情况下才需要对知识产权受保护的利益以及其权利人的行动自由与保护市场自由竞争二者之间进行衡量，从而论证后者具有主导地位。[②] 在满足以下条件的情况下便属于这种情况，即寻求获得许可的企业，其经营目的并不局限于提供知识产权权利人（即许可人）已经在延伸市场提供的产品，而是意图提供新的产品。而这些产品相关知识产权的权利人没有在市场上提供，但存在潜在的消费者需求。

案例：
　　在边码 31 所描述案例中，权利人拒绝授予许可在以下情况下会阻碍新产品进入市场，即 B 基本上并不局限于提供 A 企业已经在相关市场上提供的产品，具体而言，地区性药品销量市场报告市场，而是旨在向市场提供 A 企业尚未向市场提供但又存在潜在市场需求的产品。[③]

33

　　（cc）没有客观的正当性理由（Rechtsfertigungsgrund）。权利人拒绝授予许可不存在客观的正当性理由。

案例：
　　在边码 31 所描述的案件中，不存在任何实质的客观理由来正当化 A 企业对许可权授予请求的拒绝。

34

　　（dd）具有排除相关市场竞争的能力。许可的拒绝必须能够排除相关（下游）市场的竞争。这尤其是当存在技术、法律或者仅仅是经济障碍的情况下，使得其他任何意欲在此市场开展经营的企业不可能开发替代性的设施或者至少变得难以期待的困难。[④]

案例：
　　在边码 31 所描述的案件中需要审查，A 企业拒绝将其开发的模块结构进行许可授权是否能够排除在药品地区性销售数据市场的竞争。

---

① *EuGH* Slg. 2004，1-5039 Rn. 29-IMS Health［IMS 医疗公司案］。
② *EuGH* Slg. 2004，I-5039 Rn. 48-IMS Health［IMS 医疗公司案］。
③ *EuGH* Slg. 2004，I-5039 Rn. 49-IMS Health［IMS 医疗公司案］。
④ *EuGH* Slg. 2004，I-5039 Rn. 28-IMS Health［IMS 医疗公司案］。

（ee）损害成员国之间的商业往来。相关行为必须会损害欧盟成员国之间的商 35
业往来。这种所谓的"成员国间条款"应当进行广义解释。[①]

案例：

在边码 28 所描述的案件中，如果该电视台在特定的地域市场，即爱尔兰和北
爱尔兰，排除了任何一种潜在的竞争，从而改变了这些市场上的竞争格局。这会对
爱尔兰与英国的潜在商业往来构成损害。所以，电视台的行为具备了导致欧盟成员
国之间商业往来受损的条件。[②]

（ff）《欧盟运作方式条约》第 106 条规定的例外情形。对于那些受到行政权力 36
重大影响的企业，原则上与私营企业一样应当遵守竞争法规则的调整，尤其是《欧
盟运作方式条约》第 101 条、第 102 条的规定。因此，《欧盟运作方式条约》第 106
条第 1 款规定，对于欧盟成员国公有企业或者其他享有特殊权利，甚至排他权利的
企业，成员国不得采取或者保留与条约，尤其是《欧盟运作方式条约》第 18 条、
第 101 至 109 条的规定相冲突的措施。

在公用企业适用竞争法规则的问题上，针对受托提供具有普遍经济意义之服务 37
的企业或者具有金融垄断特性的企业，《欧盟运作方式条约》第 106 条第 2 款第 1
句作出了有利（这些企业）的例外规定。这些适用的例外涵盖所有满足以下条件的
情形，即竞争规则的适用将会导致这些企业所承担职能的履行在法律上或者事实上
受到阻碍。《欧盟运作方式条约》第 106 条第 2 款第 2 句又对该条第 1 句的例外规
定进行了限制，即商事交易不得因此而受到如此之大的损害从而违背了欧盟的整体
利益。

著作权集体管理组织【示例，德国的（GEMA）】不属于《欧盟运作方式条约》 38
第 106 条第 2 款意义上受托提供具有普遍经济意义之服务的企业。[③]

三、次级欧盟法（sekundäres Unionsrecht）

（一）法律协调效果

《欧盟运作方式条约》第 34 条、第 56 条仅具有消极的协调功能，即规范调整 39
成员国国内著作权法与市场自由不协调、相冲突的地方。而次级欧盟法则对成员国
著作权法进行了积极的规范。范围上，欧盟次级法包括欧盟条例和欧盟指令。对于
欧盟条例和欧盟指令只能由欧洲法院进行解释（〈欧盟运作方式条约〉第 267 条）。
与《欧盟运作方式条约》第 34 条、第 56 条的规定不同，欧盟次级法不仅对于欧盟
成员国之间的市场行为，而且对于单纯成员国内部产品提供者的市场行为具有适

---

① Vgl. dazu *Lettl*，Kartellrecht，§ 2 Rn. 45 ff.
② *EuGH* Slg. 1995，I-743 Rn. 70-Magill.
③ *EuGH* Slg. 1983，483 Rn. 32-GVL.

用性。①

（二）欧盟条例

40   关于著作权的协调，欧盟立法者目前并未制定相关的条例。

（三）欧盟指令

41   （aa）法律解释。由于欧盟指令具有自主确定法律概念的特点，所以成员国国内法上熟悉的概念即便出现在欧盟法中也并不必然具有同样的含义。更大程度上是，欧盟条例中的概念以及（欧盟法院对其进行的）自主解释对成员国国内法中相应的概念产生持续性的影响；从而，在进行法律解释的过程中，依据成员国国内立法准备材料中所得出的不同解释并不具有决定性意义。② 这是与指令相符解释原则（Gebot richtlinienkonformer Auslegung）的基本要求。在此过程中应当尽可能地考虑指令的语义和目的，从而实现其所追求的目标以及满足《欧盟运作方式条约》第288 条的规定。③ 这一义务在以下情况下依然存在，即指令没有赋予成员国自由裁量权，而成员国未能在特定期间内完成对指令的转化（umgesetz）。④ 在国内法与欧盟指令相冲突的情况下，前者不再适用。如果特定欧盟指令尚未转化，则在转化期限经过之前仅有权进行符合指令的法律解释。为了避免价值冲突，与指令相符的法律解释原则也要求对指令没有作出明确规定，但与指令所体现的价值具有可比性的案件也类推适用。⑤

42   （bb）各具体指令。对于著作权法而言，欧盟颁布的以下指令尤其具有重要意义（以时间为序）。

- 欧共体 91/250/EWG 号指令，颁布时间 1991 年 5 月 14 日，涉及计算机程序⑥的法律保护，现行版本为 2009/24/EG 号指令。⑦
- 欧共体 92/100/EWG 号指令，颁布时间 1992 年 11 月 19 日，关于知识产权⑧领域中出租权、出借权以及涉及著作权的相关保护权利，现行版本为 2006/115/EG 号指令。⑨
- 欧共体 93/83/EWG 号指令，颁布时间 1993 年 9 月 27 日，关于协调卫星无线广播以及有限转播⑩中著作权和服务保护的法律规范，现行版本 2006/

---

① Köhler/Bornkamm/*Köbler*，Einl. Rn. 3. 13.

② *EuGH* Slg. 2004，1-05 791 Rn. 13-Björnekulla Fruktindustrier.

③ *EuGH* Slg. 1990，1-4135 Rn. 8-Marleasing；Slg. 2004，1-05791 Rn. 13-Björnekulla Fruktindustrier.

④ *BGH* GRUR 1993，825，826-Dos；GRUR 1998，823，827-Testpreis-Angebot［测试价促销案］.

⑤ *EuGH* Slg. 1990，I-4135 Rn. 9 13-Marleasing.

⑥ ABl. EG v. 17. 5. 1991，Nr. L 122，S. 44.

⑦ ABl. EU v. 5. 5. 2009，Nr. L 111，S. 16.

⑧ ABl. EG v. 27. 11. 1992，Nr. L 346，S. 61.

⑨ ABl. EG v. 27. 12. 2006，Nr. L 376，S. 28.

⑩ ABl. EG v. 6. 10. 1993，Nr. L 248，S. 15.

116/EG。①

- 欧共体 93/98/EWG 号指令，颁布时间 1993 年 10 月 29 日，关于协调著作权以及特定相关保护权②的保护期，现行版本为欧共体 2006/116/EG 号指令。③
- 欧共体 96/9/EG 号指令，颁布时间 1996 年 3 月 11 日，关于数据库的法律保护。④
- 欧共体 2001/29 号指令，颁布时间 2001 年 5 月 22 日，关于协调信息社会（Informationsgesellschaften）中著作权以及相关保护权的特定领域。⑤
- 欧共体 2001/84/EG 号指令，颁布时间 2001 年 9 月 27 日，关于艺术品原件作者的转授权（Folgerecht）。⑥
- 欧共体 2004/48/EG 号指令，颁布时间 2004 年 4 月 29 日，关于知识产权的执行。⑦
- 欧共体 2006/116/EG 号指令，关于著作权和特定相关保护权⑧的保护期，现行版本为欧盟 2011/77/EU 号指令。⑨

第二节 著作权的概念与功能

一般来讲，著作权可以描述为一种对满足特定条件的人类之间沟通交流的保护权，构成文化产业的组成部分。⑩ 具体而言，著作权为文化、科学和艺术领域中创作作品的作者提供保护。⑪ 也就是说，它以一个自然人（作者）所进行的个人精神创造为前提条件。他的人格性利益与财产性利益通过狭义的著作权获得保护（见〈德国著作权法〉第 11 条）。但，著作权的保护也及于对所谓邻接权的所有权人（见第九章边码 1 及以下），即通过对作者作品进行解释或者复制（wiedergeben）所形成的权利（广义上的著作权）。 43

示例：音像制作者；电视台；电影制作者

德国著作权相关的法律规范首先包括：（1）《德国著作权法》（UrhG）确定特定创作进行保护的实质要件以及保护的范围。因此，以下的介绍将围绕这些规范展开。（2）《德国著作权实施法》（UrhWG）确定了著作权集体管理组织（Verwer- 44

---

① ABl. EG v. 27. 12. 2006，Nr. L 372，S. 12.
② ABl. EG v. 24. 11. 1993，Nr. L 290，S. 9.
③ ABl. EG v. 27. 12. 2006，Nr. L 372，S. 12.
④ ABl. EG v. 27. 3. 1996，Nr. L 77，S. 20.
⑤ ABl. EG v. 22. 6. 2001，Nr. L 167，S. 10.
⑥ ABl. EG v. 13. 10. 2001，Nr. L 272，S. 32.
⑦ ABl. EG v. 30. 4. 2004，Nr. L 157，S. 45 u. ABl. EG v. 2. 6. 2004，Nr. L 195，S. 16.
⑧ ABl. EG v. 27. 12. 2006，Nr. L 372，S. 12.
⑨ ABl. EU v. 11. 10. 2011，Nr. L 265，S. 1.
⑩ Schricker/Löwenheim/*Schricker/Löwenheim*，Einl. Rn. 2 u. 7.
⑪ Dreier/Schulze/*Dreier*，Einl. Rn. 1.

tungsgesellschaften）行为的法律框架。（3）《德国美术与摄影作品著作权法》（KUG）并不属于狭义上的著作权法。因为该法第 12 条及以下诸条是涉及个人肖像的一般人格权的规定（详见第十二章边码 1 及以下）。

45　　　著作权保护的必要性可以追溯至印刷术的发明。因为需要保护印刷者以及出版者的投资免受翻版的侵害（摊销保护；Amortiationsschutz）。具体而言，著作权为立法者所期望的对智力作品进行复制和传播设置了条件。随后，即在文艺复兴时期，对艺术家作为个体作者进行保护成为著作权所提供法律保障的核心。[①] 在当今，著作权首先要应对的是由于数字化和网络化所带来的挑战。

第三节　宪法（《基本法》）与著作权

46　　　《德国基本法》第 1 条与第 2 条为作者人格权提供了法律保护。而著作财产权方面的权能则由《德国基本法》第 14 条关于所有权保障的规定予以保护。[②] 这一保障的内容及其限制则由立法者根据《德国基本法》第 14 条第 1 款第 2 句的规定进行确定。在此过程中，著作财产权方面的权能应当以作者的创作活动为指向。因此，作者应当尽可能地参与到其作品价值的经济利用中（Deshalb ist der Urheber tunlichst am wirtschaftlichen Nutzen der Verwertung seines Werks zu beteiligen）。同时，作者的著作财产权权能应当受到公共利益的限制。作者所享有著作权的各项具体权能应当与公共利益实现平衡。与此同时，也必须注意《德国基本法》第 3 条第 1 款关于"平等原则"的规定。此外，所有权还必须与相对的基本权利，诸如，《德国基本法》第 5 条第 3 款规定的艺术自由[③]、学术自由（Wissenschaftsfreiheit）以及第 12 条第 1 款所规定的职业自由[④]进行平衡。在对专有权进行合宪性解释以及确定著作权的限制时，基本权利始终具有重要意义。

47　　　《德国基本法》第 14 条的保障并不以对著作权的无限制绝对保护为前提；并且，并不排除对受保护权利的变更。[⑤] 但是，一旦一种受保护的权利得以产生，那么，立法者便不得通过诸如缩短已经开始计算的保护期限来对该权利进行限制（禁止溯及既往）。《德国著作权法》第 44a 条包含对作者和（其他）著作权人的专有权（Ausschließlicheitsrecht）保护范围的限制（限制条款）。基于公共利益的考量，取消（著作权利人的）许可权以及特定情形下的报酬请求权是合理的。因为，在遵循比例原则的前提下，公共利益相对于（权利人的）著作权权益具有优先性。[⑥] 在对限制条款进行解释时，应当考虑基本权利。因为这些规定对作者专属的财产权进行

---

①　Dreier/Schulzer/*Dreier*，Einl. Rn. 10.

②　*BVerfG* GRUR 1990，183-Vermietungsvorbehalt［出租保留案］。

③　*BVerfG* GRUR 1972，481，483-Kirchen-und Schulgebrauch［教会和学校用途案］。

④　*BVerfG* GRUR 1972，481，483-Kirchen-und Schulgebrauch［教会和学校用途案］。

⑤　*BVerfG* GRUR 1980，44，46-Kirchenmusik［教堂音乐案］。

⑥　*BVerfG* GRUR 1980，44，46-Kirchenmusik［教堂音乐案］。

了限制，原则上应当进行狭义解释。①

第四节 著作权法

一、结构

无论是广义的著作权还是狭义的著作权都规定在著作权法中（于 1965 年 9 月 9 *48*
日颁布）。该法包含以下五部分的内容。

第一节（第 1 条至第 69g 条）是对著作权的规定；

第二节（第 70 条至第 87e 条）是对邻接权的规定；

第三节（第 88 条至 95 条）是涉及电影作品的特殊规定；

第四节（第 95a 条至第 119 条）是对著作权和邻接权的共同规定；

第五节（第 120 条至第 143 条）适用范围以及过渡条款和其他规定。

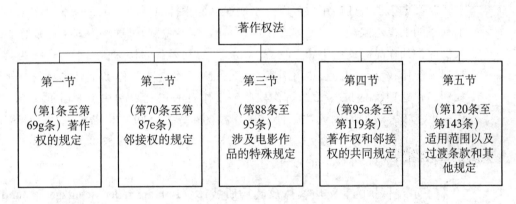

二、内容

（一）人的关系

《德国著作权法》为作者提供保护，使其免受作品的使用人（Verwerter）和第 *49*
三人的损害。该法一方面要考虑到尽可能促进产生更多的作品和创作这一公共利
益，另一方面也要兼顾使公众尽可能广泛地获取已完成的作品和创作（见边码 46
及以下）。此外，《德国著作权法》也对作者抑或著作权人与竞争者之间的关系进行
了规定。所以，著作权法属于特别私法，属于经济法（Wirtschaftsrecht）的组成
部分。

（二）作者的权利

著作权法通过认可作者的作者人格权从而对其（一般）人格权提供保护。这一 *50*
权利赋予作者署名权、作品完整权（Werkintegrität）以及其他具有人格权特征的

---

① *BGH* GRUR 1987，362，363-Filmzitat［电影引文案］。

权能。作为对财产性权利的保护，著作权法通过赋予作者专属性的利用权（Verwertungsrechte）来保护作者的使用利益。与《德国民法典》第 903 条关于物权所有权人的权利相似，只有作者享有对作品的使用权并排除第三人的使用（参见《德国著作权法》第 15 条第 1 款和第 2 款）。作者人身权和著作财产权并非独立共存［但所谓二元理论（dualistische Theorie）的支持者则如此认为］，而是共同构成了同一权利［即所谓的一元理论或者奥根·乌尔姆（Eugen Ulmer）① 所称的本源理论（Baumtheorie）］；根据该理论，这两种受保护的领域构成了同一棵大树的根，其本源是同一的著作权。各项单一的权能则构成了同一棵树的枝叶。各项单一的权能从大树的根部汲取营养。《德国著作权法》第 44a 条及以下的限制性规定是基于公共利益之考量。与所有权不同的是，著作权在时间上是有限制的（《德国著作权法》第 64 条及以下）。

51　　由于作者人身权和著作财产权的统一，所以著作权是不可转让的（所谓"一元论"；参见《德国著作权法》第 31 条）。但是，作者可以将其作品的使用权授予第三人。授予第三人的使用权可以是排他性的、非排他性的，也可以在时间上、内容上和空间上设定限制（《德国著作权法》第 31 条）。通过这种方式可以使作者从对其受保护的作品的使用中获得收益。在涉及公共利益的特殊情形下，法律为第三人设定了使用权（所谓的法定许可），从而排除了作者对其作品享有专有的、排他性权利。在这种情况下，《德国著作权法》将作者的权利限制在报酬请求权上。在著作权人基于客观的原因无法行使其著作权的情况下，可以由著作权集体管理机构（例如，GEMA）来行使众多著作权人的权利。另外，著作权集体管理组织受到德国专利商标局（DPMA）的监督。

（三）受保护的非物质客体及其物质载体 (Immaterieller Schutzgegenstand und materielle Verkörperung)

52　　著作权法保护的仅是非物质客体（示例，文本、图像或者音律），即便这些非物质客体具有物质载体（示例，书籍、画作或者乐谱）。对于这两类客体所享有的权利是相互独立的，可以由不同的权利主体享有。

　　示例：书籍的购买人获得对该书的所有权（封面、纸张、油墨）。但是，购买人原则上不享有对于受保护文本的权利。只有法律将完全专有权的例外作为著作权限制的情况下（参见《德国著作权法》第 44a、69d、69e、87c 条）或者通过作者抑或其他权利人获得额外授权的情况下，购买人才能对文本享有权利。同样的法律效果也出现在以下情形中，即当作品的保护期限已过，该作品从而进入公共领域（gemeinfrei）。对于著作权权能的善意取得是不可能的，这与《德国民法典》第 932 条及以下诸条关于物权善意取得的规定是不同的。

53　　在著作权受到侵害的情况下，著作权人享有排除妨害请求权（Ansprüche auf Beseitigung；《德国著作权法》第 97 条第 1 款第 1 句第 1 种情形、第 98 条、第 99

---

① 　Urheber-und Verlagsrecht［著作权与出版权］，1980，S. 116.

条）、停止侵害请求权（Unterlassung；《德国著作权法》第 97 条第 1 款第 1 句第 2
种情形、第 2 款第 2 句）、财产损害赔偿请求权（《德国著作权法》第 97 条第 2 款
第 1 句）和非物质损害赔偿请求权（《德国著作权法》第 97 条第 1 款第 4 句）。

三、与其他法律规定的关系

（一）工业产权（Gewerbliche Schutzrechte）

aa）概念和保护客体。工业产权保护的客体包括专利权、商标权、外观设计专
利权、实用新型专利权、新品种（Sortenrecht）和半导体专利（Halbleiters-
chutzrecht）。与著作权一样，工业产权也是对非实体、非物质性的客体的保护，从
而区别于物权。工业产权与著作权都属于知识产权（或智慧财产权）的下位概念。

bb）专利法。专利法是对具备新颖性，基于发明性活动且可商业利用之发明的
保护（《德国专利法》第 1 条第 1 款）。受保护的是发明的理念，独立于其物质载体。
专利法赋予了专利权人一种真正的排他性的专有权（Ausschließlichkeitsrecht），即
便是一个完全独立的双重发明（Doppelschöpfung）也构成侵权。[1] 专利权原则上涵
盖基于商业目的之利用以及单纯的占有（基于实验性活动的例外参见《德国专利
法》第 9 条、第 11 条）。塑型的技术标的物（technische Gegenstände mit Formge-
bung），例如计算机程序，既可以通过专利法来获得保护，也可以通过著作权法来
获得保护。相反，无论是专利法还是著作权法都不对单纯的发现提供保护。专利权
的保护期限是 20 年，自其发明登记之日起（《德国专利法》第 16 条第 1 款第 1 句）
计算。因此，专利法提供的保护期限要远低于著作权的 70 年保护期（《德国著作权
法》第 64 条）。

cc）商标法。商标法旨在为能够将一家企业的商品或服务与其他企业的商品或
服务进行区分之标识提供保护（《德国商标法》第 3 条第 1 款）。

示例：将一种面包抹酱称为"Nutella"。

根据《德国商标法》第 3 条第 2 款的规定，只有那些仅基于商品的性质或者为
了实现特定目的所必要的形状或者赋予产品实质性价值的形状不得作为商标。商标
法的保护与著作权法的保护可以并存。

示例：用特定商标销售受著作权保护的作品。

如果一个作品由于保护期限的经过（参见第七章边码 1 及以下）从而进入公共
领域，那么，尽管任何人可以利用以及免费获得。但是，根据《德国商标法》第 5
条第 3 款和第 15 条的规定，只要该作品的名称具有区分性并且权利人在使用该名
称[2]，则商标法对该作品标识性名称的保护效力继续存在。不过，法律允许对进入
公共领域的作品以其原名称进行重印。法律所禁止的仅是将受保护的作品名称用于
其他作品。

54 55 56 57 58

[1] Dreier/Schulze/*Dreier*，Einl. Rn. 30.
[2] *BGH* NJW 2003，1869，1870.

　　示例： A 出版社以书籍的形式出版卡尔·梅（Karl May）的作品，包括"维尼图 I"、"维尼图 II"、"维尼图 III"以及"维尼图的遗产"，这些作品已于 1963 年进入公共领域。电影制作人 B 以"维尼图的归来"为名称制作了一部由两部分构成的电影，并在电视节目中进行播放。电影的内容基于以下情节：维尼图并没有死亡，而只是陷入了昏迷。他醒来后先是生活在群山之中，后来成为一只印第安部落的首领。A 出版社认为，该电影采用"维尼图的归来"这一名称损害了其所出版维尼图系列小说的名称权（Titelrecht）。

　　本案中，联邦最高法院（BGH）① 首先认为，根据《德国商标法》第 5 条和第 15 条的规定，"维尼图 I-III"的小说名称受到商标法的保护，因为这些名称作为作品名称具有原始的区分力。至于卡尔·梅采用这些名称的小说已经进入公共领域，并不妨碍上述保护效力。这是因为《德国商标法》第 5 条第 3 款意义上的"作品"概念不同于《德国著作权法》第 2 条意义上的"作品"概念；前者尤其是并不以受到著作权的保护为前提条件。尽管任何人都可以用同样的作品名称来重印已经进入公共领域的作品并进行销售。但是，原作品名称权利人的权利和其他与作品名称相关使用人的权利则继续存在。这些权利人可以在他人将其作品名称用于新的、另外的作品的情况下主张权利。但本案中，A 出版社所采用的作品名称与 B 制作之电影所采用的名称之间不存在《德国商标法》第 5 条第 1 款和第 3 款以及第 15 条第 2 款意义上的混淆风险。

59　　　dd）外观设计法。《德国外观设计法》（GeschmG）旨在保护新颖和特殊的二维或三维造型（Formgebungen）（《德国外观设计法》第 1 条第 2 款）。

　　示例： 晚礼服的特殊剪裁。

60　　一个客体既可以受到著作权的保护，也可以成为外观设计法的保护对象。

　　示例： 一个受著作权保护的作品被登记在外观设计登记簿（Musterregister）中（《德国外观设计法》第 7 条第 1 款及第 19 条和以下诸条）。

61　　获得《德国外观设计法》法律保护的前提是相应设计必须新颖（neu）并具有特殊性（Eigenart）。对于特殊性这一要件来讲，该设计在总体形象上必须并且也只需要能够与已知的设计相区分（《德国外观设计法》第 2 条第 3 款）。对此，并未设定很高的标准。外观设计权的所有人对作为权利客体的外观设计享有排他性的利用权（《德国外观设计法》第 7、8 条）并禁止第三人在未经其许可的情况下使用该外观设计（《德国外观设计法》第 9 条及第 38 条）。法律所赋予此种保护性权利不以第三人是否知晓该外观设计为要件［《德国外观设计法》第 38 条第 1 款；具有锁定效果（Sperrwirkung）的权利］。

62　　一种同样的创造可能既受到著作权的保护，也受到外观专利法的保护；但是，著作权法对于创作高度设定了更高的要求。② 对于外观设计而言，只要特定形状能够区别于单纯手工制作或者日常所见（von dem rein Handwerkmäßigen und

---

① *BGH* NJW 2003，1869，1870.
② *BGH* GRUR 1979，332，336-Brombeerleuchte；1995，581，582-Silberdistel［银蓟案］。

Alltäglichen）便具有获得作为外观设计保护的能力。但是，获得著作权法的保护还必须达到更高的创造高度，即需要明显超越普通的形状（Durchschnittsgestaltung）。① 因此，对已知形状或者其核心要素所进行的简单的组合或者变更不符合上述要求，而是必须依据生活中关于艺术（标准）的主流价值观来进行判断。

外观设计保护期限为 25 年（《德国外观设计法》第 27 条），要远低于著作权的 70 年保护期（《德国著作权法》第 64 条）。 **63**

（二）《德国反不正当竞争法》（UWG）

aa）《德国反不正当竞争法》第 4 条第 9 项（禁止不正当模仿）。如果说著作权 **64** 法旨在为智慧创造提供保护的话，那么《德国反不正当竞争法》的目的仅是在于阻止不正当的商业经营行为。根据《德国反不正当竞争法》第 4 条第 9 项的规定，针对不正当的模仿行为，只有其他特别法（诸如，《德国著作权法》第 2 条第 1 款第 4 项）没有进行规定的情况下，才适用《德国反不正当竞争法》的相关规定（所谓的"优先论"；Vorrangthese）。② 因为在存在特别法规定的情况下，没有必要进行额外（"补充性"）的保护。另外，根据《德国反不正当竞争法》第 4 条第 9 项关于禁止不正当模仿的规定，其适用的前提条件必须是相关特别法的保护（例如，著作权法）并不排除额外的保护。③ 所以，著作权法上所规定的作品作者死后 70 年的保护期（从反向推理）意味着任何人都可以在此保护期经过之后免费使用该作品（进入公共领域的作品；Gemeinfreiheit des Werks）。当然，在存在超出特别法构成要件（例如，著作权法）之外特殊情形（示例，《德国反不正当竞争法》第 4 条第 9 项 a-c）并且相关行为涉嫌构成不正当竞争行为，则《德国反不正当竞争法》第 4 条第 9 项的规定也具有适用性。④ 这尤其在不构成著作权侵权的情况下更是如此。

《德国反不正当竞争法》第 4 条第 9 项要求，一家企业对另外一家企业所提供 **65** 的（1）产品或者服务进行模仿并在市场上出售，而这些产品或服务已经（2）不再受到特别法的保护，但（3）具备竞争法上的特殊性（Eigenart）；尤其是存在能够证成其行为具备不正当性的情形，诸如，《德国反不正当竞争法》第 4 条第 9 项 a-c 所规定的情形。如果出售人并非是推销第三人的服务，而是提供自己的服务，则自始至终都不存在服务继受（Leistungsübernahme）。基于此，如果超级链接使得在互联网上获取他人的信息，诸如，日报的摘录，成为可能，而这些信息又是其他服务提供者向公共公开的，那么也不存在服务继受。⑤ 这是因为，超级链接的提供者只是减轻了获取对其他所有市场参与者都公开的信息的难度。同样，如果一个银行将特定股票指数（示例，Dax）作为自身所提供金融产品价值变化的参考值

---

① *BGH* GRUR 1998，830，832-Les-Laul-Gitarren［Les-Laul 吉他案］。
② *BGH* GRUR 1994，630，632-Cartier-Armreif［卡地亚手镯案］。
③ *BGH* GRUR 1995，581，583-Silberdistel［银蓟案］。
④ BGHZ 140，183，189-Elektronische Pressearchive［电子新闻档案案］。
⑤ *BGH* GRUR 2003，958，963-Paperboy［纸男孩案］。

（Bezugsgröße）①，也属于提供自己的服务，而不属于服务继受。由于该银行并未制定自己的股票指数，而是提供资金的金融产品，从而与德意志证券交易所（Deutsche Börse）以及由其提供的产品服务不具有可比性。在这种情况下，Dax 指数仅构成了计算交割日债权人债权额度的参考值。因此，计算方式自始至终都没有被采纳。

66　　　　bb）《德国反不正当竞争法》第 4 条第 11 项（违法）。* 著作权法的规范对于违反该法的法律后果进行了排他性的规定。为了保障著作权利人的权益，著作权法规定了充分的民事法律惩罚后果（参见《德国著作权法》第 97 条）。这些规范明确地规定了在存在违反著作权法行为的情况下，哪些主体能够主张权利。与《德国反不正当竞争法》（示例，该法第 8 条第 3 款第 1 - 3 项）相关规定不同的是，尤其是其他经营者、经济社团（Wirtschaftsverbände）和消费者社团不包括在内。如果任何一种违反《德国著作权法》规定的行为始终构成《德国反不正当竞争法》意义上的违法行为，那么，上述价值判断将会被损害。因此，应当排除将违反《德国著作权》的行为作为《德国反不正当竞争法》第 4 条第 11 项意义上的违法行为对待。②（该条）对于著作权的侵权人在没有获得权利人许可的情况下先期迅速获得市场进入并以较低的价格向市场提供商品的"领先行为"也不适用。③ 因为从《德国反不正当竞争法》第 4 条第 11 项的语义中无法获得支持其适用的根据。

（三）《反限制竞争法》GWB

67　　　　前文（边码 16 及以下）针对《欧盟运作方式条约》第 101 条、第 102 条的论述也相应地适用于《德国反限制竞争法》。原则上，《德国反限制竞争法》可以与《德国著作权法》并行适用。禁止垄断规定在《德国反限制竞争法》第 1 条，滥用市场支配地位则由《德国反限制竞争法》第 19 条进行规制。著作权或者与著作权合同的行使控制相关的判例多数基于《德国反限制竞争法》第 30 条 ［报纸和期刊价格垄断（Preisbindung）］ 的规定；该条属于《德国反限制竞争法》第 1 条所规定构成要件的例外情形。④

68　　　　根据《德国反限制竞争法》第 30 条第 1 款第 1 句的规定，该法第 1 条的规定不适用于垂直价格垄断，即一个发行报纸和杂志的企业对其产品的购买设定法律或经济上的限制，具体而言，协商固定商品转售的价格或者为购买者设定以同样的价格转售直至消费者端。针对媒体企业，《德国反限制竞争法》第 30 条第 1 款规定了一项为该法第 1 条所禁止的价格垄断的例外情形（豁免）。其理由是，有必要使得对报纸和杂志的价格固定成为可能，从而能够保障媒体自由（《德国基本法》第 5 条第 1 款第 2 句）。据此，《德国反限制竞争法》第 30 条第 1 款旨在保障媒体自由，

---

* 德国现行《反不正当竞争法》第 3a 条。——译者注

① BGHZ 181，77 Rn. 43-DAX.

② *BGH* GRUR 1994，630，632-Cartier-Armreif ［卡地亚手镯案］。

③ Dreier/Schulze/*Dreier*，Einl. Rn. 36；不同观点：Schricker/Loewenheim/*Schricker/Loewenheim*，Einl. Rn. 53。

④ Vgl. dazu *Lettl*，Kartellrecht ［反垄断法］，§ 8 Rn. 28 ff.

其中包括媒体产品的销售。受该条保护的是历史上形成的销售体系，即媒体产品在所有地区以同样的价格出售（普遍获取性；Überallerhältlichkeit）。这是因为，每个公民，无论其身处本国的哪个地区，都应当可以在同样的条件下形成自己的观点（文化政策的考量）。[①]

"报纸和杂志"这一要件特征应当进行宽泛的理解和广义的解释，其不仅包括纸质印刷的产品，还包括其复制品和替代品，只要这些产品可被视为具有出版性质（《德国反限制竞争法》第 30 条第 1 款第 2 句）。最为关键的因素是，对于消费者而言，特定产品依据其公布（形式）、布局（Aufmachung）和销售途径总体上是否被视为媒体产品。出版品的概念对于技术的发展是开放的，尤其是现代通信技术。出版制品（Verlagserzeugnisse）的概念原则上也涵盖了能够替代传统产品的新型产品。判断的关键标准是，其是否在内容上与传统产品具有一致性。

示例：一张含有某法学期刊内容的 CD-ROM。[②] 与之类似，报纸和杂志的在线出版多数情况下也具有出版性质。

（四）《德国民法典》（BGB）

aa)《德国民法典》第 823 条及以下诸条。著作权作为一种排他性的专有权（ausschließliches Recht）属于《德国民法典》第 823 条第 1 款意义上的"其他权利"。对于《德国著作权法》而言，《德国民法典》中一般侵权法规则属于辅助性规则。[③] 由于《德国著作权法》第 97 条及以下诸条为著作权免受侵害提供了众多保护，因而，多数情况下没有必要援引《德国民法典》中的侵权法规则。相反，在涉及多数著作权侵权的情况下，《德国民法典》第 830 条、第 840 条构成重要的补充性规则。在涉及辅助人侵权（Haftung für Verrichtungsgehilfen）的情况下，则《德国民法典》第 831 条构成重要的补充性规则。根据《德国民法典》第 823 条所产生的因侵害一般人格权，尤其是根据《德国美术与摄影作品著作权法》（KUG）第 22 条及以下诸条（参见第十二章边码 1 及以下）对自己肖像所享有的权利，可以与侵害著作权而产生的请求权并存。因为这两者并不存在交叉。[④] 在此意义上，作者人身权保护作者在精神上和人格上与作品的关系（《德国著作权法》第 11 条）。相反，对自己肖像享有的权利则将肖像作为被拍摄的人人格权的组成部分以及所涉及主体的其他一般人格权（示例，姓名、荣誉）。

bb)《德国民法典》第 812 条及以下诸条。根据《德国著作权法》第 102a 条的明确规定，不当得利请求权（《德国民法典》第 812 条及以下诸条）可以作为基于其他法律规定的请求权与《德国著作权法》第 97 条第 1 款和第 2 款所规定的请求权并存。

---

① BT-Drs. 14/196，S. 14；*BGH* GRUR 2006，161 Tz. 30-Zeitschrift mit Sonnenbrille［杂志附太阳镜案］。

② BGHZ 135，74，80-NJW auf CD-ROM.

③ *BGH* GRUR 1958，354，356-Sherlock Holmes［夏洛克·福尔摩斯案］。

④ Dreier/Schulze/*Dreier*，Einl. Rn. 34.

第二章

作品（《德国著作权法》第1条至第6条）

第一节　受保护的人和对象（《德国著作权法》第1条）--------------

一、功能

1　　　根据《德国著作权法》第1条，文学、科学以及艺术作品的作者对其作品享有著作权提供的保护。这一规定构成著作权法的"前言"[①]。这一规定要求著作权法的具体规定为特定的人（"作者"）提供保护并且决定哪些人属于保护对象。根据《德国著作权法》第7条的规定，作者始终是作品的"创造者"（参见第三章边码1及以下）。因此，在判断是否值得赋予著作权保护时，需要考虑以下两个问题。

（1）是否存在一个文学、科学或者艺术作品（《德国著作权法》第2条及以下）？以及

（2）此作品属于哪个人（"作者"）？

2　　　受法律保护的客体是作品（保护对象）。这涉及什么受到法律保护的问题。受保护的人是作者（保护主体）。这回答了谁受保护的问题。作品与作者之间必须存在这样一种特殊的关系，即作品是作者个人精神创作的产物（《德国著作权法》第2条第2款）。

二、法典解释

3　　　文学、科学和艺术作品的构成要件特征原则上需要进行广义理解。[②] 对此，《德国著作权法》第2条第1款列举了一些例子。文学作品不仅包括长篇小说、短篇小

---

① Dreier/Schulze/*Schulze*，§ 1 UrhG Rn. 1.
② Schricker/Loewenheim/*Loewenheim*，§ 2 UrhG Rn. 4.

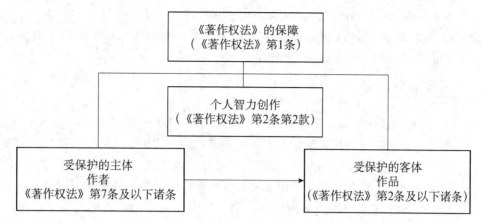

说、剧本和诗歌，而且还包括了日常生活中的琐碎的文字（triviale Text）。

示例： 电话通讯簿、商业登记。

科学与艺术作品的表现形式同样丰富多样，尤其是在艺术没有统一的定义的情 4
况下更是如此。

"根据本法"意味着对于作者的保护，整个《德国著作权法》予以适用。对于 5
法典的内容，首先根据其文字表述来确定；而文字表述在特定的情况下需要予以解
释。在这种情况下需要求助于立法的历史，尤其是立法文件。但是，相对于法典的
文字表述而言，这些仅具有有限的意义。①

三、体系化

《德国著作权法》第 1 条的规定与第 2 条的规定是紧密相连的。因为《德国著 6
作权法》第 2 条第 1 款更具体地"转述"（umschreiben）了第 1 条中有所欠缺或表
达模糊的概念（"文学、科学与艺术作品"）。此外，该法第 2 条第 2 款规定，作品
的形成以"个人智识创造"为前提条件。

第二节 保护客体（《德国著作权法》第2条）

一、著作权法保护的前提条件

构成著作权保护的前提要件是，必须满足，同时也只要满足《德国著作权法》 7
第 2 条所规定的前提条件。满足这种情况，著作权法的保护便"依法"（ipso iure）
而产生；除此之外，不再需要满足其他条件，尤其是不需要考虑是否办理特定手续
［诸如，登记、备案（Hinterlegung）］。反之亦然，办理手续对于著作权的形成并无
助益。因此，"保留所有权利"、"受著作权法保护"或者"使用著作权的标志©"
对于著作权的形成而言是不重要的。如果这些提示性内容与事实不符，那么则可能
构成违反正当竞争。这是因为这构成误导性的保护性权利援引（irreführende

---

① *BGH* GRUR 2005，48，50-man spricht deutsch［电影《人人说德语》案］。

Schutzrechtsberühmung），从而违反了《德国反不正当竞争法》第3条、第4条第10项的规定。最后，相关的协议对于著作权的形成没有任何影响，因为著作权保护的形成排除了当事人的支配权。①

二、规范结构

8　　《德国著作权法》第2条对受保护文学、科学与艺术作品的范围进行了规定。其中，该法第2条第1款包括了进行列举（"尤其是"）。第2条第2款通过简短的定义将作品的范围限制在（"仅"）个人智识创作的产品。据此，《德国著作权法》第2条意义上的作品的产生以及对其提供著作权法保护的前提是：某人在文学、科学或艺术领域（《德国著作权法》第2条第1款中的列举）进行了智识性的创造（《德国著作权法》第2条第2款）。

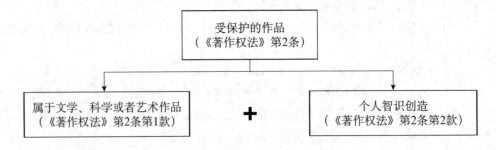

三、规范目的

9　　《德国著作权法》第2条规定了著作权保护的客体。通过此规定，第2条确定了著作权法的客体适用范围。所以，这涉及著作权法一项根本性的规定。

四、个人智识性创作（《德国著作权法》第2条第2款）

（一）适用范围

10　　《德国著作权法》第2条第1款所包括的作品类型只有在下列条件下才受到保护，即在这些作品构成该法第2条第2款意义上的个人智识创作时。因此，除了《德国著作权法》第69a条及以下诸条关于计算机程序的特殊规定外（参见第69a条第3款"自我智识创作"），其他条款适用一个统一的作品概念。然而，在具体的作品种类中，可能适用不同的衡量标准。《德国著作权法》第2条第2款所规定的各种构成要件特征之间存在一种"转换"功能，因此，这些单独的概念需要相互结合来考察理解。②

①　BGH GRUR 1991，533 — Brown Girl II［棕色女孩案（二）］。
②　Dreier/Schulze/*Schulze*，§ 2 UrhG Rn. 7.

（二）法典解释

aa）个人性的。（1）人的行为。"个人性的"这一法律特征以人的行为作为前 11
提条件。这使其与机械性产品、单纯的自然产物以及动物活动的结果（示例，猩猩
画的画）相区分。这些不受到著作权的保护。但是，人的行为也可以借助于机械
完成。

示例：一个自然人在其个人电脑上写下一段文字；再如，她通过操作自动照相
机为自己拍照。

如果一个人对在先发现客体（Vorgefundener Gegenstände）（示例：树根）经 12
过选择作为艺术品予以展示，那么也构成人的行为。[1]

相反，如果仅是机器自行运作，则不构成人的行为。 13

示例：计算机在没有人的作用的情况下单独画的画。

（2）行为人的属性。行为人的特定属性，诸如是否成年或者智识状况（示例， 14
智力障碍，精神恍惚下的行为）则不属于需要考虑的因素。

bb）智识性的。（1）作品以及作品载体。著作权法仅保护非物质的客体（作 15
品，非物质客体），而并非它的有形化的载体（参见第一章边码52）。因为智识性的
内容体现在作品中。在作品载体中其仅是表达出来并成为有形体。一个作品可以在
没有有形载体的情况下存在（例如，报告）。

（2）概念。创造的智识性或者精神性只有在以下条件下能够满足，即当作品将 16
源于人的思想或者情感内容予以公布，并使作品的受众以某种方式能够感知到（示
例，娱乐性的、教导性的或者 veranschaulichend oder erbauend）。[2] 美学内容这一
概念经常被极为广泛地应用，但对这个概念的理解是有偏颇的。因为以此仅是表达
基于智识性的工作产生了一种能够被有意义地感知的个人创造性的外在结构。[3] 就
必要的精神刺激作用而言，各个单独的作品种类具有决定性意义。

示例：实用艺术作品，诸如罩衫（Hemdblusenkleid）可以表达形状以及颜色
的意义。根据联邦最高法院认为在以下情况下存在一种智识的、精神性的刺激作
用，即"当本身的结构具有如此之高的美学内容从而依据主流的价值观构成一种艺
术品时"[4]。

（3）可感知性。一种刺激性的功能原则上以作品通过特定的载体表达出来。这 17
也就是说，作品必须采取一定的形式，使得他人（诸如通过阅读、倾听或者观察）
能够感知。因此，作品可以被称为量化的人与人之间的沟通。[5] 对于作品的可感知
性，其总体印象具有决定性的作用。对作品的单纯介绍并不能够使其被感知。作品
的可感知性也可以在不借助实物的情况下获得。

---

[1]　Dreier/Schulze/*Schulze*，§ 2 UrhG Rn. 9；krit. Schricker/Loewenheim/*Loewenheim*，§ 2 UrhG Rn. 17.

[2]　Dreier/ Schulze/*Schulze*，§ 2 UrhG Rn. 12.

[3]　*BGH* GRUR 1985，1041，1047-Inkassso-Programm［收账程序案］.

[4]　*BGH* GRUR 1984，453-Hemdblusenkleid［罩衫案］.

[5]　Schricker/Loewenheim/*Schricker/Loewenheim*，Einl. Rn. 7.

示例： 口头报告即使在不借助实物的情况下也具有可感知性。

18　　可感知性并非必须直接实现，而是也可以通过技术辅助物（示例，DVD 播放器）实现。①

19　　cc）创作（Schöpfung）。（1）概念。创作是指一种包含特定质量内容，意即产生特定创设高度（Gestaltungshöhe）的创造过程（Schaffensvorgang）。

20　　（2）前提条件，（a）双重创作（Doppelschöpfung）。创造过程的结果并不必然要求具备绝对的新颖性。如果两个相互独立创作过程产生同样的结果，则两者都构成《德国著作权法》第 2 条第 2 款意义上的创作（双重创作）。通常情况下，每一种具体的作品类型都有巨大的创作空间，所以双重创作仅是一种例外的情形。②

21　　（b）独特性，（aa）概念。如果不属于双重创作的情形，那么，相对于已有的作品而言，创作必须具备不同的个性（Andersartigkeit）。此外，相较于日常所见（Masse des Alltäglichen）和单纯的常规操作（routinemäßige Leistungen），所进行的创作必须达到一定高度（Abstand）。③ 这意味着，创作的结果必须具有不同之处。④

22　　（bb）程度（Grad）。独特性所必要的程度可以如此描述，即"充分的创设性的个性程度（Eigentümlichkeitsgrad）"⑤。所创造的成果必须呈现特定的"设计高度"（Gestaltungshöhe），也称为创造高度或者作品高度。⑥ 在《德国著作权法》中并没有对其第 2 条第 2 款所要求的创造高度进行（具体）规定。

23　　值得注意的是，《德国著作权法》第 69a 条第 3 款基于对欧共体第 91/250 号指令（RiL 91/250/EWG）关于计算机程序保护的转化，将计算机程序的（创造高度）设定为"本人的精神创造"标准。该标准尽管也要求具备个性特征，但根据欧盟委员会的观点，所有作为自己创造结果的电脑程序，只要并非日常所见，都应当受到保护。因此，对于计算机程序的保护只需要满足较低的要求。⑦

24　　关于《德国著作权法》第 2 条第 2 款对创造高度所提出的要求充满争议。

25　　——德国联邦最高法院（BGH）的观点（Ansatz）：德国联邦最高法院根据不同的作品类型确定了不同的创造高度要求。

示例： 对于语言作品（《德国著作权法》第 2 条第 1 款第 1 项）仅要求很低的创造高度。⑧ 这种保护在范围上不仅涵盖了诗歌杰作，而且还扩及所谓的"小硬币"（kleine Münze），即日常的、大规模制作的文字。

---

① *BGHZ* 37，1，7-AK. I.
② *BGH* GRUR 1988，812-Ein bisschen Frieden，附 Schricker 案例评注。
③ *BGH* GRUR 1987，704，706-Warenzeichenlexika［商标词库案］。
④ Schricker/Loewenheim/*Loewenheim*，§ 2 UrhG Rn. 23；Wandtke/Bullinger/*Bullinger*，§ 2 UrhG Rn. 21.
⑤ *BGH* GRUR 1988，533，535 — Vorentwurf II［前期草稿案（二）］。
⑥ *BGH* GRUR 1983，377，378-Brombeer-Muster［黑莓模型案］。
⑦ *BGH* ZUM 2000，233，234-Werbefotos［求职照片案］。
⑧ *BGH* GRUR 1981，520，521-Fragensammlung［问题汇编案］。

此外，对于音乐作品（《德国著作权法》第 2 条第 1 款第 2 项）的创造高度也要求较低。即便对于简单的智识成果也提供保护（所谓小硬币）。因此，诸如对打击乐等作品的创造高度要求不是特别高。[①]

而对于应用艺术（angewandte Kunst）的创造高度则适用严格的要求（参见边码 16 示例）。另外，外观设计专利的保护也可能纳入考虑范围。但是，如果全部成果已经通过著作权法获得了保护，则不再需要外观设计专利的保护。

——学术界观点：德国学术界[②]对于联邦最高法院对不同作品的创造高度确定不同标准的做法提出了批评。其根据是，《德国著作权法》第 2 条第 2 款的规定并没有对不同类型的作品进行区分。所以原则上应当对所有作品类型的创造高度适用同一标准。这并不排除对特定作品类型的特性予以考虑。由于欧盟法的相关规定对计算机程序作品的独特性程度普遍在满足较低要求的情况下便予以保护（参见边码 23），所以应当逐渐确定一个统一的、较低的保护要件。　26

（cc）主流观点。对于判断一项作品的著作权保护资格至关重要的是由该成果各单独结构要素所形成的总体印象。在此意义上，作者或者任何一个第三人的认知都不重要。更大程度上反而是相关公众（Verkehrskreis）的观念具有决定性意义。相关公众中的普通观察者（Durchschnittsbetrachter）观念具有重要意义。　27

示例： 对于文学领域的一件作品而言，其是否符合获得著作权保护资格，应当以对文学问题有一定了解并且心态开放之公众的视角来判断。[③]

通常情况下（案件审理的），法官属于（所审理案件的）相关公众，所以不需要征询专业人士的鉴定意见。如果特定审理法院不具备充分的专业知识，那么只有通过专业人士的鉴定意见才能澄清，特定对象是否具备充分的个性（Individualität）。在音乐[④]和应用艺术[⑤]领域尤其如此。　28

示例： 一份建筑设计的草图是否具有充分程度的个性需要通过专业人士的帮助来解决。[⑥]

（dd）确认（Feststellung）。尽管在判定一项创作成果的个性时应当采用客观标准，而不是进行主观评价（keine Wertung）。[⑦]但是，一项创作成果的个性只能通过人（读者、听众、观众）的观察来进行，因此，一定程度上的主观评价不可避免。为了确保这种客观性，有必要考虑各种表征要素（参见边码 30 及以下）。　29

对于一项作品的特性确定而言，特定的具体单一作品具有决定性作用。在这一判定过程中，该作品的组成部分和形式要素（Gestaltungselemente），同时还有其　30

① *BGH* GRUR 1991，533-Brown Girl II［棕色女孩案（二）］。
② Vgl. z. B. Dreier/Schulze/*Schulze*，§ 2 UhrG Rn. 32.
③ *BGH* GRUR 1972，143，144-Biografie［肖像案］。
④ *BGH* GRUR 1981，267，268-Dirlada［歌曲 Dirlada 案］。
⑤ *BGH* GRUR 1972，38，39-Vasenleuchter［花瓶灯案］。
⑥ *BGH* NJW 2003，665，668-Staatsbibliothek［国家图书馆案］。
⑦ *BGH* GRUR 1968，321，325-Haselnuss［榛子案］。

总体印象具有重要意义。以下将着重讨论不同的表征（Indizien）。

31　　　　——创作自由度（Gestaltungsspielraum）：创作自由度是判断特定作品是否具备受著作权保护资格的最重要表征。对于一个创造过程的成果而言，其创作自由度越大，则具有充分个性的可能性越高。反之，如果创作自由度较低的情况下，即如果该成果可以较为容易地通过框架（Formen）、用途（Zwecke）、常见的造型工具或者技术手段（technische Zwänge）得以实现，那么很难佐证其具有充分的个性。如果一个造型在技术上是预设的或者构成特定客体功能上的前提条件，则不会考虑对其进行著作权法上的保护。

　　　　示例：将金属用作床的制作材料是显而易见的，因此，不应当提供著作权法上的保护。① 对于家具而言，其造型是技术上实现特定功能所必要的。相反，对于一个清晰的技术供货条件框架（technische Lieferbedingungen）理念而言，则需要符合《德国著作权法》第2条第2款意义上的个人智力创造的要求。②

32　　　　在确定构造元素时，需要将判定的标的客体作品与已有的作品进行比对，将二者的构造特征逐一对比。

33　　　　——遴选与编排：通过对已有造型元素进行重新组合也可以获得充分的个性，如果在对已有造型要素的选择与编排上体现了充分的、个性化创作自由。

　　　　示例：对于中世纪文本汇编所做的导言、评注以及索引可能受到著作权法的保护。③

34　　　　——想法（Idee）：对于单纯创造特定成果的想法，在著作权法上不具有获得保护的资格（schutzfähig）。

　　　　示例：出版商标词典的想法④、为广告目的将"粉红小象"人性化⑤、以特定方式广告宣传⑥或者有公众参与的演播厅娱乐节目的结尾设计想法⑦都不构成个人智力创造，从而不能受到著作权法的保护。同样不受保护的是制作护林员系列故事片的想法。

35　　　　只有一个想法的具体形态（konkrete Gestalt）受到著作权法的保护。在对特定单一机构要素的选择、编排以及组合上便可以体现这种（想法的）具体化。

　　　　示例：一份纲要（Exposé）如果列明了电影工作的前提条件以及包含了电影流程的陈述则受到著作权法的保护。⑧

36　　　　——主题、素材：对于特定主题或者素材的遴选本身并不受著作权法保护。当下日常主题以及其他历史、文化、科学或者其他主题都属于公共领域。

---

① *BGH* GRUR 2004，941，942-Metallbett［金属床案］。
② *BGH* GRUR 2002，958，960-Technische Lieferbedingungen［送货技术条件案］。
③ *BGH* GRUR 1980，227，230-Monumenta Germaniae Historica［德国历史遗迹导览案］。
④ *BGH* GRUR 1987，704，706-Warenzeichenlexika［商标词库案］。
⑤ *BGH* GRUR 1995，47，48-Rosaroter Elefant［粉红大象案］。
⑥ Vgl. dazu Schricker, GRUR Int. 2004，923，925ff.
⑦ *BGH* NJW 2003，2828，2830-Sendeformat［放送格式案］。
⑧ *BGH* GRUR 1963，40，41-Straßen-gestern und morgen［影片《街道：历史与未来》案］。

示例：撰写著名人物的传记即便没有获得该著名人物的许可也是可以的。[①] 因为这样一种传记所依据的人物历史（本身）是不受著作权法保护的。但如果采用拍摄电影的方式，则必须注意《德国美术与摄影艺术作品著作权法》（KUG）第 22 条及以下诸条的规定。

受著作权法保护的仅是特定主题或者素材的具体表现形式（konkrete Gestalt）。 37
这种具体化即便在对具体单一构造要素的遴选、编排和组合中也可以体现出来。 38

——方法、模式、风格：通常情况下，常见的、普通的创作方式不属于《德国著作权法》第 2 条第 2 款意义上的个人智力创作。

示例：假声唱。

这同样适用于方法、模式和时代风格。这些对于所有人而言都是开放的。[②] 39

但是，方法、模式和时代风格的具体的形态则可能受到著作权法的保护。 40

——科学的发现：著作权法对于科学的发现并不进行保护。因为这些发现并不是 41
由"作者"创造的，而只是对已有的存在进行的揭示而已。这些科学发现任何人都可以获取。[③] 因此，受到著作权法保护的并不是表述（Darstellung）的客体，而是表述的方式。[④] 在此意义上需要考察，是否已经存在一种常见的表达方式以及是否基于学术原因应当遵循的特定表达方式。

示例：对于电子开关的简短说明不具有充分的独特性。在诸如一封律师信中通过对特定科学发现进行极其通俗、不受任何规范预设约束的描述来阐释一个示例，那么这种情况则应受到著作权法的保护。[⑤]

——使用目的：所涉及的对象属于日常生活所常用的客体（诸如，办公家具）这 42
一情形既不支持也不阻碍该客体成为著作权法保护的对象。[⑥] 因此，需要仔细审查，是否构成一种超越日常所见和普通工艺水平的成果（Leistung）存在。为了满足这一要求，该成果应当明显超越中等工艺水平。[⑦]

——通过专业人士判断：专业领域对特定成果的积极肯定也可以作为该成果具有 43
受著作权保护资格的表征。

示例：一个专业委员会将一项成果陈列于博物馆。

——成功：一项成果的成功也可以作为其应受到著作权保护的作证。 44

示例：一首单曲在短时间内登上歌曲排行榜的首位。[⑧] 同时，特定成果获得一定奖项或者具有很高的销售额也可以作为该成果成功的标志。

——可以作为一项成果受到著作权保护的其他表征还包括诸如购买者的动机、成 45
果展示的形式、作者的创作意愿、对成果的第一印象、成果的首创性、诉讼中争议

---

① *öOGH* ZUM 1993，628-Servus Du … ["你好"案]。
② *BGH* GRUR 1977，547，550-Kettenkerze [蜡烛串案]。
③ *BGH* GRUR 1981，352，353-Staatsexamensarbeit [国家考试作业案]。
④ *BGH* GRUR 1979，464，465-Flughaftenpläne [机场规划案]。
⑤ *BGH* GRUR 1986，739，741-Anwaltsschriftsatz [律师信案]。
⑥ *BGH* GRUR 1982，305，306 ff.-Büromöbelprogramm [办公家具程序案]。
⑦ *BGH* GRUR 2004，941，942-Metallbett [金属床案]。
⑧ *BGH* ZUM 1992，202，204-Sadness/Madness [《忧伤与疯狂》案]。

双方对成果的分类（Einstufung der Leistung）、成果的社会功能以及成果众多的利用可能性。①

46　　　一成本及费用：在进行评判的过程中不应当考虑成本和费用问题。因为著作权法并不是旨在针对（因创作而付出的）成本和费用进行保护，而是旨在保障创造性的成果。②

47　　　一成果的规模：对于是否受到著作权法的保护而言，成果的规模并不重要。因此，即便一篇简短的文字也可以受到著作权法的保护。但是，简短的文字篇幅使得（作者）仅具有较小的创作空间。基于这一理由，针对简短的广告语必须谨慎地审查，是否满足《德国著作权法》第 2 条第 2 款意义上的个人智力创作要件。

　　　示例："一千次的感动，一千次的未曾发生"这一文字段落并不能够构成《德国著作权法》第 2 条第 2 款意义上的智力创作。③

48　　　（ee）关键的时间点：对于一项成果的独特性的判定而言，其形成的时间点至关重要。其他时间点，包括侵害行为发生的时间，则不是关键性的。④

　　　a）依职权审查

49　　　法院应当依职权审查一项成果是否应当受到著作权法的保护。⑤ 因此，这一问题并不属于当事人可自由决定事项的范围。

　　　b）说明与举证责任（Darlegungs-und Beweislast）

50　　　针对特定成果主张著作权保护的主体应当就其构成要件承担说明责任并且在特定情形下进行举证。⑥ 这一说明与举证责任通常借由作者或者权利人作为原告通过出示作品来完成。该权利主张的相对方（诉讼的被告）则必须说明，基于哪些理由原告的成果不应当受到著作权法的保护。⑦ 例如，原则上请求权的相对方必须说明并在特定情形下举证证明，作者的成果是已知的。⑧ 如果请求权人（即作者）的一项成果是否具备应当受到著作权法保护的资格自始无法辨认，那么，作者负有承担更大的说明与举证的责任。因此，在此种情形下，单纯地通过出示成果无法履行其说明与举证责任。相反，请求权人必须具体地陈述和说明为什么他的成果具有充分的独特性。

　　　示例：在裁判要旨（Leitsätze）中对法院判决进行缩减和编辑处理中，原告必须说明每一项裁判要旨中其个人智力创作体现在哪里。⑨

51　　　如果请求权人为了完成说明与举证责任需要查阅被告的文件，可以根据《德国

---

① Vgl. G. *Schulze*, GRUR 1984, 400, 406 ff.

② *BGH* GRUR 1985, 1041, 1048-Inkassoprogramm［收账程序案］；Schricker/Loewenheim/*Loewenheim*，§ 2 UrhG Rn. 47。

③ LG Frankfurt a. M. GRUR 1996, 125-Tausendmal berührt［《数千次的感动》案］。

④ *BGH* GRUR 1981, 820, 822-Stahlrohrstuhl I［钢管椅案（一）］。

⑤ *BGH* GRUR 1991, 533-Brown Girl II［棕色女孩案（二）］。

⑥ *BGH* GRUR 1991, 499, 450-Betriebssystem［操作系统案］。

⑦ *BGH* GRUR 2004, 939, 941-Klemmhebel［夹持杆案］。

⑧ *BGH* GRUR 2002, 958, 960-Technische Lieferbedingungen［送货技术条件案］。

⑨ *BGH* GRUR 1992, 382, 384-Leitsätze［裁判要旨案］。

民法典》第 809 条请求查阅或者根据《德国民事诉讼法》第 142 条之规定请求法院命令被告进行文件出示（Urkundenvorlage）。

如果原告仅单纯提供了专家证据，但并未予以说明基于什么原因他的成果具备受到著作权法保护资格的情况下，这一证据可能被作为探究证据（Ausforschungsbeweis）而被拒绝采信。 *52*

c）具备受著作权法保护资格的推定（GEMA 推定）

一项成果是否具备受到著作权法保护的资格，在具体案件中需要进行单独的确认。但是，如果一个组织，诸如，德国音乐作品表演权与复制权集体管理协会（GEMA），集体行使众多不同作者在大规模利用情形下，例如，舞蹈音乐、娱乐音乐的权利，逐一的特别审查必将导致巨大的成本。因此，推定德国音乐表演权与复制权集体管理协会行使作者的权利。此外，还存在以下推定，即 GEMA 针对特定成果行使著作权，那么推定该成果受到著作权法的保护。通过这一方式实现了说明与举证责任的倒置。 *53*

1. 受保护作品的列举（《德国著作权法》第 2 条第 1 款与第 2 款）

a）将一项成果归类到特定作品类型

《德国著作权法》以举例（"尤其是"）的形式明确列举了特定的作品类型。因此，本条中的列举并不是穷尽式的。从而可以预见的是，将来可能会产生新的作品类型，从而添加到这一列举列表之中。但是，该特定成果必须属于文学、科学和艺术三大领域。《德国著作权法》第 2 条第 1 款第 1 项至第 7 项所规定的作品类型有部分的交叉和重合。通常情况下，将某一成果归入特定的作品类型（而不是其他作品类型）并非至关重要，因为这并不导致不同的法律后果。原则上，《德国著作权法》为每一种作品类型提供同样的法律保护。只有在针对特定的作品类型法律有特殊的规定，那么是否归属于该特定作品类型才具有重要意义。 *54*

示例：针对电影作品有特殊的法律规定（《德国著作权法》第 88 条及以下诸条）。

此外，如果法律就作品的充分独特性对不同的作品类型规定了不同的要求（参见边码 21 及以下），那么，《德国著作权法》第 2 条第 1 款第 1-7 项所规定的特定作品类型的归属则至关重要。 *55*

b）语言作品（《著作权法》第 2 条第 1 款第 1 项、第 2 款）

aa）概念。构成语言作品的前提条件是，语言作为媒介表达了精神性的内容。[1] 至于所涉及的是哪一种语言，则无关紧要。 *56*

示例：《德国著作权法》第 2 条第 1 款第 1 项意义上的"语言"可以是外国语、艺术语言、盲文或者其他哑语。[2]

如果一个客体，诸如，一张需要事后填写才能获得思想内容的表格，其本身不能表达思想性内容。因此，一个空白表格不构成《德国著作权法》第 2 条第 1 款第 *57*

---

① Dreier/Schulze/*Schulze*，§ 2 UrhG Rn. 81.

② Fromm/Nordemann/*Vinck*，§ 2 UrhG Rn. 29.

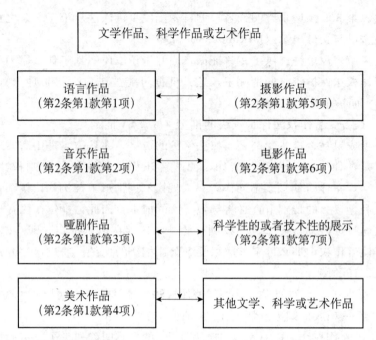

1 项意义上的语言作品。①

58　　　　此外，计算机程序也可以构成语言作品。

59　　　　bb）形式。一项成果的表现形式（对于其是否受到法律保护）不具有关键意义。因而，一项语言作品既可以以口头的形式，也可以以书面形式呈现（参见《德国著作权法》第 2 条第 1 款第 1 项："演讲"）。据此，演讲、报道和采访都可以成为《德国著作权法》第 2 条第 1 款第 1 项意义上的语言作品。②

　　　　示例：一个知识竞答节目主持人的演说、幽默风趣的（话题）转换以及提问的特殊方式都可能具备受到著作权法保护的条件。③

60　　　　cc）独特性（《德国著作权法》第 2 条第 2 款）。（1）程度。就语言作品而言，即便是所谓的"小硬币"（参见边码 25）也享有著作权法的保护。④ 因此，对于其充分的独特性这一要件通常仅提出较低的要求。

　　　　示例：一个只有三行文字的短文，即便其内容上仅是琐碎、微小的事情，也受到著作权法的保护。⑤

61　　　　这一规则同样适用于计算机程序（参见边码 23、58）。

62　　　　（2）文本的性质。文本的性质是判断其是否应当受到著作权法保护的决定性标准。较之于一个受限于特定的主题或者目的而完成的文本，一个基于自由创作而完成的文本更有可能受到著作权法的保护。这种预先规定的标准越多越严格，那么，所创作出的文本越缺乏《德国著作权法》第 2 条第 2 款所要求的独特性。

---

① *BGH* GRUR 1959，251-Einfahrtsschein［（车辆）进入证案］。

② *BGH* GRUR 1963，213，214-Fernsehwiedergabe von Sprachwerken［语言作品的电视重播］。

③ *BGH* GRUR 1981，419，420-Quizmaster［电视知识竞答节目案］。

④ Dreier/Schulze/*Schulze*，§ 2 UrhG Rn. 85.

⑤ *BGH* GRUR 1991，531-Brown Girl I［棕色女孩案（一）］。

示例：基于事实本身的原因，招标文件的文本通常情况下很大程度上受制于预设的标准。因此，这些文件一般情况下不受到著作权法的保护。①

（3）文本的篇幅。同样，文本的篇幅对于其是否具备充分的独特性具有决定性　63
意义。因为文本越长，则存在个人自由创作的空间就越大。简短的文字（例如，广告语）、作品标题（例如，将一个电视信息频道命名为"第七感"；但这可能受到《商标法》第5条的保护）或者甚至是一个单体字通常情况下不受著作权法的保护。

示例："海德熊（Heidelbär）"一词不能受到著作权法的保护。② 这同样适用于哈利波特系列小说③中的某一章节的标题以及某一个概念以及一份鉴定意见中的两句话。④

所涉及的文本越简短，那么对于其独特性的要求就越高。　64

（4）素材的遴选与编排。语言作品所要求的充分独特性可以从对素材的遴选和　65
编排中获得。

示例：一个社会疗法培训课程的课程安排可以基于其对主题的遴选和展示而获得著作权法的保护。⑤ 这也同样适用于 AOK 保险公司的宣传单；这些宣传单由于附有简明的示例并列举了最为重要的规则使得其非常容易理解。⑥

因此，单纯对数据和事实的遴选和编排可以基于其独特的组合方式和方法而具　66
有充分的独特性。

示例：如果一个商标词库拥有数量庞大的选择标准，并因此而显著不同于其他商标词库，那么，该商标词库可以因此而获得著作权法的保护。⑦ 这同样适用于从不同的视角系统整理和编辑的历史文本合集。⑧ 这些对象还有可能属于《德国著作权法》第87a条关于"数据库"保护规范的适用范围。相反，单纯地通过媒体报道传播特定事实并不能够满足充分的独特性这一要件。⑨

而对数据的单纯收集并不能够获得著作权法的保护。　67

示例：公司名称、地址或电话的集合并不具有充分的独特性。⑩ 但是，可能受到《德国著作权法》第87a条（参见第九章边码21及以下）和《德国反不正当竞争法》第4条第9项的保护。

dd）文学作品。多数情况下长篇小说、短篇小说、剧本以及诗词具有充分的个　68
人创作空间。因此，这些作品通常情况下受到著作权法的保护。对于文学作品而言，不仅其具体的版本或思路的直接设计受到著作权法保护，而且其所谓的主要情

---

① *BGH* GRUR 1984，659-Ausschreibungsunterlagen［职位招聘资料案］。
② *LG Mannheim* ZUM 1999，659，660-Heidelbär［海德熊案］。
③ *LG Hamburg* GRUR-RR 2004，65，68-Literatur-Werkstatt Grundschule［小学文学工作坊案］。
④ *OLG München* ZUM 1997，98f.-Rechtsgutachten［法律鉴定意见案］。
⑤ *BGH* GRUR 1991，131，133-Themenkatalog［主题目录案］。
⑥ *BGH* GRUR 1987，166，167-AOK merkblatt［AOK 保险公司信息表案］。
⑦ *BGH* GRUR 1987，704，705-Warenzeichenlexika［商标词库案］。
⑧ *BGH* GRUR 1980，227，231-Monumenta Germaniae Historica［德国历史遗迹导览案］。
⑨ *öOGH* ZUM-RD 2005，14，16f.
⑩ *BGH* GRUR 1999，923，924-Tele-Info-CD［电话 CD 案］。

节也属于保护范围。主要情节包含了作品中创作性的、转化为特定人物具体故事的组成部分和作品中的（艺术）形式构成要素。尤其是，人物的性格塑造和角色划分以及场景的组织。[①] 另外，报纸和期刊上发表的文章，诸如，评论、分析或者批评也可以具备充分的独特性。

69　　　　ee）科学作品。科学理论与知识是向公众开放的（参见第一章边码 46，第二章边码 4、96 及以下）。因此，对于科学作品的著作权法保护而言，至关重要的并非其内容（是什么），而是该成果展示与表现的方式（如何）。同时，在此范围内还必须考察，惯常的表达方式（专业语言）或者其他原因在多大程度上留有个人创作组织的空间。专著和论文，如果不是基于专业原因须遵循预设的规定，则通常情况下受到著作权法的保护。

　　　　c）音乐作品（《德国著作权法》第 2 条第 1 款第 2 项和第 2 款）

70　　　　aa）概念。音乐是指人创造的任何一种类型的音调（Töne）。[②] 这种创作既可以以人声为手段，也可以通过任何一种工具来实现。

71　　　　bb）形式。音乐作品的音调并不必须通过书面的形式或者其他形式（例如，录音带）固定下来。

72　　　　cc）独特性。（1）程度。就音乐作品而言，所谓的"小硬币"（参见边码 25）也享有著作权法的保护。因此，对于其充分的独特性这一要件通常仅提出较低的要求。是否具备艺术价值并不是必要条件。因此，不仅是所谓的古典音乐作品，而且爵士乐或打击乐的即兴创作等现代音乐形式也在通常情况下受到著作权法的保护。

　　　　示例："像儿童一样"这首歌的叠句也属于著作权法的保护范围。[③] 同样，对一首已经进入公共领域的民歌所进行的实质性加工也受到著作权法的保护。[④]

73　　　　（2）音调的长度。音乐作品的充分独特性要求其必须具有特定的长度。具有决定性意义的是，是否存在个性化的自由创作空间。一个单一的音调不受著作权法的保护，因为不存在创作的自由空间。此外，声音信号、间隔信号、手机铃声或者诸如广告中的识别音通常情况下都不受著作权法的保护（但应注意《德国商标法》第 3 条第 1 款的规定）。这是因为这些音调通常都非常简短，极少存在进行自由创作的空间。主调、旋律或者其他音列（Tonfolge）则受到著作权法的保护。

74　　　　（3）表现形式。即便是通过已知的创作元素所创作出的音乐作品也可能因其具体的表现形式而具备（作品所要求的）充分的独特性。[⑤]

　　　　d）哑剧作品（《德国著作权法》第 2 条第 1 款第 3 项和第 2 款）

75　　　　aa）概念。哑剧和舞蹈（参见《德国著作权法》第 2 条第 1 款第 3 项：舞蹈艺术）属于思想与感知的身体表达[⑥]，因此需要通过身体举动、手势和面部表情来实

---

① Schricker/Loewenheim/ *Loewenheim*，§ 2 UrhG Rn. 52.

② Dreier/Schulze/ *Schulze*，§ 2 UrhG Rn. 134.

③ *BGH* GRUR 1988，810，811-Fantasy［幻想案］。

④ *BGH* GRUR 1991，533，535-Brown Girl II［棕色女孩案（二）］。

⑤ *BGH* GRUR 1981，267，268-Dirlada［歌曲 Dirlada 案］。

⑥ Dreier/Schulze/*Schulze*，§ 2 UrhG Rn. 143.

现，但并不包含体育运动性的和杂技性的动作（诸如，体操、跳水）。因为这些并不是一种思想或者感知的外在表达。如果这些动作仅是辅助手段，作为手势表演或者舞蹈表演的支撑（诸如，花样滑冰），则可以构成舞蹈艺术作品。[①]具有关键意义的是，这些动作并不是为了自身目的而进行的，而是表达手段。对一个事件进行（芭蕾舞）编导也可以受到著作权法的保护。[②]

bb）形式。表达方式的流程（例如，舞蹈的编导）并不必须以书面的形式或者其他方式（例如，图画的形式）固定下来。　76

cc）独特性。（1）程度。就哑剧作品和舞蹈作品而言，即便是所谓的"小硬币"（详见边码25）也受到著作权法的保护。因此，对于其充分的独特性这一要件通常仅提出较低的要求，并不要求具有艺术价值。　77

（2）身体表达手段的范围。一个单一的手势通常情况下并不受到著作权法的保护，因为在此范围内仅有很少的个性化创作空间。　78

e）艺术作品（《德国著作权法》第2条第1款第4项和第2款）

aa）概念。造型艺术（bildende Kunst）的概念不仅包括传统意义上的古典艺术作品，而且还包括实用艺术（边码25、81）和建筑艺术（边码82）。法律对艺术的概念并未清晰地予以界定。[③]较之于《德国著作权法》第2条第1款第4项意义上的"艺术"概念，《基本法》第5条第3款意义上的艺术应当更加广泛地予以界定。因此，著作权法对于艺术作品的概念有其独立的界定。据此，艺术是指个人的创作，将艺术的展示要素通过既定形式的活动来进行创作，首要以在感知过程中审美的刺激为主要目的。据此，作品的必要审美内容必须得到这样的程度，即根据对艺术敏感并具备一定艺术观之群体的判断，该作品构成一项艺术成果。[④]因而，普通观察者的看法具有决定性意义。通过专业人士进行评判可以作为受著作权法保护的一种"表征"（边码43）。　79

bb）独特性。（1）程度。（a）"纯粹艺术"。针对艺术作品而言，所谓的"小硬币"（详见边码25）也受到著作权法的保护。因此，对于其充分的独特性这一要件通常仅提出较低的要求。最低程度的独特性（艺术创作的高度），从而使得该成果与既有已知作品相比具有显著的区别。　80

示例：图画（例如，柏林墙上的图画）[⑤]、素描画（Zeichnungen）、绘画和雕塑通常情况下都受到著作权法的保护。同样，拼贴画（Collagen）、蒙太奇艺术（拼贴）、即兴表演（Happenings）[⑥]以及其他形式的现代艺术都属于著作权法保护范围。

（b）实用艺术。"纯粹艺术"应当与实用艺术（《德国著作权法》第2条第1款　81

---

① *BGH* GRUR 1960，640，605-Eisrevue I；GRUR 1960，606，608-Eisrevue II.
② *BGH* GRUR 1985，529，-Happening［即兴表演案］。
③ *Bver fG* NJW 1987，2661；BGH ZUM 1991，83，84-Opus Pistorum.
④ *BGH* GRUR 1988，690，629-Kristallfiguren.
⑤ *BGH* GRUR 1995，673-Mauer-Bilder.
⑥ BGH GRUR 1985，529，-Happening［即兴表演案］。

第4项明确地采用此概念）区分开来。这是因为至少根据联邦最高法院的判例，实用艺术的著作权法保护必须满足更严格的要求；特别是实用艺术同时受到《德国工业品外观设计保护法》（Geschmacksmustergesetz）*的保护。[1] 实用艺术的客体在以下两个方面区别于纯粹艺术：首先是制作的性质（系列性和工业性），其次是实用艺术的客体具有使用目的（例如，家具）。实用艺术是否具有使用目的并不是决定其是否应受到法律保护的决定性标准。但是，使用目的可能对个性化创作自由构成限制。因此，是否具有受到著作权法保护的资格取决于，创作成果是否具有超出使用目的的限定标准之外的艺术特征。[2] 如果一项实用艺术的标的物属于受保护的外观设计，则在充分独特性这一要件上应当提出更高的要求，即必须具备明显超出普通设计的独特性（边码22及以下）。

示例：一个玻璃制成的花瓶照明灯受到著作权法的保护。[3] 同样受到著作权法保护的还有阿斯特克斯（Asterix）人物[4]、华特·迪士尼的"小鹿斑比"[5]。相反，图示（Grafik）中的字符（Schriftzeichen）和字体（Schrifttypen）通常情况下不具有充分的独特性。[6]

82 　　(c) 建筑艺术。诸如，单户住宅楼、商业楼房、工厂厂房或者公园设施可以构成建筑艺术。建筑艺术的保护标准与美术作品的保护标准相同（边码80）。据此，建筑艺术仅需要满足较低的独特性要求。但是，建筑的使用目的可能对其个性化的创作自由构成限制。因此，应当审慎地进行考察，（建筑）所选用的结构形式是否超越了一般的可能性（Können）。

示例：一个安装了特殊帐篷顶部并且进行了独特的空间划分的游泳池具有充分的独特性。[7] 同样受到著作权法保护的是电影《魔山》中的电影舞台布景。[8]

83 　　(2) 成果的形式。制作的方式和所用材料（例如，用冰做的人物）并不具有重要意义。美术作品（包括实用艺术和建筑艺术）的草稿、规划和初步设计都可能受到著作权法的保护。法律保护的要件则是，其中展现的作品具有充分的独特性。因为，一项最终作品的前期作品也可能受到著作权法的保护（边码2及以下）。

示例：如果一份建筑设计方案中所展示的建筑作品属于著作权法保护的范围，那么，该建筑设计方案本身也受到著作权法的保护。

84 　　(3) 成果的展示方式。充分的独特性这一要件也可以通过成果的展示方式取得。这种独特性可以通过对日常物品（博伊斯的油脂角或者安迪·沃霍尔的汤罐

＊《德国工业品外观设计保护法》（简称 Geschmacksmustergesetz）已于2014年1月1日被《外观设计保护法》（Designgesetz）所代替，下同。——译者注

[1] Krit. Hierzu Dreier /Schulze/ *Schulze*, § 2 UrhG Rn. 153.

[2] *BGH* GRUR 2004，941，942-Metallbett［金属床案］。

[3] *BGH* GRUR 1979，38，39-Vasenleuchter［花瓶灯案］。

[4] *BGH* GRUR 1993，534，535-Asterix［阿斯特克斯人物案］。

[5] *BGH* GRUR 1960，144，145ff-Bambi［小鹿斑比案］。

[6] BGHZ 22，209-Europapost［欧洲邮政案］；27，351-Candida Schrift。

[7] *BGH* GRUR 1982，369，370-Allwetterbad［全天候游泳池案］。

[8] BGHZ 163，112-Der Zauberberg［魔山案］。

头）的展示来实现。① 这种情况下，这些日常物品被从其常见的使用环境中选取出来，被创造性地赋予全新的意义。②

示例： 艺术家克里斯托（Christo）通过球状玻璃顶为（德国的）帝国大厦封顶。③

尤其是通过对不同物体的组合中可能产生创造性的展示。相反，（单纯的）将 85 日常物品用于创作艺术作品这一想法并不能受到著作权法的保护（也见：边码 34 及以下）。

f）摄影作品（《德国著作权法》第 2 条第 1 款第 5 项和第 2 款）

aa）概念。摄影作品是基于其独特性从而超越日常所见的照片。这种独特性的 86 取得可以通过照片的艺术性思想表达来实现。④ 这里需要将《德国著作权法》第 2 条第 1 款第 5 项意义上的摄影作品与单纯的照片相区别。单纯的照片与日常所见并不显著区别（例如，旅行照片、家庭照片）。当然，照片也受到著作权法的保护（《德国著作权法》第 72 条第 1 款以及第 1 条及以下诸条）。但是，二者的区分之所以具有重要意义在于保护期限不同：照片的著作权保护期限为自发表、公开展示或者制作之日起 50 年（《德国著作权法》第 72 条第 3 款）；而《德国著作权法》第 2 条第 1 款第 5 项意义上的摄影作品的保护期则为 70 年（《德国著作权法》第 64 条）。

bb）形式。《德国著作权法》第 2 条第 1 款第 5 项所规定的"摄影作品"也涵 87 盖通过与摄影类似的方式制作的展示。这包括任何一种通过利用照射技术（strahlende Energie）制作图片的方式。⑤ 通过电脑在屏幕上制作的图片（电脑图片）则不是采用与摄影类似的方式，因此不属于《德国著作权法》第 2 条第 1 款第 5 项意义上的摄影作品。⑥ 这同样适用于电脑动画（Computeranimationen）和数字编辑的图像。

cc）独特性。根据欧共体 93/98 号指令⑦第 6 条的规定，与计算机程序一样，88 法律对摄影作品的独特性程度仅规定了较低的要求（详见边码 23）。就摄影作品而言，即便是所谓的"小硬币"（kleine Münze）也受到保护。因此，法律并不要求具备特殊的创意设计。据此，仅以手工艺的技能为基础并包含了一定思想表达的照片都受到著作权法的保护。

---

① Dreier/Schulze/ *Scublze*，§ 2 UrhG Rn. 154；*Kummer*，Das urheberrechtlich schützbare Werk，1968，S. 75ff. u. 103ff；Wandtke/Bullinger/*Bullinger*，§ 2 UrhG Rn. 91.

② Dreier/Schulze/ *Scublze*，§ 2 UrhG Rn. 154.

③ *BGH* GRUR 2002，605-Verhüllter Reichstag［帝国大厦玻璃球顶案］。

④ Hierzu *A. Nordemann*，Die künstlerische Fotografie als urheberrechtlich geschütztes Werk，1992，S. 121.

⑤ BGHZ 37，1，6-AKI.

⑥ Schricker/Loewenheim/ *Vogel*，§ 72 UrhG Rn. 18；Wandtke/Bullinger/ *Tbum*，§ 72 UrhG Rn. 12；*A. Nordemann*，Die künstlerische Fotografie als urheberrechtlich geschütztes Werk，1992，S. 65；a. A. Dreier/Schulze/*Schulze*，§ 2 UrhG Rn. 200；*Wiebe*，GRUR Int. 1990，21，32.

⑦ Vgl. BT-Drs. 13/781，S. 10.

示例：广告展示中的肖像照片受到著作权法的保护。[①] 电视直播中的单一图片同样也属于著作权法的保护范围。[②]

89　　　　dd) 保护范围。由于摄影作品的拍摄对象是既存的，这导致摄影作品的受保护范围受到限缩。

　　　　g) 电影作品（《德国著作权法》第 2 条第 1 款第 6 项及第 2 款）

90　　　　aa) 概念。电影作品将不同的作品（例如，语言作品或者音乐作品）组合连接在一起并将之转化为图片。此种作品中必须是对通过摄影或者类似于摄影的方式（这一概念详见边码 86）取得之图片的动态排列（动态图片序列）。因此，单纯的图片序列也属于《德国著作权法》第 2 条第 1 款第 6 项意义上的"电影作品"。图像的载体（例如，电影胶片）并不属于电影作品，而是受到《德国著作权法》第 94 条的保护。图像的制作是以何种录制技术（Aufnahmetechnik）完成并不具有决定性意义。同样不重要的是作品的内容、格式（诸如，影院电影、电视电影、DVD）和长期的可固定性。因此，电视中的现场直播也可以成为电影作品。[③]

91　　　　bb) 独特性。(1) 程度。就电影作品而言，即便是所谓的"小硬币"（详见边码 25）也受到著作权法的保护。因此，法律对充分的独特性这一要件仅规定了较低的要求。创作性活动尤其常与编辑、图像组织和剪切活动联系在一起，即便这些活动所涉及的是对已有作品（例如，长篇小说）的转化。[④] 由于在此范围内存在较大的个性创作的自由空间，因而，原则上每一部电影，例如，影院电影、电视电影或者广告电影都构成《德国著作权法》第 2 条第 1 款第 6 项意义上的电影作品。如果电影的某一片段（Ausschnitt）具有充分的独特性，也理所当然地受到著作权法的保护。[⑤] 相反，针对特定（电视）节目的想法则不受著作权法的保护（边码 34）。只有想法的具体落实、转化可以受到著作权法的保护。

92　　　　(2) 筛选与编排。（法律所要求的）充分独特性可以通过对图像序列进行独特的编排来实现。[⑥] 所以，纪录电影也受到著作权的保护，只要其不是机械性地，而是通过选择不同的视角对被记录对象进行展示和阐释。[⑦] 这同样适用于每日新闻（Tagesschauen）。同时，音乐电影、戏剧电影和体育报道多数情况下选取特定事件的单一部分，从而将核心内容传达给观众。这些都构成《德国著作权法》第 2 条第 1 款第 6 项意义上的电影作品。

93　　　　cc) 作者。与其他许多作品不同，众多的人员参与了电影作品的制作。由此产生的一个问题是，著作权法为哪些主体提供法律保护。这些主体是那些共同对作品的制作发挥创作性作用的人员。这尤其包括导演、摄影师、剪辑师、制作设计师

---

① *BGH* ZUM 2000，232，234-Werbefotos［求职照片案］。

② BGHZ 37，1，6-AKI.

③ BGHZ 37，1，6-AKI.

④ BGHZ 26，52，55-Sherlock Homes［夏洛克 福尔摩斯案］。

⑤ BGHZ 9，262，267f-Schwanenbilder［天鹅图像案］。

⑥ BGHZ 9，262，268-Lied der Wildbahn I［维尔德班之歌案（一）］，mit Anm. *Schricker*。

⑦ BGHZ GRUR 1984，730，732-Filmregisseur［电影导演案］。

（Szenenbilder）、艺术总监（Filmarchitekt）、造型设计师（Kostümbildner）和配、混音（Filmtonmeister）。电影作品属于共同著作权人主体的典型例子。

dd）保护期。《德国著作权法》第65条第2款对电影作品的保护期进行了特殊 94
规定。据此，电影作品的著作权自以下人员中最后一个去世时起70年消灭：总导演、剧本的作者、对白的作者、所涉及电影中音乐的作曲人。

示例：如果一个电影的摄影师在《德国著作权法》第65条第2款所列举人员中最后一个去世后30年后去世，那么，对于摄影师成果的后续著作权法律保护仅能延续40年。

作为欧盟范围内的法律融合的结果，（集体）著作权人的范围受到限缩。《德国 95
著作权法》第65条第2款的规定对于既存作品（例如，长篇小说）的保护期限没有影响。

h）科学性或者技术性展示（《德国著作权法》第2条第1款第7项和第2款）

aa）概念。科学或技术性阐释（图示；Darstellung）是二维或者三维形式的理 96
论和直观教育资料。①

示例：建筑设计图、城市规划、草图、发动机的模型等。

这里应当对科学和技术两个概念予以广义理解。并且科学性和技术性阐释必须 97
具有直观说明性或者教育性。

bb）独特性。（1）程度。就科学性和技术性阐释作品而言，充分的独特性要件 98
仅需要满足较低的要求。因此，低程度的自我创作便可以满足这一要求。这与保护范围的狭窄是相适应的。对于体现在所谓"基础性资料"（Grundsubstanz）中创作成果的受保护资格并不取决于这些成果对于使用者而言尚未达到可以使用的状态。尚待继续加工的作品的前期阶段也可能已经受到著作权法的保护。②

示例：一项城市规划的前期阶段，尽管尚处于数据存储阶段，依然可以构成受著作权法保护的作品（《德国著作权法》第2条第1款第7项）。

（2）阐释的方式与方法。在科学与技术领域，受到著作权法保护的并不是内容 99
（什么）。仅是科学和技术阐释的方式和方法（如何）可以受到著作权法的保护（边码41）。③

（3）筛选与编排。特定的阐释方法和手段是对公众开放的。但是，通过对已知 100
的阐释手段抑或方法的筛选和编排可以获得充分的显著性。④

示例：一份城市规划可以通过对已知的特征进行筛选和编排从而获得充分的独特性。⑤

i）其他作品类型

《德国著作权法》第2条第1款所规定的作品类型仅是举例性质的。因此，还 101

---

① Dreier/Schulze/*Schulze*，§ 2 UrhG Rn. 222.
② BGHZ GRUR 2005，854，855-Karten-Grundsubstanz［地图基础性资料案］.
③ *BGH* GRUR 1998，916，917-Stadtplanwerk［城市规划作品案］.
④ *BGH* GRUR 1991，529，530-Explosionszeichnungen［爆炸绘图案］.
⑤ *BGH* GRUR 1965，45，45-Stadtplan；GRUR 1998，916，917-Stadtplanwerk［城市规划作品案］.

有可能存在其他的作品类型。一项广告的构想方案基于其创作的复杂性与电影作品具有可比性，从而构成独立的作品类型。[①] 多媒体产品（例如，数字照片）仅是增加了既有作品的一种新的利用方式，因此不能构成一种新的作品类型。[②]

第三节　补充与释明（《德国著作权法》第 3 - 6 条）

1. 改编（《德国著作权法》第 3 条）

a）著作权法的保护

102　　根据《德国著作权法》第 3 条第 1 句的规定，对（既有）作品的翻译和其他形式的改编，属于改编者个人智力创作的，在不影响既有作品著作权的情况下，如同独立的作品予以保护。这一规定扩展了著作权法保护的范围。因为即便一项成果是依靠另外一项既存的作品（《德国著作权法》第 2 条），只要属于改编者的个人智力创作，即具备充分的独特性，则同样独立地（在不影响原著作权的前提下）受到著作权法的保护。对于这些成果的独特性法律并未规定过高的要求。[③] 就此而言，作为改编对象的原作品的独特性的程度具有决定性意义。被改编作品的独特性越高，那么对于改编的独特性要求也就越高。[④] 非实质性的改编不能满足上述条件（参照：针对《德国著作权法》第 3 条第 2 句的解释性说明）。具有关键意义的是将作为被改编对象的原作品与改编后作品的创作性特征之间的对比。[⑤]

示例：一份漫画书中（人物所说话语的）对话圈的翻译具有充分的独特性。[⑥]

103　　基于一部长篇小说写作的电影脚本或者舞台剧本可以构成对一项语言作品的加工而获得著作权法保护的作品。将一部长篇小说或者电影脚本拍摄成电影可以形成一种独立的改编。将一部作品拍摄成电影至少在以下情况下构成改编，即电影对作品内容进行了变更。[⑦] 但是，即便在没有对内容进行变更的情况下，也并不只是一种复制，而是一种改编。[⑧] 此外，对电影进行改编也可以受到著作权法的保护。

示例：将既有的改编电影进行剪辑从而获得一种新的版本、通过诸如电脑动画等方式对图像序列进行更改以及将原黑白电影着色为彩色电影通常情况下都受到著作权法的保护。相反，单纯对既有改编电影的技术改善并不能获得充分的独特性。

---

① *Schricker*，GRUR 1996，815，825；a. A *Hertin*，GRUR 1997，799，809.

② Dreier/Schulze/*Schulze*，§ 2 UrhG Rn. 243.

③ Schricker/Loewenheim/ *Loewenheim*，§ 2 UrhG Rn. 15.

④ *BGH* GRUR 1991，533，534-Brown Girl II［棕色女孩案（二）］；不同观点见：Wandtke/Bullinger/ *Bullinger*，§ 3 UrhG Rn. 18。

⑤ *BGH* GRUR 2004，855，857-Hundefigur［狗塑像案］。

⑥ *BGH* GRUR 2000，144f. -Comic-Übersetzungen II［动漫翻译案（二）］.

⑦ *BGH* GRUR 1982，529-Happening［即兴表演案］.

⑧ *BGH* GRUR 2002，532，534-Unikatrahmen；Dreier/Schulze/ *Schulze*，§ 3 UrhG Rn. 43；a. A. Schricker/ Loewenheim/*v. Ungern-Sternberg*，§ 15 UrhG Rn. 14；Schricker/Loewenheim/*Katzenberger*，vor § § 88ff. UrhG Rn. 24.

b) 许可

另外一个问题是，（对既有作品的改编）是否是被允许的？对此，《德国著作 104
法》第 23 条及以下诸条进行了规定。

2. 汇编作品与数据库作品 (《德国著作权法》第 4 条)

a) 产生

《德国著作权法》第 4 条第 1 款的规定乃是基于欧盟第 96/9/EG 号指令的规定， 105
因此，在进行法律解释时应当采取合指令性解释 (richtlinienkonform)。

b) 规范目的

根据《德国著作权法》第 4 条第 1 款的规定，汇编作品，在不影响特定情形下 106
其单独要素上之著作权或者邻接权的情况下，如同独立作品一样受到著作权法保
护。这一规定扩大了著作权的保护范围。因为《德国著作权法》第 4 条第 1 款将汇
编作品规定一种独立的作品类型。汇编作品作为独立的权利客体应当与其内容相区
别（"不影响…"）。因此，著作权的保护客体既可以是汇编作品本身，也可以是其
组成部分。各自受著作权法保护的资格则分别进行审查。

c) 法律解释

aa）汇编作品。（1）概念。根据《德国著作权法》第 4 条第 1 款的立法定义， 107
汇编作品是指"作品、数据或者其他独立的要素的汇集，由于其对要素筛选或者编
排从而体现了个人的智力创造"。据此，该条规定的是一个二分的概念，因为汇编
作品必须

1）是作品、数据或者其他独立要素构成的汇编，并且

2）这些要素必须基于其筛选或者编排而构成个人智力创作。

作为汇编作品的例子，《德国著作权法》第 4 条第 2 款规定了数据库作品。因此， 108
（在判断是否构成汇编作品时）应当首先审查，是否符合数据库作品的构成要件。
只有在数据库作品的构成要件不满足的情况下，再考虑回溯援引《德国著作权法》
第 4 条第 1 款（一般性规定）。典型的汇编作品有词条汇编、年鉴和纪念文集。

bb）作品的汇编。（1）数据库作品。（a）概念。根据《德国著作权法》第 4 条 109
第 2 款第 1 项的规定，数据库作品的典型特征在于，它的组成要素系统化地或者以
特定方法来编排，单个的要素可以借助数字手段或者其他方式（为用户）获取。因
此，必须同时构成要素系统化地或者以特定方法进行编排，并且可以通过数字方式
或其他途径获取单个组成要素。

建立一个数据库的计算机程序或者使得（用户）能够访问数据库的计算机程序 110
并不是数据库作品的组成部分（《德国著作权法》第 4 条第 2 款第 2 句）。但是，此
计算机程序可能受到著作权法的独立保护（尤其是根据《德国著作权法》第 69a 条
及以下诸条的规定）。

（b）系统化地或者以特定方法进行编排。所谓素材编排的系统化要求依据一种 111
归类模式（"系统"）为基础。① 而以特定方式的编排则要求以特定的方案（"方法"）

---

① Dreier/Schulze/ *Dreier*，§ 4 UrhG Rn. 17.

进行。① 如果数据处于完全无序的状态（即所谓的数据堆），则既不构成数据库作品所要求的"系统"，也不构成"方法"。

112　　　　　（c）单独素材的可获取性。数据库作品中的单一素材的可获取性可以通过数字化或者其他方式实现。因此，数据库作品既可以是数字化，也可以是非数字化的数据库。② 数据库的登录既可以是线下的（例如，CD-ROM），也可以通过在线进行（例如，通过服务器浏览）。

113　　　　　（2）其他汇编作品。由于《德国著作权法》第 4 条第 1 款采用了"其他独立素材"这一表述，而作品和数据仅是举例性的列举，因而，"独立要素"这个构成要件属于（作品、数据的）上位概念。这里的作品包括《德国著作权法》第 2 条第 1 款意义上的所有作品。数据则是指可传播事实的阐释。③ "其他独立素材"这一构成要件具有兜底条款的功能。属于这一范畴的成果既包括那些诸如由于缺乏作品的质的要件（《德国著作权法》第 2 条第 1 款）或者由于保护期已经经过的成果，也包括根据《德国著作权法》第 5 条的规定不得享有著作权法保护的成果。单一的独立要素这一构成要件保障了统一的作品（例如，书籍）不是被单纯地视为其各构成部分（例如，单词）的总和。因为如果这样的话，作品（例如，书籍）额外地还需要作为汇编作品予以保护。

114　　　　　cc）个人智力创作。（1）数据库作品。由于《德国著作权法》第 4 条第 2 款意义上的数据库属于该法第 4 条第 1 款所规定"汇编"的下位概念，因而，数据库也必须基于其筛选和编排而构成个人智力创作。在此意义上，《德国著作权法》第 2 条第 2 款所规定的考量因素具有相应适用性。如果一项汇编成果在结构上具有充分的独特性（例如，根据特定的遴选标准在网络上制作一份德国文学中诗歌的目录），则可以作为数据库作品受到法律保护。④ 至于其他标准，尤其是数据库的质量价值或者美学价值则不是考察的对象。由于《德国著作权法》第 87a 条及以下诸条对数据库以及数据库作品以不同的内容提供了独立的法律保护，因而，对于数据库作品的充分独特性要件（《德国著作权法》第 4 条第 1 款）不应当设定的过低，否则的话，上述第 87a 条及以下诸条的规定就会丧失其意义。就数字数据库而言，通过数据库软件对数据库中的内容进行编排，因此，相较于非数字数据库，数字数据库的个人自由创作空间较为狭窄。因此，数字数据库的充分独特性可以单纯地依据其连接以及查询和访问的可能性而取得。⑤

115　　　　　（2）其他汇编作品。一项独立要素的汇编必须属于个人智力创作。这种个人智力创作只能通过对素材（也参见边码 33、114）的遴选和编排产生。这一过程要求在对汇编成果应当包含的素材和应当排除的素材具有选择的裁量空间。尽管在对充分独特性这一要件的要求上应当适用较低的标准（对此，适用《德国著作权法》第

① Dreier/Schulze/ *Dreier*，§ 4 Rn. 17.
② BT-Drs. 13/7385，S 39；*Flechsig*，Zum 1997，577，580.
③ Dreier/Schulze/ *Dreier*，§ 4 UrhG Rn. 9.
④ *BGH* WRP 2007，989 Rn. 2-Gedichttitelliste I［诗歌题目目录案（一）］.
⑤ Schricker/Loewenheim/ *Loewenheim*，§ 4. UrhG Rn. 39.

2条第2款的基本原则；边码10及以下，21及以下），但是，必须存在个性化的创作自由并将之体现出来。

示例：依据《德国著作权法》第4条第1款、第2款第1项的规定，针对制药行业的消费分析报告的章节结构构成受法律保护的汇编作品，具体而言，数据库作品。[①] 相反，仅从编排和遴选的角度而言，电话黄页不具有充分的创作自由空间，因此，不属于《德国著作权法》第4条第1款、第2款第1项的保护范围。[②]

（3）保护范围与作品制作者。汇编作品的保护范围限于遴选与编排。对于通过 *116* 继受数据库作品中的多种作品从而侵害数据库作品著作权的情形适用以下规则：涉嫌侵权的作品必须基于其遴选（方法）和素材从而具备了体现汇编作品本身个人智力创作（《德国著作权法》第4条）的结构。只有在（涉嫌侵权的作品）对继受的要素进行组合，从而在其选择和编排上呈现特殊的结构，并且从这种结构中可以辨认出（被涉嫌侵权）汇编作品的个人智力创作的情况下（参见欧盟第96/9/EG号指令的立法理由），才构成对汇编作品（《德国著作权法》第4条）著作权的侵权。如果（涉嫌侵权的作品）不是对汇编作品（素材的）整体继受，那么，只有在以下情况下才可能构成侵权，即"借用的"部分也满足汇编作品的保护要件（例如，对一项受到著作权法保护的诗集98％内容的"继受"）。汇编作品的作者并不必须亲自履行那些为落实其个人智力创作理念的必要非创作性工作。

示例：一个文学教授设计开发了一种对纳入诗歌题目目录中的诗歌进行遴选的方案。而他的辅助人员则将这一方案进行实施，即通过收集资料并为统计评估的目的将其统一化。[③]

3. 官方文件（《德国著作权法》第5条）

a）规范目的

《德国著作权法》第5条将特定的作品排除在著作权法的保护范围之外。据此，*117* 官方文件不受著作权法的保护。并且，官方文件是否具备《德国著作权法》第2条第2款所规定的前提条件都不影响这一规定。除《德国著作权法》第5条第3款所规定的情形之外，官方文件是对公众开放和免费获取的。这一规定是基于公共利益的考量，最大程度地促进公众不受阻碍地获取官方文件和官方文件的广泛传播。

b）法律解释

作为对著作权的限制性例外规定，应当对《德国著作权法》第5条的规定进行 *118* 限制性解释。[④]

aa）官方书面文件（《德国著作权法》第5条第1款）。《德国著作权法》第5条 *119* 第1款仅涉及书面作品。该条并未对官方文件进行立法定义。因此，这一概念应当从《德国著作权法》第5条第1款所列举的例子中进行抽象和总结。一份官方的公

---

① *OLG Frankfurt a. M* MMR 2003，45，46-IMS Health. I［IMS医疗公司案］。

② *BGH* GRUR 1999，923-Tele-Info-CD［电话CD案］。

③ *BGH* WRP 2007，989 Rn. 23-Gedichttitelliste I［诗歌题目目录案（一）］。

④ *BGH* GRUR 1988，33，35-Topographische Landeskarten［地形图案］。

告以规范性的内容为前提，因此，不能涵盖每一种官方发布的提供信息的声明。①
这里的官方公告的概念如同（规定、命令）颁布的概念一样不是行政法上的概念，
而是著作权法上的概念。这一概念应当基于法律规定的目的进行相应的解释。② 据
此，官方公告只有在如同其他列举的对象一样包含抽象规范性的或者个案针对性的
法律规定时才进入公共领域，对公众开放。

　　示例： 一份土地价值指数汇编（Bodenrichtwertsammlung）中，针对土地价值
指数，涉及的是基于统计经验的关于平均土地价值的说明，因此，不构成《德国著
作权法》第 5 条第 1 款意义上的官方公告。③

120　　《德国著作权法》第 5 条第 1 款所列举的对象均属于履行公共职能、行使主权
的部门制定的（例如，联邦或者州层面的政府机关；社区）。④ 此外，公告的内容必
须具有普遍的拘束力，而不能仅仅是具有内部的效力。⑤ 随着这种普遍的拘束力的
产生，意即伴随着其生效，此官方声明进入公共领域（gemeinfrei）。

121　　此外，《德国著作权法》第 5 条第 1 款进一步将公共自由限制在官方起草的法
院案件判决要旨。如果这些是由法院草拟的，则满足官方起草这一要件。⑥ 据此进
行反向推论可以得出以下结论：私人（例如，期刊的编辑、法官以私人身份）起草
的判决要旨，则依然受到著作权法的保护。另外，《德国著作权法》第 5 条并不适
用于该法第 3 条及以下诸条所规定的私人著作权保护（对官方文件的改编；官方文
件的汇编）。

122　　bb）其他官方作品（《德国著作权法》第 5 条第 2 款）。与《德国著作权法》第
5 条第 1 款所规定的作品不同，该法第 5 条第 2 款意义上的作品不能是书面作品
（其他官方作品）。因为这些作品也必须是官方的，因此，其必须与一个履行公共、
国家主权职能的部门相关。这种"其他官方作品"进入公共领域的前提条件是，这
些作品基于政府利益考量，为公众广泛知晓相关信息而公布（"公布"的立法定义
参见《德国著作权法》第 6 条第 1 款；对比：边码 126 及以下）。对此，公众对政
府公开的一般利益尚不能满足所需条件，而是必须具有特殊利益。这种特殊利益体
现在对所有人具有信息传播作用的作品再版或者其他利用方式限制的解除。⑦ 此种
意义上的利益尤其存在于为抵御危险的情形。在这些情形下，公众有必要迅速而全
面地获取信息。⑧ 相反，如果特定作品仅是传播生活保障领域的一般性信息，那么
通常情况下（对其公开）则不存在特殊利益。在疑难情形中，应当将个案中的所有
情况都纳入考量范围。相关信息越是重要，那么存在广泛传播的特殊利益的可能性
就越大。

---

① *BGH* GRUR 2007，137 Rn. 13-Bodenrichtwertsammlung［土地价值指数汇编案］。
② *BGH* GRUR 2006，848 Rn. 14-Vergaberichtlinien［（合同）分配指令案］。
③ *BGH* GRUR 2007，137 Rn. 15-Bodenrichtwertsammlung［土地价值指数汇编案］。
④ *BGH* GRUR 1982，37，40-WK-Dokumentation［二战档案案］。
⑤ *BGH* GRUR 1990，1003，1004.-DIN-Normen［DIN 规范案］。
⑥ *BGH* GRUR 1992，382，385f.-Leitsätze［判决要旨］。
⑦ *BGH* GRUR 1988，33，35.-Topographische Landeskarten［地形图案］。
⑧ *BGH* GRUR 2007，137，Rn. 18.-Bodenrichtwertsammlung［土地价值指数汇编案］。

　　示例：官方统计数据、地图作品或者普通的宣传册都不属于《德国著作权法》第 5 条第 2 款的适用范围。德国典型的电话本也同样不属于《德国著作权法》第 5 条第 2 款的适用范围。[①] 这也同样适用于公共广播电台的节目单。根据《德国著作权法》第 5 条第 2 款的规定，本章边码 119 所提及的土地价值指数汇编也未进入公共领域。[②] 相反，官方立法文件则属于《德国著作权法》第 5 条第 2 款意义上的作品。[③]

　　cc）援引私人规范作品（《德国著作权法》第 5 条第 3 款）。德国《德国著作权法》第 5 条第 3 款是对欧共体第 2001/29 号指令的转化，因此，应当进行符合指令的解释。这一规定将私人的规范作品从公共领域中排除。据此，这些私人规范作品的著作权受到法律的保护，只要其不构成《德国著作权法》第 5 条第 1 款意义上的官方文件的组成部分（例如，全文纳入法律规范的文本中）。相反，官方文件对上述规范作品的单纯援引（例如，在法典的附件中，但未引用全文）并不导致其进入公共领域。《德国著作权法》第 5 条第 3 款的立法目的旨在为私人规范作品的起草者提供著作权法上的保障。由于这些起草者可以对其作品进行经济利用，因而，（高额的）国家补贴就没有必要。公众对于这些作品获取的公共利益通过以下方式体现，即这些作品应当对所有人都开放并且在支付合适的对价的情况下可以获得。[④] 因此，作者有义务授予（他人使用其作品的）强制许可（《德国著作权法》第 5 条第 3 款第 2 句）。 *123*

　　c）类推适用的排除

　　不得对《德国著作权法》第 5 条的规定进行类推适用。[⑤] *124*

　　4. 发表的和出版的作品（《德国著作权法》第 6 条）

　　a）规范目的

　　《德国著作权法》第 6 条界定了两个法律概念，而这两个概念对于整个著作权法都具有重要意义。该法第 6 条第 1 款和第 2 款分别对"发表"和"出版"进行了立法定义。发表的概念也出现在《德国著作权法》第 5 条第 2 款、第 8 条第 2 款、第 9 条第 2 款、第 12 条第 2 款、第 37 条第 1 款、第 46 条第 1 款、第 51 条第 1 句、第 2 句第 1 项和第 2 项、第 52 条第 1 款；而出版的概念还出现在《德国著作权法》第 10 条第 1 款、第 38 条第 1 款、第 41 条第 2 款、第 46 条第 1 款、第 51 条第 2 句第 3 项的规定中。这两个概念的立法定义使得统一的法律解释获得保障。出版是更进一步的概念。这是因为，出版包含了发表在内。相反，并非所有发表都能同时包含出版。 *125*

　　b）发表（《德国著作权法》第 6 条第 1 款）

　　aa）概念。《德国著作权法》第 6 条第 1 款所规定之发表要件，（1）作品面向 *126*

①　*BGH* GRUR 1999，923，926-Tele-Info-CD.

②　*BGH* GRUR 2007，137，Rn. 20-Bodenrichtwertsammlung［土地价值指数汇编案］。

③　*BGH* GRUR 2007，137，Rn. 16-Bodenrichtwertsammlung［土地价值指数汇编案］。

④　BT-Drs. 15/38，S. 16.

⑤　Schricker/Loewenheim/*Katzenberger*，§ 5 UrhG Rn. 26；Wandtke/Bullinger/*Marquardt*，§ 5. UrhG Rn. 3；a，A. v. *Ungern-Sternberg*，GRUR 1977，766，770.

公众，（2）某人使之能够为公众获取，并且（3）这种使公众获取作品的行为是在征得权利人许可的情况下进行的。

127　　　　bb) 作品面向公众。（1）概念。一个作品并不只是在以为公众感知为目的的情况下才构成"面向公众"。有限的公开性也可以满足这一要件。但是，必须总是涉及无法自始进行限制的群体（例如，任何一个人都可以付费入场的活动）。据此，封闭性活动（例如，单位内部庆祝活动）便不满足这一要件。公开性概念的立法定义规定在《德国著作权法》第 15 条第 3 款。因此，一个随之而来的问题是，上述立法定义是否也适用于《德国著作权法》第 6 条第 1 款①；或者说，《德国著作权法》第 6 条第 1 款是否以独立的公开性概念为基础。②《德国著作权法》第 15 条第 3 款意义上的公开性概念与该条第 2 款之规定紧密相关。根据《德国著作权法》第 15 条第 2 款第 1 句的规定，作者享有将其作品以无形的形式传播的专有权（公开传播权）。对于公开性的广义解释将会导致作者权利不能涵盖的非公开性领域的限缩。从而也将导致作品利用权的强化，正如立法目的所期望的那样。而对《德国著作权法》第 6 条第 1 款意义上的公开性概念进行广义解释将会导致对作者不利的结果。诸如，《德国著作权法》第 66 条第 1 款第 1 句规定的保护期将会缩短，因为其以作品的公开为起点起算。所以《德国著作权法》第 6 条第 1 款以独立的公开性概念为基础。基于此，该条中的公开性概念应当较之于《德国著作权法》第 15 条第 3 款中的公开性概念进行更加狭义的解释。

128　　　　cc) 可获取性。一个作品对于公众的可获取性可以是一次性的，从而不需要再次或多次发生。这种可获取性也不能撤销。一个作品在以下情况下对于公众而言是可以获取的，即公众获得了感知作品内容的现实可能性。至于这是以何种方式实现的，则无关紧要。同样无关紧要的是作品可为公众获取的地点。

　　　　示例：如果一个作品在世界上的任何一个地方，例如，纽约，可为公众获取，那么，这一作品在德国也是可为公众获取的。③

129　　　　对作品内容的感知可能性可以通过《德国著作权法》第 15 条第 1 款和第 2 款（见第四章边码 30 及以下）、第 19a 条所规定的对作品利用的方式以及其他对作品事实上的处理（例如，将作品摆放在公共图书馆中）来实现。由于法律仅要求（抽象的）能够获知作品内容的可能性，因而，至于公众中是否的确有成员获知了作品中的内容则无关紧要。④

130　　　　dd) 权利人的许可（事前同意与事后许可）。原则上作者或者其权利继受者是权利人。⑤ 权利人的许可既可以在发表实际进行之前［根据《德国民法典》第 182 条第 1 款、183 条第 1 句所规定的事前同意（Einwilligung）］授予，也可以在之后授予［《德国民法典》第 182 条第 1 款、第 184 条第 1 款 "事后许可"（Genehmi-

---

①　*KG* BJW 1995，3392，3393-Botho Strauß.

②　So Schricker/Loewenheim/*Katzenberger*，§ 6 UrhG Rn. 9ff.

③　Schricker/Loewenheim/*Katzenberger*，§ 6 UrhG Rn. 17f.

④　Dreier/Schulze/*Dreier*，§ 6 UrhG Rn. 8.

⑤　Schricker/Loewenheim/*Katzenberger*，§ 6 UrhG Rn. 27.

gung)]。权利人可以为许可设定条件或者期限。相反，将可获取途径限制在特定类型或者限定在特定地点则是不允许的。权利人只有在满足《德国民法典》第 130 条第 1 款第 2 句、第 183 条第 1 句所规定条件的情况下才可以撤销其许可。

c）出版（《德国著作权法》第 6 条第 2 款）

aa）概念。作为与"发表"相对应的另外一个概念（边码 125），《德国著作权法》第 6 条第 2 款第 1 句所规定的"出版"必须满足以下要件：（1）某人已经制作了复制件、印刷件；（2）这些复制件、印刷件以足够的数量提供给公众或者纳入市场流通；并且（3）这一行为的进行征得了权利人的同意。对于美术作品而言，只要满足以下条件便构成"出版"：（1）作品的原件或者复制件（2）能够持续性地为公众获取，并且（3）权利人对此予以许可（《德国著作权法》第 6 条第 2 款第 2 句）。可见，《德国著作权法》第 6 条第 2 款第 2 句的规定减轻了美术作品的出版要求。如果此种作品满足了《德国著作权法》第 6 条第 2 款第 1 句所规定的前提要件，那么，该作品构成该条意义上的"已出版"作品。 **131**

bb）《德国著作权法》第 6 条第 2 款第 1 句。（1）复制件的制作。复制件（也见：《德国著作权法》第 16 条）是指所有能够实现对作品感知的作品实体化形式（Verkörperungen）。因此，需要将作品予以固定化，但这种固定化并不必须是持续性的。 **132**

示例： 纸张或软盘上的文本；DVD 上的电影；CD-ROM 中的图片。

（2）将足够多数量的复制件向公众提供或者投入流通领域。"向公众提供"与"投入流通领域"这两个构成要件之间是相互替代的关系。因此，只要满足两个构成要件之一便满足法律规定的行为要件。关于公开性这一概念的确定，针对《德国著作权法》第 6 条第 1 款所提出的考量因素也同样适用（见边码 127）。作品复制件是以何种方式投入流通领域的则无关紧要，因此，可以通过出售，也可以通过出借、出租等形式实现。同样不构成必要条件的是，作品的复制件是否事实上的确进入了市场流通，只要向公众提供便满足了法律要求。向私人终端消费者提供也不是必要条件，只要中间商获得了对作品（复制件）的支配便已经满足了法律规定的要件。 **133**

示例： 派送机构和广告经营者获得了作品的样本。[1]

单纯地要求制作复制件、订购尚待制作的复制件，不能满足"向公共提供"这一要求。相反，以在线访问的形式提供作品则构成向公众提供作品复制件，因为通过计算机可以实现对作品的复制。[2] **134**

向公众提供一份作品复制件或者将一份作品复制件投入流通则尚不能构成将作品进行出版。而是，这种向公众提供或者投入市场流通必须以充分多数的作品复制件来进行。对此，需要结合个案来进行判断。相关感兴趣的公众群体必须能够取得 **135**

---

① *BGH* GRUR 1981, 360-Erscheinen von Tonträgern［录音带出版案］。
② *Hubmann*, GRUR 1981, 537, 541。

感知作品的充分机会。①

　　示例：八份电影的复制件（拷贝）符合"充分数量"这一要件。② 相反，由私人制作的（作品）副本并以滚雪球式进行传播则不满足法律所规定的"充分数量的（作品复制件）"的要求。③ 把书籍的出版数量僵硬地限制在 50 本的做法则过于一刀切。④

136　　　　对于出版地点的判断，取决于向公众提供或者将作品投入流通的行为是在何地进行。这可以是销售中枢所在地。⑤ 相反，对于出版地的判断而言，作品复制件的生产制作地并不是关键因素。与发表的概念不同，对于出版而言，可能取决于在特定国家所进行的出版（参见：例如，《著作权法》第 120 条及以下逐条）。

137　　　　一个作品或者作品的一部分（例如，一部歌剧的小提琴选段）在以下时间点构成出版，即（法律所规定的出版）构成要件最早获得满足的时间点。⑥

138　　　　（3）权利人的许可。关于权利人的许可，针对《德国著作权法》第 6 条第 1 款所提出的考量要素具有同样适用性（边码 130）。

139　　　　cc）《德国著作权法》第 6 条第 2 款。即便对于美术作品（《德国著作权法》第 2 条第 1 款第 4 项；参见边码 79 及以下）应首先适用《德国著作权法》第 6 条第 2 款第 1 句的规定。《德国著作权法》第 6 条第 2 款对美术作品规定了额外的要件。这是因为，尤其是就绘画作品和雕刻作品而言，通常情况下这些作品可为公众获取的状态不是通过向公众提供（充分数量的）复制件或者将充分数量的作品复制件投入流通来实现的，这与文学作品和音乐作品不同。因此，美术作品在满足以下条件的情况便已经构成出版，即作品的原件或者复制件在权利人许可的情况下持续性地能为公众所获取。

　　示例：在一个博物馆进行长期的展出；美术作品能够长期通过服务器为公众所获取。

---

① *BGH* GRUR 1981，360，362-Erscheinen von Tonträgern［录音带出版案］。

② *BGH* GRUR Int. 1973，49-Goldrausch［淘金案］。

③ *BGH* GRUR 1975，361-August Vierzehn［（小说）奥古斯都十四世案］。

④ Schricker/Loewenheim/*Katzenberger*，§ 6 UrhG Rn. 41.

⑤ RGZ 130，11，19-Emile Zola［埃米尔·左拉案］；*认定不适用于电影作品的判决* *BGH* GRUR Int. 1973，49-Goldrausch［淘金案］。

⑥ *BGH* GRUR Int. 1973，49，51 f.-Goldrausch［淘金案］。

第三章

作者（《德国著作权法》第7条至第10条）

第一节 作品的作者（《德国著作权法》第7条）

一、含义

《德国著作权法》第1条规定，文学、科学和艺术作品的作者依据本法享有对其作品的保护。作为受保护主体的作者，是指作为保护对象的作品应当归属的个人（第二章边码1）。依据《德国著作权法》第7条，作者是作品的创作者（Schöpfer），因此，（在确定作品的权利主体时）适用作者原则（Schöpferprinzip）。创作了作品的人，被认定为作者。只有通过创作过程，即事实行为（Realakt）才能够产生著作权（第二章边码7及以下），并且根据作者原则，这一权利本身（als solches）是不能转让的（参见《德国著作权法》第28条及以下）。如果根据合同的规定，由其他人代替实际创作作品的人而成为作者，也不能改变作者的作者身份。

示例： A和B签订一个合同，约定B作为代笔者替A写一本书。该书出版之时，A将成为该书的作者。B有义务，不公开其作者身份。尽管存在这样的合同约定，但是B自始至终都是该文本的作者。

二、创作的主体（Person des Schöpfers）

（一）主体的要求

根据《德国著作权法》第2条第2款的要求，一部著作必须以个人的智力创作为前提，因而作者也只能是自然人。[①] 因此，法人（如：股份有限公司、有限责任

---

① Dreier/Schulze/*Schulze*，§7 UrhG Rn. 2.

公司）自始被排除在作者的范围之外。① 同样，机器（自动装置、电脑）与动物也不能成为作者。相反，作者的身份不受《民法典》第 2 条、第 106 条中的民事行为能力的影响（第二章边码 14）。

（二）创作中贡献的必要性

3　　　　对是否具有作者的身份起决定性作用的是个人的智力创作（《德国著作权法》第 2 条第 2 款）。单纯的委托或者建议他人（如：提示）创作著作通常不导致获得作者的身份。② 即使委托或者建议通过准确的说明而成为题材、篇幅、方法或者其他方面的基础，也适用这一原则。（当事人之间的委托约定）只对以下民法上的问题具有重要意义，即著作是否符合当事人之间约定的要求。只有当（委托人的）说明如此的具体，以至于具体执行的人只是承担助手角色的情况下，则提供说明的人是作品的作者。同样，编者、出版者、电影的制作人或者其他制片人，只要自己没有参与著作的创作，都不是作者。创作作品的倡议、协调与组织在原则上都不受著作权法的保护。在《德国著作权法》的范围之内，只有特殊规定的邻接权在考虑之列（参见《德国著作权法》第 71、81、85、87、87a、94 条）。

4　　　　电影作品的作者也是通过个人的智力创作了作品。因此，一部电影作品的主导演往往被当做作者（参见 93/98/EWG 号指令第 2 条第 1 款；《德国著作权法》第 65 条第 2 款）。如果雇员在履行合同规定的工作过程中创作了作品，则该雇员是作品的作者，而非雇主。雇主仅对此著作享有使用权（参见《德国著作权法》第 69b 条第 1 款对电脑程序的规定或者第 88 条及其后条款对电影作品的规定；不同于《德国外观设计法》第 7 条第 2 款的外观设计权）。如果某人在别人创作著作的过程中提供了帮助，则根据其所提供的帮助的种类和范围来确定其是否具有作者的身份。如果帮助仅限于对草案的转换而缺乏自身的贡献，则提供帮助者不能成为作者。③

　　　　示例：A 创作了一篇文稿。B 审阅了文稿中的书写错误并进行了改正。

5　　　　因为《德国著作权法》第 3 条（第二章边码 102 及以下）中的改编作为独立的著作而受到著作权法的保护，因而原著作的作者的权利与改编者对其改编著作的权利将会并存，且各自独立。而任何一方只是自己所创作的作品的作者。作者身份的获得并不取决于改编是否合法。对于这种情况仅适用作者原则。同原著作的作者一样，改编者也享有排他权。④

（三）外国主体的作者身份

6　　　　在世界上很多法律体系中，作者原则并没有得到适用。

　　　　示例：在美国著作权法中，在委托创作的情况下，委托人是作品的作者，而并非被委托的作品的实际创作者（美国《著作权法》第 201 条 b 款）。据此，美国的

---

① *BGH* GRUR 1991，523，525-Grabungsmaterialien［挖掘资料案］。
② *BGH* GRUR 1995，47，48-Rosaroter Elefant［粉红大象案］。
③ *BGH* GRUR 1952，257-Krankenhauskartei［病历卡案］。
④ *BGH* GRUR 1965，370，374-Schallplatteneinblendung［唱片配图文案］。

电影作品——不同于德国著作权法——制片人为作品的作者。

在德国使用著作时，如果涉及作者的身份归属问题，适用属地原则。[①] 对于作者身份的产生以及是否可以转让的问题均适用德国法。[②] 因此，《德国著作权法》第 7 条的作者原则对于外国人的著作也作为强制法而适用。 *7*

第二节　合作作者（《德国著作权法》第 8 条）

一、概念

如果数人共同创作了一部作品，并且各自创作的部分不能被分开使用，则他们是这部作品的合作作者（《德国著作权法》第 8 条）。 *8*

二、前提

《德国著作权法》第 8 条所称的合作作者，要求（1）数人共同创作了一部作品并且（2）各自创作的部分不可能被分开使用。 *9*

（一）共同创作

aa）从属于共同的想法。当数人就共同的任务达成一致并形成共同的想法，要共同创作一部作品（如：电影作品），则构成共同创作。[③] 这需要与改编或者延伸业已完成的作品以及完成一部尚未结束的作品相区分开来。 *10*

示例：A、B 和 C 先后对一项电脑程序进行了改进，但是，他们并不构成共同的想法。因此，他们每个人均构成《德国著作权法》第 3 条中所规定的对现有程序的改编。[④]

合作作者不要求数人同时参与了某部作品的各个阶段的创作。垂直的工作分配以及水平的工作分配都可以满足法律的要求。[⑤] 在垂直的工作分配中，数个人在同一个创作过程中依次操作，而在水平的工作分配中，数个人同时创作作品的不同部分。 *11*

bb）个人在智力创作中的贡献。只有在著作产生的过程中贡献了自己的智力创作的人，才能成为合作作者。而贡献的大小则在所不论。[⑥] 因为原则上非常短小的作品也受到著作权法的保护，所以各人的创作贡献只需要满足各自的著作类型对于个性的非常低的要求即可。如果某人只是服从了具体的指令，而没有进行自己的创 *12*

---

① Dreier/Schulze/*Schulze*，§ 7 UrhG Rn. 12.
② *BGH* GRUR 1999，152，153-Spielbankaffaire［电影娱乐场事件案］.
③ Schricker/Loewenheim/*Loewenheim*，§ 8 UrhG Rn. 9.
④ *BGH* GRUR 2005，860，863-Fash 2000.
⑤ Dreier/Schulze/*Schulze*，§ 8 UrhG Rn. 3.
⑥ *BGH* GRUR 1994，39，40-Buchhandlungsprogramm［图书编辑程序案］.

作，则不能认为其作出了创作上的贡献。① 更确切地说，必须存在通过具体的创作而有助于作品的诞生。将原则性的、自由的想法转化成具体的文本可以构成个人在智力创作中的贡献。②

　　示例：记者基于所获取的口头信息而创作了一篇文稿。③ 混音师也是一部电影的合作作者。④

（二）各部分不可能被分开使用

13　　　如果各部分存在分开使用的可能性，则此时可能构成合成著作（《德国著作权法》第 9 条；参见边码 31 及以下），而不视为合作作者的作品。要构成合作作者，则必须不存在各部分分开使用的可能性。可使用性指的是理论上的使用的可能性。即如果单个的贡献从著作中被抽离出来，而不会变得不完整或者必须进行补充，而是可以考虑通过其他的任何方式用作他途。"分开"的特征要求贡献具有独立的流通能力。如果只能考虑完整使用一部著作的时候，则表明，没有可能将各部分分开使用。

　　示例：电影著作中导演、摄像师、剪辑师等的工作成果只有通过整体才是可用的。

14　　　对此问题的判断则取决于著作产生的时间点。⑤

　　示例：在一部电影诞生之时，单个的场景只能是电影的一部分，而该场景后来产生了独立的可用性。而判断电影是否只在整体上具有可用性时，只考察电影诞生之时的情况。在这个例子中依然构成合作作者。

15　　　如果对一部作品的贡献在整部作品诞生之时就可以被独立使用（双重特性），则需要考虑对此部分进行独立的著作权保护（少数特殊情况）。

　　示例：多媒体使用中单个的图像序列。⑥ 图像序列是一部完整作品（多媒体）的组成部分，但是由于技术原因，作为整部作品中最小组成部分的图像序列可以用作其他目的，即存在独立使用的可能性。在多媒体使用中，各部分是紧密连接的。而在完整著作之外，各部分就不再受这种连接的限制。

三、法律后果

（一）共同共有关系（《德国著作权法》第 8 条第 2 款）

16　　　aa）内部和外部关系。根据《德国著作权法》第 8 条第 2 款第 1 句前半句之规定，在因为共同创作作品而形成的法定的共同共有关系中（需要与《德国著作权法》第 8 条中合作作者的共有关系相区分的是，合作作者通过协议而组建的独立的

---

① *BGH* GRUR 1985，529-Happening［即兴表演案］。
② *BGH* GRUR 1978，244，245-Ratgeber für Tierheilkunde［兽医指南案］。
③ *OLG* Köln GRUR 1953，499-Kronprinzessin Cäcilie［塞西莉亚王妃案］。
④ *BGH* GRUR 2002，961，962-Mischtonmeister［混音师案］。
⑤ Schricker/Loewenheim/*Loewenheim*，§ 8 UrhG Rn. 5.
⑥ Dreier/Schulze/*Schulze*，§ 8 UrhG Rn. 5.

合作作者共同体，其由于没有选择法律形式，而成为《德国民法典》第 705 条所规定的其他合伙①），需要区分内部关系（合作作者相互之间的关系）与外部关系（合作作者与第三人的关系）。在内部关系中，每一个合作作者都有权要求通过标明作者（《著作权法第 13 条》）而认可其合作作者的身份。在内部关系中，合作作者应当针对所有其他的合作作者主张此项权利，而在外部关系中，此项权利可以针对任何一个第三方而独立实现该权利。

bb）共同共有关系的范围。作品创作时（多个主体）从属于共同的想法这一法 **17**
律特征不仅要求合作作者在创作作品时，而且在对作品进行利用时都应当彼此顾及
（各自的利益）。根据《德国著作权法》第 8 条第 2 款第 1 句之前半句的规定，通过
这种方式形成一种共同共有关系（gesamthänderische Bindung）。《德国民法典》第
705 条及以下的规定补充适用于这一共同共有关系。由此而形成的合伙人之间的共
同共有关系适合于使用权，而不适用于合作作者的人身权利。因此，作者的著作权
是不可转让的（《德国著作权法》第 29 条）。

由于没有相反的规定，根据《德国著作权法》第 8 条第 2 款第 1 句后半句的规 **18**
定，应当将共同共有关系的约束限定在法律明确规定的情形之中（出版、使用和修
改作品）。在这些情形中都必须经过所有合作作者的事先同意。这一规定适用于内
部关系和外部关系。然而，单个的合作作者不得以违背诚信原则的方式而拒绝同意
出版、使用和修改著作（《德国著作权法》第 8 条第 2 款第 2 句）。对此则要考虑到
具体案件中的情况进行利益衡量，尤其是对作者人身权利侵害的严重程度。

示例：一本法律评注的合作作者不得拒绝以更新和再版为目的而对著作进行的
修改。相反，如果出现重大的侵害，如对整体理念的更改，则他不必接受。

如果一位合作作者拒绝同意，则其他的合作作者必须通过法律程序而要求其同 **19**
意，并按照《德国民事诉讼法》第 894 条的规定来实现。但是，因为这样的程序通
常会消耗大量的时间和费用，所以建议合作作者之间进行合同约定，通过多数票决
定的方式来形成共同的意见。此时他们之间便形成了合作作者的合伙，适用《德国
民法典》第 705 条及以下诸条的规定。②

通过《德国著作权法》第 29 条（而不是《德国民法典》第 719 条第 1 款）可 **20**
以得出以下结论，即合作作者不得转让其在共同共有关系中的份额。③ 但是，合作
作者的份额可以被继承（《德国著作权法》第 28 条）。

cc）单个合作作者主张权利的原告适格性（《德国著作权法》第 8 条第 2 款第 3 **21**
句）。任何一个合作作者都可以因为整体的著作权遭受第三人或者某个合作作者的
侵害而独立主张权利（《德国著作权法》第 8 条第 2 款第 3 句前半句）。他因此不需
要其他合作作者的同意就可以主张停止侵害请求权。④ 如果某人经合作作者的同意
而享有使用权，但自身并非合作作者，则其经过全体合作作者同意后对侵害权利者

① *BGH* WRP 2012，1409 Rn. 19f. -Kommunikationsdesigner［传媒设计者案］。
② Schricker/Loewenheim/*Loewenheim*，§ 8 UrhG Rn. 12.
③ Schricker/Loewenheim/*Loewenheim*，§ 8 UrhG Rn. 12.
④ *BGH* GRUR 1995，212，213-Videozweitauswertung III［视频二次利用案（三）］。

主张权利，才是合法有效的。单个的合作作者原则上也可以继续独立主张其他权利，如损害赔偿请求权。不过，他只能主张对所有合作作者进行给付（《德国著作权法》第8条第2款第3句后半句），从而防止某一合作作者获得全部的赔偿金额，从而损害到其他合作作者的利益。然而，这并不适用于依据《德国著作权法》第32a条第1款或者第2款请求继续适当分享著作权权益的权利。[1] 单个合作作者可以不依赖其他合作作者而独立地主张这项权利，并请求对自己进行给付。理由在于，此时既不存在《德国著作权法》第8条第2款第1句前半句中"对著作权进行利用"的情况，也不存在《德国著作权法》第8条第2款第3句前半句中因为整体著作权遭受侵害而主张权利的情况。[2] 单个合作作者起诉要求对所有合作作者的给付，构成法定的诉讼代表（gesetzlicher Prozessstandschaft）。在这种类型的诉讼过程中，法院判决的效力只对起诉的那个合作作者产生胜诉或者败诉的效果。[3] 单个合作作者也可以通过涉及自身法律利益的第三方来行使权利，比如合作作者所隶属的协会。[4]

22　　　　dd）解除与第三方的合同。合作作者只有在满足以下条件时才可以有效解除与第三方（如出版商）之间的合同：（1）每一个合作作者均有理由解除合同（例外：出于重要原因而解除合同，因为单个合作作者的利益即可以构成重要原因[5]；示例，与出版商之间的信任关系遭到严重的破坏，以至于无法期待今后会继续获得正常的出版业务上的照管）。（2）所有合作作者共同宣布解除合同。[6]（例外：《德国民法典》第744条第2款中的紧急管理权；该项权利要求有具体的依据，表明第三方不会按照规定履行合同义务）。[7] 如果不具备《德国民法典》第744条第2款所规定的紧急管理权的前提，则其他合作作者必须通过诉讼手段要求同意解除合同，并依据《德国民事诉讼法》第894条的规定进行操作。

23　　　　ee）共同共有关系的终结。单个合作作者不能通过解除通知（Kündigung）的方式来终结共同共有的关系。更多的情形是，共同关系在保护期限到期之后而终结。

（二）收益的分配（《德国著作权法》第8条第3款）

24　　　　合作作者之间可以通过合同约定，以何种方式分配使用著作而获得的收益。如果合作作者与非合作作者之间签订了类似的协议，则该协议并非《德国著作权法》第8条第3款中所规定的协议，而是属于社团法意义上（gesellschaftsrechtlich）的一种约定。[8]

　　　　示例：乐队（乐队成员为合作作者）和制片人（不是合作作者；参见边码3、

---

① *BGH* WRP 2012，565 Rn. 15-Das Boot［船案］。

② *BGH* WRP 2012，565 Rn. 17 u. 20-Das Boot［船案］。

③ Schricker/Loewenheim/*Loewenheim*，§ 8 UrhG Rn. 20.

④ Dreier/Schulze/*Schulze*，§ 8 UrhG Rn. 23.

⑤ *BGH* GRUR 1990，443，446-Musikverleger IV［音乐发行人案（四）］。

⑥ *BGH* GRUR 1997，236，237（针对继承人共同体）。

⑦ *BGH* GRUR 1982，41，43-Musikverleger III［音乐发行人案（三）］。

⑧ *BGH* GRUR 1998，673，677-Popmusikproduzenten［流行音乐制作人案］。

6）之间的协议。

如果合作作者之前没有其他约定，则每一个合作作者根据在创作著作中的贡献 　25
大小来分配收益（《德国著作权法》第 8 条第 3 款）。如果贡献大小无法精确计算，
则可以对其进行估计。如果这种估计缺乏依据，那么在有争议的时候，合作作者均
占有相同的份额（《德国民法典》第 742 条）。

（三）放弃权利（《德国著作权法》第 8 条第 4 款）

aa）规范目的。依据《德国著作权法》第 8 条第 4 款第 1 句之规定，一位合作 　26
作者可以放弃自己在《德国著作权法》第 15 条（第四章边码 30 及以下）中所规定
的使用权上的份额。当合作作者的人数众多而其中的一些人只有微不足道的贡献
时，如果这些人放弃自己的份额，那么著作的利用将会变得简便一些。

bb）放弃权利的范围。合作作者所放弃的权利应当进行狭义解释。放弃的权利 　27
应当只包括《德国著作权法》第 15 条中所规定的使用权，以便使著作的利用更为
简便。权利放弃同样也包括宣布放弃时所不明知的使用方式。否则，《德国著作权
法》第 8 条第 4 款所遵循的立法目的，即方便著作利用的目的，就无法实现。[①] 除
此之外，《德国著作权法》第 8 条第 4 款突破了著作权不可转让的原则，说明概括
的权利放弃也包括不明知的使用类型。

但是，放弃的权利不包括作者人身权（第一章边码 2、50、70）。因为这些权利 　28
是不可放弃的。一位已经放弃了使用权的合作作者，依然有可能针对严重侵害著作
权的行为而采取措施。放弃的权利原则上也不包括法定许可所带来的报酬请求权，
因为作者通常无法有效地放弃这项权利（参见《德国著作权法》第 41 条第 2 款，
第 42 条第 2 款，第 27 条第 1 款，第 63a 条）。

cc）声明的相对方（《德国著作权法》第 8 条第 4 款第 2 句）。合作作者必须对 　29
其他合作作者或者其权利继任者作出放弃权利的声明（《德国著作权法》第 8 条第 4
款第 2 句）。放弃权利的声明是一项单方需受领的意思表示。因此，其必须到达其
他所有的合作作者（《德国民法典》第 130 条第 1 款第 1 句）。有利于第三人的权利
放弃不予考虑，因此也无效。

dd）扩大现有权益（《德国著作权法》第 8 条第 4 款第 3 句）。只要一位合作作 　30
者的放弃声明到达其他的合作作者，则他们的份额依据现有份额而相应地扩大
（《德国著作权法》第 8 条第 4 款第 3 句）。

四、合作作者（的作品）与合成著作的区分（《德国著作权法》第 9 条）

（一）概念

合作作者应当与《德国著作权法》第 9 条所规定的合成著作（Werkverbind- 　31
ung）的作者区分开来。不同于合作作者，合成著作的情况下并非数人共同创作一

---

① Wandtke/Bullinger/Thum，§ 8 UrhG Rn. 32；Dreier/Schulze/Schulze，§ 8 UrhG Rn. 26；str.

部仅能统一使用的作品。相反，合成著作包括若干部独立创作且可以各自利用的著作，并且各自的保护期限互不相关。与合作作者的情况下形成共同的、统一的著作权不同，合成著作中每一位作者均享有独立的著作权。

示例：歌剧中的音乐和剧本是互相不同而且可以独立使用的作品。相反，电影作品就不是《德国著作权法》的 9 条所指的合成著作。因为参与这样一部著作创作的人都属于《德国著作权法》第 8 条所指的合作作者。[①] 业已存在的著作，如小说或者电影音乐，仅进行加工或者复制的情况下，对此尽管需要作者的同意，但是并不会形成《德国著作权法》的 9 条所指的合成著作。

32　　确切地说，不同的作品只是为了利用的目的而被相互连接在一起。因为不同作品的作者只是为了共同利用不同的著作而相互联合。通过这样的联合就产生了利用各自著作时的彼此顾及各自利益的义务。因此，每一位作者均可依据《德国著作权法》第 9 条要求其他作者同意发表、利用以及修改合成著作，只要对其他作者来说，这样的同意不违背诚实信用原则。

33　　《德国著作权法》第 8 条所规定的合作作者与《德国著作权法》第 9 条所规定的合成著作也可以同时存在。

示例：合作创作出的剧本可以和音乐相合成，从而成为歌剧。

34　　合成著作也必须同汇编（Sammlung）以及汇编作品（Sammelwerk）相区分。汇编以及汇编作品之间仅存在外部联系，因为它们是为了便于共同使用而出现的，并不存在使著作具有内部联系而使用的目的（另参见《德国著作权法》第 38 条）。

示例：关于某特定主题的不同论文的汇编。

（二）前提

35　　aa）作品。《德国著作权法》第 9 条所规定的合成著作针对何种类型的作品，并不重要。它既可以是不同类型的著作，也可以是相同类型的著作。

示例：歌剧中的音乐与文本；画册中的图画与文字。

36　　bb）为共同使用而合成著作。合成著作必须是出于共同使用的目的。对此以各作者之间的意思一致为前提。因此，要求各作者之间存在有效的法律行为。[②] 如果没有这样的法律行为，则各作者均获得了不受限制的使用权。合成著作是一种独立的使用方式，其合法性以作者授予权利为前提。[③]

37　　如果一项意在共同使用合成著作的法律行为成立且有效，则该法律行为的各方之间构成了著作权法上的使用共同体，其法律形式为《德国民法典》第 705 条及以下条文所规定的民事合伙。[④] 合伙的财产也受所援引的法律的规制（《德国民法典》

①　Schricker/Loewenheim/*Loewenheim*，§ 9 UrhG Rn. 6.
②　Schricker/Loewenheim/*Loewenheim*，§ 9 UrhG Rn. 7.
③　*BGH* GRUR 1977，551，554-Textdichteranmeldung［歌词作者登记案］。
④　*BGH* GRUR 1982，743，744-Verbundene Werke［合成作品案］；Schricker/Loewenheim/Loewenheim，§ 9 UrhG Rn. 9；a. A. Wandtke/Bullinger/Thum，§ 9 UrhG Rn. 7.

第 718 条）。① 作者也可以向第三人宣布同意合成著作（示例：向一位共同使用者）。同意也可以通过推论得出。

举例： A 企业分别委托一位作曲家和一位诗人为一首广告歌曲作曲和作词。两位艺术家均知晓他们的作品将来会被共同使用。通过交出著作的行为就可以推论出他们对此同意。同样，如果一位作者将其文章寄给杂志编辑部，就可以推论出其同意该杂志使用这篇文章。

合成著作既可以是无时间限制的，也可以是有期限的（示例：广告促销活动期间）。有争议的情况下，合成期限直至保护期限截止之日。② 当存在重大原因时，才可以最终解散合伙（《德国民法典》第 723 条）。此时需要考虑到特殊情况而进行全面的利益衡量。因为《德国著作权法》第 9 条应当使共同使用变得简便，所以如果出现使用非常困难的情况，应当特别考虑是否构成解散合伙的重大原因。如果只是因为一位合作作者可以通过其他方式更为有利地使用著作，则并不构成解除合伙的重大原因。③ *38*

（三）法律后果

aa）共同行动的必要性。因为在符合《德国著作权法》第 9 条的前提之时，将出现一个民事合伙类型的著作权法上的使用共同体（边码 37），因而对于各作者之间的法律关系适用《德国著作权法》第 9 条的规定，并补充适用《民法典》第 705 条及以下条文的规定。作者必须共同决定所有有关合成著作共同使用的事宜。就这点而言，比如签订或者终结使用合同时，必须经所有作者（《德国民法典》第 709 条）事先同意。④ 如果一位作者拒绝同意，则其他作者必须通过诉讼程序请求给予同意（边码 19）并按照《民事诉讼法》第 894 条操作。由于这样的程序通常会耗费大量的时间和费用，因而建议所有作者通过合同进行约定，可以通过多数决议来形成共同意志。 *39*

在合成著作的共同使用目的之外，《德国著作权法》第 9 条所规定的各作者的法律地位不受影响。 *40*

示例： 诗和曲调结合成为歌曲，但这通常并不妨碍在一部诗集中出版这首诗。⑤ 但是，他不得许可另一位作曲家将该诗与另外一首曲调进行结合。

bb）相互顾及彼此利益的义务。作者必须考虑到其他每一位作者的利益。因此，只要符合诚实信用原则的要求，每一位作者都可以就出版（《德国著作权法》第 6 条第 1 款）、使用（《德国著作权法》第 15 条）和修改合成著作的事项请求其他人的许可（＝事先同意；《德国民法典》第 182 条第 1 款，第 183 条第 1 句）。这对其他人来说是可以被合理期待的。是否可以被期待应当考虑到共同使用的目的来 *41*

---

① Schricker/Loewenheim/*Loewenheim*，§ 9 UrhG Rn. 9.

② *BGH* GRUR 1973，328，330-Musikverleger II［音乐发行人案（二）］.

③ Schulze/Dreier/*Schulze*，§ 9 UrhG Rn. 24.

④ *BGH* GRUR 1973，328，330-Musikverleger II［音乐发行人案（二）］.

⑤ Schulze/Dreier/*Schulze*，§ 9 UrhG Rn. 25.

确定。

　　示例：一位作者要解除出版合同，他需要所有其他合作作者的同意（边码 22）。如果他们不同意并且解除合同对其他合作作者来说是无法期待的，因为这违背他们自身的经济利益，则由该位作者作出的解约通知无效[①]，合同继续存在。但是，需要审查是否符合《德国民法典》第 744 条第 2 款规定的紧急管理权的情形。这要求出现了一种预期，即出版人因为与解除合同的合作作者之间的争议而不会再正常履行合同约定的义务。[②] 由于作者出于共同使用著作的目的而具有一致的利益，因而如果出现为了单个作者的利益而解除出版合同的重要原因，则通常其他作者也有权因为重要原因而解除出版合同。[③]

42　　　　cc）单个作者行使请求权的原告适格性。对单个作者行使请求权的合法性的判断类似于《德国著作权法》第 8 条第 2 款第 3 句（边码 21）的规定。如果允许一位合作作者独立对侵害权利的行为采取措施，那么单纯为了共同使用而将作品与其他作品结合的作者也必须有此权利。

第三节　说明和举证责任

一、基本原则

43　　　　原则上，主张自己是一部作品的作者的人必须说明以及在必要时证明其作者身份产生的情况。如果数人共同参与创作一部作品，则必须说明以及在必要时证明，由谁创作了哪一部分。

二、作者及权利所有人身份的推定（《德国著作权法》第 10 条）

（一）规范目的

44　　　　《德国著作权法》第 10 条第 1 款包含关于作者身份的推定，支持那些以通常方式在原版作品或者作品的复制品上被称为作者的人（参见欧共体第 2004/48 号指令第 5 条 a 项）。因为他们在相反证明提出之前被认为是作品的作者（《德国著作权法》第 10 条第 1 款前半句）。《德国著作权法》第 10 条进行这样规定的目的在于减轻作者证明自己具有作者身份的负担。通过《德国著作权法》第 10 条并不能产生著作权，而只形成举证责任倒置的效果。也就是说，在相反证明出现之前，较近的涉及的人被推定具有作者的身份（表见作者）。与一般原则相反，那些声称自己的作者身份被遗漏的人，则必须证明自己的说法的正确性。由于欧共体第 2004/48 号指令第 5 条 a 项的规定，《德国著作权法》第 10 条第 1 款在整个欧盟范围内有效。

---

① *BGH* GRUR 1982，743，744-Verbundene Werke［合成著作案］。
② *BGH* GRUR 1982，41，43-Musikverleger III［音乐发行人案（三）］。
③ *BGH* GRUR 1964，326，331-Subverleger［次级发行人案］。

如果一位作者不愿意按照《德国著作权法》第 10 条第 1 款进行署名，而可以 *45*
通过编者进行联系的话，则编者被授权行使作者的权利（《德国著作权法》第 10 条
第 2 款第 1 句）。如果没有编者，则推论出版者被授权行使作者的权利（《德国著作
权法》第 10 条第 2 款第 2 句）。因此，《德国著作权法》第 10 条第 2 款的规定使得
作者有可能保持匿名，而并不必须放弃主张自己的权利。

欧共体第 2004/48 号指令第 5 条 b 项规定，对于权利所有人的推论也适用于邻 *46*
接权的权利人身份（参见第九章边码 1 及以下）。因为针对邻接权权利人（如：录
音媒体的生产者）的权利侵害经常发生（参见欧洲共同体 2004/48/EG 号指令导言
第 19 项）。为了转换欧盟法律规定，《德国著作权法》也通过参引《德国著作权法》
第 10 条第 1 款（参见《德国著作权法》第 71 条第 1 款第 3 句，第 74 条第 3 款，
第 85 条第 4 款，第 87 条第 4 款，第 87b 条第 2 款，第 94 条第 4 款）的权利归属推定
来支持那些权利的主体。如果邻接权的所有人的名字以通常方式出现在保护对象
上，如录音媒体上，则推论此人为权利所有人。

《德国著作权法》第 10 条第 3 款第 1 句规定，《德国著作权法》第 10 条第 1 款 *47*
有关权利归属推定的效果也部分（临时的法律保护程序；停止侵害请求权）适用于
通过合同而获得排他使用权（针对这一概念参见第四章边码 30 及以下）的享有人
（如出版者或者软件制造商）。因为排他使用权的享有人在行使权利的过程中，也经
常遇到与邻接权的所有人相类似的问题。[1] 也就是说，权利侵害通常并不针对作者，
而是使用权的享有人。因为经常只有使用权的享有人在组织上和经济能力上可以对
权利予以实施。与作者或者邻接权的原始所有人相比，权利继任者不适用推定
（《德国著作权法》第 10 条第 3 款第 2 句）。这一限制是为了防止滥用，因为许可协
议的有效性并不适用推定。[2]

（二）适用范围

《德国著作权法》第 10 条规定的推定适用于所有作品类型（《德国著作权法》 *48*
第 2 条第 1 款第 1 项至第 7 项），也适用于改编作品和汇编作品。[3] 原则上也适用于
官方作品（参见《德国著作权法》第 5 条第 2 款）。《德国著作权法》第 10 条规定
的推定不仅适用于独立作者，也适用于《德国著作权法》第 8 条规定的合作作者。
也就是说，也适用于《德国著作权法》第 8 条规定的合作作者之间的关系。[4] 根据
欧共体第 2004/48 号指令第 5 条 b 项以及对《德国著作权法》第 10 条第 1 款的参
引（边码 46），权利归属的推定也适用于邻接权。

（三）依据《德国著作权法》第 10 条第 1 款推定作者身份

aa）前提条件。（1）作品已经出版。《德国著作权法》第 10 条第 1 款前半句要 *49*

---

① BT-Drs. 16/5048，S. 122；*Czychowski*，GRUR-RR 2008，265，266.
② BT-Drs. 16/5048，S. 123.
③ *BHG* NJW 2003，665，667-Staatsbibliothek［国家图书馆案］.
④ *BHG* GRUR 1994，39，40-Buchhaltungsprogramm［会计程序案］.

求，作品已经出版。《德国著作权法》第 6 条第 2 款对出版的概念进行了法定定义（参见第二章边码 131 及以下）。由于欧共体第 2004/48 号指令第 5 条 a 项的规定以及要进行与指令相一致的解释，所以对《德国著作权法》第 10 条第 1 款来说，并不一定要求出版。因为根据欧共体第 2004/48 号指令第 5 条 a 项的规定，如果作者的名字以通常的方式出现在著作之上，就足够了。从《德国著作权法》第 10 条第 1 款前半句第 2 种情况可以得出，美术作品的原版并非必须出版。这些原版不仅包括原本，也包括来自作者的打印件、铸件和影印本。①

50　　　　（2）作者的署名。作者有权决定，在作品上是否署名以及使用何种名字（《德国著作权法》第 13 条第 2 句）。对此他可以使用真实姓名、他的有名的假名（如假想的名字）或者他的有名的艺名（如名字的首字母；标志）。对于假名和艺名的知名度没有很高的要求。

51　　　　（3）作为作者署名。作者必须被标明为作者。著作权附注是充分而非必要的。因为通过如复印的方式而复制的权利享有人并不一定是作者，也可能是权利所有人。因此应当审查，标明的究竟是作者还是权利所有人。如果没有其他的著作权附注而只标明了一个自然人——只有自然人可以成为作者（本章边码 2 及以下）——则可以作为作者而署名。

52　　　　（4）以通常的方式。《德国著作权法》第 10 条第 1 款前半句要求以通常的方式作为作者署名。通常的方式要求通常的位置和通常的内容。为了实现《德国著作权法》第 10 条第 1 款的目的，即加强对作者的保护，应当对"通常"这一概念进行广义解释。因此，原则上只有当署名被隐藏或者位于非正常的位置时，才认为没有以通常的方式署名。②

　　　　示例：对于书本来说，通常可以在封面上找到作者的名字。对于歌曲的词和曲来说，作者的名字往往出现在歌名和曲谱之间。③ 电影中，作者通常出现在片头字幕或者片尾字幕中。对于电脑程序来说，在光盘盒的上边缘以及在使用手册的页脚署上作者的名字就足够了。④

53　　　　辅助材料也属于必须进行署名的介质。

　　　　示例：DVD 光盘的保护盒与小册子。

54　　　　如果著作的先期草案或者其他形式以未加著作权附注的形式出版，则作者后来依然可以通过著作权附注来满足《德国著作权法》第 10 条第 1 款的要求。⑤

55　　　　bb）法律后果。《德国著作权法》第 10 条第 1 款所涉及的情况是，如果一个人是一部作品的作者，也就表示他创作了这部著作。因为《德国著作权法》第 10 条第 1 款并非对较近的涉及的人产生著作权，而只是阐述此问题下的举证责任规则，因此这一规定并不设置法律外观的事实构成，即是否可能从表见作者处善意取得使

---

① Schulze/Dreier/*Schulze*，§ 10 UrhG Rn. 7.
② Schulze/Dreier/*Schulze*，§ 10 UrhG Rn. 10.
③ *BGH* GRUR 1986，887，888-BORA BORA.
④ *BGH* GRUR 1994，39，40-Buchhaltungsprogramm［会计程序案］。
⑤ *BGH* GRUR 1986，887，888-BORA BORA.

用权的问题（参见第五章边码 18）。《德国著作权法》第 10 条第 1 款的推定并非构成对客体的推定，即所涉及的是《德国著作权法》第 2 条规定的作品。① 因此，著作权法上的保护资格问题需要另外验证。它根据强行法而产生，与是否遵守任何一个程序性规定无关（第二章边码 7 及以下）。

如果为了一位共同作者而对《德国著作权法》第 10 条第 1 款的推定进行干涉，则取决于作品的具体说明。因而，署名可以限于作品的某一特定部分或者旨在完成某一特定功能。因此，《德国著作权法》第 10 条第 1 款的推定也被限制了。② 56

示例：某人参演某部电影的相关官方说明，将使得此人不会被当作这部电影的作者，而只是被当作艺术表演者（根据《德国著作权法》第 73 条有权要求进行保护）。③ 某人是这部电影的导演的官方说明，将使此人在这一功能上具有合作作者的身份，直到出现相反证据为止。

如果一本书的前言中声明，书中包含的故事是对其他人所构想的故事的复述，则《德国著作权法》第 10 条第 1 款的推定被限定于这些故事的汇编，而故事本身的作者身份并不受限制。④

如果某人被推定具有（合作）作者身份，则对（合作）作者身份持有异议的人，必须证明其不具有合作作者的身份。如果某人在著作上被标明为作者而其声称另一人为合作作者，则其必须说明，并且在必要情况下证明。只有当这些都完成了，《德国著作权法》第 10 条第 1 款的推定才失去效力（"直到相反证据出现"）。 57

（四）关于编者或者出版者被授权行使作者的权利的推定（《德国著作权法》第 10 条第 2 款）

《德国著作权法》第 10 条第 2 款的推定效果不同于该条第 1 款，它不是针对特定作品的作者身份进行推定。根据内容来讲，它的推定效果限于经授权行使作者的权利。《德国著作权法》第 10 条第 2 款所规定之法律推定的受益人得以自己的名义并通过法定诉讼代表的方式行使作者的权利。《德国著作权法》第 10 条第 2 款适用的前提条件是，不存在《德国著作权法》第 10 条第 1 款所规定的作者的署名，但编者（《德国著作权法》第 10 条第 2 款第 1 句）被标明了。如果没有标明编者，则《德国著作权法》第 10 条第 2 款第 1 句的推定支持出版者（《德国著作权法》第 10 条第 2 款第 2 句），即使没有标明出版者。 58

编者或者出版者被推定授权的范围仅限于通过主张停止侵害并且/或者损害赔偿请求权来追究侵害权利的行为。⑤ 对作者的匿名保护并不要求将编者或者出版者的授权范围延伸至对第三人的权利让与。⑥ 59

① *BGH* GRUR 1998，376，378-Coverversion［翻唱案］。
② *BGH* GRUR 1991，456，458-Goggolore［巴伐利亚文学传奇案］。
③ Schulze/Dreier/*Schulze*，§ 10 UrhG Rn. 9.
④ *BGH* GRUR 1991，456，457-Goggolore［巴伐利亚文学传奇案］。
⑤ Schricker/Loewenheim/*Loewenheim*，§ 10 UrhG Rn. 14.
⑥ 不同观点：Schulze/Dreier/*Schulze*，§ 10 UrhG Rn. 31.

（五）对排他性使用权的所有人的推定（《德国著作权法》第10条）

60　　《德国著作权法》第10条第3款第1句规定，《德国著作权法》第10条第1款对于权利人主体身份的推定的效果也有利于那些通过合同而获得排他使用权（对于这一概念参见第四章边码30及以下）的权利所有人（例如出版者或者软件生产者）。但是，《德国著作权法》第10条第1款规定的有利于这些人的推定也仅限于暂时性的权利保护程序以及停止侵害请求权。与作者或者邻接权的原始所有人相对比，权利继任者不适用该推定（《德国著作权法》第10条第3款第2句）。

第四章

著作权的内容（《德国著作权法》第 11 条至第 27 条）

第一节 著作权的组成部分（《德国著作权法》第 11 条）

著作权保护作者与著作之间的精神和人身关系以及对著作的利用（《德国著作权法》第 11 条第 1 句）。因此，著作权不仅保护人身权利（《德国著作权法》第 11 条第 1 句第 1 种情况："作者与著作之间的精神与人身关系"），也保护作者在著作上的财产性权利（《德国著作权法》第 11 条第 1 句第 2 种情况："对于著作的利用"）。《德国著作权法》第 11 条第 2 句将财产性权利表述得更为明确。因为根据这一规定，著作权同时也用于保证通过利用著作而获得适当的报酬（《德国著作权法》第 11 条第 2 句）。这一条旨在给作者提供经济上的保障。作者在著作的每一次利用中都应当获得适当的报酬成为一项基本原则，并具有范示功能。

1

《德国著作权法》不区分人身权利与财产性权利（但是，所谓的"二元论"则持不同的观点）。更确切地说，该法把两部分看作不可分割的相互结合体（所谓的"一元论"）。作为"二元论"的支持理由，《德国著作权法》第 11 条第 1 句中所采用的表述"与（und）"决定性地支持这种相互结合的关系。这说明，在作者所拥有的权利中（《德国著作权法》第 12 条至第 14 条规定的作者人格权，第 15 条至第 24 条和第 69c 条所规定的各种利用权，以及第 25 条至第 27 条所规定的作者的其他权利），不仅关系到作者的精神利益，也关系到物质利益。奥根·乌尔姆（Eugen Ulmer）① 以非常形象的方式展示了这种双重属性，说明作者的物质利益和精神利益构成了同一棵大树的根，其本源是同一的著作权（第一章边码 50）。

2

---

① Urheber- und Verlagsrecht, 1980, S. 116.

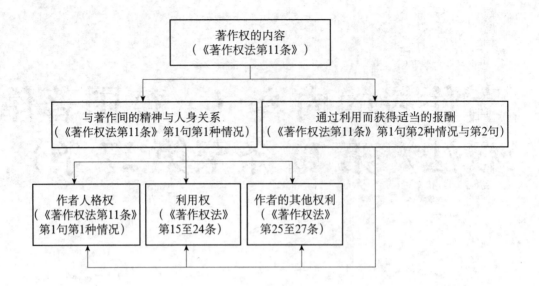

第二节　作者人格权（《德国著作权法》第12条至第14条）

一、对象

3　　作者人格权表明了作者与其作品之间的精神和人身关系（《德国著作权法》第11条第1句第1种情形）。不受财产性权利的影响，作者有权对歪曲其作品的行为（《德国著作权法》第14条）采取措施，因为这可能会损害他的名誉和荣誉。《德国著作权法》第12条至第14条将作者人格权限定在狭义的范围之内。因为整体的著作权，尤其是对著作的利用，均指明了人格权的内涵，就这方面来说是指广义的作者人格权。①

二、作为一般人格权特殊形式的作者人格权

4　　一般人格权的构成包括以下几部分。

（1）肖像权（《美术与摄影作品著作权法》第22条及以下；具体参见第十二章边码1及以下）；

（2）姓名权（《德国民法典》第12条）；

（3）隐私保护（《德国民法典》第823条第1款，结合《德国基本法》第2条第1款和第1条第1款）；

（4）关于公开个人生活状况的自我决定权，即所谓的信息自决权（《德国民法典》第823条第1款，结合《德国基本法》第2条第1款和第1条第1款）；

（5）名誉保护（《德国民法典》第823条第2款，结合《德国刑法典》第185条及以下；《德国民法典》第824条）；

（6）对于言论、信件、数据以及属于个人生活领域的秘密的保密（《德国民法

---

① Schricker/Loewenheim/*Dietz/Peukert*，Vor § § 12ff. UrhG Rn. 8.

典》第 823 条第 2 款，结合《德国刑法典》第 201 条至 204 条）以及

(7) 防止侵入数据机密的保护（《德国联邦数据保护法》第 1 条第 1 款第 2 项，第 2 条第 4 款，第 4 条，第 8 条，第 27 条及以下）。

作者人格权的出现以创作一部受保护的作品为前提。根据联邦最高法院[①]的观 5
点，作者人格权并非从《德国基本法》第 1 条与第 2 条第 1 款中推论出来的一般人格权的组成部分，而是一般人格权的独立的法律表现形式。[②] 因为在作者人格权和一般人格权之间存在着巨大的差异。作者人格权关系到一个人与其作品之间的关系，即作者对其作品所享有的人身利益和精神利益。与此相反，一般人格权独立于作品，保护的是整体的人格范围。作者人格权作为被特别规定的权利，相对于一般人格权具有优先地位。但是，作者基于一般人格权而请求赔偿的可能性依然存在，如果不仅牵涉作者与其作品之间的关系，而是整体牵涉作者的人格权。因此，作者基于一般人格权而享有的权利可以补充适用。[③] 就这方面来说可以归功于一般人格权的接收吸纳功能。相反，在创作作品的时候，应当要注意到第三人的人格权。这尤其适用于《美术与摄影作品著作权法》第 22 条及以下所规定的肖像权（对此参见第十二章边码 1 及以下）。

三、可转让性和可继承性

因为人格权具有高度的人身属性，因而其原则上既不可以转让，也不可以继 6
承。[④] 著作权以及作者人格权原则上也不可转让（《德国著作权法》第 29 条第 1 款）。与之相反，作者人格权是可继承的（《德国著作权法》第 28 条第 1 款）。因此，在有关作者人格权的问题上，权利的继承人也有可能作出偏离于作者想法的决定。[⑤] 作者可以通过遗嘱中的附加条件或者指定遗嘱执行人来避免这种情况。由于作者人格权和利用权的一致性，作者在将利用作品的财产性权利让与第三人时，也许可了作者人格权的让与。否则，协议利用就不可能实现。

示例：在同意让与复制和传播权的同时，也许可了作为作者人格权组成部分的出版权（《德国著作权法》第 12 条）。[⑥] 作者也可以转让对其作品进行修改和改造的权利。由于作者人格权中不可放弃的核心，作者仍然有权对歪曲作品的行为采取措施（《德国著作权法》第 14 条）。[⑦]

四、终结

作者人格权一直存续，直至著作权的保护期限届满（参见第七章边码 2 及以 7

---

① Vgl. BGHZ 13，334，338f. -Hjalmar Schacht.
② Dreier/Schulze/*Schulze*，Vor § 12 UrhG Rn. 5.
③ Schricker/Loewenheim/*Dietz/Peukert*，Vor § § 12ff. UrhG Rn. 15.
④ Schricker/Loewenheim/*Dietz/Peukert*，Vor § § 12ff. UrhG Rn. 17.
⑤ Dreier/Schulze/*Schulze*，Vor § 12 UrhG Rn. 11.
⑥ *BGH* GRUR 1955，201，204-Cosima Wagner.
⑦ *BGH* GRUR 1971，269，271-Das zweite Mal.

下）。①

五、发表权（《德国著作权法》第 12 条）

（一）规范目的

8　　作者通过作品公开自己的观点与想法，而这些可能具有高度的人身性质。因此，作品是否可以被公众所接触到的问题，具有重大意义。所以，《德国著作权法》第 12 条第 1 款规定作者有权决定，是否以及如何发表其作品。他可以决定，是否、何时、何地以及以何种形式使得公众可以接触到其作品。除此之外，在作品或者作品的主要内容被发表之前，对作品内容的公布或者描述都属于作者的专属权利（《德国著作权法》第 12 条第 2 款）。

（二）发表权（《德国著作权法》第 12 条第 1 款）

9　　aa）概念。《德国著作权法》第 6 条第 1 款对发表的概念进行了法律定义（第 2 章边码 126 及以下）。

10　　bb）范围。《德国著作权法》第 12 条第 1 款规定的作者的发表权仅限于首次发表。② 这与发表的形式与途径无关。《德国著作权法》第 12 条第 1 款与通过其他形式进行的第二次发表无关。

　　示例：一部小说经过作者的同意，以书本的形式进行了发表（首次发表）。《德国著作权法》第 12 条第 1 款规定的发表权并不涵盖将这部小说拍成电视剧（第二次发表）。导演所享有的首次发表权，也包括了发布电影的权利（确定发表的程度）。

11　　一旦经过作者的同意，使作品从作者的领域进入公众，则作者关于是否公布作品的决定就被使用了。《德国著作权法》第 12 条第 1 款所规定的发表权不再继续存在。

　　示例：一旦导演将一部电影送交制片人验收，则其决定是否公布电影的权利便已经被使用了。

12　　作者的发表权包括通过何种具体的形式（如何）将作品公之于众。因此，如果作品未经作者的允许而被加工、修改或者改造之后首次发表，则作者的发表权受到了侵害。除了发表的具体形式，"如何"发表的问题还包括何时以及何地发表作品。

　　示例：对于戏剧和电影来说，首演具有特别重要的意义。因此，电影 DVD 光盘的刻录通常不能早于电影院的首映或者电视节目的播放。如果发表违背了约定的顺序，则不仅构成违反合同约定，而且属于非法侵害发表权。③

13　　作者也可以通过遗嘱的方式确定，某人在其死后应当决定何时起以及有必要时在何地发表作品。④

---

① Schack，GRUR 1985，352，354.
② Wandtke/Bullinger/*Bullinger*，§ 12 UrhG Rn. 9.
③ Schricker/Loewenheim/*Dietz*，Vor § § 12ff. UrhG Rn. 19.
④ *BGH* GRUR 1955，201，204-Cosima Wagner.

对于在《德国著作权法》第 44a 条及以下条款所规定的法定限制的前提之外，　*14*
试图基于超越法律的紧急状态（言论自由；信息利益）而限制发表权的行为，原则
上不予考虑。因为《德国著作权法》第 44a 条及以下条款已经最终确定了对于著作
权的限制。① 只有在例外情形之下，言论自由和新闻自由才能胜过作者人格权并且
在考虑到比例原则的情况下证明限制发表权的合法性。因为，原则上《德国著作权
法》第 44a 条及以下条款在确定限制条款的时候，就已经进行了利益衡量。②

针对未经许可的发表，发表权只是一种防卫权，并非积极地提供一种发表的　*15*
权利。

示例：一位画家完成了一幅画作。他可以决定，如何、何时以及何地将这幅作
品公之于众。如果第三人侵犯了这一权利，则画家有权进行防卫。如果画家将这幅
画卖给了第三人而他后来想在展览上展出这幅画，则《德国著作权法》第 12 条第 1
款并不赋予他要求第三人交出这幅画的权利。对此，法律允许当事人在买卖合同中
进行约定。

（三）公布作品内容（《德国著作权法》第 12 条第 2 款）

作者不仅有权决定，是否、何时、何地以及通过何种形式将其作品公之于众，　*16*
且根据《德国著作权法》第 12 条第 2 款的规定，作者的发表权也取决于作品的内
容。所以，作者还有权决定，是否、何时、何地以及通过何种形式将其作品的内容
公之于众。同样，这一权利也仅限于首次发表。只要作品及其主要内容或者对作品
的描述尚未经作者的同意而发表，则作者有首次发表其作品的内容的权利。在作品
发表之后，作者也有权对作品的内容进行首次发表。因此，并不是——可能由于相
反的原因——在作品发表之后，每个人都有权发表作品的内容。③ 否则，作者对作
品内容的发表权之上就会出现一个无法预测的、新的限制。更确切地说，在出现争
议的时候，权利应该保留给作者。因为《德国著作权法》第 12 条第 2 款应当在作
品发表之前通过其他方式对作者进行额外保护，而不是在作品发表之后对作者的权
利进行限制。④

示例：戏剧首演之后，在戏剧指南中对戏剧内容进行首次发表的权利仍归该戏
剧的作者享有。因此，如果未经作者同意而描述戏剧的内容是不允许的。

六、确定作者身份（《德国著作权法》第 13 条）

（一）规范目的

《德国著作权法》第 13 条第 1 句应当确保，没有人对作者的身份产生争议。　*17*

---

① *BGH* GRUR 2003，956，958-Gies-Adler.
② *BGH* GRUR 2003，956，958-Gies-Adler.
③ *BGH* GRUR 2011，134 Rn. 49-Perlentaucher；Dreier/Schulze/*Schulze*，Vor § 12 UrhG Rn. 24；不同观点参
见 Schricker/Loewenheim/*Dietz*/*Peukert*，§ § 12 UrhG Rn. 29。
④ *BGH* GRUR 2011，134 Rn. 49-Perlentaucher.

示例： 一部作品（原作）的改编者称自己为通过改编而创作的作品（改编作品）的独立作者，而不提及原作的作者。此处就存在对原作的作者身份的剥夺。①

18　　通过这条规定表达了作者人格权的不可放弃的核心内容。但是，作者有权自由决定，在个案中是否主张其权利。他也可以放弃这项权利（如：代笔人）。

19　　《德国著作权法》第 13 条第 2 句提出，作者有权决定是否在作品上标明作者以及使用何种标记（示例：姓名；假名；艺名）（即所谓的作者署名权）。因此，"是否" 以及 "如何" 标明作者由作者自己决定。作者标记将作品分配给了作者。这项分配具有精神的和实质的要素。"是否" 标明作者，也涵盖了不被标记为作者的决定。通过这项权利可以保证作者保持匿名或者与作品保持距离。

（二）适用范围

20　　原则上，对作品的每一次利用都应当提及作者。②《德国著作权法》第 2 条所规定的作品、值得保护的改编（《德国著作权法》第 3 条）、汇编作品（《德国著作权法》第 4 条）或者《德国著作权法》第 2 条所规定的作品的一部分的每一个（合作）作者，均有作者署名权。由于只有作者，即创作了作品的人，才享有作者署名权，因而按照《德国著作权法》第 13 条的规定，委托人、雇主和制片人并无此项权利。但是，《德国著作权法》第 13 条第 1 句在对流通中将其他的作品归为其创作的情况（如：赝品）下并不保护作品的作者。③ 这种情况下，只能考虑损害一般人格权和姓名权而产生的请求权。

21　　《德国著作权法》第 13 条第 2 句规定的标记的形式与方法，必须使得作品可以清晰明确地归为某作者。

示例： 如果一本杂志上刊登了不同摄影师拍摄的照片，则必须明确说明，每一张照片由哪位摄影师拍摄。相反，如果仅在杂志的另一页上，按照字母顺序列出摄影师的名字，是不够的。④

七、歪曲作品（《德国著作权法》第 14 条）

（一）规范目的

22　　《德国著作权法》第 14 条规定作者有权禁止歪曲作品，保护作品以其具体形态而存在。因此，原则上禁止修改。⑤ 这一禁止不仅保护作者的名誉和荣誉，而且确保作品以其具体形态表现出来。因为如果作品的特性被歪曲或者伪造，那么就出现

---

① *BGH* GRUR 2002，799，800-Stadtbahnfahrzeug［城市轨道机车案］。

② *BGH* ZUM 1995，40，41-Namensnennungsrechte des Architekten［建筑设计师命名权案］。

③ *BGH* ZUM 1990，180，182-Emil Nolde.

④ *LG München* ZUM 1995，57；Dreier/Schulze/*Schulze*，§ 12 UrhG Rn. 21.

⑤ *BGH* GRUR 1974，675，676-Schulerweiterung［学校扩建案］。

了歪曲作品的情况。

（二）适用范围

《德国著作权法》第 14 条列举了歪曲和其他的损害形式。因此，歪曲是一种典型的、特别严重的损害。损害的概念则属于上位概念。　　23

示例：某人将一幅画作融入了一个全新的整体艺术作品中，从而使得该画作成为总体艺术作品中的一部分。[①]

这与丑化或者美化作品无关。　　24

至于是否存在《德国著作权法》第 14 条所规定的歪曲或者其他损害，需要通过三个步骤来检验。这取决于（1）是否存在损害，（2）作者合法的精神利益和人身利益是否受到危害以及（3）侵害人的非法利益是否超过作者的合法利益（利益衡量）。　　25

如果某人改变了作品原有的实际的总体印象，且这种改变是客观和可以证明的，那么损害就已经存在了。[②] 损害不仅会出现在侵害作品本体的情况之中（如：改变一座雕塑）；此外，损害也可能出现在将作品置于其他的事物的相互关系之中（如：将某首旋律用于广告的用途）。同样，补充、缩短和裁剪都有可能导致损害的产生。　　26

示例：中断电影和电视节目而插入广告，都是对作品的作者的损害。

这种损害必须危害到了作者合法的精神利益和人身利益。损害的存在就表明了这样的危害。如果作者许可了这样的损害，那么这项证据就失效了。　　27

进行利益衡量时，要以作者的存续利益为出发点，因此原则上禁止修改。然而在法定限制（《德国著作权法》第 44a 条及以下）的框架之内允许若干种限制（如：《德国著作权法》第 49 条第 1 款第 2 句或者第 51 条第 2 项）。在这样的许可之外，原则上作者的存续利益占优势地位。　　28

示例：播放一部缩短了大约 1/3 的电影，就构成了《德国著作权法》第 14 条所规定的歪曲。[③] 同样的情况也适用于将音乐作品用作手机铃声——作品的作者并不是为了此目的而创作的。[④] 因为在这种情况下，这部音乐作品对听者来说不是音调上的感受，而是经常很扰人的信号音。

这项原则的一个例外就是讽刺滑稽的模仿。观赏者可以很清楚地知晓，这种模仿并非来自作者。此外，模仿演员可以援引言论自由（《德国基本法》第 5 条第 1 款第 1 句）和特定前提下的艺术自由（《德国基本法》第 5 条第 3 款第 1 句）来作为其行为合法性的依据。　　29

[①] *BGH* GRUR 2002，532，534-Unikatrahmen［画框案］。

[②] *BGH* GRUR 1989，106，107-Oberammergauer Passionsspiele［上阿莫高狂欢表演案］。

[③] *OLG Frankfurt a. M.* GRUR 1989，203，205-Wüstenflug［沙漠航班案］。

[④] *BGH* WRP 2009，313 Rn. 14-Klingeltöne für Mobiltelefone［手机铃声案］。

第三节　利用权（《德国著作权法》第 15 条至第 24 条）

一、概念

30　　　利用权的概念解释了作者在著作权的物质方面所享有的权利（参见《德国著作权法》第 11 条第 2 句）。这些权利具有两个面向：一方面，原则上只有作者有权利用作品（积极的利用权）。另一方面，作者可以禁止他人利用作品（禁止权）。《德国著作权法》第 15 条列举了以有体形式利用作品的利用权，尤其是复制权（《德国著作权法》第 15 条第 1 款后半句第 1 项、第 16 条）、发行权（《德国著作权法》第 15 条第 1 款后半句第 2 项、第 17 条）、展览权（《德国著作权法》第 15 条第 1 款后半句第 3 项、第 18 条）以及以无体的形式公开再现作品的利用权（《德国著作权法》第 15 条第 2 款、第 3 款）。《德国著作权法》第 15 条第 2 款第 2 句列举的公开再现权尤其包括朗诵权、演出权与放映权（《德国著作权法》第 15 条第 2 款第 2 句第 1 项、第 19 条）、公开获取权（《德国著作权法》第 15 条第 2 款第 2 句第 2 项、第 19a 条）、广播权（《德国著作权法》第 15 条第 2 款第 2 句第 3 项、第 20 条）、录音录像载体再现权（《德国著作权法》第 15 条第 2 款第 2 句第 4 项、第 21 条）以及广播与公开获取的再现权（《德国著作权法》第 15 条第 2 款第 2 句第 5 项、第 22 条）。

31　　　因为不仅《德国著作权法》第 15 条第 1 款后半句，而且该法第 15 条第 2 款第 2 句都进行了范例式的列举（"尤其"），因而《德国著作权法》第 15 条并未列举穷尽作者的所有利用权。穷尽式的规则尤其不符合不断涌现出技术革新（如：数字技术）的事实。因此，《德国著作权法》第 15 条提供了周延、没有漏洞的保护。《德国著作权法》第 15 条区分了通过有体形式的利用（《德国著作权法》第 15 条第 1 款）和通过无体形式的利用（《德国著作权法》第 15 条第 2 款）。而对利用权的限制也可以从《德国著作权法》第 44a 条及以下条款中得出（参见第六章边码 2 及以下）。

二、通过有体形式的利用（《德国著作权法》第 15 条第 1 款）

（一）概念

32　　　复制权（《德国著作权法》第 15 条第 1 款后半句第 1 项、第 16 条）、发行权（《德国著作权法》第 15 条第 1 款后半句第 2 项、第 17 条）、展览权（《德国著作权法》第 15 条第 1 款后半句第 3 项、第 18 条）以及《德国著作权法》第 15 条第 1 款所列举的其他利用权都具有共同点，即它们都要求以有体形式利用作品。对此，要求作品必须存在于有体物之上／之内。

示例：书本、声音存储介质、U 盘。

（二）复制权（《德国著作权法》第 15 条第 1 款后半句第 1 项、第 16 条）

33　　　aa）规范目的。相比于仅使用原件，复制使更大的人际圈可以接触到著作，从而使作者有可能通过利用权而获得更多的收入。《德国著作权法》第16条规定，作者有权决定，是否通过复制将其作品增加一定数量，再进入公众领域。

bb）适用范围。复制权包括了任何一种方式的复制。由于《德国著作权法》第 **34**
16条——不同于《德国著作权法》第17条第1款——不包含对于进入公众领域的程序的限制，因而，公开还是私下生产复制品都不重要。[①] 此外，还不同于《德国著作权法》第17条第2款的规定，复制权不可能被耗尽。

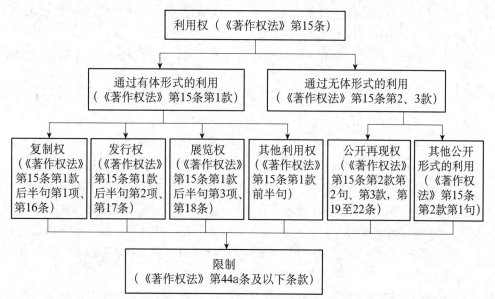

复制是对作品的任何一种有体的定型，从而使得作品可以以任意一种方式被感 **35**
知。[②] 通过图画的形式再现有体的艺术作品，也属于这种复制的范围[③]，如在说明书上通过照片来展示一座塑像。这不受材料的种类与制作方法的影响。复制品存续时间的长短也不重要。

示例： 将文本复印或者扫描[④]或者发送传真[⑤]，都是对该文本的复制。同样，将网上资源数字化或者下载，并储存在自己的数据载体，如硬盘或者DVD光盘之上，也是《德国著作权法》第16条意义上的复制（对于单纯为了浏览网页而在个人电脑上存储数据的情况，参见《德国著作权法》第44a条的限制）。[⑥]（首次）制作关于一部音乐作品的演出的电影，无论如何也属于《德国著作权法》第16条所规定的复制。[⑦]

相反，如果某人只是建立了发现其他某部作品的方法，则不构成复制。 **36**

---

① Dreier/Schulze/*Schulze*，§ 16 UrhG Rn. 4.
② BGHZ 144，232，235-Parfumflakon［香水瓶案］。
③ BGHZ 144，232，235-Parfumflakon［香水瓶案］。
④ *BGH* GRUR 2002，246，247-Scanner［扫描仪案］。
⑤ *BGH* GRUR 1999，928，930-Telefaxgeräte［传真机案］。
⑥ *BGH* GRUR 1999，325，327-Elektronische Pressearchive［电子新闻档案案］。
⑦ *BGH* GRUR 2006，319，321-Alpensinfonie.

示例：仅仅创建一条链接不构成复制。[①] 当一个网站通过所谓的深度链接而连接到单个——任何人都可以在线访问的——出版社的新闻报道，从而使得用户不必访问该出版社的主页，也不构成复制。

37　　根据《德国著作权法》第16条第2款的规定，如果将一部作品设计成可重复再现的形式，如作为声音存储介质的唱片和CD光盘，或者作为图像存储介质的DVD光盘，以及将作品从一个这样的存储介质转移到另外一个，都构成复制（单个图片并不属于这一范围，如一张照片，但是也可以构成《德国著作权法》第16条所规定的复制；参见边码35）。

示例：如有人将音乐作品的首演录了下来，就构成复制了这部音乐作品。[②]

（三）发行权（《德国著作权法》第15条第1款后半句第2项、第17条）

38　　aa）规范目的。复制并不能完全实现，让更大的人际圈接触到作品的目的。确切地说，复制的作品必须公之于众。根据《德国著作权法》第17条，作者需要决定此事是否、何时以及何地（通过有体形式，即以原件还是复制件）实现。而发行的动机（如：思想的或者商业的）并不重要，因为发行权并不限于职业的发行。

39　　bb）适用范围。《德国著作权法》第17条第1款将作者对作品的发行权限于向公众提供或者交易。提供和交易是相互独立的发行行为。根据《德国著作权法》第17条第1款的文字表述（"或者"）就可以看出二者是相互独立的。禁止提供应当抵制提供中对权利所有人的经济机会的危害。

40　　（1）向公众提供。（a）公开性。"公开性"概念的内涵可以根据《德国著作权法》第15条第3款的法定定义中得出，即便从体系上讲，《德国著作权法》第15条第2款是以无体形式利用之权利（公开再现权）为规范对象。[③] 因此，如果被确定针对多数人，则作品的再现是公开的（《德国著作权法》第15条第3款第1句）。原则上，两个人就已经足够。[④]

41　　审查《德国著作权法》第15条第3款第1句所规定的多数人时（数量特征），仅需注意那些与利用作品的人或者与以无体形式可感知或获取作品的其他人不存在人身关系的人（《德国著作权法》第15条第3款第2条）。这项额外的质的特征旨在保障法律适用中足够的灵活性。因为一边是著作权保护，另一边是信息社会中的其他合法利益，法律要在二者之间寻求适当的平衡。[⑤] 它通过人身关系，与（1）利用作品的人，或者（2）以无体形式可感知或获取作品的其他人产生联系。

42　　与利用作品的人的联系。利用作品的人是指那些实施了属于利用权范围的利用行为的人。如果与他们之间产生了如此强烈的联系，以至于存在基于"或多或少稳

---

① *BGH* GRUR 2003，958，961-Paperboy［纸男孩案］。

② *BGH* GRUR 1975，447，448-TE DEUM.

③ *BGH* GRUR 1982，102，103-Masterbänder［原版带案］。

④ *BGH* GRUR 1996，875，876-Zweibettzimmer im Krankenhaus［医院双床间案］。

⑤ BT-Drs. 15/38，S. 17.

定的、亲密的和真挚的联络"的人身联系的意识，则认为存在人身联系。① 对法人来说，与法人的实际控制人的关系是起决定性作用的。

与其他人的联系。对与其他人的联系来说，人数的多少具有标志性的作用。再现作品所针对的人越多，则越不具有人身关系的联系。但是，并不存在确定的界限。确切地说，这取决于关系的具体类型。基于人身关系的联系并不以家庭或者朋友关系为前提。相反，取决于相互之间进行人身联系的意识。这种意识也可以通过一个活动而建立（示例：为选拔出来的学生而开设的舞蹈课）。相反，纯技术上的联系并不构成法律所要求的联系。这也同样适用于多个相关人员之间单纯的平衡利益。 *43*

"向公众提供"中公众的概念内涵广泛。相关关联这一特征取决于（1）人的数量以及（2）他们关系的类型。 *44*

示例：一所医院的全部病人②、学校的公共休息室③以及发送给企业的大量的邮件，都符合公开性的要求。相反，双床间里的病人④或者私人庆祝活动，如婚礼，都不符合公开性的要求。

（b）提供。对于"提供"行为的解释，需要注意到欧共体第2001/29号指令第4条第1款的规定。根据该规定，准备行为便已足够，如将作品列入产品说明书或者促销广告。也就是说，《德国著作权法》第17条第1款的提供要从经济意义上理解。因而，提供的内容必须足够确定，要具体。因此，不需要满足《德国民法典》第145条所规定之要约的要件。由于禁止提供已经抵制了对权利所有人所造成的经济机遇上的危害（边码39），因而，提供行为是否获得成功并不具有决定性意义。提供在德国受著作权法保护的复制作品，即使在国外进行转让而该作品在该地不受著作权法保护，也违反了《德国著作权法》第17条第1款的规定。⑤ 因为这项针对国内的提供行为损害了国内的权利人。原因在于，这可能对著作权在国内的利用产生影响。这一解释不违反《欧盟运作方式条约》第34条，因为《欧盟运作方式条约》第36条（"由于职业和商业财产的原因"）论证了其合法性，即将国内的提供和国内的取得包括在内更有利于实现较高的保护水平。 *45*

（2）交易。交易的意思是，复制件从作者的领域到达普遍的贸易往来之中。⑥ 鉴于欧共体第2001/29号指令的第4条第1款，该条款提到了通过出售或者其他方式向公众进行发行，《德国著作权法》第17条第1款所规定的交易特征要以符合指令的方式进行解释。根据欧洲法院的观点，满足通过其他方式向公众进行发行的条件，则必须有所有权的转移（同样的要求也适用于边码45所规定的提供的特征）。同样，促进公众对作品的原件或者复制件的使用的要求不高，示例：单纯的转移占 *46*

---

① Schricker/Loewenheim/*v. Ungern-Sternberg*，§ 15 UrhG Rn. 74.
② *BGH* GRUR 1994，797-Verteileranlage im Krankenhaus［医院分配装置案］。
③ *BGH* GRUR 1993，562，563-Zoll-und Finanzschulen［海关财经学校案］。
④ *BGH* GRUR 1996，875-Zweibettzimmer im Krankenhaus［医院双床间案］。
⑤ *BGH* WRP 2007，1219 Rn. 28-Wagenfeld-Leuchte［瓦根菲尔德照明公司案］。
⑥ Dreier/Schulze/*Schulze*，§ 17 UrhG Rn. 15.

有就已足够。①

　　示例：某第三人，如女士服装店的经营者，如果出于装饰的目的而将受著作权法保护的家具的样式摆放在橱窗中或者为了顾客的使用而置于店内的休息区域，则并没有侵犯作者根据《德国著作权法》第17条所享有的排他的发行权。②

47　　　cc）通过穷尽原则来限制发行权（《德国著作权法》第17条第2款）。通过发行权，作者可以决定，是否、何时、何地将复制件公之于众。但是，如果复制件经其允许已经进入公众，则其对复制件在公众领域中的存续不享有排他性的决定权。也就是说，发行权受到《德国著作权法》第17条第2款（另参见EWG欧共体第92/100号指令第9条第2款以及欧共体第2001/29号指令的第4条第2款，从中推论出《德国著作权法》第17条第2款与指令相一致的解释的要求）所规定的穷尽原则的限制。因此，一部具体的、经权利人同意而公之于众的作品，未经作者的允许也可以继续发行，但出租除外。面对经权利人许可而进入交易中的作品的交易能力的利益，著作权必须退到次要位置。在统一的经济空间之内，如欧洲内部市场之中，应当允许经权利人同意而被带入交易之中的作品自由流通，而权利人不得进行阻碍。通过决定将复制件公之于众，发行权被行使且耗尽了。因此，《德国著作权法》第17条第1款规定的发行权，限于第一次发行。③

48　　　《德国著作权法》第17条第2款规定的权利耗尽以通过转让的方式而交易为前提。因为通过转让，作者失去对相关作品的控制（在适当情况下，可以获得酬劳）。④《德国著作权法》第17条第2款所规定的转让的概念通常包括通过权利人而对作品上的产权进行任何一种转让与出让。⑤ 这不受作为财产转让发生原因的债权行为的影响。

　　示例：出售、互易和赠与；仅为了展览的目的而借用一部作品则不属于此范围。

49　　　因此，权利耗尽也仅延伸到那些具体的、已经权利人允许而转让的作品的继续发行。⑥

50　　　根据《德国著作权法》第17条第2款，出租不属于转让。由此可以得出，只要复制件处在被"出租"的状态，权利人的发行权继续存在。《德国著作权法》第17条第3款第1句对出租的法定定义为：时间有限的、直接或者间接以营利为目的的交付使用。出租的概念要从广义上进行理解，与《德国民法典》第535条及以下条款中租赁的概念并不完全重合。因此，《德国著作权法》第17条第3款第1句并不要求交付使用的报酬。《德国著作权法》第17条第3款第2句规定了特定的领域

① *EuGH* GRUR 2008，604 Rn. 36-Peek & Cloppenburg；有充分合理由的反对意见参见 Dreier/Schulze/Schul-ze，§ 17 UrhG Rn. 4a。

② *BGH* GRUR 2009，840 Rn. 21-Le-Corbusier-Möbel II。

③ Schricker/Loewenheim/ *Loewenheim*，§ 17 UrhG Rn. 29。

④ *BGH* GRUR 1985，131，132-Zeitschriftenauslage beim Friseur［发廊杂志摆放案］。

⑤ *BGH* 129，66，73-Mauer-Bilder；*BGH* GRUR 2005，505，506-Atlanta。

⑥ *BGH* GRUR 1993，34，36-Bedienungsanweisung［使用说明案］。

（第12页：建筑作品与实用艺术作品的转让；第2项：在雇佣或职务关系范围之内的工作样本）不属于出租。对这些例外应当进行狭义解释。① 此外，《德国著作权法》第17条第2款规定的穷尽原则并不适用于《德国著作权法》第16条所规定的复制权②以及《德国著作权法》第15条第2款的公开再现权。③

《德国著作权法》第17条第2款所规定的前提条件，由主张发行权穷竭的人承担说明和举证责任。④ 因此，原则上他必须说明以及在必要时证明，实现了《德国著作权法》第17条第2款所规定的转让。但是《德国民法典》第1006条第1款和第2款的推论对其有利。⑤ 因为对转让进行说明和证明的前提条件，在民法和著作权法中按照相同的原则来判断。同样，从目标转让原则（第五章边码29及以下）中无法得出普遍有效的规定，即如果某作者将其作品面交给第三人，有异议时认为其并不希望进行所有权的转让。在反驳《德国民法典》第1006条第1款和第2款的推论时，不需要提出非常严格的要求。更确切地说，应当考虑通过证明相应的行业操作或者获得占有的伴随现象来进行反驳。如果占有人并未获得自己占有，而仅是替他人占有，则《德国民法典》第1006条第1款和第2款的推论效果并不适用。在这种情况下，对其适用从替他人占有转化为自己占有的说明与举证责任。⑥

（四）展览权（《德国著作权法》第15条第1款后半句第3项，第18条）

aa）规范目的。《德国著作权法》第18条规定的展览权如同发表权，作者有权决定，是否、何时、何地将其美术作品或者照片作品以有体的形式公之于众。因此，这是公开权的一种特殊形式。⑦ 正如发表权并不保证进行发表的权利，展览权也不会成为进行展览的权利的根据。

bb）适用范围。（1）对象。《德国著作权法》第18条仅限于（有体的）美术作品（如绘画或者雕塑）以及摄影作品，如照片。

（2）展示。展示出现在艺术展览上（如博物馆，画廊）。是出于商业目的或者思想上的目的，则在所不论。

（3）未发表的作品。展览权仅针对未发表的作品，否则艺术品交易会受到太大的阻碍。因此，展览权在合法的首次发表之后就已穷尽。而首次发表是采用有体还是无体的形式，无关紧要。

因为《德国著作权法》第18条仅限于特定的作品类型，因而采用其他形式（如草稿、底稿、信件）对其进行利用不在考虑之列。⑧

① BGHZ 144，368，371-Liedersammlung［歌曲汇编案］。
② BGHZ 144，232，238-Parfumflakon［香水瓶案］。
③ Schricker/Loewenheim/ *Loewenheim*，§ 17 UrhG Rn. 45.
④ *BGH* GRUR 1985，924，926-Schallplattenimport II［唱片进口案（二）］。
⑤ *BGH* GRUR 2005，505，506-Atlanta［亚特兰大案］。
⑥ BGHZ 73，355，361.
⑦ Dreier/Schulze/*Schulze*，§ 18 UrhG Rn. 1.
⑧ Schricker/Loewenheim/*Vogel*，§ 18 UrhG Rn. 12；a. A.*Ulmers*，FS Hubmann，1985，S. 435，441.

三、通过无体形式的利用（《德国著作权法》第 15 条第 2 款至第 3 款）

（一）概念

57　　《德国著作权法》第 15 条第 2 款第 1 句所规定的以无体形式利用作品，指仅可以感知到其精神内容。

　　示例：演唱一首歌曲或者在银幕上放映一部电影。

58　　《德国著作权法》第 15 条第 2 款第 1 句所规定的公开再现权仅限于通过无体形式对作品进行利用。

（二）公开再现权（《德国著作权法》第 15 条第 2 款、第 3 款）

59　　aa）朗诵权、演出权与放映权（《德国著作权法》第 15 条第 2 款第 2 句第 1 项、第 19 条）。（1）规范目的。《德国著作权法》第 19 条规定作者有权通过无体形式利用作品。朗诵权、演出权与放映权的区别在于，是在不同的作品形式（《德国著作权法》第 2 条第 1 款）之间进行区分。因此，朗诵权（《德国著作权法》第 19 条第 1 款）就包括公开一部语言作品（《德国著作权法》第 2 条第 1 款第 1 项）。《德国著作权法》第 19 条第 2 款第 1 种情况规定的演出权针对音乐作品（《德国著作权法》第 2 条第 1 款第 2 项），而《德国著作权法》第 19 条第 2 款第 2 种情况规定的演出权针对任一形式的舞台表演作品。《德国著作权法》第 19 条第 3 款细化了朗诵权与演出权的范围。《德国著作权法》第 19 条第 4 款第 1 句规定放映权限于特定的作品类型，及美术作品（《德国著作权法》第 2 条第 1 款第 4 项），摄影作品（《德国著作权法》第 2 条第 1 款第 5 项），电影作品（《德国著作权法》第 2 条第 1 款第 6 项）以及科学或者技术类型的展示（《德国著作权法》第 2 条第 1 款第 7 项）。《德国著作权法》第 19 条第 4 款第 2 句对放映权不适用的领域进行了规定。

60　　（2）适用范围。《德国著作权法》第 19 条第 1 款、第 2 款、第 4 款所规定的权利有一个共通点，即对作品的利用是公开进行的（参见《德国著作权法》第 15 条第 3 款；对此边码 40 及以下）。如果人的感官可以直接接触到作品，则一部作品才可以被公众（《德国著作权法》第 15 条第 3 款）所感知或者听到或者在舞台上表演。公众的成员必须在相同的时间、相同的地点并处在这样一种状态之中，真正接触到作品。如果仅存在通过公众而有接触作品的可能性，并不符合法律的要求。这不同于《德国著作权法》第 19a 条、第 20 条的规定。

　　示例：如果某人在一个礼堂里对着公众将一部语言作品朗诵出来，则此时符合《德国著作权法》第 19 条所规定的使公众能听到语言作品。如果只是将文本存进光盘之中可以下载，则并不符合这一条件。

61　　（a）朗诵权（《德国著作权法》第 19 条第 1 款）。如果某人通过个人朗诵而使公众能听到语言作品，则此时存在《德国著作权法》第 19 条第 1 款所规定的朗诵。因此，必须有可能直接接触（如直播讲话）。相反，自己享受作品（如听唱片）就缺少了朗诵的因素。

（b）演出权（《德国著作权法》第 19 条第 2 款第 1 种情况和第 2 种情况）。演 **62**
出以个人的表演，即公众能听到音乐作品（《德国著作权法》第 19 条第 2 款第 1 种
情况）或者在舞台表演作品（《德国著作权法》第 19 条第 2 款第 2 种情况）为前
提。舞台表演不受特定的作品类型的限制。这种表演只存在于通过眼睛以及/或者
耳朵可以感知出来的动态表演中。① 由于其并不取决于个人的表演，因而木偶戏和
玩偶戏也属于此类。

（c）对《德国著作权法》第 19 条第 1 款和第 2 款的解释说明（《德国著作权 **63**
法》第 19 条第 3 款）。《德国著作权法》第 19 条第 3 款阐明，朗诵权和演出权包括
作者在表演场地之外通过技术设备而可被公开感知的权利。鉴于在活动场地之外对
作品进行传播，应当赋予作者物权性的排他权利。因此，由他独自决定，其表演是
否可以在表演场地之外被感知。

（d）放映权（《德国著作权法》第 19 条第 4 款）。《德国著作权法》第 19 条第 4 **64**
款第 1 句将放映权限定于特定的作品类型（《德国著作权法》第 2 条第 1 款第 4 项
至第 7 项），针对通过技术设备（例外：《德国著作权法》第 19 条第 4 款第 2 句）
而使作品被公开（《德国著作权法》第 15 条第 3 款）感知。

示例：技术设备可以是屏幕、扩音器或者投影仪。

（三）公开获取权（《德国著作权法》第 15 条第 2 款第 2 句第 2 项、第 19a 条）

aa）规范目的。《德国著作权法》第 19a 条规定作者有排他权，使公众可以不 **65**
受地点和时间的限制而获取作品。

bb）适用范围。公开获取权描绘了这样一种权利，公众的成员在自己选择的地 **66**
点和时间，可以采用有线或者无线的方式获取一部作品。也就是说，第三人必须有
权获取业已提供的作品②（例如：在网络上可以随时下载）。可获取仅意味着，促使
进入或者接收，而并不需要实际上的获取或者接收。公众是否（《德国著作权法》
第 15 条第 3 款）实现了有线或者无线的获取，并不重要。因此，其在技术上是中
立的。

示例：有线获取是通过有体的接口连接到网络上，而无线获取是通过无体接口
连接到网络上，如通过无线局域网连接。

搜索引擎运营商在其搜索结果列表中列出一些作品的图片，而这些图片是由第
三方放置到网上的，则其对所展示的作品完成了《德国著作权法》第 19a 条意义上
的可公开获取。③ 但是，可以推论出第三方同意。

将一首（受著作权法保护）歌曲的文件放置在网上，供交易的其他参与者随时
下载，损害了《德国著作权法》第 19a 条所规定的公开获取权。④

---

① *BGH* GRUR 1999，228，230-Musical-Gala［音乐会案］。
② *BGH* GRUR 2009，845 Rn. 27-Internet-Videorecorder［互联网视频记录仪案］。
③ *BGH* WRP 2010，916 Rn. 19-Vorschaubilder I［预览图片案（一）］。
④ *OLG Hamburg* ZUM-RD 2005，273，276.

67　　　　公开获取权并不受权利耗尽原则的限制（也参见欧共体第 2001/29 号指令第 3 条第 3 款）。①

（四）广播权（《德国著作权法》第 15 条第 2 款第 3 项、第 20 条至第 20b 条）

68　　　　aa）规范目的。《德国著作权法》第 20 条应当注意到广播的特殊性。从中可以得出，虽然一个广播节目的最终用户可以同时收听，但是他们在接收时不同于《德国著作权法》第 19 条中的朗诵权、演出权与放映权，因为他们不处于同一位置。对于公众（《德国著作权法》第 15 条第 3 款）来说，要满足通过广播而获取（边码 66）的条件，接收的可能性就已足够，只需利用接收设备即可。《德国著作权法》第 20 条也将作者的这种专属利用分配给了每一种类型的广播。

69　　　　bb）适用范围。广播指任何一种通过电磁波传输符号、声音或者图像，这些电磁波是从一个发射地点发射而在其他地点能被任意数量的接收装置所接收并重新转化为符号、声音或者图像。例如，《德国著作权法》第 20a 条列举了声音和电视广播、卫星广播、有线广播或者其他类似的技术媒介。这不受发射信号与广播类型的影响。

　　　　示例：《德国著作权法》第 20a 条所称的广播包括免费电视以及付费电视，实况播送以及重播，原始广播以及转播。发射者使用模拟信号还是数码信号，并不重要。

70　　　　单纯接收别人发射的信号不属于《德国著作权法》第 20 条所称的广播。在个案中（示例：多户住宅的公共天线），区分是很困难的。如果必须付出特别的努力，才能使得继续传播的广播节目在特定区域内可以被获取，即构成广播。

71　　　　如果已经发射的广播信号可以被潜在的接收方接收，则实现了对公众可获取，而并不要求有实际的接收。

72　　　　cc）《德国著作权法》第 20a 条和《德国著作权法》第 20b 条。欧共体第 93/83 号指令导致引入《德国著作权法》第 20a 条（欧洲卫星广播）和《德国著作权法》第 20b 条（有线继续广播）这两条特殊规定。

（五）图像声音载体再现权（《德国著作权法》第 15 条第 2 款第 2 句第 4 项、第 21 条）

73　　　　aa）规范目的。通过图像或者声音载体的再现权（《德国著作权法》第 21 条）补充了《德国著作权法》第 19 条规定的直接再现著作的权利。因为这项权利分配给作者一项专属的使用权，通过将作者的朗诵和表演收录在图像或者声音载体上而使公众（《德国著作权法》第 15 条第 3 款）可以感知（间接再现著作）。通过《德国著作权法》第 21 条第 2 句指引至《德国著作权法》第 19 条第 3 款，作者此外还享有专属权，在再现的场地之外通过屏幕、扩音器或者其他技术设备，借助于再现作品的图像或者声音载体，而使其可被感知。

74　　　　bb）适用范围。（1）再现。不同于《德国著作权法》第 20 条至第 20b 条的规

---

① *EuGH* Slg. 1980，881-Coditel I；Slg. 1982，3381-Coditel II.

定，再现只有在接收方可以直接感知到作品时才实现。只存在接收的可能性并不满足条件。

示例：播放唱片或者光盘上的一首摇滚歌曲属于《德国著作权法》第21条的范围。

（2）图像或者声音载体。再现必须通过图像或者声音载体而实现。图像或者声音载体的概念要在《德国著作权法》第16条第2款的意义上进行理解。如果没有分开的图像载体或者声音载体，既是图像载体又是声音载体（如影片），则也满足前提条件的要求。 *75*

（3）朗诵。朗诵的概念要在《德国著作权法》第19条第1款（"朗诵权"；边码61）的意义上进行理解。 *76*

（4）表演。表演的概念要在《德国著作权法》第19条第2款（"表演权"；边码62）的意义上进行理解。 *77*

（5）使可感知。参见边码60。 *78*

（6）使公众可感知。参见边码60。 *79*

（六）广播与公开获取的再现权（《德国著作权法》第15条第2款第2句第5项、第22条）

aa）规范目的。广播与公开获取的再现权（《德国著作权法》第22条）补充了《德国著作权法》第19条对作品的直接再现。因为《德国著作权法》第22条分配给作者以通过广播与公开获取而再现的排他权利。因而其针对，通过屏幕、扩音器或者其他类似的技术设备而使广播以及以公开获取为基础的公开再现作品被公众（《德国著作权法》第15条第3款）所感知。 *80*

示例：在饭店、宾馆以及购物商场中通过广播而再现（＝广播再现）；通过橱窗中的屏幕而再现网上可公开获取的作品（＝公开获取的再现）。

bb）适用范围。（1）广播。广播的概念要在《德国著作权法》第20条（边码69）的意义上进行理解。 *81*

（2）公开获取。公开获取的概念要在《德国著作权法》第19a条（边码65以下）的意义上进行理解。 *82*

（3）可感知。可感知的概念要在《德国著作权法》第19条第3款（边码60）的意义上进行理解。 *83*

四、改编与改造（《德国著作权法》第23条）

（一）规范目的

作者有权决定，采用何种具体形式将其作品公之于众。从这里可以得出，其他人禁止改变该作品（边码22、28）。与此相反，作者有改编或者改造其作品的自由，从而以另外一种形式来呈现作品。《德国著作权法》第23条规定了作者的改编权和改造权。只有在得到了作者的允许之后，其他人才有权对作品进行改编和改造。这 *84*

要与《德国著作权法》第 3 条规定的改编著作权相区分，第 3 条规定了改编在著作权法上受保护，而没有规定法律上是否允许进行改编的内容。《德国著作权法》第 23 条第 1 句规定的禁止的、受限制的改编产生于，某人模仿一部作品的创作特色，而这种创作特色在整体上具有值得著作权法保护的个人特征。这需要与《德国著作权法》第 24 条第 1 款所规定的准许自由使用相区别。

（二）法律性质

85　　　《德国著作权法》第 15 条并没有说明《德国著作权法》第 23 条规定的是作者独立的使用权。但是《德国著作权法》第 15 条只进行了范例式的列举（"尤其是"）。《德国著作权法》第 23 条第 1 句中也包含了"利用"的表达方式。此外，《德国著作权法》第 23 条所位于的章节的标题叫做"利用权"。因此，出于条文与体系，《德国著作权法》第 23 条的规定改变了作者的一项独立的利用权。[1]

（三）适用范围

86　　　aa）改编。改编是改造的一个子集（"其他的改造"）。它适应于作品的继续使用和利用形式。

　　示例：翻译一部小说或将其拍成电影。如果电视台将一首乐曲的表演制作成电视录像并且不加改变地复制成 DVD 光盘，则不构成改编。[2] 因为不加改变地将音乐作品与电影的图画合成在一起只构成复制。因此也不构成改编，因为电视台通过将音乐作品与连续画结合而建立起了新的联系。而音乐和连续画分属于不同的艺术形式。[3]

87　　　因此，改编对于原作品具有服务功能。

88　　　bb）改造。改造改变了作品具体的、精神美学上的整体印象。改造以创作一部新的作品为目的。因此，它并不具有改编的服务功能。但是最终看来，对于改编和改造的区分并没有其他的意义，因为《德国著作权法》第 23 条不仅针对改编，也以同样的方式适用于改造。

89　　　cc）同意。（1）同意的授予。作者可以认可其他人改编或者改造作品的权利以及出版或者利用作品。对此，其同意是必要的。作者可以通过明确或者推断的形式表达其同意。

90　　　dd）内容与范围。有疑义时，要通过解释来查明同意的内容与范围。对此，目标转让原则（《德国著作权法》第 31 条第 5 款；参见第五章边码 29 及以下）具有导向性的作用。[4] 因此，改编与改造权原则上归作者享有（《德国著作权法》第 37 条第 1 款）。这只有在例外情况下才会出现不同。

　　示例：如果同意将作品拍摄成电影，有疑义时，也包含了对作品进行电影艺术上的改编（《德国著作权法》第 88 条第 1 款；参见第十章边码 3 及以下）。

① Dreier/Schulze/*Schulze*，§ 23 UrhG Rn. 9.

② *BGH* GRUR 2006，319，322-Alpensinfonie.

③ Vgl. dazu BGHZ 150，32，41-Unikatrahmen［画框案］。

④ Schricker/Loewenheim/ *Loewenheim*，§ 23 UrhG Rn. 27.

该项同意可以进行时间上、空间上和内容上的限制。

示例： 仅同意将作品拍摄成电影，而不能拍摄成电视剧。

即使在同意之后，作者面对侵害甚至歪曲，根据《德国著作权法》第14条仍 91
受保护。

ee）对象。作者的同意不仅在转让改编或者改造权给其他人时是必要的。如果 92
其他人有权利的话，则根据《德国著作权法》第23条的规定也与作品的发表或者
利用相关。相反可以得出，仅仅形成改编或者改造在原则上是允许的（例外：《德
国著作权法》第23条第2句）。[①] 这在私下的领域内尤其有效。

如果《德国著作权法》第15条第3款规定的前提条件都满足了，则一部作品 93
就发表了。而作者自己或者其他人改编或者改造的作品是否已经发表，并不重要。[②]
因为作者也有权决定，通过何种具体方式（"如何"；参见《德国著作权法》第12
条第1款）而将作品公之于众。

对于利用的概念，则要根据《德国著作权法》第15条所称的利用权而确定。 94

《德国著作权法》第23条第2句建立了"仅仅形成改编或者改造是允许的"这 95
条原则的例外。更确切地说，在那里列举的情况中，形成改编或者改造也需要作者
的同意。这些情况有一个共通点，即这里的改编或者改造通常不在私人领域中，而
是出于职业利用的目的。

《德国著作权法》第23条第2句第1种情况列出了将一部作品拍摄成电影的情 96
况。而单纯的内部准备活动（示例：完成分镜头剧本）并不包含在内。制作电影的
过程从拍摄的第一天起算（《德国著作权法》第90条第2句）。

此外，改编或者改造也需要作者的同意，如果是有关美术作品的平面图和草图 97
的实施（《德国著作权法》第23条第2句第2种情况），建筑作品的仿造（《德国著
作权法》第23条第2句第3种情况）或者数据库作品（《德国著作权法》第23条
第2句第4种情况）。

五、自由使用（《德国著作权法》第24条）

（一）规范目的

作者的利益在于，自己排他地决定，是否、如何、何时以及何地利用作品（垄 98
断利益）。处于对立面的则是公众享受和利用他人作品的利益。为了避免阻碍技术
上和文化上的任何一个进步，必须允许通过作品而推动转化，进而促进一部全新作
品的诞生。新的创作必须要超越《德国著作权法》第16条意义上的单纯的复制以
及《德国著作权法》第23条意义上的改编或者改造。只有当一部独立的作品诞生
了，其发表与利用才不需要原作者的同意（《德国著作权法》第24条第1款）。《德

---

① Dreier/Schulze/*Schulze*，§ 23 UrhG Rn. 16.

② Dreier/Schulze/*Schulze*，§ 23 UrhG Rn. 17；Wandtke/Bullinger/*Bullinger*，§ 23 UrhG Rn. 7；a. A. Schricker/
Loewenheim/ *Loewenheim*，§ 23 UrhG Rn. 18.

国著作权法》第 24 条第 2 款对于乐曲有着更加严格的保护。因此，《德国著作权法》第 24 条支持推动创作一部自己的独立作品。如果最终成果并非《德国著作权法》第 2 条第 2 款意义上的受著作权法保护的作品，则自始与《德国著作权法》第 24 条无关。因此其自始不具有共通点。从一部作品中所吸收的部分在著作权上也必须是值得保护的。

（二）适用范围

99　　aa）独立作品。必须出现一部独立作品。这以新的创作为前提，在它那方面——独立于被使用作品的推动性因素——著作权法上具有独立的保护价值。①

100　　bb）自由使用他人的作品。（1）前提条件。被使用的作品只能推动了独立作品的创作。被使用作品（原作品）与新作品（新创作）之间的差别必须如此之大，以至于所吸收的原作品的个人特色相对于新作品的自身特色来说也"黯然失色"②。从受保护的原作品中所吸收的特色在新作品中的体现要非常含蓄，以至于原作品只是新作品创作的出发点。此时则取决于被使用的作品以及新作品的个性的程度。对此存在着如下的相互影响关系：被使用作品的特色的个性程度越高，则其个性特征在新作品中褪色越少。③ 反之，如果新作品的特点对于被使用的作品来说极其突出，则存在自由使用他人作品的情况。④ 原则上来说，要对自由使用他人的作品施加严格的要求。而新作品是否可以或者应当取代原作品，则对这一区分来说并不重要。⑤

101　　（2）确认。对于确认是否存在自由使用他人作品的情况，需要对比被使用的作品和新作品（作品对比）。此时首先要查明被使用作品的个性特征。⑥ 接下来要确定，新作品在多大范围上也含有这一特征。对此来说，一致性起决定性的作用。⑦ 而确认一致性时，又决定性地取决于每部作品的发展空间。被使用作品的发展空间越小，则越容易认定构成自由使用。

　　示例：在学术作品中，由于预先确定的专业术语，因而只有非常有限的发展空间。如果此时排除了自由使用，那么其他人就某一个特定主题进行讨论的可能性也被排除掉了。因此，此处微小的偏离就已经构成了对他人作品的自由使用。⑧

102　　最后要进行总体评价。要对各自创作的总体印象进行对比，对此要从总体的视角上来注意全部被吸收的创作特点。此时也要检测，新作品在多大程度上显露出了自己的特色以及与被使用作品的自身特色之间是否存在足够的内部差别。如果不存

① *BGH* GRUR 1961，631，632-Fernsprechbuch［电话簿案］。
② *BGH* GRUR 1994，191，193-Asterix-Persiflagen.
③ *BGH* GRUR 1982，37，39-WK-Dokumentation［二战档案案］。
④ *BGH* GRUR 1981，267，269-Dirlada［歌曲 Dirlada 案］。
⑤ *BGH* GRUR 2011，134 Rn. 45-Perlentaucher.
⑥ *BGH* GRUR 1980，853，854-Architecktenwechsel［建筑设计师更替案］。
⑦ *BGH* GRUR 2003，786，787-Innungsprogramm［协会程序案］。
⑧ *BGH* GRUR 1981，352，355-Staatsexamensarbeit［国家考试作业案］。

在自由使用，而是某人有意识地将他人的智力内容与作者身份据为己有，则构成剽窃（要与实践中很少提到的双重创作区分；参见第二章边码 20）。当然，《德国著作权法》不使用这一概念。

（3）个别情况。如果某人将他人作品转换成其他的作品形式，则也构成《德国著作权法》第 23 条所规定的自由使用他人著作。[①]　　*103*

示例：一幅画作推动创作了一首音乐作品。

反之，将一部小说拍摄成电影并不是《德国著作权法》第 24 条意义上的自由使用，而是《德国著作权法》第 23 条的改编。而将别人的生平拍摄成电影是允许的。因为一个人的履历并不受著作权法的保护。当然，被表现的这个人的权利，如其一般人格权，尤其应当注意《美术与摄影作品著作权法》第 22 条及以下条款（对此第十二章边码 1 及以下）中规定的个人的肖像权。　　*104*

如果某人将一部电影作品中的单个连续画面放入另外一部电影中（片段利用），则通常构成采用他人成果，而并非单纯的推动创作个人作品。[②] 因此必须要有作者的同意。而单纯的想法，如电视节目的游戏想法（示例：穿越迷宫或者孩子和明星嘉宾一起登台演唱），在著作权法上是不需要保护的（参见第二章边码 34）。因此其没有共性。[③]《德国著作权法》第 24 条不能直接适用于《德国著作权法》第 94 条及以下所规定的电影和活动照片（示例：对行人的采访），因为《德国著作权法》第 24 条以使用他人的作品为前提且活动照片并不是电影作品。但是《德国著作权法》第 24 条相应地适用于活动照片。[④] 因此，只有是为了创作一部独立的作品时，未经权利人的允许而使用他人的电影或者活动照片才是被允许的。如果只是在自己的节目中借用他人的电影或者活动照片，而没有与被借用的作品进行精神上的互动，则不符合这一要求。　　*105*

示例：A 电视台在一档喜剧节目中展示了一段有趣的路人采访，而这段采访是 B 电视台拍摄的，而 A 电视台在发布这段视频时没有贡献出任何形式的艺术。更确切地说，这段发布仅限于介绍所展示的镜头以及提示其幽默之处。

在讽刺作品中，尽管故意地让所使用的作品可以被识别出来，但是其与被使用的作品之间的内部差别可以通过新作品的反主题式的处理表现出来。[⑤] 对于那些熟悉讽刺作品的，反主题式的处理也必须可以被识别。因此，如果只是喜剧角色，如阿斯泰里克斯（Asterix）和奥贝利克斯（Obelix）出现在新的故事中，则并不足够。[⑥] 相反，如果一段讽刺评论从广告节目中截取了片段，则构成自由使用。[⑦] 必　　*106*

---

① Schricker/Loewenheim/ *Loewenheim*，§ 24 UrhG Rn. 20.

② Dreier/Schulze/*Schulze*，§ 24 UrhG Rn. 38.

③ *BGH* GRUR 2003，876，878-Sendeformat［播放格式案］.

④ *BGH* WRP 2008，1121 Rn. 24-TV Total［Total 电视案］.

⑤ *BGH* GRUR 1971，588，589-Disney-Parodie［迪士尼恶搞案］.

⑥ *BGH* GRUR 1994，191，205-Asterix-Persiflagen.

⑦ *BGH* GRUR 2000，703，706-Mattscheibe［对焦屏案］.

要的内部距离也可以通过如讽刺画（示例：将联邦国会上安放的鹰表现为恶毒的、贪财的食肉动物的讽刺画）[①] 等其他方式来实现。当然，也必须注意漫画中被讽刺的人物的一般人格权。

107

对于音乐作品，《德国著作权法》第 24 条第 2 款对乐曲提供了刚性的保护。因为《德国著作权法》第 24 条第 1 款并不适用于利用一首音乐作品，即明显吸取一首乐曲并且在此基础上创立出新的作品。乐曲是内部完整且有秩序的音列，其将自身的美学上的内容表达出来。[②] 对这样的音列的著作权法保护要求，它们不允许在新作品中被识别出来。对于可识别性，则取决于熟悉音乐事物的人的观点。[③] 对此也是要根据一致性来判断。如果只是单纯的改变节奏或者翻唱[④]，则存在可识别性。因此，它们通常不属于自由使用。

对于查明各自的整体印象以及对比两件应用型艺术时，以"对于艺术问题相当熟悉的人的美学评价"为依据。[⑤]

示例：鉴于对下面两幅图中的儿童座椅可以得出一个总体评价，即模仿品是对原作品的改编（《德国著作权法》第 23 条第 1 句），而不是自由使用（《德国著作权法》第 24 条第 1 款）。[⑥] 因为模仿品刚好摹仿了原作品用来表达创作特点和艺术造型的结构元素。即使存在一定的试图进行区分的努力，但是依然没有保持必要的差别，因为原作品的本质特征并没有因此而褪色。区别并不能使模仿品获得自己的总体印象。尤其是，模仿品中的"L"没有改变。

原作　　　　　　　　　模仿品

①　*BGH* GRUR 2003，956，958-Gies-Adler.

②　*BGH* GRUR 1988，812，814-Ein bisschen Frieden［歌曲"一丝和平"案］.

③　Schricker/Loewenheim/ *Loewenheim*，§ 24 UrhG Rn. 30.

④　*BGH* GRUR 1998，376，378-Coverversionm［翻唱案］.

⑤　BGHZ 181，98 Rn. 30-Tripp-Trapp-Stuhl［台阶椅案］；如果法院自身拥有足够的专业知识，则其不需要征求专家意见。

⑥　BGHZ 181，98 Rn. 23 f.-Tripp-Trapp-Stuhl［台阶椅案］.

第四节　作者的其他权利（《德国著作权法》第 25 条至第 27 条）

一、获取作品件（《德国著作权法》第 25 条）

（一）规范目的

作者与作品之间的精神和人身关系受保护（《德国著作权法》第 11 条）。从中不能得出占有作品件的权利。占有作品件的权利其实根据《德国民法典》中的物权而确定，尤其是《德国民法典》第 854 条。作者的身份与占有作品件可以分属不同的人而享有。　　*108*

示例：画家出售、转让并交付一幅画作。

一部作品可以离开作者的领域。但是面对原件或者复制件的占有人，其应当继续享有获取作品件的权利。这项权利规定在《德国著作权法》第 25 条中。它保障了作者与作品之间不可磨灭的作者人身权利的纽带。[1]　　*109*

（二）适用范围

aa）原件或者复印件的占有人。原件或者复印件的占有人并不一定是所有权人。原件或者复印件的占有人其实是享有实际控制权的人（《德国民法典》第 854 条）。因此，如承租人或者借用人等其他人都可以成为占有人。如果占有人通过交付将占有转让给其他人，则作者的这项获取权根据《德国著作权法》第 25 条现在针对该其他人。　　*110*

bb）获取的必要性。当作者必须获取作品件，而其自身不占有且通过其他方式无法获取作品件，则其获取作品件是必要的。这尤其出现在美术作品只有孤本的情况下（示例：雕塑），因为其是唯一的。其他容易的通过可以到达的公共设施获取的可能性（示例：市立博物馆），排除了针对私人的获取权。　　*111*

cc）占有人没有合法利益。作者获取作品件的利益可能与占有人的合法利益相背离。此时需要考虑其一般人格权是否可以作为这样的合法利益。尤其需要考虑占有人的私人领域，只要获取作品件触碰到了这一领域。因此，需要在考虑到个案的情况时，衡量作者获取作品件的利益和占有人的私人领域。　　*112*

（三）获取权的内容和范围

占有人必须使原件或者复制件对于作者来说是可获取的，"只要这对于生产复制件或者改编作品来说是必要的"。可获取意味着，占有人只要允许接触到作品件。　　*113*

示例：如果某博物馆展览一位画家的画作，则该博物馆必须允许画家进入展

---

[1]　Dreier/Schulze/*Schulze*, § 25 UrhG Rn. 1.

厅，只要这对于画家来说是必要的且不违背博物馆经营者的利益。

114　　　　但是，占有人并不负有归还的义务（《德国著作权法》第 25 条第 2 款）。对此顾及到了占有人的利益，其无须交出作品。否则可能存在风险，他无法收回或者迟延收回作品，或者作品被损毁。因此，作者必须在占有人处完成复制件（示例：摹绘或者拍照）。如果占有人因此而产生费用，则由作者承担（参见《德国民法典》第 811 条）。

115　　　　由于作者只允许改编作品，因而不得改编已经获取的作品件，无论原件还是复制件。

116　　　　作者行使获取权时，应当顾及占有人的利益。

　　　　示例： 作者必须事先通知要行使获取权，并且不得在不合适的时刻行使。

（四）是否可放弃

117　　　　作者不得放弃获取权。[1] 只有可能单纯地放弃强制执行该项权利。[2] 其必须进行明确的表示。

二、后续权（《德国著作权法》第 26 条）

（一）规范目的

118　　　　美术作品或者摄影作品的出现——不同于语言作品、音乐作品或者电影作品——是唯一的（示例：雕塑）。这样的作品的经济利用价值往往只可能通过转让原件而实现。因此，继续转让即使没有作者的许可也是允许的（《德国著作权法》第 17 条第 2 款）。往往在转让了作品原件之后，才会导致作品的升值。不仅所有权人、艺术品交易商或者拍卖商，而且还有作者，都应当参与分享。因此，如果艺术品交易商或者拍卖商作为受让人、出让人或者中介人而参与美术作品或者摄影作品转让的，必须将部分转让收益支付给作者。（《德国著作权法》第 26 条第 1 款第 1 句；数额：《德国著作权法》第 26 条第 1 款）。如果第三人利用作者的作品而进行商业交易且从中获利，则作者恰好应当获取一部分的转让收益。

（二）解释

119　　　　《德国著作权法》第 26 条转化了欧共体第 2001/84 号指令，因此，其应当采用与指令相一致的解释方法。

（三）适用范围

120　　　　aa）美术或者摄影艺术作品的原件。这必须是关于美术作品（《德国著作权

---

[1] Dreier/Schulze/*Schulze*，§ 25 UrhG Rn. 2.

[2] Schricker/Loewenheim/*Vogel*，§ 25 UrhG Rn. 22.

法》第 2 条第 1 款第 4 项；参见第二章边码 79 及以下）或者摄影艺术作品（《德国著作权法》第 2 条第 1 款第 5 项；参见第二章边码 86 及以下）的原件（不是复制件）。美术作品的原件并不是一定是孤本（示例：一幅画作或一尊雕塑）。如果艺术家自己或者在其领导下创作了份数有限的艺术作品，则也属于美术作品的原件。这些份作品通常必须编号、签字或者由作者通过其他方式进行授权。《德国著作权法》第 26 条不适用于建筑艺术和实用艺术（《德国著作权法》第 26 条第 8 款）。

bb）继续转让。《德国著作权法》第 26 条中的继续转让的概念不仅以债权行为 *121*（负担行为），而且以物权行为（处分行为）为前提。[①] 因为（继续）转让的概念不仅包括债权，也包括了物权的要素。此外，买卖合同确定了支付义务并且确定了转让收益的数额，而根据《德国著作权法》第 26 条，作者可以参与分享。由于著作权法中所适用的属地原则，继续转让必须至少有部分在国内发生（示例：买卖合同的一方在波茨坦签字）。[②] 由于必须是关于继续转让，所以作者的第一次转让并不在此范围之内。因为只有在第一次转让之后，作者才不再参与作品的经济上的利用，对其也不再有影响了。继续转让必须是有偿的，否则就不存在转让收益（其定义在《德国著作权法》第 26 条第 1 款第 2 句）了。转让收益必须至少达到 400 欧元（《德国著作权法》第 26 条第 1 款第 4 句）。

cc）艺术品交易商或者拍卖商的参与。在继续转让中，艺术品交易商或者拍卖 *122*商必须作为受让人、出让人或者中介人而参与。因此，单纯的私下转让并不产生作者的后续权。艺术品交易商的概念很广泛，且为了防止规避，要进行功能解释。因此，转让中任何一个追求自身经济利益的人都是《德国著作权法》第 26 条第 1 款第 1 句所称的艺术品交易商。[③] 在买卖中提供意见并且根据买卖价款的高低而获得报酬，就已经足够。[④] 对于中介人的工作，不取决于其以自己或者他人的名义、有偿或者无偿地活动。决定性因素是，经过中介的转让产生了收益。因此，当某人推动了转让人和受让人之间的转让交易（示例：将艺术品列入目录手册或者展览；为对艺术品买卖有兴趣的人提供意见），则构成《德国著作权法》第 26 条所规定的中介人。《德国著作权法》第 26 条第 1 款第 1 句的请求权针对的是转让人，而不是针对中介人。

（四）转让收益份额的数额（《德国著作权法》第 26 条第 2 款）

《德国著作权法》第 26 条第 2 款第 1 句根据一套等级系统来确定转让收益份额 *123*的数额，也就是说，根据百分比和转让收益的份额来划分等级。请求权的数额是每部分中累加所得。单笔金额的数额不得超过 12 500 欧元（《德国著作权法》第 26 条第 2 款第 2 句）。《德国著作权法》第 26 条第 2 款第 1 句和第 26 条第 2 款第 2 句均

---

① *BGH* WRP 2008，1371 Rn. 31-Sammlung Ahlers［阿勒斯展览案］。
② *BGH* WRP 2008，1371 Rn. 32-Sammlung Ahlers［阿勒斯展览案］。
③ *BGH* WRP 2008，1371 Rn. 15-Sammlung Ahlers［阿勒斯展览案］。
④ *BGH* WRP 2008，1371 Rn. 15 f.-Sammlung Ahlers［阿勒斯展览案］。

以 2001/84/EG 号指令的强制性规定为依据。

（五）不可转让性与不可放弃性（《德国著作权法》第 26 条第 3 款）

124　　　　后续权不可转让，也不可放弃（《德国著作权法》第 26 条第 3 款）。作者在第一次转让中通常是较为弱势的交易一方，通过这种方式可以对其进行保护，防止丧失权利。只有当《德国著作权法》第 26 条第 1 款第 1 句规定的支付请求权曾经产生之后，才有可能转让或者放弃。

（六）要求答复与审阅（《德国著作权法》第 26 条第 4 款至第 7 款）

125　　　　根据《德国著作权法》第 26 条第 4 款至第 7 款的规定，著作权保护协会有要求答复与审阅权。依据《德国著作权法》第 26 条第 1 款第 1 句而产生的请求权的执行应当由著作权保护协会——在德国为图画艺术著作权保护协会——进行保障。对于著作权保护协会的法定资格的限制基于，将根据《德国著作权法》第 26 条第 4 款至第 7 款而产生的请求权捆绑在一起，不仅有利于作者，也有利于艺术品交易商和拍卖商。

三、出租与出借的报酬（《德国著作权法》第 27 条）

（一）规范目的

126　　　　经作者同意而转让作品的原件或者复制件后，其发行权穷竭（《德国著作权法》第 17 条第 2 款）。但是在很多情况下并不是转让，而只是出租或者出借作品（示例：出租录像片），此时《德国著作权法》第 17 条第 2 款规定的穷竭并不与出租权发生关系（"例外"）。因为其导致在一个较大的交际范围内让与作品，因此至少会导致作品出售版本部分减少。由于作者应当尽可能地参与其作品的所有使用，因而在出租和出借原件或者复制件时要支付其合理的报酬。《德国著作权法》第 27 条第 1 款规定的出租权也是一种禁止权。

（二）解释

127　　　　《德国著作权法》第 27 条转化了欧共体第 92/100 号指令，因此，其应当采用与指令相一致的解释方法。

（三）适用范围

128　　　　aa）出租的报酬（《德国著作权法》第 27 条第 1 款）。（1）出租。《德国著作权法》第 17 条第 3 款对出租的概念进行了法定定义。据此，出租是指有时间限制的、直接或者间接以营利为目的的交付使用（《德国著作权法》第 17 条第 3 款第 1 句；例外：《德国著作权法》第 17 条第 3 款第 2 句）。这一概念要进行广义的理解。其包括了商业使用的任何形式。其中原则上包括任何有偿的交付使用。

示例：有返还权的买卖①，试买。②

任何一种商业经营（示例：出租录像带）和任何一种独立的自由职业的活动 *129*
（示例：医生）都以营利为目的。间接追求营利目的就已经足够了，也就是说，推
动企业的利益（示例：工厂的出租录像厅）。③

（2）图像与声音载体。《德国著作权法》第 27 条第 1 款只关系到图像与声音载 *130*
体的出租。《德国著作权法》第 16 条第 2 款规定了图像与声音载体的法定概念。因
此，单纯的打印文件或者单张照片不在此之列。

（3）将出租权让与图像与声音载体生产者。让与出租权与出租的概念一样，需 *131*
要进行广义解释。对于电影领域的出租权让与，适用《德国著作权法》第 88 条、
第 89 条、第 92 条的解释规则。据此，权利让与扩展至所有众所周知的使用类型，
也包括出租权。因此，根据《德国著作权法》第 27 条第 1 款第 1 句，产生了分开
的报酬请求权。④

（4）法律后果。根据《德国著作权法》第 27 条第 1 款第 1 句，作者享有合 *132*
理的报酬请求权。根据其法律性质，这是一种特殊的、从著作权法中得出的财产
权性质的、纯债权性的独有类型的请求权。⑤ 请求权相对人是出租人。即使出租
人因为出租权已经支付了图像与声音载体的生产者一定的报酬，也依然适用。这
种有拘束力的双重负担是法律有意为之。出租人应付给作者合理的报酬。由于这
一概念是通过欧共体第 92/100 号指令而预先确定的，所有成员国必须一致采取
与指令相符合的解释方法。对此的单个标准由成员国根据指令所确定的界限而自
由确定。⑥

（5）不可放弃性（《德国著作权法》第 27 条第 1 款第 2 句）与不可转让性 *133*
（《德国著作权法》第 27 条第 1 款第 3 句）。作者不得放弃《德国著作权法》第 27
条第 1 款第 1 句所规定的报酬请求权（《德国著作权法》第 27 条第 1 款第 2 句）。这
一规定旨在保护作者，因为其在交易中往往处于弱势地位。《德国著作权法》第 27
条第 1 款第 3 句也同样基于这一考虑。根据这一条款，作者只能事先将报酬请求权
转让给著作权保护协会。违背《德国著作权法》第 27 条第 1 款第 2 句或者第 27 条
第 1 款第 3 句的协议，均无效。

bb）出借的报酬（《德国著作权法》第 27 条第 2 款）。（1）出借。《德国著作权 *134*
法》第 27 条第 2 款第 2 句规定了出借的法定构成要件。出借指的是有时间限制的，
既非直接又非间接以营利为目的的交付使用。（《德国著作权法》第 27 条第 2 款第 2
句后半句；例外：《德国著作权法》第 27 条第 2 款第 2 句后半句结合《德国著作权

---

① *BGH* GRUR 1989，417，418-Kauf mit Rückgaberecht［负返还权买卖合同案］。
② *BGH* GRUR 2001，1036，1037-Kauf auf Probe［试买案］。
③ *BGH* GRUR 1972，617，618-Werkbücherei［作品库案］。
④ BT-Drs. 13/115，S. 14.
⑤ *BGH* GRUR 1986，736，738-Schallplattenvermietung［唱片出租案］。
⑥ *EuGH* Slg. 2003，I-1251 Rn. 25-SENA/NOS.

法》第 17 条第 3 款第 2 句）。这原则上是针对无偿交付使用的情况。[①] 出借的概念要进行广义解释。

示例： 将图书展览在借阅图书中就构成了交付使用，即使《德国民法典》第 598 条规定的前提条件没有得到满足。[②] 因为此时，创作的成果如同出借作品，经相同的方式被占用了。

135　　公立图书馆不以营利为目的。

136　　（2）公众可进入的设施。出借人必须是公众（《德国著作权法》第 15 条第 3 款）可进入的设施。《德国著作权法》第 27 条第 2 款第 1 句提到了图书馆（示例：大学图书馆）以及图像与声音载体或者其他原件或者复制件的收藏室。因此，《德国著作权法》第 27 条第 2 款并不包括私人的出租场所。

137　　（3）法律后果。根据《德国著作权法》第 27 条第 2 款第 1 句，作者享有合理的报酬的请求权。根据其法律性质，这是一种特殊的、从著作权法中得出的财产权性质的、纯债权性的独有类型的请求权。[③] 请求权相对人是出借人。

138　　根据《德国著作权法》第 27 条的规范目的（边码 126），由于出借原件或者复制件而导致版本的减少，作者因而应当获得补偿。但是，只有当出借人的使用特别紧凑，以至于可以和转让进行对比时，才是公平合理的。产生报酬请求权的决定性因素是交付使用的范围和强度。

示例： 在公立图书馆和工厂图书馆[④]，对作品可能有足够的紧凑的使用。因为这里可以反复长时间的借阅，甚至被拿回家都是可能的。但是，在比如说医生的等候室里展览的杂志就不同了。[⑤] 此时不考虑《德国著作权法》第 27 条第 2 款第 1 句规定的作者的报酬请求权。

139　　cc）主张报酬请求权（《德国著作权法》第 27 条第 3 款）。《德国著作权法》第 27 条第 1 款和第 2 款规定的报酬请求权只能由著作权保护协会主张（《德国著作权法》第 27 条第 3 款）。它确定了价目表（《著作权法履行法》第 13 条）且规定了合适的报酬的数额。

[①]　Dreier/Schulze/*Schulze*，§ 27 UrhG Rn. 16.

[②]　*OLG München* GRUR 1979，546，547-Zeitschriftenauslage II［发廊杂志摆放案（二）］；Dreier/Schulze/*Schulze*，§ 27 UrhG Rn. 17；Schricker/Loewenheim/*Loewenheim*，§ 27 UrhG Rn. 17；不同的观点参见 Wandtke/Bullinger/*Herma*，§ 27 UrhG Rn. 11.

[③]　*BGH* GRUR 1986，736，738-Schallplattenvermietung［唱片出租案］。

[④]　*BGH* GRUR 1972，617，618-Werkbücherei［作品库案］。

[⑤]　*BGH* GRUR 1985，134，135 f.-Zeitschriftenauslage in Wartezimmern［接待室杂志摆放案］。

第五章

著作权中的法律事务交往（《德国著作权法》第28条至第40条）

第一节　著作权中的权利继受（《德国著作权法》第28条至第30条）

一、著作权的继承（《德国著作权法》第28条）

（一）可继承性（《德国著作权法》第28条第1款）

著作权的特点在于财产权性质与人身权性质的要素实现不可分割的统一。从中 1
而得出的所有权利作为整体而是可继承的（《德国著作权法》第28条第1款）。这
与一般人格权的精神要素是存在很大的区别的。然而，《德国著作权法》第28条第
1款规定的可继承性仅针对著作权，而并不包括《德国著作权法》第7条所规定的
作者身份。作品的创作者永远是作者。如果作者将其作品上的权利让与其他人，则
对其继承人也有效。继承人可以是自然人，也可以是法人。具体的继承人根据《德
国民法典》第1922条及以下条款来确定。作者可以通过遗嘱而指定著作权的事宜
（参见《德国著作权法》第29条第1款后半句）。从死亡之时起，著作权才可被转
让（与此相对，参见《德国著作权法》第29条第1款；边码3及以下）。获得者就
是作者的权利继受者（参见《德国著作权法》第30条；边码5及以下）。从获得者
的角度来说，著作权可以继续被继承。

（二）遗嘱执行（《德国著作权法》第28条第2款）

为了保证恰当地实现作者的权利，作者可以将必要的决定转移给特定的、在作 2

品市场很有经验的人。通过任命遗嘱执行人（《德国著作权法》第 28 条第 2 款第 1 句）就可以实现。如果违反其意图，继承人就不能贯彻任何自己的想法。[1] 遗嘱执行的工作所带来的收益也归于继承人。由于著作权的保护期限（70 年）原则上超过了《德国民法典》第 2210 条规定的 30 年期限，因而在著作权的遗嘱执行中不适用《德国民法典》第 2210 条（《德国著作权法》第 28 条第 2 款第 2 句）。

二、关于著作权的法律行为（《德国著作权法》第 29 条）

（一）著作权的不可转让性（《德国著作权法》第 29 条第 1 款）

3   作者在世期间，著作权不可转让（《德国著作权法》第 29 条第 1 款前半句）。这条著作权不可转让的原则不仅对著作权整体，而且对其各部分（示例：单个使用权，如复制权）都有效。这一原则属于作者人身权的深层含义（第一章边码 2）。作者死后，转让著作权给继承人或者第三人都是允许的（《德国著作权法》第 28 条第 1 款后半句；也参见边码 1）。

（二）权利授予（《德国著作权法》第 29 条第 2 款）

4   根据《德国著作权法》第 29 条第 2 款，作者可以授予《德国著作权法》第 31 条所规定的使用权，以及表示债权上的同意，以及签订有关使用权和《德国著作权法》第 39 条所规定的关于作者人身权的法律行为的协议。因此，授予使用权是可能的。如果约定的使用期限到期或者授予权利的约定的目的不存在了，则作者自动取回被授予的权利。[2] 这是在著作权法中生效的因果关系的结果（对此进一步分析见第五章边码 17）。并不需要将使用权再转移给作者。[3] 因此，存在着作者处的母权利和从中而分离出来的子权利以及必要时，为了继续转让而产生的孙权利。[4] 同样，作者的报酬请求权在让与（《德国民法典》第 398 条及以下）的情况下也是可以转让的。

三、作者的权利继受人（《德国著作权法》第 30 条）

5   作者的权利继受人获得的著作权（不是《德国著作权法》第 7 条意义上的作者身份）原则上如同作者的权利（《德国著作权法》第 30 条）。权利继受人可以是继承人、共同继承人、受遗赠人或者规定的受益人或者著作权的其他法定的获得者。由于权利继受人获得了如同作者的权利，因而其法律地位明显强于那些只被授予使用权的人（示例：持有许可的人）。权利继受人也可以在作者人身权的范围内自由决定。[5]

---

① *BGH* GRUR 1955，201，205-Cosima Wagner.

② *BGH* WRP 2012，1259 Rn. 19-M2Trade.

③ *BGH* WRP 2012，1259 Rn. 19-M2Trade.

④ Dreier/Schulze/*Schulze*，§ 29 UrhG Rn. 16.

⑤ Schricker/Loewenheim/*Schricker/Loewenheim*，§ 30 UrhG Rn. 4.

示例：权利的继受人有权改编作品甚至扭曲作品。另外，他可以公开笔名或者指明一部至今是匿名的作品的作者。

此外，权利继受人依据《德国著作权法》第 97 条第 2 款[①]还有权要求非物质性损害赔偿。这与一般人格权之间也存在着巨大的差别。　　6

如果作者希望其权利继受人按照自己的设想来使用著作，则他需要预先采取措施。这可以通过遗嘱指示的方式，也可以通过权利授予来实现。[②]　　7

示例：作者决定，其日记在特定的时间段之后再发表。

权利继受不影响著作权的保护期限。　　8

第二节 使用权（《德国著作权法》第 31 条至第 44 条）

一、基础

（一）通过合同授予权利的必要性

作者最初是使用作品的整体权利的享有者。如果其他人想使用该作品，则必须从作者处获得使用权的必要授予。　　9

示例：一位高校教师写了一份可以作为商法教材的手稿。如果一个出版社希望将这一手稿作为教材而出售，则其必须获得该高校教师的必要的权利授予。

（二）合同自由

《德国著作权法》第 31 条及以下条文规定了权利授予的前提和范围（关于电影作品的在第 88 条及以下；参见第十章边码 3 及以下）。权利授予可以通过合同实现。但是，并不存在一部如同《德国民法典》的债法分则那样，逐个规定了合同形式的著作合同法。只是《德国出版权法》（VerlG）中存在一些关于出版合同的规定。《德国著作权法》只规定了使用权的类型和使用方式。对于作为基础的负担行为，法律并未作出强制性规定，而是适用合同自由原则。《德国出版权法》（的规定）在很大程度上也可以通过协议进行变更。　　10

（三）合同类型

作者基于一个合同可以将其作品的使用权授予第三人，则这样的合同属于《德国民法典》中的合同类型。对此，个案中的具体情形具有决定性意义。　　11

示例：委托完成一部作品时，需要考虑是否构成雇佣合同（《德国民法典》第 611 条）或者承揽合同（《德国民法典》第 631 条）。[③] 也有可能出现混合形式的合

---

① Wandtke/Bullinger/*Block*，§ 30 UrhG Rn. 12.
② *BGH* GRUR 1955，201，204-Cosima Wagner.
③ *BGH* GRUR 1984，528，529-Bestellvertrag［订购合同案］.

同——如委托创作一部广告影片——作品的创作和交付适用雇佣合同法，而试图获得使用权则适用买卖法的规定。①

12   这里采用"合同"的术语只是为了表明其法律性质。起决定性作用的首先还是根据各方意见而形成的合同内容。

（四）可适用的规定

13   《德国民法典》的规定也适用于（当事人之间的）使用合同。比如，《德国民法典》第 145 条及以下条文对于合同的成立，《德国民法典》第 133 条、第 157 条对于意思表示的解释，《德国民法典》第 434 条及以下条文、第 633 条及以下条文对于作品件的瑕疵，以及《德国商法典》第 377 条对于双方的行业买卖中关于瑕疵的异议通知义务。② 原则上存在的关于使用合同的合同自由（边码 10）也不仅通过如《德国民法典》第 134 条、第 138 条、第 242 条，还通过《欧盟运作方式条约》第 101 条和第 102 条以及《德国反限制竞争法》第 1 条、第 19 条、第 20 条而受到限制。如果有一方在签订使用合同时运用了《德国民法典》第 305 条第 1 款所规定的一般交易条款，则需要注意《德国民法典》第 305 条第 2 款、第 306 条及以下条款。一位自由职业的作者也是《德国民法典》第 310 条第 1 款、第 14 条所指的经营者。

示例： 如果规定每丢失一张照片则到期总共需支付高达 1 500 欧元的赔偿金，而这一条款并没有给证明较低损失提供可能性，则其无效（参见《德国民法典》第 309 条第 5 项字母 b）。这对于商人也适用。③ 如果某软件许可合同中的格式条款规定，得到许可的人如果在一台大功率电脑上安装该软件，则需要支付额外的报酬，这并不构成《德国民法典》第 307 条第 1 款第 1 句、第 2 款中的不恰当的不公平。④

（五）利益状况

14   特别是由于媒体公司的市场实力，作者在谈判中往往是弱势的一方。著作权法试图关注这一问题。

二、使用权的授予（《德国著作权法》第 31 条）

（一）规范目的

15   《德国著作权法》第 31 条规定了使用权的授予（法定定义位于《德国著作权法》第 31 条第 1 款第 1 句）并且对此建立了一些原则。这样，《德国著作权法》第 31 条使其成为可能：（1）根据各自的使用方式而分别授予使用权（《德国著作权法》第 31 条第 1 款第 1 句）以及（2）具有物权效果地从地点、时间或者内容上限制使用权且将其作为一般的或者排他的权利而授予（《德国著作权法》第 31 条第 1

---

① *BGH* GRUR 1966，390f. -Werbefilm［广告影片案］。

② *BGH* GRUR 1966，390，391-Werbefilm［广告影片案］。

③ *BGH* GRUR 2002，282，284-Bildagentur［图片中介公司案］。

④ *BGH* GRUR 2003，416，418-CPU-Klausel［软件使用限制条款案］。

款第 2 句）。此外，《德国著作权法》第 31 条规定了：（3）一般使用权的所有人的权利范围（《德国著作权法》第 31 条第 2 款）；（4）排他使用权的所有人的权利范围（《德国著作权法》第 31 条第 3 款）以及（5）所谓的"目标转让规则"（《德国著作权法》第 31 条第 5 款）。《德国著作权法》第 31a 条规定了不知名的使用形式的权利授予的有效性问题（边码 35 及以下）。

（二）负担行为和处分行为

由于著作权是不可转让的（边码 3 及以下），作者只能将作为使用权的单个片段的单个使用权授予其他人。作者和第三人之间的关于授予权利的合同，确定了使用权及其范围。这是一个债权行为，即负担行为，对此不适用《德国著作权法》第 31 条及以下条文的规定，而适用《德国民法典》的规定（边码 13）。权利授予本身是对使用权的处分。对此适用《德国著作权法》第 31 条及以下条文，并且补充适用《德国民法典》第 398 及以下条文（《德国民法典》第 413 条）。民法中，负担行为和处分行为相互区分（分离原则），并且可以相互独立地有（无）效（抽象原则）。著作权法中也适用分离原则（参见特殊案例：《德国著作权法》第 40 条第 1 款第 1 句、第 3 款针对特定的未来的作品的权利授予，其中负担行为和处分行为相分离）。

有争议的是，著作权法中是否也适用抽象原则。因为这里可以适用因果关系原则（也参见《德国著作权法》第 40 条对未来作品的规定）。[1] 如果负担行为无效或者被取消，则适用这一原则也会导致处分行为的无效并且著作法上的权利会直接返回给作者。《出版权法》第 9 条第 1 款规定了因果关系原则。据此，出版者的使用权"随着合同关系的终止"（＝债权行为，也就是负担行为[2]）而灭失。在其他著作合同法中适用因果关系原则一方面说明，此处负担行为和处分行为之间的联系更为紧密。[3]《德国民法典》的物权规则，物上权利的转移存在着名额限制（示例：所有权或者占有），但是对使用权的转移则不存在这样的规定。其实，处分本身就首先确定了所转让的使用权的内容和范围。此外，在著作权法中不要求抽象原则所具有的保障法律和交易安全的目的。因为不可能存在善意取得使用权。另外，《德国著作权法》限制了使用权的流通能力（参见《德国著作权法》第 29 条第 1 款、第 34 条、第 35 条、第 41 条、第 42 条）。最后一个支持将处分通过因果关系与负担行为连接起来的观点是，作者应该获得尽可能广泛的权利。[4]《德国著作权法》第 31 条第 5 款尤其表达出了这种目的连接。除此之外，《德国著作权法》第 41 条第 5 款、第 42 条第 5 款、第 40 条第 3 款以及负担行为才能进一步确定使用权的范围的状况，说明了负担行为和处分行为之间的更加紧密的连接。[5] 所以著作权法中适用因果关系原则。因此，根据法律规定，持有许可的人的使用权通常在没有其他不同的

16

17

---

① 支持观点参见 Schricker/Loewenheim/*Schricker/Loewenheim*，Vor §§ 28 ff. UrhG Rn. 100。

② BGHZ 27，90，94 f. -Privatsekretärin［私人助理案］。

③ Schricker/Loewenheim/*Schricker/Loewenheim*，Vor §§ 28 ff. UrhG Rn. 100.

④ *BGH* GRUR 2009，946 Rn. 18-Reifen Progressiv（obiter dictum）.

⑤ *BGH* WRP 2012，1259 Rn. 19-M2Trade.

约定时灭失。[1]

（三）获取权利的前提

18   根据《德国著作权法》第 31 条第 1 款第 1 句的规定，有效授予使用权（处分行为）的前提是：（1）存在使用权；（2）转让权利的人是该项权利的所有者以及（3）双方达成合意，使用权应该转让。此处不考虑著作权上的使用权的善意取得。[2]因为此时缺乏可以证明善意的状态，比如占有某物（参见《德国民法典》第 1006条第 1 款第 1 句）。与此需要进行区分的一个情况是，发放许可的人的给付实际上完全不受著作权法的保护。将使用权转让作为标的的合同，如果只是被假想成受著作权法的保护（所谓的表象权），并不因为合同中的标的物不受著作权法的保护而无效。[3] 因此，发放许可的人在这样的合同存续期间可以要求约定的报酬，如果这一合同给获得许可的人带来了经济上的利益——比如由于竞争者给予获得许可的人的分配合同标的的尊重。因为获得许可的人并不太重视表象权的存在，而是重视被许可对合同标的进行经济上的利用。[4] 但是合同各方也可以约定转让表象权的其他法律结果。[5]

示例： 合同约定，如果作者无法证明合同中的给付在著作权法上受保护，则其不享有报酬请求权。

19   宣称获得了使用权的人，必须说明直至返还作者时的完整的合同链条，以及在必要时可以证明，在这一链条内部一直是有权利的人在进行处理。授予使用权原则上不适用格式条款，因此也可以口头达成。只有对将来的作品适用《德国著作权法》第 40 条第 1 款。

20   授予使用权作为对权利的处分，原则上不需要交付作品件（但是参见《德国出版权法》第 9 条第 1 款）。提交作品之后，作品件原则上还属于作者的财产。如果使用权的获得者也希望获得即将交付的作品件的所有权，则需要根据《德国民法典》第 929 条及以下条文进行转让。获得者需对此进行举证。[6]

示例： 如果某出版社将一位摄影师寄来的照片收藏进档案馆，这并不表明签订了买卖合同以及转移了照片的所有权。如果他们约定了收藏的费用，也适用这一规定。[7]

（四）使用权的种类（《德国著作权法》第 31 条第 1 款第 2 句）

21   aa）一般权或者排他权（《德国著作权法》第 31 条第 1 款第 2 句前半句）。（1）概

---

① *BGH* WRP 2012，1259 Rn. 19-M2Trade.
② BGHZ 5，116，119；*BGH* GRUR 1959，200，203-Der Heiligenhof.
③ *BGH* WRP 2012，1405 Rn. 17-Delcantos Hits.
④ *BGH* WRP 2012，1405 Rn. 18-Delcantos Hits.
⑤ *BGH* WRP 2012，1405 Rn. 22-Delcantos Hits.
⑥ *BGH* ZUM 2005，475，476-Atlanta［亚特兰大案］.
⑦ *BGH* WRP 2007，986 Tz. 25-Archivfotos［图片档案案］.

念。根据《德国著作权法》第 31 条第 1 款第 2 句前半句，被授予的权利可以是一般权或者排他权。这并不是使用类型的区分，而只与权利的范围有关。①

　　示例：一部小说的作者可以将拍摄成电影的权利授予不同的电视台（一般权）。但是，一部小说的作者也可以将拍摄成电影的权利专属地授予一家电视台（排他权）。

　　（2）一般使用权的权利范围（《德国著作权法》第 31 条第 2 款）。一般使用权 **22** 的所有者有权通过被许可的方式来使用作品，而不排除其他人的使用（《德国著作权法》第 31 条第 2 款）。因此，作者可以通过继续授予使用权而有利于第三人。所以，使用权的所有者面对第三人不享有防御权。如果作者后来授予了第三人排他使用权（边码 23），根据《德国著作权法》第 33 条第 1 句的规定，之前的一般使用权不受影响（继续保护）。如果被授予使用权的权利所有人变更或者放弃了这一权利，这种保护依然存在（《德国著作权法》第 33 条第 2 句）。《德国著作权法》第 33 条应当对使用权的受让人进行存续保护。被保护的是一种信赖，即面对后来被授予使用权的人，继续有权在其获得的权利范围内使用作品。② 否则对于一般使用权的受让人就存在着风险，即后来获得排他使用权的人可能禁止其行使一般使用权。因为一般使用权由于其范围的限制（参见《德国著作权法》第 31 条第 2 款）而只在作者和一般使用权人（各方当事人之间，债权效力）之间活动，因为不能阻碍作者继续授予使用权。尤其是，后来授予的排他使用权有效。不过，由于《德国著作权法》第 33 条的规定，一般使用权人面对后来的排他使用权人依然可以行使其一般使用权。《德国著作权法》第 33 条导致的结果是，一般使用权对任何人都有效，因而具有物权的效力。因此，之前已经授权的一般使用权给排他使用权施加了负担。据此，《德国著作权法》第 33 条表达了一条普遍的原则，即作者只能授予其还享有的权利。③ 根据这一原则，如果作者先授予某人一般使用权，后来又同样授予其他人一般使用权，则自始就不需要继续保护。因为作者有权多次授予一般使用权（《德国著作权法》第 31 条第 2 款）。

　　（3）排他使用权的权利范围（《德国著作权法》第 31 条第 3 款）。获得排他使 **23** 用权的人也获得了继续授予他人使用权的权能，但是要得到作者的同意。（《德国著作权法》第 31 条第 3 款第 1 句）。据此，作者不得再继续授予有利于第三人的使用权。其实，这一使用权的受让人享有专属的权利。但是只要没有约定使用义务，他就没有义务使用被授予的权利。单单以权利授予为依据，排他使用权人为了自身利益对第三人享有防御权。因此排他使用权人获得了物权效力。如果作者先授予某人排他使用权，后来又授予另外一人一般的或者排他的使用权，则不需要适用《德国著作权法》第 33 条（继续保护；对此参见边码 22）。因为作者通过授予排他使用权已经将其处分权限完全用尽了。因此后来的权利授予就是空洞的，因此也无效，因

---

① Dreier/Schulze/*Schulze*，§ 31 UrhG Rn. 25.

② Dreier/Schulze/*Schulze*，§ 33 UrhG Rn. 1.

③ *BGH* GRUR 1986，91，93-Preisabstandsklausel ［价格差距条款案］。

为不剩任何他还可以授予的权利了。授予排他使用权并不一定排除作者针对第三人的权利侵害而以自己的名义采取措施。①

24　　　　如果确定保留作者的使用（《德国著作权法》第 31 条第 3 款第 2 句），则面对作者不存在防御权。

25　　　　根据《德国著作权法》第 31 条第 3 款第 3 句，《德国著作权法》第 35 条（边码 82）不受影响。据此，排他使用权的所有者只有得到作者的同意才可以继续转移使用权（《德国著作权法》第 35 条第 1 款第 1 句），只有在例外情况下才可以不经过同意（《德国著作权法》第 35 条第 1 款第 2 句）。

26　　　　bb）使用权的空间、时间或者内容限制（《德国著作权法》第 31 条第 1 款第 2 句后半句）。根据《德国著作权法》第 31 条第 1 款第 2 句后半句，可以在空间、时间或者内容上限制使用权。债权的限制仅在合同当事人之间有效，只有使用权的物权或者准物权限制才具有第三人效力。如果使用权仅限于某种特定的使用方式，则构成了内容上的限制。

27　　　　作为使用的类型，需要考虑出租权、改编作品的权利、使用作品的部分的权利（示例：电影中的片段）、继续转让使用权的权利或者为了营利目的而使用作品的权利。

（五）权利授予的范围（《德国著作权法》第 31 条第 5 款）

28　　　　aa）规范目的与法律性质。一切使用权首先归作者所有。如果作者以外的其他人主张有权在特定范围内使用作品，则他必须对此进行说明，在必要时提供证明。②至于作者在多大范围内将权利转让给其他人，则取决于两人之间的合同。必要时，需要通过解释来查明权利授予的范围。此时优先适用著作权法的规定，仅补充适用《德国民法典》第 133 条、第 157 条以及在适用《德国民法典》第 305 条第 1 款规定的一般交易条款时要按照《德国民法典》第 305c 条第 2 款进行调整。符合这一意义的一条重要的著作权法规定是《德国著作权法》第 31 条第 5 款（电影领域的限制适用《德国著作权法》第 88 条及以下条文；第十章边码 3 及以下）。

29　　　　《德国著作权法》第 31 条第 5 款规定应当按照作为合同双方当事人基础的合同目的来确定使用方式（《德国著作权法》第 31 条第 5 款第 1 句）以及下列问题：究竟是否授予了使用权（《德国著作权法》第 31 条第 5 款第 2 句第 1 种情况），是一般使用还是排他使用（《德国著作权法》第 31 条第 5 款第 2 句第 2 种情况），使用权和禁止权的范围多大（《德国著作权法》第 31 条第 5 款第 2 句第 3 种情况）以及使用权受到哪些限制（《德国著作权法》第 31 条第 5 款第 2 句第 4 种情况）。据此，有异议时作者不得继续转让权利，这是处分的目的所要求的。③《德国著作权法》第 31 条第 5 款表达出一个基础想法，即使用权按照发展趋势应该尽可能留给作者④，

---

①　*BGH* GRUR 1960，251 f. -Mecki-Igel II.
②　*BGH* GRUR 1996，121，123-Pauschale Rechtseinräumung［一揽子授权案］.
③　*BGH* GRUR 2003，234，236-EROC III.
④　*BGH* ZUM 1998，497，500-Comic-Übersetzungen［动漫翻译案］.

让其适当分享使用作品的总收益。根据其法律性质，《德国著作权法》第31条第5款不只是解释规则（权利授予"缺乏明确的个别指明"）。此外，《德国著作权法》第31条第5款应当保护作者，防止超出合同目的的使用。因此，这一规定给（设想的）使用权利人施加了详细说明的负担。因为他必须在合同中明确指出其希望进行使用的形式，否则使用权的范围就要按照合同目的而进行限制。①

bb）方法论。（1）由于合同中缺乏"明确的个别指明"而确定合同的漏洞。由 **30** 于适用《德国著作权法》第31条第5款以合同中缺乏明确的个别指明为前提（边码29），因而要首先确定，不明确之处究竟是否构成合同漏洞。就这点来说，首先要根据约定的文义来确定。没有明确表示的合同各方一致意思时，客观的表示意思（《德国民法典》第133条、第157条）是决定性的。起决定性作用的永远是，从客观的意思表示接收人的视角来看，双方希望以及接受了什么。单独一方的目的并不重要。探究当事人的意思时，也要注意缔结合同时的一些辅助情况以及当事人的关键行为。②

（2）填补漏洞。填补漏洞时，首先需要从作者的角度查明合同的目的，只要使 **31** 用人可以识别出该目的。查明合同目的的一个标志是报酬的数额。

示例：如果约定的报酬符合生产以及使用作品草案的开支，则表明受让人也允许使用作品的草案。③

其他证据可能出现在后续的书面协议、作品的艺术内容以及行业普遍做法或者 **32** 交往习惯中。

cc）个别情况。在新闻杂志的发行中印制照片的权利并不包括将这些照片收进 **33** 该杂志的光盘发行中。④ 因为摄影师和记者通常希望在每次经济上的独立使用中都获得酬劳，因为他依靠作品来维持生计。此时需要将他们和学术作者区分开来，因为学术作者的主要目的在于尽可能广泛地推广他们的贡献。在使用光盘的案件中，存在独立的经济上的利用，因为它们非常节省空间，因而对打印版的顾客来说也很有吸引力。所以，通过使用光盘产生了一个新的独立的市场。从作者可以被出版商识别出来的意图来看，其希望参与此次独立的经济上的利用，所以使用光盘的使用权在通过打印版而实现发表的目的中并非必要。

广告标语，无论在委托人还是广告公司的意图中都是作为广告的核心，委托人对于广告标语享有时间上和内容上不受限制的使用权，即使委托人不再请该广告公司完成以后的广告事务。⑤ 如果一个广告公司被委托制作一段广告影片，并且委托人承担了产生的所有费用，则广告公司必须将成品的底片的所有权以及使用权——

① Schricker/Loewenheim/*Schricker/Loewenheim*，Vor § 31 UrhG Rn. 69；Wandtke/Bullinger/*Wandtke/Grunert*，§ 31 UrhG Rn. 40.

② *BGH* GRUR 1984，528，529-Bestellvertrag［订购合同案］.

③ *BGH* GRUR 1986，885，886-METAXA.

④ *BGH* GRUR 2002，248，251-Spiegel-CD-ROM［明镜光盘案］.

⑤ *BGH* GRUR 1966，691，692-Schlafsäcke［睡袋案］.

包括修改——转移给委托人。[①]

三、关于未知的使用方式的合同（《德国著作权法》第 31a 条）

（一）规范目的

34 　　《德国著作权法》第 31a 条使其成为可能，即那些希望获得作品上的使用权的人（使用人）与作者就协议之时还未知的使用方式达成协议。如果没有这样的协议，则使用人必须事后获得这项权利。一旦作者去世，使用人为此还必须查明其继承人。因此，使用人只能推迟使用新技术或者压根无法使用。[②]

35 　　但是《德国著作权法》第 31a 条也重视作者的利益，因为他在关于未知使用方式的合同中也可以有合法的利益。这也刚好是考虑到在其死后可以适用。通过关于未来的、当时还未知的使用方式的合同，作者可以确保其作品在其死后也可以在新技术的基础上投入使用，并且其继承人可以从中分得收益。[③] 为了保护作者，只要作者不是无偿授予普通使用权（《德国著作权法》第 31a 条第 1 款第 2 句），则关于未知使用方式的协议需要书面形式（《德国著作权法》第 31a 条第 1 款第 1 句）。除此之外，作者还有权撤回其关于授予未知使用方式的使用权的决定（《德国著作权法》第 31a 条第 1 款第 3 句；例外：《德国著作权法》第 31a 条第 2 款第 1 句与第 2 句）。对于多个作者参与的作品，如果著作权法上对各自的贡献不能独立保护，则存在阻滞的风险。因为只要有一个作者不同意通过新的使用方式来使用，则通过该方式使用作品就被排除了。《德国著作权法》第 31a 条第 3 款消除了这种阻滞的可能性。

（二）适用范围

36 　　aa）关于未知的使用方式的协议的内容和形式（《德国著作权法》第 31a 条第 1 款第 1 句）。《德国著作权法》第 31a 条第 1 款第 1 句表明，关于未知的使用方式的协议是被允许的。未知的使用方式以"可充分界定的、在经济与技术上统一而独立出现的使用方式"为前提。[④] 这可以从销售途径的方式和方法（示例：专业书店或者图书俱乐部），作品的传播（示例：直播演出或者电视节目；电影或者电视剧；刊印书本或者光盘上的有声读物）以及作品件的种类与包装（示例：平装书或者精装书）中得出。独立出现的使用方式以作品在技术和经济上独立的使用形式为前提。单纯的技术上的革新，虽然促进了新的使用形式，但是没有开启独立的经济上的市场化的可能性，则并不足够。如果一项新技术可以开拓出新的市场，则尤其应该认定为独立的使用方式。[⑤] 反之，如果新的使用形式只是取代了现有的使用形式，

---

① *BGH* GRUR 1960，609，612 f. -Wägen und Wagen［影片《权衡与风险》案］。

② BT-Drs. 16/1828，S. 22.

③ BT-Drs. 16/1828，S. 22.

④ *BGH* GRUR 1992，310，311-Taschenbuch-Lizenz［简装书授权案］。

⑤ BGHZ 163，109，116-Der Zauberberg［魔山案］。

则通常不构成经济上独立的使用方式。①

　　示例：DVD 光盘上的剧情片的二次利用相对于录像的二次利用并不是技术和经济上独立的使用形式。② 因此，不是当时未知的使用方式，因为在传统的录像带市场之外没有形成新的销售市场。

　　缔结合同时未知的使用方式，合同当事人自然无法一一列举。但是通过在合同中包括未来才出现的技术的使用权的方式进行概括的权利授予是可能的。对这种概括的权利授予进行抽象的限制也是可能的。　　37

　　示例：将权利的使用限制在私人领域里使用新技术。

　　为保护作者，关于未知使用方式的协议需要书面形式（《德国著作权法》第 31a 条第 1 款第 1 句）。这其中只有一个例外，即作者对任何人无偿授予普通使用权（《德国著作权法》第 31a 条第 1 款第 2 句）。　　38

　　bb）作者的撤回权（《德国著作权法》第 31a 条第 1 款第 3 句）。（1）前提条件和法律后果。为保护作者，《德国著作权法》第 31a 条第 1 款第 3 句规定，作者有权撤回法律授予。作者可以宣布撤回对每一种使用方式的授予。这当然在使用方式依然未知时有效。③ 作者也可以全面宣布撤回对所有未来出现的使用方式的授予。这会导致概括的权利授予的灭失。另外，合同继续存在。④ 这是为了在面对强大的合同相对方时保护作者。因为即使作者撤回了对于未知的使用方式的权利授予，到目前为止的法律关系也不受影响。根据《德国著作权法》第 31a 条第 1 款第 3 句，在另一方当事人在其最近所知的通信地址之下向作者寄出其打算采用作品的新的使用方式的通知起，三个月到期后撤回权灭失（《德国著作权法》第 31a 条第 1 款第 4 句）。这一条也加强了作者的地位。作者必须关心自己的利益，告知使用人自己最新的通信地址。撤回权在规定的期限届满后灭失，这是为了使用人的利益，使其在特定的时间点之后可以在法律上安全地开始使用作品。　　39

　　（2）撤回权的消灭（《德国著作权法》第 31a 条第 2 款）。（a）《德国著作权法》第 31a 条第 2 款第 1 句。根据《德国著作权法》第 31a 条第 2 款第 1 句，当合同当事人在新的使用方式为人所知后根据《德国著作权法》第 31c 条第 1 款（边码 72）就报酬达成一致，则撤回权消灭。因为这时适用"协议必须遵守"的原则。　　40

　　（b）《德国著作权法》第 31a 条第 2 款第 2 句。根据《德国著作权法》第 31a 条第 2 款第 2 句，如果当事人已经根据共同报酬规则就报酬进行约定，则撤回权消灭。当事人可以根据《德国著作权法》第 36 条第 1 款（边码 49）约定共同的报酬规则。当事人可以在使用方式为人所知之前就进行这样的约定，如按百分比分享的规则。在这种情况下，撤回权也消灭。　　41

　　（3）撤回权的灭失（《德国著作权法》第 31a 条第 2 款第 3 句）。根据《德国著作权法》第 31a 条第 2 款第 3 句，撤回权随作者的死亡而灭失。因此，撤回权不可　　42

---

① BGHZ 163，109，116-Der Zauberberg［魔山案］。
② BGHZ 163，109，115-Der Zauberberg［魔山案］。
③ BT-Drs. 16/1828，S. 24.
④ BT-Drs. 16/1828，S. 24.

被继承。不过根据这点，继承人只是不能拒绝额外的——往往是关于公共利益——使用可能性。

43　　　（4）多部作品整体的撤回权（《德国著作权法》第 31a 条第 3 款）。在多个作者的多部作品形成整体的情况下，如果单个人行使撤回权，则需要有特殊的规定。因为那样就可能出现每个人都可以阻碍当时未知的使用方式的利用——在违背了其他人的利益的情况下。所以《德国著作权法》第 31a 条第 3 款第 1 句规定，在这种情况下，行使撤回权不得违背诚实信用原则。《德国著作权法》第 31a 条第 3 款不以《德国著作权法》第 8 条或者第 9 条规定的情况为前提，而是包括了各种情况的——也包括使用人完成的——作品的结合。通过不允许单个作者违背诚实信用原则地行使撤回权，从而避免使用受阻。

44　　　作者可以不顾《德国著作权法》第 32a 条第 3 款第 1 句而无偿授予每一个人一般使用权（《德国著作权法》第 31a 条第 1 款第 2 句；另《德国著作权法》第 32 条第 3 款第 3 句）。这是基于公开源代码的软件和其他类似的公开内容的特殊性的要求。因为在这种情况下，作者允许任何人免费使用其作品。获得许可的人可以并且应该可以使用作品，而无须与作者联系。为了保障公开内容可以以当时未知的使用方式而使用，《德国著作权法》规定不需要书面形式。从而使对公开内容的本质保护不存在漏洞。

45　　　cc）不可放弃性（《德国著作权法》第 31a 条第 4 款）。不可能事先放弃《德国著作权法》第 31a 条第 1 款至第 3 款规定的权利（《德国著作权法》第 31a 条第 4 款）。这也表达出一种关怀，即在面对更强大的谈判对手时保护作者。

四、合理的报酬（《德国著作权法》第 32 条）

（一）规范目的

46　　　《德国著作权法》第 32 条基于这样一条原则，即作者应该合理地参与分享其作品的所有使用（也参见《德国著作权法》第 11 条第 2 句）。虽然原则上使用者只需要支付合同约定的报酬（《德国著作权法》第 32 条第 1 款第 1 句），但是合同自由的原则据此而受到限制，即没有约定报酬的数额时，合理的报酬视为约定的报酬（《德国著作权法》第 32 条第 1 款第 2 句）。即使约定的报酬不合理，作者也可以要求另一方当事人同意更改合同，从而保证获得合理的报酬（《德国著作权法》第 32 条第 1 款第 3 句）。因此，《德国著作权法》第 32 条强化了作者的地位，从而对抗更强大的谈判相对方。

（二）适用范围

47　　　aa）授予使用权或者允许使用作品。《德国著作权法》第 32 条第 1 款只关系授予使用权或者允许使用作品，而不取决于是否实际使用作品。在其他情况下不适用《德国著作权法》第 32 条第 1 款。

　　　示例：根据委托制作草图，而不授予使用权；法定许可；没有法定或者约定的使用权而使用作品的权利侵害人（但是，作者的请求权依据《德国著作权法》第 97 条）。

bb）没有约定报酬的数额（《德国著作权法》第 32 条第 1 款第 2 句）或者约定 *48* 的报酬不合理（《德国著作权法》第 32 条第 1 款第 3 句）。根据《德国著作权法》第 32 条第 1 款第 1 句而存在合理报酬的请求权，当（1）没有确定报酬的数额（《德国著作权法》第 32 条第 1 款第 2 句）以及（2）约定的报酬不合理（《德国著作权法》第 32 条第 1 款第 3 句；例外：《德国著作权法》第 32 条第 4 款）。第一种情况导致拟制约定的合理的报酬，第二种情况则产生更改合同的请求权。更改合同的需要并不排除合同修改之前已经到期的报酬请求权。其数额从约定的不合理报酬和合理报酬之间的差额中得出。① 为了确定作者的合理报酬，可以用标准化的方法来衡量报酬，即作者在相同行业或者在其他行业内相应的大量使用作品时所获得的报酬。② 根据《德国著作权法》第 32 条强化作者的地位的目的，《德国著作权法》第 32 条第 1 款第 3 句所规定的不合理的报酬仅出现在，当作者可获得的报酬太少之时。因此如果作者的报酬太高，则使用人无权请求更改合同。

cc）报酬的合理性。（1）共同报酬规则（《德国著作权法》第 32 条第 2 款第 1 *49* 句，结合《德国著作权法》第 36 条）。《德国著作权法》第 32 条第 2 款规定，在何种条件下报酬是合理的。据此，依据共同报酬规则（《德国著作权法》第 36 条）而计算出的报酬是合理的（《德国著作权法》第 32 条第 1 款）。《德国著作权法》第 36 条规定的共同报酬规则对确定合理的报酬具有指导性的帮助作用。它节省了在任何情况下确定合理报酬都必不可少的大量开支。通过共同报酬规则而确定的报酬数额确立了其确凿无疑的合理性。但是只有当共同报酬规则确实成立时，它才有效。尤其是合同的双方当事人（作者和使用人）必须典型、独立且有权代表（《德国著作权法》第 36 条第 2 款）。如果不具备这一点，则推论的报酬规则的合理性就受到了驳斥。为了建立共同报酬规则，可以考虑通过调解处（《德国著作权法》第 36a 条）的调解程序来实施。

（2）在个案中确定报酬是否合理（《德国著作权法》第 32 条第 2 款第 2 句）。 *50* 如果没有共同报酬规则，则要在个案中确定报酬是否合理。对此，《德国著作权法》第 32 条第 2 款第 2 句列举了评判标准。根据这一条，如果报酬在缔结合同时与商业交往中根据被授予的使用的形式和范围，特别是根据使用的期限和时间点，并考虑所有情况下所提供的通行且公正的报酬相一致，则该报酬是合理的。

（a）决定性的时间点。由于其取决于缔结合同的时间点，所以在判断报酬是否 *51* 合理时，有必要在个案中进行预测性的考虑。③ 如果在合同存续过程中进行更改，则只能根据《德国著作权法》第 32a 条产生补偿的请求权。④

（b）报酬的数额是否公正。报酬的数额的合理性尤其要求，其包括在考虑到个 *52*

---

① BT-Drs. 14/8058, S. 52；*BGH* GRUR 1991, 901, 902-Horoskop-Kalender［星运日历案］。

② BT-Drs. 14/8058, S. 18；*BGH* WRP 2009, 1561 Rn. 33-Talking to Addison［图书《与艾迪森对话》案］。

③ BT-Drs. 14/8058, S. 18.

④ BT-Drs. 14/8058, S. 18；*BGH* WRP 2009, 1561 Rn. 19-Talking to Addison.

案的情况下通过公正的方式来提供（《德国著作权法》第 32 条第 2 款第 2 句）。对于这些情况，《德国著作权法》第 32 条第 2 款第 2 句举例列举了使用的期限和时间点。只有当平等地注意到了作者和使用人的利益，则报酬才是公正的。[①] 因此，作者必须充分分享其著作的每一次经济上的利用（所谓的分享原则）。连续使用作品时的报酬最好根据成果而确定（示例：发行复制件时，根据销售量和每一份的销售价格来计算报酬）。对于概括的报酬，必须在缔结合同之时保证客观地考虑到作者在预计的使用作品的总量上都能充分地参与。[②] 概括的报酬和根据销售量的报酬相结合也可以是公正的。调查报酬的数额是否公正时，可以根据一个公正的行业普遍做法。据此，在较长时间内利用作品时，通常不会约定一次性的概括的报酬，而是约定根据百分比的参与（示例：图书出版社通常会认可作者享有门店价格的 10％到 12％的分成；随着发行量的增加，比例也可以上升至 15％）。如果作者的报酬是在一般交易条款中规定的，那么根据《德国民法典》第 307 条提出内容审查的疑问。然而，《德国著作权法》第 31 条第 5 款以及其中表达出的"目标转让学说"既不能根据原文，也不能根据体系与规范目的而成为根据《德国民法典》第 307 条第 2 款第 1 项进行内容审查的标准。[③] 尤其是《德国著作权法》第 31 条第 5 款只是解释性规则，因而只在没有其他合同约定或者出现不明确的地方时才适用。此外，直接确定了合同的主给付义务范围的合同规定，根据《德国民法典》第 307 条及以下条文要作为检验私人自治的合同成立的核心部分而被抽走。[④] 按照表格而确定的对授予广泛的使用权的概括式补偿，并不一定是对作者的不合理的亏待。[⑤] 其实这取决于个案的情况，如约定的报酬和酬金的实践。因为概括性的报酬也可以是公正的。[⑥]

53　　　如果不存在公正的行业普遍做法，那么作者报酬的合理性要根据公平衡量来确定。[⑦] 衡量的实践中作为原则的是，作者要合理地分享利用其作品而产生的收益。此处则取决于个案的情况，如使用的类型与范围，市场情况（示例：作品的可接受性、质量和价格），投资，风险承担（示例：多年创作小说后能否完成的风险；销售的风险），花费（示例：在遥远的国家旅行），作品件的数量以及可以获得的收入。[⑧] 作者按照百分比分享使用人的总的毛收入（版税），尤其在长时间持续使用作品的时候是合适的。

54　　　在时间流逝过程中，如果情况发生了如此重大的变化，以至于合同缔结时合理的报酬已经不再合理且对于一方来说是不可期待的，则要考虑因为交易基础的丧失而调整合同（《德国民法典》第 313 条）。

---

① *BGH* WRP 2009，1561 Rn. 22-Talking to Addison［图书《与艾迪森对话》案］。
② *BGH* WRP 2009，1561 Rn. 24-Talking to Addison［图书《与艾迪森对话》案］。
③ *BGH* WRP 2012，1109 Rn. 16-Honorarbedingungen Freie Journalisten［自由记者薪酬案］。
④ *BGH* WRP 2012，1109 Rn. 18-Honorarbedingungen Freie Journalisten［自由记者薪酬案］。
⑤ *BGH* WRP 2012，1109 Rn. 32-Honorarbedingungen Freie Journalisten［自由记者薪酬案］。
⑥ *BGH* WRP 2012，1109 Rn. 32-Honorarbedingungen Freie Journalisten［自由记者薪酬案］。
⑦ BT-Drs. 14/8058，S. 43.
⑧ BT-Drs. 14/8058，S. 43.

（三）不可规避性（《德国著作权法》第32条第3款）

为了保护作者，不允许作者的合同相对人引用偏离《德国著作权法》第32条 55
第1款和第2款而不利于作者的规定（《德国著作权法》第32条第3款第1句）。这
样的规定（另参见《德国民法典》第444条、第475条、第478条、第639条）确
保了合同的其余部分不受影响。比如规定，作者可以转让或者放弃其依据《德国著
作权法》第32条第1款所享有的对另一方合同当事人的请求权，则属于偏离《德
国著作权法》第32条第1款和第2款而不利于作者的规定。

《德国著作权法》第32条第3款第2句保证，即使通过其他规定来规避，《德 56
国著作权法》第32条第1款和第2款也能适用。比如在相互的许可证业务中约定
较低的价格时，需要考虑这一点。

示例：作者A与电视台B达成协议，B将A写作的小说拍摄成电影并且可以
将这部电影给其他电视台发放许可。作为回报，A可以通过发放许可而获得20％的
收益。A与B关于发放许可达成一致。因为A也想获得一部B制作的电影的许可，
所以A和B把那个许可的收益设置得很低。如果不是为了交换许可，B所制作的电
影应该会有明显高很多的许可收益，A也可以获得明显更高的分成。

只有适用德国法（《德国著作权法》第32条第3款）时，《德国著作权法》第 57
32条才是不可规避的。但是，当事人可能约定适用外国法（《德国民法典施行法》
第27条）。《德国著作权法》第32b条规定了两个前提条件，限制规避《德国著作
权法》第32条的可能性。即当（1）使用合同在没有法律选择时适用德国法以及
（2）合同标的为《德国著作权法》适用的地域范围内的重要的使用行为。

根据《德国著作权法》第32条第3款第3句，作者可以无偿地授予任何人以 58
一般使用权。因为在开放内容的领域，如果作者自愿且不根据合同相对人的要求而
无偿提供，则不需要通过《德国著作权法》第32条第1款和第2款保护作者。否
则就构成《德国著作权法》第32条第3款第2句所规定的规避。

（四）集体协议规定优先（《德国著作权法》第32条第4款）

只要使用作者的作品的报酬是通过集体协议确定的，那么《德国著作权法》第 59
32条第1款第3句规定的请求权不存在（《德国著作权法》第32条第4款）。这是
出于这样的考虑，即集体协议的当事人会自己商定合理的报酬。①

（五）消灭时效（《德国民法典》第214条第1款）

根据《德国著作权法》第32条而产生的请求权适用《德国民法典》第195条、 60
第199条规定的三年标准的诉讼时效期间。这一期间届满之后，使用人有权拒绝给
付（《德国民法典》第214条第1款）。

---

① BT-Drs. 14/8058, S. 44.

五、作者继续分享收益的权利（《德国著作权法》第 32a 条）

（一）规范目的

61　　《德国著作权法》第 32 条原则上规定了一种情况，即如果合同缔结时报酬已经不合理，而由于事后出现的、改变的情形而使得作者的报酬不合理的低廉时，《德国著作权法》第 32a 条给予作者以补偿。基于公平的原因，他可以或者从合同相对人处（《德国著作权法》第 32a 条第 1 款第 1 句），或者从第三人处（《德国著作权法》第 32a 条第 2 款）获得补偿。这里适用的前提不如《德国民法典》第 138 条规定的违反善良风俗或者由于交易基础的丧失而调整合同（《德国民法典》第 313 条）那样严格。

（二）适用范围

62　　aa）针对使用人的请求权（《德国著作权法》第 32a 条第 1 款第 1 句）。（1）权利授予。作者必须已经授予使用权给其他人。也就是说，必须存在合同。

63　　（2）给付和对待给付之间明显的不成比例。作者由于权利授予而获得的给付（对待给付），要对比使用人的收益和好处。两者之间必须存在明显的不成比例的关系。对待给付由报酬和作者从使用人处获得的所有其他给付（示例：赠本）而构成。使用人的收益是其毛收入，不扣除制作费用、运营费用和其他花费。[1] 使用人的好处是指使用人通过使用作品而获得的其他的经济上的好处（示例：在广告中利用作品）。判断是否构成不成比例的关系，不以合同缔结之时为标准，而是得到收益和其他好处之时。

64　　对于可能发生的明显地不成比例，个案的情况起决定性作用。尤其要客观地根据各自行业的通行习惯来确定。行业普遍做法并不一定排除不成比例的可能性。[2] 单纯完成一部作品还不能说明明显的不成比例。其实给付和对待给付之前的关系必须尽可能地瓦解，以至于不能期待作者可以坚守。此处并不需要丧失交易基础（《德国民法典》第 313 条）的前提条件（边码 54、61）。如果实际的报酬偏离了合理报酬 100%，则一定构成明显的不成比例（双倍界限）。[3] 但是较小的百分比可能也构成。

65　　使用人获得收益与好处的数额的可预见性并不违背《德国著作权法》第 32a 条第 1 款第 1 句。因此，《德国著作权法》第 32a 条第 1 款第 1 句并不是丧失交易基础的特例，而是内容审查的一种法定情形。[4]

66　　（3）法律后果。《德国著作权法》第 32a 条第 1 款第 1 句给予作者一项请求权，可以要求使用人同意更改合同，从而让作者继续获得报酬。也就是说，作者因为作

---

①　Dreier/Schulze/*Schulze*，§ 32a UrhG Rn. 28.

②　*BGH* GRUR 2002，602，604-Musikfragmente［音乐片段案］.

③　BT-Drs. 14/8058，S. 45.

④　Dreier/Schulze/*Schulze*，§ 32a UrhG Rn. 40.

品的成功使用而继续获得报酬。

bb）针对第三人的请求权（《德国著作权法》第 32a 条第 2 款第 1 句）。（1）继续转让使用权或者使用人继续授予使用权。使用人必须将使用权转让给了第三人，或者将使用权继续有效地授予了第三人。 67

（2）作者的给付和第三人的收益以及/或者好处之间明显地不成比例。在作者的给付和第三人的收益以及/或者好处之间必须存在明显的不成比例的关系。对此可以追溯到在解释明显的不成比例的概念时已经使用的衡量（边码 63 及以下）。如果第三人作为作者的合同相对人的被许可人给予作者的合同相对人不合理的报酬，则构成明显的不成比例。在许可链条上，作者可以因为收益和好处的明显不成比例而针对任何个人提出要求。因为许可链条上的每一个人对自己那里所造成的（部分）不成比例要承担责任。 68

（3）法律后果。《德国著作权法》第 32a 条第 2 款第 1 句赋予作者以针对第三人的请求权，如同针对其合同相对人一样（"根据第 1 款"）。因而不需要对作者进行额外的保护。所以，在此情形下，作者的合同相对人的责任灭失（《德国著作权法》第 32a 条第 2 款第 2 句）。 69

（三）不可放弃性（《德国著作权法》第 32a 条第 3 款第 1 句）

为了保护作者，不得事先放弃《德国著作权法》第 32a 条第 1 款和第 2 款所规定的请求权（《德国著作权法》第 32a 条第 3 款第 1 句）。相反可以得出，在《德国著作权法》第 32a 条第 1 款或第 2 款所规定的请求权产生以后，作者可以放弃或者转移这项请求权。通过选择外国法而排除《德国著作权法》第 32a 条只有有限的可能性。因为《德国著作权法》第 32b 条（边码 57）也适用于《德国著作权法》第 32a 条。 70

（四）共同报酬规则和集体协议的规定优先（《德国著作权法》第 32a 条第 4 款）

只要报酬是通过共同报酬规则（《德国著作权法》第 36 条）或者集体协议而确定的，则作者不享有《德国著作权法》第 32a 条第 1 款第 1 句规定的请求权（《德国著作权法》第 32a 条第 4 款）。 71

六、对未来所知的使用方式的报酬（《德国著作权法》第 32c 条）

因为关于使用作品的合同也可以针对未知的使用方式（参见《德国著作权法》第 31a 条第 1 款第 1 句；边码 37），为此也需要给作者一定的补偿。因为他要合理地分享其作品的每一种形式的使用。因此，《德国著作权法》第 32c 条通过使作者获得额外的对待给付（"另外的合理的报酬"）而干涉了合同自由。[①]《德国著作权法》第 32c 条在很大程度上模仿了《德国著作权法》第 31a 条。《德国著作权法》第 32 条与第 32a 条的适用不受影响。 72

---

① BT-Drs. 16/1828，S. 25.

七、使用权的转让（《德国著作权法》第 34 条）

（一）规范目的

73   如果作者授予某人使用权，作者的合同相对人的利益可能在于将使用权继续转让给第三人。这样的继续转让会导致，作者的合同相对人（出让人）转让使用权的第三人（受让人）完全进入了出让人的法律地位（合同相对人的变更）。这不仅关系到了作者的实质利益，也关系到了作者的精神利益。因为作品的使用在经济上的成功，往往取决于谁进行使用。另外，往往由于人身原因而决定了使用权的授予范围。《德国著作权法》第 34 条规定使用权的继续转让必须获得作者的同意，从而保护作者（《德国著作权法》第 34 条第 1 款）。另外，《德国著作权法》第 34 条保护了企业出让中的使用权让与的利益。因为此时，原则上不需要作者的同意（《德国著作权法》第 34 条第 3 款第 1 句）。

（二）适用范围

74   aa）使用权的转让（《德国著作权法》第 34 条第 1 款）。最先被作者授予使用权的人（出让人）转让使用权，受让人会成为作者的另外一位合同相对人（边码 73）。如果作者到目前为止的合同相对人继续保有使用权而第三人只有继续使用权，则属于按《德国著作权法》第 35 条进行评判的权利授予。《德国著作权法》第 34 条只包括活着的人的使用权的转让。对于使用权的继承人，作者的合同相对人则不需要作者的同意。[①] 如果作者的合同相对人只是请其他人作为履行辅助人（《德国民法典》第 278 条）来行使作者所转让的使用权，则不构成使用权的转让。

示例： 出版社为了行使在作者的原稿上所享有的使用权，需要一位编辑、一位排字工人、一位印刷工人和供货商。

75   《德国著作权法》第 34 条第 1 款规定的使用权的转移只是物权行为（处分行为），而不是债权性的负担行为。

76   bb）作者的同意。（1）要求。作者的合同相对人（出让人）转让使用权给第三人（受让人），需要作者的同意（《德国著作权法》第 34 条第 1 款）。在《德国著作权法》第 4 条规定的汇编作品的情况下，汇编作品的作者同意就够了（《德国著作权法》第 34 条第 2 款）。作者可以对出让人或者受让人表达同意。同意可以明确或者以推论的方式作出。作者是否存在推论式的同意，要根据个案的情况（尤其是合同目的、过去合同的构建以及行业的通常做法）来判断。[②] 《德国著作权法》第 31 条的目标转让规则（边码 29 及以下）对于解释也有意义。[③]

77   （2）同意义务（《德国著作权法》第 34 条第 1 款第 2 句）。作者不得违背诚实

---

① Dreier/Schulze/*Schulze*，§ 34 UrhG Rn. 8.

② *BGH* GRUR 2005，860，862-Fash 2000.

③ *BGH* GRUR 1960，197，199-Keine Ferien für den lieben Gott［电影《上帝没有假期》案］.

信用原则而拒绝同意（《德国著作权法》第 34 条第 1 款第 2 句；《德国著作权法》第 90 条第 1 句规定的电影是例外）。因此，同意义务只是作为例外而存在。也就是说，拒绝同意不是通过合法的诉讼而被证明合法，而是完全从表面上来看。这要根据相对立的利益衡量来决定。如果作者违背义务地拒绝同意，则使用权的转让人必须通过诉讼手段要求作者进行同意。引证作者的同意义务的人，必须说明其前提条件，必要时进行证明。

　　（3）企业出让中的非必需性（《德国著作权法》第 34 条第 3 款第 1 句）。出让企业或者其一部分，也包括其权利时（示例：唱片企业），必须同意将使用权转让给受让人的作者的数量，可能是极为巨大的。因此，在由于企业内部至少是封闭的一部分（专业领域）的转让而导致的使用权的国际转让中，各个作者的同意是非必需的（《德国著作权法》第 34 条第 3 款第 1 句）。如果只是单个使用权的转移则不够。[①] 78

　　作者可以获得对其同意的非必要性的补偿，即面对作者，出让人与受让人就其对作者所要承担的所有债权责任强制性地（《德国著作权法》第 34 条第 5 款第 1 句第 2 种情况）承担连带责任（《德国著作权法》第 34 条第 4 款）。另外，作者可以收回使用权，如果对作者来说不能期待受让人会依照诚实信用原则行使使用权（《德国著作权法》第 34 条第 3 款第 2 句）。此时要进行利益的衡量。如果作者与受让人之间值得信任的合作——比如由于受让人对作者发表了损害性的意见——不可能实现，就可以认为对作者来说不可期待受让人会依照诚实信用原则行使使用权。当使用权所有人的企业的参与关系发生重大变化时，按照《德国著作权法》第 34 条第 3 款第 2 句撤回使用权才是可能的（《德国著作权法》第 34 条第 3 款第 3 句）。因为在这种情况下，作者和其他自己选出的人也有关系。《德国著作权法》没有规定行使撤回权的期间。如果有人认为撤回权不应该随意长期地存在，则可以考虑通过结合其他规定（类推《德国民法典》第 613a 条或者类推《德国民法典》第 314 条第 3 款或者类推《德国民法典》第 195 条、第 199 条）来确定期限。有效行使撤回权会导致使用权根据法律规定产生效果，也就是自动回归作者。 79

　　cc）法律后果。如果使用权的转让没有经过作者的同意，那么这项转让具有物权效力，即针对任何人都无效。因此排除了继续转让的可能性，因为不考虑使用权的善意取得。通过作者的事后认可可能会自始修复其效力（《德国民法典》第 182 条第 1 款、第 184 条第 1 款）。如果使用权终止，则其根据法律规定，也就是自动因为著作权法中的因果关系（详见边码 17）的效力而回归作者。这种情况一般出现在许可合同终止时，如果该合同没有其他规定。[②] 并不需要另外将使用权转回。《德国著作权法》第 41 条第 5 款、第 42 条第 5 款与《出版权法》第 9 条第 1 句与目标转让理论以及处分行为进一步构建了使用权的范围的情况，都表明了负担行为与处 80

①　*BGH* GRUR 2005，860，862-Fash 2000.

②　*BGH* WRP 2012，1259 Rn. 19-M2Trade.

分行为的这种结合。①

（三）灵活性（《德国著作权法》第 34 条第 5 款）

81   为了在面对更强大的谈判对手时保护作者，撤回权（《德国著作权法》第 34 条第 3 款第 2 句和第 3 句）与受让人的责任（《德国著作权法》第 34 条第 4 款）不可事先放弃（《德国著作权法》第 34 条第 5 款第 1 句）。除此之外，使用权的所有人与作者可以进行其他约定（《德国著作权法》第 34 条第 5 款第 2 句）。

八、使用权的继续授予（《德国著作权法》第 35 条）

82   当事人的意愿可能是不应当进行《德国著作权法》第 34 条第 1 款规定的使用权的转让以及与此相关的作者的合同相对人的变更。其实作者至今为止的合同相对人应当继续保有作者授予其的排他的使用权，而第三人只享有继续使用权。这种情形下就是要根据《德国著作权法》第 35 条来评判的权利授予。在这种情况下也需要作者的同意才能有效（《德国著作权法》第 35 条第 1 款第 1 句），只要排他的使用权不只是为了维护作者的利益而被授予的（《德国著作权法》第 35 条第 1 款第 2 句）。只是为了维护作者的利益而授予的使用权如著作权保护协会。因为根据强制缔约（《著作权实施法》第 11 条）的要求，其有义务应任何其他人的要求而以合理的条件授予使用权。《德国著作权法》第 35 条在很大程度上依赖《德国著作权法》第 34 条（参见《德国著作权法》第 35 条第 2 款的参引）。从使用权（第一权利；主许可）中而发展出来的关于许可费用的继续支付的使用权（第二权利；次许可）依然存在，即使第一权利灭失了（示例：由于没有按照《德国著作权法》第 41 条第 1 款第 1 句行使而被撤回或者由于迟延支付而被解除合同）。② 《德国著作权法》第 33 条第 2 句规定的继续保护以及尤其是《德国著作权法》第 33 条第 2 句第 2 种情况的评估表明了这一点（即使转让权利的权利所有人放弃了自己的权利，被转让的权利依然继续存在）。③ 因为继续保护应当保护并保证权利所有人对于其权利继续存在的信赖，从而使其能够偿还在该项权利上的投资。④ 此外，因为作者已经同意通过排他的第一权利所有人而继续授予权利（《德国著作权法》第 35 条第 1 款第 1 句），如果他的排他使用权在第一权利回归时受到第二权利的负担影响，则对其来说也是可以期待的。因为通过第二权利的继续存在可以让其在使用权利中不受太重的负担。⑤ 因此，第二权利的所有人的利益更加重要。⑥ 如果使用权灭失而该使用权返回最初的权利人如作者，但是灭失了使用权的所有人（第一被许可人）已经将

① *BGH* WRP 2012，1259 Rn. 19-M2Trade.

② *BGH* GRUR 2009，946 Rn. 17-Reifen Progressiv［计算机程序"Reifen Progressiv"案］；WRP 2012，1259 Rn. 23-M2Trade；不同观点 *Adolphsen/Tabrizi*，GRUR 2011，384，389。

③ *BGH* WRP 2012，1259 Rn. 24-M2Trade.

④ BT-Drs. IV/270, S. 56.

⑤ *BGH* GRUR 2009，946 Rn. 24-Reifen Progressiv［计算机程序"Reifen Progressiv"案］。

⑥ *BGH* WRP 2012，1259 Rn. 25-M2Trade.

其使用权转让给次级被许可人，则最初的权利人可以依据《德国民法典》第 812 条
第 1 款第 1 句第 2 种情况而向第一被许可人请求转让其对次级被许可人所享有的关
于尚未履行的许可支付的权利。① 因为继续存在的第一被许可人针对各自的次级被
许可人所享有的履行请求权是对最初且现在重新成为权利人的分配内容的干预。②

九、关于未来作品的合同（《德国著作权法》第 40 条）

使用权的授予可以——在《德国著作权法》第 31a 条第 1 款第 1 句的条件 *83*
下——通过口头以及推论的方式完成。对于这种情况，即某人——比如在合同草案
中——有义务概括性地授予其未来作品的使用权（也可以是独一无二的未来作品），
而作品还没有进一步确认（示例："下一部作品"）或者只确定了类型（示例："书
本"；"电影"），则需要对他的如此广泛的义务进行警告。必须要让作者明知，其准
许了何种操作。因此，这样的合同需要《德国民法典》第 126 条规定的书面形式
（《德国著作权法》第 40 条第 1 款第 1 句）。

为了进一步保护作者，作者通过合同而授予了《德国著作权法》第 40 条第 1 *84*
款第 1 句规定的未来作品的使用权，可以在五年之后（《德国著作权法》第 40 条第
1 款第 2 句）通过六个月的期限（《德国著作权法》第 40 条第 1 款第 3 句）而终止
合同。当事人可以缩短六个月的终止期限，而不能延长（《德国著作权法》第 40 条
第 1 款第 3 句）。作者不能事先放弃终止权（《德国著作权法》第 40 条第 2 款第 1
句）。因此，当事人不能事先延长五年的等候期。其他合同约定的或者法定的终止
权（示例：特别终止）不受影响（《德国著作权法》第 40 条第 2 款第 2 句）。终止
（债权）合同使授予未来作品的使用权的处分对此时尚未交付的作品无效（《德国著
作权法》第 40 条第 3 款）。只要作者已经授予了权利，则这些权利根据法律规定，
也就是说自动回归给作者。对于已经交付了的作品则不存在通知终止权。如果作者
在它们之上已经授予了权利，则其仍归受让人所有。如果作者已经交付了作品件的
实体，则原则上作品已经交付了。③ 当然由于新技术尤其要考虑到交付作品的其他
形式，只要使用人获得了使用作品的可能性即可（示例：将作品放在互联网上）。④

十、使用权的解释规则（《德国著作权法》第 37 条、第 38 条、第 39 条、第 44 条）

（一）关于授予使用权的合同（《德国著作权法》第 37 条）

对于通过合同而授予使用权，适用《德国著作权法》第 31 条第 5 款的目标转 *85*
让规则（边码 29 及以下）。《德国著作权法》第 37 条展示了进一步的解释规则，其
抓住了目标转让规则的基本思想并且尤其地突出出来。所以那些被作者授予作品使

---

① *BGH* WRP 2012，1259 Rn. 25-M2Trade.
② *BGH* WRP 2012，1259 Rn. 25-M2Trade.
③ *BGH* GRUR 1966，390，391-Werbefilm［广告影片案］。
④ Dreier/Schulze/*Schulze*，§ 40 UrhG Rn. 26.

用权的人，在有疑义时不享有利用或者对发表作品的改编的权利（《德国著作权法》第 37 条第 1 款）。如果作者授予了复制作品的使用权（《德国著作权法》第 16 条），则有疑义时其依然享有录制作品于图像或者声音载体（《德国著作权法》第 16 条第 2 款）的权利（《德国著作权法》第 37 条第 2 款）。如果作者授予其他人公开再现作品的使用权（《德国著作权法》第 15 条第 2 款），有疑义时，该其他人无权在再现所确定的活动之外通过屏幕、扩音器或者类似的技术设备而使再现可公开被感知（《德国著作权法》第 37 条第 3 款）。

（二）汇编作品中的稿件（《德国著作权法》第 38 条）

86　　不仅在债权许可中，而且在物权的权利授予中适用的作为解释规则的《德国著作权法》第 38 条，只有在当事人没有其他约定的情况下才适用。

87　　aa）出版社或者杂志的编者的使用权（《德国著作权法》第 38 条第 1 款）。根据《德国著作权法》第 38 条第 1 款第 1 句，杂志（对于具有持久兴趣的主题的讨论）和其他周期性出版的汇编（示例：日历；法学丛书和续编作品不属于此类）的出版社或者编者，在有疑义时，对于单个的稿件都享有长达一年的排他使用权。这一年的期间届满之后，作者才可以在没有其他约定的情况下另外利用其稿件（《德国著作权法》第 38 条第 1 款第 2 句）。《德国著作权法》第 38 条第 1 款第 2 句对于其他非周期性出版的汇编中的稿件也适用，作者对其转让——示例：纪念文集——不享有报酬请求权（《德国著作权法》第 38 条第 2 款）。《德国著作权法》第 38 条第 1 款的解释规则因此产生给作者施压的作用。

88　　bb）出版社或者杂志的编者的使用权（《德国著作权法》第 38 条第 3 款）。如果给报纸（当天的报道）提交了一篇稿件，则在没有其他约定的情况下出版社或者编者只获得一般使用权（《德国著作权法》第 38 条第 3 款第 1 句）。即使是作者此时授予了排他的使用权，稿件出版之后他也立即有权通过其他方式进行利用（《德国著作权法》第 38 条第 3 款第 2 句）。《德国著作权法》第 38 条第 3 款的解释规则具有利于作者的作用。对报纸和杂志进行不同操作的原因在于，报纸比杂志的变化节奏快得多。作者应当有可能同时向几家报纸提供其稿件。如果其必须等待编辑部是否录用这篇稿件的决定，那么稿件很可能因为每天发生的事情的急速变化而在短时间后就失去了时效性。如果作者最先提供稿件的编辑部不录用，那么这篇稿件提供给其他报纸也不再有成功的希望。因此，作者不应该被排他地绑定，所以出版社或者编者在有疑义时只获得一般使用权（《德国著作权法》第 38 条第 3 款第 1 句）。

89　　cc）电视台的使用权。《德国著作权法》第 38 条不直接适用于电视里的新闻报道。因为不同于报纸和杂志的稿件，此处的稿件都是以无体的形式而存在的。不过也可以考虑类推适用《德国著作权法》第 38 条第 3 款（也参见《德国著作权法》第 79 条第 2 款、第 81 条第 2 句）。

（三）作品的修改（《德国著作权法》第 39 条）

90　　aa）原则：禁止修改（《德国著作权法》第 39 条第 1 款）。禁止修改（《德国著作权法》第14条) 也适用于授予或者转让使用权的情况。因为如果没有其他约定，使用权的所有人不得对作品、其标题或者作者标记 (《德国著作权法》第10条第1款) 进行修改 (《德国著作权法》第39条第1款)。《德国著作权法》第14条和第39条第1款的权利相互独立地存在。[①]《德国著作权法》第39条第1款的保护针对的是对作品精神内容的修改，而不仅针对只是将精神内容具体化的作品件的修改。[②]

bb) 例外 (《德国著作权法》第39条第2款)。如果对修改权没有约定，那么只有当作者依据诚实信用原则不能拒绝同意时，修改才是允许的 (《德国著作权法》第39条第2款)。这项例外只包括修改作品和作品的标题，但是不包括作者标记 (《德国著作权法》第10条第1款)，需要进行狭义解释。[③] 对于作者依据诚实信用原则是否不能拒绝同意的问题，需要在考虑到个案的情况下进行利益衡量。所以即使没有同意，也就是作者的事前同意 (《德国民法典》第182条第1款、第183条第1句)，修改作品或者作品的标题也可能是被允许的，如果通过作品被许可的使用方式或者目的来看是合适的。 *91*

示例：将一张图片变换大小。[④]

(四) 转让作品原件 (《德国著作权法》第44条)

《德国著作权法》第44条的解释规则明确了，在著作权法中要区分作为精神美学内容的作品和将该内容在作品中具体化了的作品件。通过买卖合同而获得作品件 (电影光盘) 的所有权并不一定导致获得作品的使用权 (示例：复制权)。这符合《德国著作权法》第44条第1款。因为根据这一条款，转让了作品原件的作者在有疑义时并没有授予使用权。其中也表达出了目标转让原则。《德国著作权法》第44条第1款规定的作品原件并不只是作品的原件，也包括一份复制件。[⑤] *92*

相反，美术 (示例：雕塑；绘画) 或者摄影艺术的作品原件的所有权人有权将作品公之于众，即使其还没有发表 (《德国著作权法》第44条第2款前半句)。所有权人的这项权利只有在作者转让作品原件时明确排除了时才不存在 (《德国著作权法》第44条第2款后半句)。《德国著作权法》第44条第2款创建了这条原则的一个例外，即有疑义时权利归属于作者 (也参见《德国著作权法》第44条第1款)。所以对这条规定要进行狭义解释。对于《德国著作权法》第44条第2款所称的原件的概念，则取决于作品件所参与的流通范围内是否将其看作原件。[⑥] 比如在孤本时，就是这种情况。 *93*

十一、作者的撤回权

《德国著作权法》规定在特定的前提条件下，作者有权撤回使用权。这是一种 *94*

---

① *BGH* GRUR 1982，107，109-Kirchen-Innenraumgestaltung［教堂内部装饰案］。
② *BGH* GRUR 2002，532，534-Unikatrahmen［画框案］。
③ *BGH* GRUR 1974，675，676-Schulerweiterung［学校扩建案］。
④ Dreier/Schulze/*Schulze*，§39 UrhG Rn. 16.
⑤ Schricker/Loewenheim/*Vogel*，§44 UrhG Rn. 12.
⑥ Schricker/Loewenheim/*Vogel*，§44 UrhG Rn. 23.

形成权。它通过单方需受领的意思表示来行使。关于作者的撤回权，需要区分因没有行使而产生的撤回权（《德国著作权法》第 41 条）与因观念改变而产生的撤回权（《德国著作权法》第 42 条）。

（一）因没有行使而产生的撤回权（《德国著作权法》第 41 条）

95　　　　aa）规范目的。作者由于自己在谈判中的弱势地位而经常要授予其作品的排他的使用权。因此，作者和其他人都不得利用作品。作者此时相信，其合同相对人也会实际行使排他的使用权。如果其他的合同当事人没有这么做，那么影响到了作者的精神和实质利益。因为他的作品没有到达公众，因而也无法建立或者改善创作人的名誉（作者的精神利益）。除此之外，不使用排他的使用权也会导致，作者没有可能分享利用作品的经济上的成功（作者的实质利益）。《德国著作权法》第 41 条通过在面对未充分利用的权利所有人时授予权利给作者，从而保护作者的利益。《德国著作权法》第 41 条因此有利于作者的发表利益。

96　　　　bb）适用范围。（1）作者的撤回权（《德国著作权法》第 41 条第 1 款至第 5 款）。当（a）排他使用权的所有人（边码 23）不行使或者不充分行使权利且（b）严重损害作者的合法利益时（《德国著作权法》第 41 条第 1 款第 1 句；例外：《德国著作权法》第 41 条第 1 款第 2 句），作者有权撤回使用权。权利所有人的不作为必须持续超过特定的时间长度，即 2 年（《德国著作权法》第 41 条第 2 款第 1 句；对于报纸和杂志的例外：《德国著作权法》第 41 条第 2 款第 2 句）。因此，作者必须注意这一等待期。即使在前提条件都满足的情况下，作者也必须另外给权利所有人设置一个期限，来充分行使使用权（《德国著作权法》第 41 条第 3 款第 1 句；例外：《德国著作权法》第 41 条第 3 款第 2 句）。如果到时候权利所有人还不作为，则自有效行使撤回权时起使用权灭失（《德国著作权法》第 41 条第 5 款）。权利根据法律规定，自动回归至作者。为了保护作者，作者事先不得放弃撤回权（《德国著作权法》第 41 条第 4 款第 1 句）。但只是将 2 年的等候期延长至不超过 5 年是允许的（《德国著作权法》第 41 条第 4 款第 2 句）。

97　　　　（2）作者的补偿义务（《德国著作权法》第 41 条第 6 款）。只要符合公平原则，作者应当补偿权利所有人（《德国著作权法》第 41 条第 6 款）。权利所有人的这一请求权基于这样的考虑，即他关于使用权已经有了一定的支出并且对于授予使用权也支付了报酬。起决定性作用的是利益衡量。由于权利所有人获得了至少 2 年的排他使用作品的权利，所以作者的利益往往会占优势。因而，通常不考虑权利所有人根据《德国著作权法》第 41 条第 6 款所享有的请求权。

98　　　　（3）其他权利和请求权的继续存在（《德国著作权法》第 41 条第 7 款）。参与人根据其他法律规定所享有的权利和请求权不受影响（《德国著作权法》第 41 条第 7 款）。这可能是由于不遵守义务而导致的损害赔偿请求权（《德国民法典》第 280 条及以下条文）或者由于重要原因而通知解除的权利（《德国民法典》第 314 条）。

（二）因观念改变而产生的撤回权（《德国著作权法》第 42 条）

99　　　　aa）规范目的。作者的看法和观念随着时间的推移可能会发生变化。尤其是作者对其作品的安排上。可能出现的情况是，作者——可能由于新的科学认知或者文化素养的提升——不再完全赞同其作品。因此如果使用权的所有人不利用作品，可能更符合作者的利益。《德国著作权法》第 42 条注意到了作者的这一利益，即阻止作品的发表。

bb）适用范围。（1）作者的撤回权（《德国著作权法》第 42 条第 1 款和第 2款）。作者（对于权利继受者：《德国著作权法》第 42 条第 1 款第 2 句）可以向使用权的所有人撤回使用权，当（a）作品不再符合其观念且（b）因此利用作品对他来说是不可期待的（《德国著作权法》第 42 条第 1 款第 1 句）。与《德国著作权法》第 41 条第 1 款第 1 句不同，并不必是排他授予的使用权。因此一般使用权也已足够。作者的观念可能是由于科学的、政治的、宗教的、世界观的、艺术的或者美学的原因而发生了改变。另外，利用作品的不可期待性必须是针对作者来说。至于作者的撤回权的前提条件是否满足，要基于利益衡量来评判。如果只是事后对作品不满意，则不足够，不能允许通过撤回使用权而干涉使用权的所有人的法律地位。[①]为了保护作者，作者事先不得放弃该权利（《德国著作权法》第 42 条第 2 款第 1句），也不得排除其适用（《德国著作权法》第 42 条第 2 款第 2 句）。 *100*

（2）作者的补偿义务（《德国著作权法》第 42 条第 3 款）。作者应当合理地补偿使用权人（《德国著作权法》第 42 条第 3 款第 1 句）。《德国著作权法》第 42 条第 3 款第 2 句前半句规定，补偿的最低限额为使用权的所有人截止撤回声明发出时所产生的费用。分摊到已经开展的使用中的花费不予考虑（《德国著作权法》第 42条 3 款第 2 句后半句）。有效行使撤回致使使用权自即时起灭失（《德国著作权法》第 42 条第 5 款结合《德国著作权法》第 41 条第 5 款）。权利根据法律规定，也就是自动回归给作者。但是只有当作者已经补偿了费用或者对其提供保障之后（《德国著作权法》第 42 条第 3 款第 3 句），撤回才有效。使用权的所有人要在发出撤回声明后三个月的期限内告知费用（《德国著作权法》第 42 条第 3 款第 4 句前半句）。如果其没有履行这一义务，则撤回在这一期限届满之后已经有效（《德国著作权法》第 42 条第 3 款第 4 句后半句）。 *101*

（3）作者对作品的再利用（《德国著作权法》第 42 条第 4 款）。如果作者撤回使用权后想重新利用作品，则他有义务以合理的条件将相应的使用权授予先前的使用权所有人（《德国著作权法》第 42 条第 4 款）。通过这一规定，法律授予了先前的被撤回的使用权的所有人以选择权。 *102*

（4）其他权利和请求权的继续存在（《德国著作权法》第 42 条第 5 款结合《德国著作权法》第 41 条第 7 款）。参与人根据其他法律规定所享有的权利和请求权不受影响（《德国著作权法》第 42 条第 5 款结合《德国著作权法》第 41 条第 7 款）。 *103*

十二、制作声音载体的强制许可（《德国著作权法》第 42a 条）

唱片和光盘在当今音乐领域的文化生活中起着决定性的作用，因为听众通过它 *104*

---

① Dreier/Schulze/*Schulze*，§ 42 UrhG Rn. 18.

们可以感受到同一部音乐作品的不同形式演奏。为了获得这一可能性并且为了避免形成垄断地位，《德国著作权法》第 42a 条限制了作者的权利。因为如果他授予了一个声音载体的制作人对一部音乐作品的使用权，他也必须以合理的条件授予其他声音载体的制作人同样内容的使用权（《德国著作权法》第 42a 条第 1 款第 1 句前半句）。因此作者有义务同其他制作人缔结合同。

105　　由于权利授予要通过合同而实现，所以这不是法定许可。因为作者有义务通过合同而授予使用权，所以构成强制缔约。如果作者拒绝权利授予，则受益人必须起诉要求授予权利。只要这没有成功地实现，则他不得使用作品。否则损害了作者的权利。[①]

十三、劳动或者雇佣关系中的作者（《德国著作权法》第 43 条）

（一）规范目的

106　　根据《德国著作权法》第 43 条的规定，《德国著作权法》第 31 条至第 42a 条、第 44 条也适用，如果作者在履行其劳动或雇佣关系的义务中创作了作品，只要从劳动关系的内容或者性质无法得出其他要求。作者永远是一部作品的创作者（《德国著作权法》第 7 条）。由于著作权不能转让（《德国著作权法》第 29 条第 1 款），因而只有当雇员将权利授予雇主时（《德国著作权法》第 31 条），雇主才可以获得其雇员的作品的使用权。《德国著作权法》第 43 条使这样的权利获得更加简便，当然授予使用权的必要性取决于合同或者雇佣关系的内容或者性质。所以适用一条原则，即在劳动和雇佣关系中也适用授予使用权的一般规则（《德国著作权法》第 31 条至第 42a 条、第 44 条）。如果雇主或者雇佣人希望对此进行不同的解释，则《德国著作权法》第 43 条就一点来说对其有作用，即从劳动或者雇佣合同的内容或者性质中可以得出与《德国著作权法》第 31 条至第 42a 条、第 44 条不一致的内容。

（二）适用范围

107　　aa）劳动关系。如果对合同相对人有人身的依赖性，则构成劳动关系。这要基于合同的构成与实际运行来评判。劳动关系的一个重要的标志就是遵从指令进行工作（也参见《商法典》第 84 条第 1 款第 2 句）。劳动关系的其他标志可以是工作的地点和时间、参与企业运行或者工作日程。附期限的合同与认定劳动关系不相矛盾。[②] 对于类似于雇员的人不适用《德国著作权法》第 43 条，因为其限制了作者的权利。[③] 同样的也适用于自由雇员和表见自由职业者。

108　　bb）雇佣关系。准确地来说，《德国著作权法》第 43 条规定的雇佣关系仅指公

---

① *BGH* GRUR 1998，376，378-Coverversion［翻唱案］。

② Schricker/Loewenheim/*Rojahn*，§ 43 UrhG Rn. 15.

③ Dreier/Schulze/*Dreier*，§ 43 UrhG Rn. 8.

法上的雇佣关系（示例：公务员、法官和军人）[①]，而并不是《德国民法典》第 611 条规定的雇佣关系的概念，主要是因为《德国著作权法》第 43 条同时列出了雇佣关系和劳动关系。[②]

　　cc）履行劳动和雇佣合同的义务。《德国著作权法》第 43 条要求，作者在履行　　*109* 劳动或者雇佣关系的义务中创作了作品。因此，无须考虑是在建立劳动或者雇佣合同之前还是之后创作了作品。因为作品的创作，如果不是在合同义务的范围之内，则不属于《德国著作权法》第 43 条的适用范围。[③] 劳动合同的义务的内容和范围根据集体合同的规定以及个人合同而确定。如果劳动合同中不包含有关著作权法的问题的条款，那么对于劳动合同的义务的内容和范围起决定性作用的是个案的情况，如雇员在企业中的职能、其职业形象以及作品对于雇主的用处。[④] 创作作品的地点和时间也肯定有标志性的作用。

　　示例：根据合同，一位受雇佣的静力学家没有义务开发电脑程序。[⑤] 其空闲时在家开发出了一款这样的程序，则这不属于履行劳动合同的义务。

　　适用于劳动合同的义务的考量也以同种方式适用于雇佣合同的义务。　　　　　　　*110*

　　如果某人没有劳动或者雇佣合同上的义务来创作作品，而是在完成劳动或者雇　　*111* 佣的过程中顺带创作了作品，则不适用《德国著作权法》第 43 条。

　　dd）由于劳动或者雇佣合同的内容或者性质而偏离《德国著作权法》第 31 条　　*112* 至第 42a 条、第 44 条。劳动或者雇佣合同的内容或者性质可能导致偏离《德国著作权法》第 31 条至第 42a 条、第 44 条。这其中包括从劳动或者雇佣合同中得出的原则，即不是雇员或者雇佣义务人，而是雇主或者雇佣权利人有权得到从劳动或者雇佣中所产生的作品。因为劳动或者雇佣义务人的报酬可以作为对创作作品的补偿。所以雇员或者雇佣义务人有义务授予雇主或者雇佣权利人以作品的使用权。然而此处也适用一般的目标转让规则。因为雇主或者雇佣人在以劳动或者雇佣关系为基础的目的之内，对于授予使用权也有合法的利益。[⑥] 因此对于企业内部的目的，只能取决于劳动或者雇佣义务人所工作的企业的目的。[⑦] 雇员或者雇佣义务人无权因授予使用权而请求另外的报酬。[⑧] 类推适用《雇员发明法》也无法得出对于额外报酬的请求权。[⑨] 只需要考虑根据《德国著作权法》第 32 条（边码 46 及以下）和

---

①　Schricker/Loewenheim/*Rojahn*，§ 43 UrhG Rn. 10.

②　Schricker/Loewenheim/*Rojahn*，§ 43 UrhG Rn. 10.

③　另外一个问题是，劳动或者雇佣的义务人是否至少有义务向劳动或者雇佣的权利人提供作品上的使用权。劳动或者雇佣的义务人的忠诚义务在一定程度上支持了这样的一种义务；vgl. nur *BGH* GRUR 1991，523，528-Grabungsmaterialien. 其他人否认了这一义务；vgl. nur Wandtke/Bullinger/*Wandtke*，§ 43 UrhG Rn. 34ff. 又有人希望将从劳动合同的忠诚义务中所发展的提供义务限制在例外情况下（例如：劳动或者雇佣义务人违反了竞业条款）；vgl. nur *Ullmann*，GRUR 1987，6，9 und 类似观点参见 Dreier/Schulze/*Dreier*，§ 43 UrhG Rn. 26.

④　*BGH* GRUR 1985，129，130-Elektrodenfabrik［电极工厂案］。

⑤　*BAG* GRUR 1984，429-Statikprogramm［统计程序案］。

⑥　Dreier/Schulze/*Dreier*，§ 43 UrhG Rn. 17.

⑦　Schricker/Loewenheim/*Rojahn*，§ 43 UrhG Rn. 53.

⑧　Schricker/Loewenheim/*Rojahn*，§ 43 UrhG Rn. 64.

⑨　Dreier/Schulze/*Dreier*，§ 43 UrhG Rn. 30；Schricker/Loewenheim/*Rojahn*，§ 43 UrhG Rn. 64.

《德国著作权法》第 32a 条（边码 61 及以下）所产生的请求权，如果报酬没有通过集体合同而确定（《德国著作权法》第 32 条第 4 款、第 32a 条第 4 款）。与此相反，对于合同之外创作的作品，雇员或者雇佣义务人如果授予雇主或者雇佣权利人以使用权，则其有权请求额外的报酬。如果劳动或者雇佣义务人没有明确表示反对该权利授予的报酬，则不与这一请求权相矛盾。①

113　　　从劳动或者雇佣关系的内容或者性质中可能得出对劳动或者雇佣义务人的作者人身权利的限制。② 因为也要注意到劳动或者雇佣权利人对于尽可能无限地使用作品的利益。因此要取决于注意到个案情况时的广泛的利益衡量。

　　示例：《德国著作权法》第 13 条第 1 句和《德国著作权法》第 13 条第 2 句所规定的署名权归劳动或雇佣义务人所有。劳动或雇佣权利人不得采取措施，自己充当作者。至于"是否"和"如何"署名则要在注意到个案情况时，进行全面的利益衡量。在广告图表中标明作者严重损害了其效果，因此允许不发生。③

---

① *BGH* GRUR 1985，129，130-Elektrodenfabrik［电极工厂案］。

② Wandtke/Bullinger/*Wandtke*，§ 43 UrhG Rn. 84ff.

③ *OLG München* GRUR 1969，146-Werbegrafik［商业艺术］。

第六章

著作权的限制（《德国著作权法》第 44a 条至第 63a 条）

第一节　欧盟法的规定（欧共体第 2001/29 号指令第 5 款）

欧共体第 2001/29 号指令第 5 款确定欧盟著作权法中以所谓的三阶段测试作为对国内限制性规定的规制，并且限制了国内立法者在限制著作权法上的自由裁量空间。据此，国内的限制性规定仅限于特定的特殊情况（第 1 阶段）。这应当防止著作权上排他性权利的瓦解。此外，国内的限制性规定不得损害作者对作品的一般利用（第 2 阶段）且不得不可期待地损害作者的合法利益（第 3 阶段）。这三个阶段是一种越来越狭窄的标准。① 作者的报酬请求权虽然不能对抗超越第二阶段，但是其额度可能会导致对作者合法利益的损害的可期待性。

1

第二节　限制著作权的规定目的

作品经纪人和最终使用人的利益与作者的利益相对立存在。尽管《德国基本法》第 14 条将著作权作为财产权保护起来（第一章边码 46 及以下）。立法者确定了这种保护的内容（《德国基本法》第 14 条第 1 款第 1 句）。它要注意财产的社会义务（《德国基本法》第 14 条第 2 款）。《德国著作权法》第 44a 条至第 63a 条注意到了这一点，因此注重值得保护的公共利益（示例：司法；公共安全）。除此之外，对于特定的作品还有从其他规定中得出的限制性规定（示例：《德国著作权法》第 55a 条，第 69d 条至第 69e 条）。《德国著作权法》对著作权的限制通过法定许可（示例：《德国著作权法》第 49 条第 1 款）、对特定使用形式无须补偿的自由使用

2

---

① Dreier/Schulze/*Dreier*，vor §§ 44a ff. UrhG Rn. 21；vgl. 关于三阶段测试参见 Bornkamm，FS Erdmann，2002，S. 29 ff.。

（《德国著作权法》第 48 条、第 51 条）、管理协会的义务（示例：《德国著作权法》第 27 条第 3 款）以及强制许可（示例：《德国著作权法》第 42a 条）而实现。

第三节 解释

3 限制性规定作为例外规定，原则上要进行狭义解释。[1] 这一要求是基于作者应当合理分享其作品的经济使用的原则。因此，不得对作者在利用作品方面所享有的排他权利进行过分限制。[2] 除此之外，在解释时要注意，单个限制性规定的目的为何。[3] 除了作者的利益之外，还要注意限制性规定所保护的利益，且对法律规定的解释也要相应地考虑到其重要性。如果类推适用限制性规定则需要进行谨慎的论证。只要单个限制性规定是为了转换欧盟指令，则必须以符合指令的方式来解释。

第四节 各种对著作权的限制

一、暂时性的复制行为（《德国著作权法》第 44a 条）

4 《德国著作权法》第 44a 条转换了欧共体第 2001/29 号指令的第 5 条。这一规定限制了该指令第 2 条和《德国著作权法》第 16 条授予作者的广泛的复制权。据此，在特定前提条件之下允许暂时性的复制行为。如果复制行为没有表现出独立的经济上的意义，则著作权在任何情况下都不会受到不合理的限制。复制的构成要件根据《德国著作权法》第 16 条（第四章边码 33 及以下）来确定。这里的复制只能是暂时的。对于时间段的具体长度则取决于个案的情况。

示例：暂时性的复制行为可能存在于浏览或者缓存的行为之中。在缓存行为中，对于已经从服务器提供者处调出的网络内容的时间有限的暂存就已经完成。暂存的目的在于，保证用户再次获取该网络内容时可以更快速并且减轻网络压力。[4] 与此相反，下载不只是《德国著作权法》第 44a 条规定的暂时性的复制。

5 暂时性的复制行为必须是短暂的或者伴随性的。因此，暂时性的复制行为的范围变得更狭窄。[5]

6 暂时性的复制行为必须是技术过程中必不可少的或者重要的组成部分。起决定作用的是，对作品的使用以电子的方式进行且不是基于独立的技术基础而实现的。[6]

7 《德国著作权法》第 44a 条第 1 项和第 2 项包括了两个目的，在这两个目的之下可以构成暂时性的复制行为。另外，这两个目的不能有独立的经济意义。《德国

---

① *BGH* GRUR 1994，800，802-Museumskatalog［博物馆目录案］。
② BGHZ 150，6，8-Verhüllter Reichstag［帝国大厦球顶案］。
③ *BGH* GRUR 1994，800，802-Museumskatalog［博物馆目录案］。
④ BT-Drs. 15/38，S. 18.
⑤ Dreier/Schulze/*Dreier*，§ 44a UrhG Rn. 5.
⑥ Dreier/Schulze/*Dreier*，§ 44a UrhG Rn. 6.

著作权法》第 44a 条第 1 项包括了暂时性的复制行为，这对被保护作品的在线转让是有意义的（也参见欧共体第 2001/29 号指令的导言第 33 条）。如果作者允许使用或者根据其他限制性规定是允许的（也参见欧共体第 2001/29 号指令的导言第 33 条），则适用《德国著作权法》第 44a 条第 2 项。

暂时性复制行为不允许有独立的经济利益。因此，也不允许存在独立使用作品 8
的可能性。

二、司法与公共安全（《德国著作权法》第 45 条）

司法和行政机关在执行它们应当完成的任务时，往往只有使用复制件，才能恰 9
当地执行。因此，作者不应当禁止出于该目的对其作品的使用，也不允许根据是否
提供报酬而确定。此处，司法和公共行政机构使用作品只能为了履行公共职责，而
不得具有任何独立的经济上的职能。

三、残疾人（《德国著作权法》第 45a 条）

《德国著作权法》第 45a 条转换了欧共体第 2001/29 号指令第 5 条第 3 款 b 项。 10
为了残疾人的利益，这条规定不仅限制了复制权，也限制了发行权，只要复制或者
发行不是为了营利目的。《德国著作权法》第 45a 条应当抵制对残疾人的歧视。[①] 作
者只享有报酬请求权，且只能通过管理协会来主张（《德国著作权法》第 45a 条第 2
款）。

四、为教堂、学校或者教学使用的汇编（《德国著作权法》第 46 条）

《德国著作权法》第 46 条对作者的利益和教育青年人以及宗教保障对公众的利 11
益进行了合理的平衡。因为根据这一条，出版社即使在没有得到作者允许的情况
下，也可以出版、复制、发行或者公开为教堂、学校或者教学使用的汇编。相反，
这种对于特定作品以及这些作品的汇编的使用限于为了教堂、学校或者教学使用的
目的。另外要明确标明使用的目的（《德国著作权法》第 46 条第 1 款第 2 句）且告
知作者这项使用（《德国著作权法》第 46 条第 3 款）。其享有报酬请求权（《德国著
作权法》第 46 条第 4 款）。最后，如果汇编中的作品已经不符合作者的理念，则其
可以禁止使用，因为利用该作品对于作者来说已经不可被期待，他基于这一原因
（《德国著作权法》第 42 条；第五章边码 99 及以下）而可以撤回已经存在的使用权
（《德国著作权法》第 46 条第 5 款第 1 句）。

五、学校广播节目（《德国著作权法》第 47 条）

学校课堂上播放的广播节目往往必须在不同于节目播出的时间进行，也就是上 12
课的时间。因此，为了促进教育事业和青年人的培养，学校和《德国著作权法》第
47 条第 1 款列举的其他教育机构不仅可以在广播节目播出的时间，也可以事后播放

---

① BT-Drs. 15/38, S. 18.

广播节目。此处必须制作的复制件无须作者的同意。作者也不享有报酬请求权。

六、公开言论（《德国著作权法》第 48 条）

13　　公众对于迅速获悉公开进行的言论有一定的利益（示例：联邦总理的讲话）。出于这一目的且为了保护新闻自由，《德国著作权法》第 48 条限制了复制权（《德国著作权法》第 16 条）、发行权（《德国著作权法》第 17 条）以及特定公开言论的公开再现权（《德国著作权法》第 15 条第 2 款、第 19 条至第 22 条）。在符合《德国著作权法》第 48 条的前提条件之下，文字再现和特别是言论内容的再现无须同意，也无须支付报酬。从《德国著作权法》第 47 条第 2 款中可以得出此处的限制。

七、报纸文章和广播评论（《德国著作权法》第 49 条）

14　　出于保护公众广泛而快速获知最新信息的利益的目的，《德国著作权法》第 49 条使特定媒体使用《德国著作权法》第 2 条规定的特定作品更加简便，即政治、经济和宗教（所谓的新闻回顾特权）方面的最新事件（时事问题）。因为这条规定允许不经同意而对文章和广播评论以及与其有关联的作为《德国著作权法》第 20 条规定的特定内容的广播（不包括：网络提供，因为这要根据《德国著作权法》第 19a 条来评判）而公开的图片进行翻印和公开再现（《德国著作权法》第 49 条第 1 款第 1 句）。但是在特定前提之下，作者有权请求合理的报酬（《德国著作权法》第 49 条第 1 款第 2 句前半句；例外：《德国著作权法》第 49 条第 1 款第 2 句后半句和第 2 款），也只能通过管理协会来主张（《德国著作权法》第 49 条第 1 款第 3 句）。

15　　作为任何人都可以获取的媒体，《德国著作权法》第 49 条第 1 款第 1 句列举了报纸和其他只报道时事问题的信息页，没有提到杂志（但是这一概念出现在如：《德国著作权法》第 41 条第 2 款第 2 句、第 48 条第 1 款第 1 项、第 50 条、第 52a 条第 1 款第 1 项、第 53 条第 2 款第 4 项编号 a）。因为它们往往也包含有关具有原则性意义的时事问题的文章，所以应当不加保留地对其进行保护，防止翻印。[1]《德国著作权法》没有对报纸进行定义。信息页也不能作为上位概念来理解。因为它只是指位于报纸之下的通讯稿、消息和信息服务。[2] 因此，报纸的概念要在考虑到《德国著作权法》第 49 条的规范目的时来确定。[3] 据此，《德国著作权法》第 49 条第 1 款第 1 句不仅包括每日出版的，也包括每周甚至每月出版的新闻报道，只要其主要为了介绍时事信息。[4]

　　示例：日报；周报；新闻杂志；专业杂志如"经济周刊"，因为其总体特征在很大程度上都是介绍最新的信息。

16　　每月出版的书当然只在例外情况下才将重点放在有关时事的报道上。但是当天的报道并不从一开始就被排除在外（示例：关于特殊领域内最新事件的报道）。不

---

① BT-Drs. IV/270，S. 66；*BGH* GRUR 2005，670，672-WirtschaftsWoche［经济周刊案］。
② BT-Drs. IV/270，S. 65；*BGH* GRUR 2005，670，672-WirtschaftsWoche［经济周刊案］。
③ *BGH* GRUR 2005，670，672-WirtschaftsWoche［经济周刊案］。
④ *BGH* GRUR 2005，670，672-WirtschaftsWoche［经济周刊案］。

主要报道时事事件的专业杂志和其他杂志，不属于《德国著作权法》第 49 条第 1
款第 1 句的适用范围。

除此之外，根据《德国著作权法》第 49 条的文字表述，该条只适用于印刷媒 17
体（"报纸""页"），而不适用于电子载体。① 但是对于网络上提供的消息服务要考
虑类推适用《德国著作权法》第 49 条。因为其越来越多地取代了印刷的报纸。但
是，如果只是数据库，则缺乏了对公众舆论有影响的编辑上的内容，因此不考虑类
推适用《德国著作权法》第 49 条。

任何人都可以从其他媒体中获取内容的媒体，也同样指报纸和信息页。此处含 18
义中的信息页也包括所谓的新闻回顾（＝没有独立编辑内容的专门收录他人文章的
汇编）。这也适用于通过电子方式将这样的新闻回顾传输给接收方（＝电子新闻回
顾）。但是对此的前提是，新闻回顾符合传统新闻回顾的功能和使用潜力。② 比如只
在企业内部进行传输，则不允许全文检索的形式。③

基于其他法律基础（《德国民法典》第 823 条、第 826 条；《德国反不正当竞争 19
法》第 8 条、第 9 条结合第 3 条第 1 款、第 4 条第 9 项）的请求权不受《德国著作
权法》第 49 条的影响。

八、时事事件的报道（《德国著作权法》第 50 条）

由于公众对全面、直观和抽象获知最新发生的事件（时事事件）具有一定的利 20
益，而《德国著作权法》第 50 条出于此目的，为特定的媒体设置了例外。在这些
限制性规定中，言论和新闻自由（《德国基本法》第 5 条）以及公众的信息利益也
受到保护。④ 所以关于此事，在行使复制权（《德国著作权法》第 16 条）、发行权
（《德国著作权法》第 17 条）和公开再现权（《德国著作权法》第 15 条第 2 款、第
19 条至第 22 条）时，不经同意且不支付报酬的报道也是允许的。《德国著作权法》
第 50 条仅给予"报道"特权，也就是说对真实事件进行局部的，但是尽可能接近
实际的或者实事求是的描述。⑤ 这些事件必须是"时事事件"，也就是说有关时事的
（当前的）、公众感兴趣的所有类型的事件（示例：政治、经济、艺术、文化、社
会、社交）。一个事件，如果在公众之中并不依赖时事的报道，则不属于《德国著
作权法》第 50 条规定的时事事件。因为此时对于新闻记者或者其委托人来说，在
印刷或者播送报告之前获得权利人的同意是可能的且可被期待的。

示例："焦点"新闻杂志印了一张 Verona Pooth 的彩色照片，当时她还叫
Feldbusch。这张照片最先是"图片"报发表的，而该报对此享有使用权。"图片"
报使用这张照片时，据说是为了用插画来报道 Verona Pooth 当时的丈夫，Dieter
Bohlen，滥用暴力的行为（"Bohlen 的妻子，他就是这样伤害我的"）。"焦点"杂志

---

① Dreier/Schulze/*Dreier*，§ 49 UrhG Rn. 7.
② BGHZ 151, 301, 313-Elektronischer Pressespiegel［电子新闻评论案］。
③ BGHZ 151, 301, 313-Elektronischer Pressespiegel［电子新闻评论案］。
④ *BGH* WRP 2008, 1121 Rn. 49-TV Total［Total 电视案］。
⑤ Schricker/Loewenheim/*Vogel*，§ 50 UrhG Rn. 9；Dreier/Schulze/*Dreier*，§ 50 UrhG Rn. 3.

社未经许可而再现这张照片没有侵犯"图片"报的著作权，因为这篇报道是有关《德国著作权法》第50条规定的时事事件（＝Verona Pooth 通过"图片"报对 Dieter Bohlen 提出控告）的。因为这对夫妻由于出现在媒体之中而引起了普遍的公共兴趣。① 虽然这篇报道只满足了闲聊的需求，但这并不重要。

对行人的有趣的采访不属于《德国著作权法》第50条规定的时事事件②，因为这不是关于时事的报道。因为采访本身很幽默，即使镜头在获得权利人的同意一周后再播放，观众也同样会感到有趣。

21　　《德国著作权法》第50条赋予报纸、杂志、其他的印刷品、其他的数据载体，《德国著作权法》第20条规定的广播（还有新媒体如当时的视频文本或者视传文本）或者类似的技术媒介以及电影等媒体以特权。"与广播类似的技术媒介"的构成要件尤其包括借助于电子网络媒体的报道。③

22　　从规范目的中可以得出对新闻记者的使用权限范围的限制。在对一个事件的报道中，如果牵涉一部作品，则这一事件的目的确定了报道的界限。

　　示例：在电视节目报道雕塑家揭幕一尊雕塑时，短暂地展示这一雕塑，根据该报道的目的是合适的。

　　出版社出版了一套图书，其中的一些书描摹了艺术品。媒体报道了这套图书的出版。只要报道是关于这套图书的出版且没有翻印单个的图片，就是允许的。④

23　　由于其规范目的，《德国著作权法》第50条的限制性规定只包括报道所涉及的作品上的著作权，即报道是针对这部作品而完成的，而不包括对一部作品进行报道的作品的著作权。

　　示例：如果一位著名画家有一幅画被新发现了，而报道对画的内容进行了再现，则属于《德国著作权法》第50条的范围。但是，如果一位新闻记者关于这幅画拍摄了一部电影，则《德国著作权法》第50条不包括对此受著作权法保护的电影的再现。

24　　此外，要注意报道所牵涉的人的权利。这尤其指一般人格权，如《美术与摄影作品著作权法》第22条及以下条款所规定的对自己照片所享有的权利（对此第十二章边码1及以下）。

九、引用（《德国著作权法》第51条）

25　　如果对他人作品进行智力上的研究，则描述作品的内容是必不可少的。尤其是为了实现公共利益，列出他们作品的内容是必要的。因为这样列出来源对作为独立完成的基础来说是必须的，也使对他人作品的智力研究更为简便。⑤ 因此，《德国著作权法》第51条在特定前提下允许引用他人作品，并且限制复制权（《德国著作权

① *BGH* GRUR 2002，1050，1051-Zeitungsbericht als Tagesereignis［新闻报道每日事件案］。
② *BGH* WRP 2008，1121 Rn. 46-TV Total［Total 电视案］。
③ BT-Drs. 15/38，S. 19.
④ *BGH* GRUR 1983，28-Presseberichterstattung und Kunstwerkwiedergabe II［媒体报道与艺术作品重播案］。
⑤ *BGH* WRP 2010，916 Rn. 26-Vorschaubilder I［预览图片案（一）］。

法》第 16 条）、发行权（《德国著作权法》第 17 条）以及公开再现权（《德国著作权法》第 15 条第 2 款、第 19 条至第 22 条）。出于这一目的，《德国著作权法》第 51 条第 1 句是概括条款，然后在第 2 句的第 1 项至第 3 项中范例式地（"尤其"）列举了各种任何人不经允许且无须支付报酬即可引用的作品（也参见欧共体第 2001/29 号指令第 5 条第 3 款）。据此，《德国著作权法》第 51 条第 1 句也包括了电影引用（＝在一部电影作品中非出于科学目的而引用其他作品的片段——否则与《德国著作权法》第 51 条第 2 句第 1 项有关）和对多媒体作品的引用。① 《德国著作权法》第 51 条也适用于电影作品，但是相应地也适用于《德国著作权法》第 94 条及以下条文所保护的电影载体（《德国著作权法》第 94 条第 4 款）。②

根据《德国著作权法》第 51 条，引用是否被允许的前提是，被引用的作品已 26
经出版或者发表，并且引用的作品从任何作品类型上考虑都是独立的。引用的作品的独立性的前提是，其按照《德国著作权法》第 2 条的规定在著作权上是值得保护的。③ 进一步来说，需要作品的独立性（并非《德国著作权法》第 23 条意义上的改编或者其他的改造；参见第四章边码 86 及以下），即其必须突出自己的智力上的成果。

引用是否被允许总是和特定的目的相联系。因为引用自由并不允许，只是为了 27
自身的意愿而将作品为公众所知。尽管只有《德国著作权法》第 51 条第 2 句第 1 项明确包含了对目的的限定（"为了解释被引用作品的内容"）。在所有其他情况下引用的目的均在于，在自身作品中可识别地（参见《德国著作权法》第 63 条第 1 款）引用他人作品或者作品的部分。引用因此必须满足证明自己的论证的目的。④ 这可以通过不同的方式而出现。也就是说，引用可以证实自己的思路或者推动不同意他人的思路。因此，在任何情况下，被列举的他人作品与自己的思考之间必须存在内在联系。⑤ 引用必须作为来源或者研究的基础，尤其要保持在通过目的而应当的范围内。但是并不必须要限制必要的最小值。更准确地说，引用可以在总体上理性并且合乎事实的范围内进行。⑥ 如果引用在经济上代替了对原版的需求，则被列举的他人作品与自己的思考之间必须存在内在的联系就不存在。同样的情况也存在于，如果利用他人作品只是为了使最终用户更容易理解，或者通过其他方式损害作者的精神利益。⑦

示例： 未经许可而引用日记并且被引用作品和引用作品之间在使用上非常接近，那么就造成了一个危险，即引用作品使被引用作品的利益下降。⑧

---

① BT-Drs. 16/1828, S. 25.
② *BGH* WRP 2008, 1121 Rn. 40-TV Total［Total 电视案］。
③ *BGH* AfP 2002, 444, 448-Titelblattgestaltung［扉页设计案］。
④ *BGH* GRUR 1987, 34-Liedtextwiedergabe［歌词再现案］。
⑤ *BGH* WRP 2008, 1121 Rn. 42-TV Total［Total 电视案］。
⑥ Schricker/Loewenheim/*Schricker/Spindler*, § 51 UrhG Rn. 19.
⑦ *BGH* GRUR 1968, 607-Kandinsky；GRUR 1987, 362-Filmzitat［电影引语案］。
⑧ *BGH* GRUR-RR 2002, 313, 315-Übernahme nicht genehmigter Zitate aus Tagebüchern［未经许可摘录日记案］。

在搜索引擎的结果列表中展示第三人（描摹作品的作者）作品的图片的预览图（所谓的缩略图），而该作品是第三人放到网上的，则限于只能证明搜索引擎检索到了这些图片。[①] 展示预览图并不是为了对所展示作品进行阐释。因此，在图片中所展示的第三人作品和搜索引擎运营者的服务之间不存在内在的联系，所以也不存在引用目的。

如果只是展示了其他电视台创作的影片的镜头，而开场白主持人没有作出独立的内容上的贡献，则也缺乏必要的引用目的。[②]

28　　此外，还必须注意他人的权利，尤其是其一般人格权。

十、公开再现（《德国著作权法》第 52 条）

29　　作者根据《德国著作权法》第 15 条第 2 款、第 19 条至第 22 条所享有的公开再现权，尤其受到《德国著作权法》第 52 条的限制。因为这条规定为了公共利益，如果特定的公开再现的组织者不以营利为目的，则无须同意，有时候甚至无须支付报酬（《德国著作权法》第 52 条第 1 款第 3 句）。再现的组织者如果以营利为目的，则《德国著作权法》第 52 条自始不适用。也就是说，如果公开再现直接或者间接地促进了组织者的营利，则《著作权法》第 52 条不予适用。

示例： 医生的诊所中播放背景音乐是为了医生的营利目的。

30　　相反，促进第三人的营利则不受影响（也参见《德国著作权法》第 52 条第 1 款第 2 句）。

31　　《德国著作权法》第 52 条第 1 款第 2 句和第 2 款的情况中，无须同意，但是有义务支付报酬。如果组织者不是为了第三人的营利目的，则满足了《德国著作权法》第 52 条第 1 款第 3 句的前提条件，也不存在支付报酬的义务（《德国著作权法》第 52 条第 1 款第 4 句前半句）。其他情况下第三人要支付报酬（《德国著作权法》第 52 条第 1 款第 4 句后半句）。可能的无须同意且无须支付报酬要求，将被再现的作品已经按照《德国著作权法》第 6 条第 1 款发表（第二章边码 126 及以下）。

32　　《德国著作权法》第 52 条第 3 款将公开舞台表演、公开获取和广播作品以及公开放映电影作品从《德国著作权法》第 52 条第 1 款第 1 句规定的无须同意情形中排除出去。

十一、为教学和研究的公开获取（《德国著作权法》第 52a 条）

33　　《德国著作权法》第 52a 条转化了欧共体第 2001/29 号指令的第 5 条第 3 款 a 项。这条规定应当促进在特定范围内的教学和科学中使用现代的通信方式。出于这一目的，《德国著作权法》第 52a 条限制了《德国著作权法》第 15 条第 2 款、第 19a 条规定的作者的公开再现权。因为《德国著作权法》第 52a 条不得损害作者或者权利所有人对受著作权保护的作品的利用，《德国著作权法》第 52a 条仅限于特

---

① *BGH* WRP 2010，916 Rn. 27-Vorschaubilder I ［预览图片案（一）］。
② *BGH* WRP 2008，1121 Rn. 43-TV Total ［Total 电视案］。

定作品和特定范围内的特权（参见《德国著作权法》第 52a 条第 1 款和第 2 款）。《德国著作权法》第 52a 条第 1 款和第 3 款所列举的行为无须同意，只要（1）对《德国著作权法》第 52a 条第 1 款第 1 项或者第 2 项列举的目的（第 1 项：课堂中阐释；第 2 项：自己的科学研究）是正当的和（2）为了追求非商业目的而具有合理理由以及（3）不存在《德国著作权法》第 52a 条第 2 款第 1 句（学校教学中使用）或者《德国著作权法》第 52a 条第 2 款第 2 句（电影作品）的情况。根据《德国著作权法》第 52a 条第 3 款，享有的特权也包括那些对于公开获取必需的复制（附属复制，如为了《德国著作权法》第 52a 条第 1 款所列举的目的而在服务器上存储作品）。

《德国著作权法》第 52a 条第 1 款中的行为都有义务支付报酬（《德国著作权法》第 52a 条第 4 款第 1 句）；只能由管理协会主张报酬请求权（《德国著作权法》第 52a 条第 4 款第 2 句）。　　*34*

十二、在图书馆、博物馆和档案馆的电子阅览场地再现作品（《德国著作权法》第 52b 条）

《德国著作权法》第 52b 条转化了欧共体第 2001/29 号指令第 5 条第 3 款 n 项。公共图书馆、博物馆或者非商业性的档案馆的用户应当可以在设立的电子阅览场地中通过相同的方式，如通过相似的形式使用收藏品。[①] 提到的机构承担了培养的义务并且推动民众的媒体能力。　　*35*

《德国著作权法》第 52b 条第 1 句规定的允许获得只关乎上述机构已经得到或者作为赠阅本而获得的作品。据此，只允许对各个机构的藏品进行公开获取。相反，《德国著作权法》第 52b 条并不适用于那些通过合同约定以电子形式来使用的作品。使用的范围则只根据合同来确定。由于在各个机构中获取收藏品只能在电子阅览场地完成，所以在线使用被排除在外。获取只能服务于研究或者个人学习的目的。原则上，一部作品在机构里存有多少份，在电子阅览场地也只允许同时获取同样数量的作品份数。这保护了出版社的利益并且防止诸如图书馆等机构只购买一份标准作品，却将这部作品标准化并同时在许多电子阅读场地使其任意被获取。此处的例外是，由于科学和高校的利益，允许注意到某特定作品使用中的高峰负荷。　　*36*

满足《德国著作权法》第 52b 条第 1 句的前提条件时，使用一部作品无须同意，但是有义务支付报酬（《德国著作权法》第 52b 条第 2 句）。报酬请求权只能由管理协会主张（《德国著作权法》第 52b 条第 3 句）。　　*37*

十三、为了私人和其他自己使用而复制（《德国著作权法》第 53 条）

《德国著作权法》第 53 条转化了欧共体第 2001/29 号指令第 5 条第 3 款字母 b 项。《德国著作权法》第 53 条限制了《德国著作权法》第 16 条规定的内容广泛的复制权，原因是若不如此，作者的这项禁止权会获得不合理的广泛范围。《德国著作权法》第 53 条注意到了公众利益，并非在使用的每种形式上都要征求同意。同　　*38*

---

① BT-Drs. 16/1828, S. 25 f.

时，《德国著作权法》第 53 条注意到了作者在排他的利用权限上的利益以及通过获得合理的报酬来分享（参见《德国著作权法》第 54 条至第 54h 条）。因此，根据《德国著作权法》第 53 条，为了私人和其他自己使用而复制（＝复印）在一定范围内无须同意。相反，设备和存储介质的生产者有支付报酬的义务。（《德国著作权法》第 54 条第 1 款；请求权的灭失：《德国著作权法》第 54 条第 2 款；报酬的数额：《德国著作权法》第 53a 条；执行的细节规定在《德国著作权法》第 54b 条至《德国著作权法》第 54h 条）。此处的储存介质指的是所有电子的（示例：记忆卡）、磁性的（示例：磁带、硬盘、磁盘）和光学的（示例：电影、DVD 光盘、光盘存储器、激光唱片）存储器。《德国著作权法》第 53 条至第 54h 条应当纠正为了私人和其他自己使用而复制时的市场失效。这种失效出现的原因在于，由于使用者人数太多而不可能在作者和利用人之间签订单个协议，并且也不希望出现与此相关的对私人领域的侵犯。① 此外，《德国基本法》第 14 条第 1 款第 1 句体现出了著作权的公共福利性质。其目的在于，为了实现公众"不复杂地获得"信息的利益。②

39　　　　《德国著作权法》第 53 条第 1 款第 1 句规定，复制既不能直接，也不能间接出于营利目的。《德国著作权法》第 53 条第 1 款第 1 句的其他限制，即为复制不得使用明显违法制作或者公开获取的样本，应当保证法律制度的一致性。违法制作或者公开获取的样本会导致持续的对权利的侵害，这应当被排除在外。此外，消费者在制作私人复印件之前不应当受到不可完成的检查义务的负担。③ 因为《德国著作权法》第 53 条第 1 款第 1 句也提到了公开获取，所以包括从网上下载作品，比如通过对等式网络的文件共享，即使样本的制作作为被允许的私人复印件是合法的。要求公开获取对于单个使用人来说，根据其文化水平和认知水平必须是明显违法的，排除了消费者的不可期待的检查义务的负担。《德国著作权法》第 53 条第 1 款不以使用自己的复制件为前提。

　　　　示例：A 将其女朋友购买的一张 CD 光盘安装在自己的 MP3 播放器上，为了在上班的路上可以听，而这张光盘确定是某位作曲家出版的。这是允许的，因为符合《德国著作权法》第 53 条第 1 款的限制性规定的前提。《德国著作权法》第 54 条第 1 款规定了权利所有人的赔偿请求权。

40　　　　《德国著作权法》第 53 条第 2 款包含了其他的允许制作单个复制件的条件。据此，为了个人的科学上的使用（《德国著作权法》第 53 条第 2 款第 1 句第 1 项）、为了收录于档案馆（《德国著作权法》第 53 条第 2 款第 1 句第 2 项；限制：《德国著作权法》第 53 条第 2 款第 2 句）、为了自己了解时事问题（《德国著作权法》第 53 条第 2 款第 1 句第 3 项）以及其他的个人使用（《德国著作权法》第 53 条第 2 款第 1 句第 4 项在字母 a 和字母 b 的前提之下）而制作是被允许的。

41　　　　《德国著作权法》第 53 条第 3 款创建了复制所有类型作品的小部分以及普遍的

① *BGH* GRUR 1965，104-Personalausweise.

② *BGH* GRUR 1997，459，463-CB-Infobank I.

③ BT-Drs. 16/1828，S. 27.

在追求特定目的之下小篇幅的作品的特权（示例："为了在学校的教学中阐明"；《德国著作权法》第 53 条第 3 款第 1 项第 1 种情况）。不论作品是否类似地出版或者在网络上公开获取，这都独立地适用。在允许为了学校教学使用而复制的法定限制中，教科书被排除在外。所以对教科书来说，为了学校教学并根据学生数量而复制，根据一般的著作权法原则只有在得到权利人的同意之后才允许（《德国著作权法》第 53 条第 3 款第 2 句）。这是为了保护出版教科书的出版社，因为它们没有其他的销售可能性。

　　《德国著作权法》第 53 条第 4 款规定，在特定情况下，作者的同意是具体复制的前提。　　42

　　《德国著作权法》第 53 条第 5 款将数据库作品（第 2 章边码 109 及以下）排除　　43
在《德国著作权法》第 53 条第 1 款、第 2 款第 2 项至第 4 项、第 3 款第 2 项的适用之外（《德国著作权法》第 53 条第 5 款第 1 句），并且声明，如果经济上的使用和教学中的使用不是为了营利的目的，则《德国著作权法》第 53 条第 2 款第 1 项和第 3 款第 1 项适用于数据库作品。

　　《德国著作权法》第 53 条第 6 款规定了发行和公开再现复制件的权利。据此，　　44
发行和公开再现原则上也被排除在合法制作复制件之外（《德国著作权法》第 53 条第 6 款第 1 句；例外：《德国著作权法》第 53 条第 6 款第 2 句）。

　　《德国著作权法》第 53 条第 7 款最终包括了必须经权利人许可的情况（示例：　　45
公开演讲的录像）。

十四、根据预订寄送复制件（《德国著作权法》第 53a 条）

　　一个现代的、技术上高度发达的工业国家，如联邦德国，依赖于科学和研究。　　46
因此，这样的国家需要完善的、高效运转的并且在经济上可以操作的信息机制。所以图书馆，尤其是大型的中央图书馆，应当允许在特定前提条件下寄送复印件。否则，从一般经济的角度来看，购置现有的全部经济文献并不划算。另外，图书馆的馆藏则只能供少部分人在当地使用。所以，一方面是作者的利益，另一方面是公众利益，《德国著作权法》第 53a 条要在二者之间实现合理的平衡。[①]

　　《德国著作权法》第 53a 条第 1 款第 1 句只允许复制并且传送在报纸或者杂志　　47
中出版的文章以及已出版作品中的小部分。另外，必须允许预订人引用《德国著作权法》第 53 条中的特权。对传送的不同形式（邮寄或者传真）不进行区分。两种情况均包含在内。此外，除了通过传真传送之外，通过其他电子形式的传送也是允许的，如果电子寄送在功能上可以以有体的形式到达接收处。这其中不存在对《德国著作权法》第 19a 条所规定的公开获取的限制。

　　《德国著作权法》第 53a 条第 1 款第 2 句限制了通过其他电子形式寄送复印件。　　48
据此，传送只能（1）作为图像文件并且（2）为了阐明教学或者为了科学研究的目的（也参见欧共体第 2001/29 号指令第 5 条第 3 款）才被允许，只要其（3）合法

---

①　BT-Drs. 16/1828, S. 26.

地不出于营业的目的。这是为了抵抗一种危险，即在电子环境中——不同于通过邮寄或者传真——在作者和公众的合法权利之间的协调的关系中可以得出的，如果图书馆不加限制而允许通过其他电子形式寄送①，通过出版社的主要利用途径将受到严重的损害，因为应该是出版社自己在收到订货时通过电子形式而提供。但是为了促进顺利获取信息，允许公共图书馆在满足《德国著作权法》第 53a 条第 1 款第 2 句所列的前提条件时通过其他电子形式来传送。此时要注意，预订人必须只能获得其希望得到的单个文章，而不是打包获得其并不需要的杂志上的文章。为了抵制电子传送另外开放了对作者的利益造成损害的利用可能的危险，这项权利仅限于图像文件。

49　　　　根据《德国著作权法》第 53a 条第 1 款第 3 句，只有当公众成员不可以明显地在其选定的地点或者时间根据合同约定以合理的条件获取文章或者作品的小部分时，通过其他电子形式复制和传送才是允许的。构成要件中的"明显地"注意到，图书馆几乎不可能检测某地区范围内是否存在网上供应，从而可靠地决定是否允许寄送复印件。在任何情况下这样的一种提供都是明显的，如果其处于图书馆和出版社基于协议而由中心管理的数据库中。根据《德国著作权法》第 53a 条第 2 款，作者对复制和传送享有合理的报酬请求权（《德国著作权法》第 53a 条第 2 款第 1句）。这项请求权只能由管理协会主张（《德国著作权法》第 53a 条第 2 款第 2 句）。这里更多地表达出了这一原则，即作者要尽可能地合理参与分享其作品的经济上的利用。

十五、广播企业的复制（《德国著作权法》第 55 条）

50　　　　广播企业为了按照规定完成播送过程，往往必须制作广播录像带，从而"记录"非直播的广播节目。这种所谓的暂时录像对于播送广播节目来说是必要的。其制作则属于《德国著作权法》第 16 条第 2 款规定的作者的复制权。为了减轻广播企业的工作，根据《德国著作权法》第 55 条，电视台在特定的条件之下也有权通过对那些作品进行记录或存档来制作暂时录像，广播企业有权对其进行广播。因此，对这样的录像进行广播的权利并非来自《德国著作权法》第 55 条。其实，其更多地来自合同约定。所以《德国著作权法》第 55 条尤其针对，广播企业没有合同却也有权播送录像的情况——比如根据《德国著作权法》第 48 条第 1 款第 1 项。广播企业仅指那些根据《德国著作权法》第 87 条是有权的。这要求主办自己的广播节目。这与引用单个他人的节目部分不相矛盾。②《德国著作权法》第 55 条第 1款第 1 句对这项复制权进行了限制，即广播企业只允许使用一次制作出来的复制（《德国著作权法》第 55 条第 1 款第 1 句）并且第一次广播作品后一个月必须删除（《德国著作权法》第 55 条第 1 款第 2 句；例外：《德国著作权法》第 55 条第 2 款）。

---

① BT-Drs. 16/1828, S. 27.
② Dreier/Schulze/*Dreier*，§ 55a UrhG Rn. 8.

十六、使用数据库作品（《德国著作权法》第 55a 条）

《德国著作权法》第 55a 条转化了欧共体第 96/9/EG 号指令第 6 条第 1 款和第 **51** 15 条，并对《德国著作权法》第 14 条第 2 款规定的数据库作品设置了限制性规定。尤其是在一台电脑内部使用电子数据库通常涉及大量的复制和改编过程。《德国著作权法》第 55a 条使获取数据库作品以及对作品的其他无须同意和无偿使用成为可能（或者其中的部分；参见《德国著作权法》第 55a 条第 2 句。）此处的使用仅包括复制（《德国著作权法》第 16 条）和改编（《德国著作权法》第 23 条），但不包括发行（《德国著作权法》第 17 条）和公开获取（《德国著作权法》第 19a 条）。在数据库作品的内容上的权利不受《德国著作权法》第 55a 条的影响。对于数据库作品的每一个组成部分都适用一般的限制性规定，尤其是《德国著作权法》第 53 条（对于电子数据库的限制：《德国著作权法》第 53 条第 5 款）。《德国著作权法》第 55a 条只包括了对数据库作品的合法使用。该合法性尤其可以从作者和使用人之间的合同中得出，而据此使用人尤其要支付给作者一定的报酬。使用可以在线下（示例，购买光盘存储器和获得复制件的所有权）或者线上进行。使用行为对于获取以及数据库作品的其他使用是必需的。这里通常包括在单个计算机上存储和补充数据存量。[①]《德国著作权法》第 55a 条是强制法（《德国著作权法》第 55a 条第 3 句）。

十七、营业中的复制和公开再现（《德国著作权法》第 56 条）

电子商务只能通过播放图像和声音载体来有效展示新的或者修复的设备（示 **52** 例：电视机；DVD 光盘播放器；录音机）来运营。这违反了复制权（《德国著作权法》第 16 条）或者发行权（《德国著作权法》第 17 条）。为了电子商务的利益，《德国著作权法》第 56 条规定无须同意且无偿提供《德国著作权法》第 16 条第 2 款、第 21 条、第 22 条以及第 19a 条所规定的作者的排他权利，如果这对于展示或者维修特定的设备是必要的。《德国著作权法》第 56 条适用于所有经营阶段的营业（生产者、批发商、零售商）。

《德国著作权法》第 56 条第 1 款列举了用于制作或者再现图像或者声音载体 **53** （示例：电视机；DVD 光盘播放器；录音机）、用于接收广播（示例：收音机或者电视机）或者用于处理电子数据的（示例：个人电脑；笔记本电脑；调制解调器；CD 光盘驱动器；DVD 光盘驱动器）等设备，作为被赋予特权的介质，不包括那些不属于《德国著作权法》第 16 条第 2 款规定的图像或者声音载体，而只能复制或者公开再现单个照片的设备（示例：复印机；照相机）。[②]《德国著作权法》第 56 条所列举的利用行为对于展示或者维修设备必须是必要的。这其中也包括对大规模人群进行个人的顾客咨询和出现在展览会上，相反，不包括一般的顾客广告（示例：通过电视广告短片）。《德国著作权法》第 56 条也不包括这样的情况，即经销商只

---

① Dreier/Schulze/*Dreier*，§ 55a UrhG Rn. 8.
② Schricker/Loewenheim/*Melichar*，§56 UrhG Rn. 6.

是让单个设备如电视机或者收音机播放，从而影响或者吸引潜在的顾客。对于《德国著作权法》第 56 条第 1 款规定的允许的制作图像、声音或者数据载体的利用行为，需要不加迟延（《德国民法典》第 121 条第 1 款）地予以删除（《德国著作权法》第 56 条第 2 款）。

十八、不重要的附属物（《德国著作权法》第 57 条）

54　　　一部作品，如果只是被当作复制（《德国著作权法》第 16 条）、发行（《德国著作权法》第 17 条）或者公开再现（《德国著作权法》第 15 条第 2 款、第 19 条至第 22 条）的真正对象之外的不重要的附属物而存在，则除了展览的例外（《德国著作权法》第 18 条），可以通过《德国著作权法》的所有形式（《德国著作权法》第 16 条及下一条、第 19 条至第 22 条）进行利用（也参见《美术与摄影作品著作权法》第 23 条第 1 款第 2 项）。利用的真正对象自己是否受到著作权法的保护，并不重要。不重要的附属物是那些对主物来说如此无关紧要的对象，以至于其与主物之间没有联系。如果更换了附属物，主物的整体作用不会受到损害。[1] 这尤其适用于附属物只能偶然成为主物的组成部分的情况。这总是取决于注意到个案情况时，从观察者的角度利用客观标准所看到的情况。

　　　示例：一个家具店的广告单上展示了一间装好家具的起居室，墙上有一副受著作权法保护的画作。该画作并非所画的起居室的不重要的附属物。[2]

十九、展览、公开销售以及对公众开放的机构中的作品（《德国著作权法》第 58 条）

55　　　《德国著作权法》第 58 条第 1 款转化了欧共体第 2001/29/EG 号指令第 5 条第 3 款 j 项，《德国著作权法》第 58 条第 2 款转化了该指令第 5 条第 2 款 c 项。为了展览或者销售的目的而印发的目录会特别吸引人，如果该目录用图片说明展览品或者已经获得的商品。因此就存在一种需求，允许在较简便的前提条件下出版这样的目录。[3] 所以，根据《德国著作权法》第 58 条，这种特定的行为无须同意，且无须支付报酬。

56　　　《德国著作权法》第 58 条第 1 款列举了美术作品（《德国著作权法》第 2 条第 1 款第 4 项）和摄影作品（《德国著作权法》第 2 条第 1 款第 5 项）作为被赋予特权的作品。对于展览的概念，适用为《德国著作权法》第 18 条而提出的考虑（第四章边码 52 及以下）。作品是长期还是只是暂时展览，并不重要。对于公众的概念适用为《德国著作权法》第 15 条第 3 款提出的考虑（第二章边码 127 和第四章边码 40 及以下）。享有特权的人是组织者，也就是说那些组织展览或者销售活动并且在财务上负责的人。[4] 因此，出于展览的动机而印发目录的第三人，并不包括在内。

---

① Dreier/Schulze/*Dreier*，§ 57 UrhG Rn. 2.
② *OLG München* NJW 1989，404.
③ *BGH* GRUR 1993，822，823-Katalogbild.
④ Dreier/Schulze/*Dreier*，§ 58 UrhG Rn. 5.

《德国著作权法》第 58 条第 1 款限制了作者在广告上的复制权（《德国著作权法》第 16 条）、发行权（《德国著作权法》第 17 条）和公开获取的权利（《德国著作权法》第 19a 条），只要这对于推动活动来说是必要的。广告的目的在于通知和公开当时的活动。对于推动活动的必要性，则要在注意到个案情况之下，衡量作者的利益和有一定的行为自由时组织者的利益。

　　示例：一部作品的照片作为目录的卷首画是允许的。因为卷首画是通过特别的方式，将观察者的注意吸引到活动上。相反，博物馆将一部作品放在明信片或者日历上，就必须要征得作者的同意。

　　《德国著作权法》第 58 条第 2 款部分宽于、部分窄于《德国著作权法》第 58 57 条第 1 款。尽管《德国著作权法》第 58 条第 2 款将与《德国著作权法》第 58 条第 1 款相同的作品作为对象。但是《德国著作权法》第 58 条第 2 款的利用只允许引用索引。索引也可以是目录。与此相反，《德国著作权法》第 58 条第 2 款不同于《德国著作权法》第 58 条第 1 款，不包括公开获取。另外，《德国著作权法》第 58 条第 2 款规定的特权的范围（向公众开放的图书馆；教育机构和博物馆）要比《德国著作权法》第 58 条第 1 款的窄。根据《德国著作权法》第 58 条第 1 款，只有当对索引的复制和发行在内容上或时间上与展览或者库存的文献资料汇编相关联时，才无须同意且无须支付报酬。此外，这些媒介不得追求独立的营利目的。

二十、公共场所中的作品（《德国著作权法》第 59 条）

　　摄影和拍摄电影往往在公共空间中进行。由于在这其中经常会拍到受保护的作 58 品，所以在公共空间中摄影和拍摄电影可能会受到著作权法保护的严格限制。《德国著作权法》第 59 条避免了这一点。因为这一规定允许不经同意且无偿地通过复制（《德国著作权法》第 16 条）、发行（《德国著作权法》第 17 条）和公开再现（《德国著作权法》第 15 条第 2 款、第 19 条至第 22 条）而使用他人长久地位于公共道路、街道或者场所中的作品。其合法性在于，在公共地点放置作品含有为了公共利益而献上该作品的含义。因此，《德国著作权法》第 59 条应当推动公众在照片或者电影中看到任何行人本来都能看到的东西（公众对于街景的自由利益；所谓的街景自由）。《德国著作权法》第 59 条也允许对公共场所中的单个受保护的作品的以营利为目的的利用。但是从《德国著作权法》第 59 条中不能得出，在一般人都可以获取著作时，作者的利益总是不重要。[①]《德国著作权法》第 59 条并不限于某种特定的作品类型，因此适用于所有作品类型。公共道路、街道和场所（特别地点）指的是任何人都可以自由进入的地方。如果一部作品从该地点无须辅助工具（示例：向导或者直升机）且无须特别的协助就可以不受约束地看到，则该作品位于特别地点。如果作品位于墙或者树篱之后或者只有从阳台、房顶或者空中才能看到，则不符合这一要求。

　　示例：对于汉德瓦萨之家的咖啡露台拍照就不属于《德国著作权法》第 59 条

---

① *BGH* GRUR 2001，52-Parfumflakon.

的范围，因为这只有可能在对面的一个私人住宅中才有可能完成。① 这一结论依然
适用，即使每个人应要求都可以拿到这座闲置的私人住宅的钥匙。

59　　　有争议的是，在何种前提下认定一部作品长久地位于特别地点。根据一种观
点，长久的要件就等同于作品存续的时间长度。② 另一种观点认为，这取决于作者
是否只是暂时地使公众可获取其作品，还是贡献出来。③ 准确的观点应该是，联邦
最高法院④认为应当根据权利人所认同的目的来确定放置在公共场地的作品的性质
（区别于暂时的放置）。如果该物体是为了某时间上有期限（尤其是以周或者月计
算）的展示而放置在公共场地，则该作品并不长久地位于《德国著作权法》第 59
条第 1 款第 1 句所称的特别地点。

　　　　示例：艺术家 Christo 将国会大厦盖住只进行了两周的时间，所以该作品并不
长久位于《德国著作权法》第 59 条第 1 款第 1 句所称的特别地点。

60　　　《德国著作权法》第 59 条第 1 款第 2 句将《德国著作权法》第 59 条第 1 款第 1
句中的特权限于建筑物的外观。《德国著作权法》第 59 条第 2 款禁止复制建筑物。

二十一、肖像（《德国著作权法》第 60 条）

61　　　　允许第三人（示例：摄影师）对自己创作一幅肖像的人的利益往往在于，复制
和发行该肖像，而无须对该第三人支付报酬。因此，应当允许肖像的定作人不经同
意且无偿地根据《德国著作权法》第 16 条复制且无偿地、不以营利为目的地根据
《德国著作权法》第 17 条发行（示例：赠与）。因此，从作为第三人的其他人（示
例：其他摄影师或者照片商人）处再订购一幅肖像，而该再订购是为了复制该第三
人创作的肖像，是允许的。从法律性质上来说，《德国著作权法》第 60 条原则上并
非真正的限制性规定，而是著作合同上的解释规则。⑤ 肖像的概念与《美术与摄影
作品著作权法》第 22 条第 1 句（参见第十二章边码 4 及以下）规定的肖像的概念
相一致。允许的利用行为原则上可以借助任何媒介（示例：摹绘一张照片）。只有
对美术作品的利用限于拍摄照片（《德国著作权法》第 60 条第 1 款第 2 句）。

第五节　尽管受到限制而依然被允许的单个使用行为的前提

一、禁止修改（《德国著作权法》第 62 条）

62　　　《德国著作权法》第 62 条表明，作品的完整性不仅在一般情况下（《德国著作
权法》第 14 条）和缔结使用合同（《德国著作权法》第 39 条）时，而且在以《德
国著作权法》第 44a 条及以下条文为基础的利用行为时应当得到保持。所以此处也

---

① *BGH* GRUR 2003，1053-Hundertwasserhaus.
② Schulze/Dreier/*Schulze*，§ 59 UrhG Rn. 5；Schricker/Loewenheim/*Vogel*，§ 59 UrhG Rn. 12.
③ *Ernst*，ZUM 1998，475，476 f.；*Müller-Katzenburg*，NJW 1996，2341，2344.
④ *BGH* GRUR 2002，605，606-Verhüllter Reichstag［帝国大厦球顶案］。
⑤ *OLG Karlsruhe* ZUM 1994，737；Schricker/Loewenheim/*Vogel*，§ 60 UrhG Rn. 5.

适用禁止修改。通过使用目的可以得出限制（《德国著作权法》第 62 条第 2 款）。除此之外规定了对禁止修改美术和摄影艺术作品的微小的限制（《德国著作权法》第 62 条第 3 款）。对于为教堂、学校和教学使用的汇编作品（《德国著作权法》第 46 条），除《德国著作权法》第 62 条第 1 款至第 3 款允许的修改之外，只允许在满足《德国著作权法》第 62 条第 4 款的前提下对语言作品的修改。

二、标明来源（《德国著作权法》第 63 条）

《德国著作权法》第 63 条第 1 款第 1 句创设了《德国著作权法》第 45a 条至第　63
48 条、第 50 条、第 51 条、第 53 条第 2 款第 1 项与第 3 款第 1 项以及第 58 条和第 59 条所允许的利用行为时明确标明来源的义务（例外：《德国著作权法》第 63 条第 1 款第 3 句）。因此，在大多数对著作权的法定限制中也存在认可作者身份（《德国著作权法》第 13 条）。此处意义上的来源指作者的姓名和出处（示例：对书本来说：作品的题目，出版年份和出版地点）。[①] 对于观察者来说应当显而易见，哪部作品或者作品的哪一部分归属于谁。对于《德国著作权法》第 63 条第 1 款第 1 句规定的"明确"则决定性地取决于地点和标明来源。对于《德国著作权法》第 63 条第 1 款第 1 句没有提及的法定限制，则相反，不存在标明来源的义务。

第六节　法定的报酬请求权（《德国著作权法》第 63a 条）

《德国著作权法》第 44a 条及以下条文规定的法定限制部分设置了作者的合理　64
报酬请求权。为了在面对较强的谈判对方时保护作者，其不能事先放弃这项报酬请求权（《德国著作权法》第 63a 条第 1 句）。另外，作者事先只能将法定的报酬请求权让渡给管理协会，从而也对作者进行保护（《德国著作权法》第 63a 条第 1 句第 1 种情况）。此外，出版社将报酬请求权交由对出版社与作者的权利予以共同管理的管理协会时，事先将法定的报酬请求权与出版权一起转让给出版社才是允许的（《德国著作权法》第 63a 条第 1 句第 2 种情况）。

第七节　让与使用权在卡特尔法上的义务（《德国反限制竞争法》第 33 条第 1 款结合《欧盟运作方式条约》第 102 条或者《德国反限制竞争法》第 19 条、第 20 条）

不仅在《德国著作权法》中，而且在卡特尔法的规定中，尤其是《德国反限制竞争　65
法》第 33 条第 1 款结合《欧盟运作方式条约》第 102 条或者《德国反限制竞争法》第 19 条、第 20 条，存在对著作权的限制。因为权利所有人可能因为特殊情况而必须避免滥用市场实力的行为，从而将使用权让与另外一家企业（强制缔约引起的强制许可）。根据著作权而主张请求权的人可以针对权利所有人的不作为要求，可以

---

① Dreier/Schulze/*Dreier*，§ 63 UrhG Rn. 1.

通过其拒绝签订不含歧视性和阻碍性条件的许可合同，而主张其违反《欧盟运作方式条约》第 102 条或者《德国反限制竞争法》第 19 条、第 20 条的抗辩权（卡特尔法的强制许可抗辩）。① 因为市场实力强的企业通过行使不作为请求权而阻碍其他企业进入市场，尽管市场实力强的企业有义务通过签订许可合同而开放市场。通过不作为请求权，市场实力强的企业所要求的东西是其必须立刻（以授予许可的形式）返还的。但是这时只存在一个不诚信的行为，如果请求许可的一方为了缔结许可合同已经向市场实力强的企业提出了无条件的、具有法律约束性且合理的要约，就这点来说，由于卡特尔法的强制缔约要求，对市场实力强的企业来说如同已经成立一个许可合同。除此之外，寻求许可的一方对已经对著作权进行利用的时间段，必须遵守许可合同设立的义务。② 这其中尤其包括支付许可费用。

---

① *BGH* GRUR 2009，694 Rn. 22，27-Orange-Book-Standard（für das Patendrecht）；*Heinemann*，ZWeR 2005，198，200 f.

② *BGH* GRUR 2009，694 Rn. 29-Orange-Book-Standard.

第七章

著作权的期限（《德国著作权法》第64条至第69条）

第一节 欧盟法的规定

以前，各个成员国都规定了不完全相同的著作权法保护作品的期限。所以就可 *1* 能出现，著作权法的保护期限在一个国家已经届满，但是在另外一个国家还没有结束。这就导致了对《欧盟运作方式条约》第34条规定的自由的商品流通的阻碍，对此只能经过《欧盟运作方式条约》第36条第1句认定为合法，才能使得保护期限不一致。① 欧共体第93/98/EWG号指令经过欧共体第2006/116/EG号指令（另参见还需转化的欧盟第2011/77/EU号指令的版本）的修正，规定了部分领域内期限的一致。此外，其要求成员国同意文学和艺术作品的作者死后70年的著作权保护期限（欧共体第93/98/EWG号指令第1条第1款）。但是成员国可以自主决定，是否给予批判和科学的版本以保护（欧共体第93/98/EWG号指令第5条）。如果提供这种保护，那么可以自主决定最长不超过30年的时间期限（欧共体第93/98/EWG号指令第5条）。由于成员国的这项自由，至今还没有形成完全一致的保护期限。此外，指令没有包含作者人身权以及根据成员国国内法不同的期限。

第二节 根据《德国著作权法》第64条至第69条的著作权期限

一、基础

著作权法的保护只有一个确定的时间。就这点来说，著作权与《德国民法典》 *2*

---

① *EuGH* Slg. 1989，79 Rn. 12-EMI-Electrola.

第 903 条规定的所有权有重大的区别。① 在此期限之内，作者以及必要时其继承人应当利用作品并且获得对智力创作的"报酬"。但是智力创作的本质使其成为必要，即特定的时间段届满后允许任何人不经同意且无偿使用作品（作品的公众自由）。作者人身权也要遵循这样的时间限制。

3　　著作权的保护始于作品的创作。这要与按年确定的保护期限的开始相区分。它根据保护对象而有不同的时间长短。法律将其开始与特定的事件联系起来（示例：作者的死亡，发表）。作者死后开始保护期限（死后开始），并不意味着在这一时间点之后才存在著作权的保护。这其实在创作作品时已经存在了，但是在作者死后还继续存在一定的时间。所以著作权的保护期间由作者的寿命和著作权法确定的死后的保护期限相加所得（保护期间＝作者的寿命＋保护期限）。因此，保护期间与保护期限的概念具有不同的内容。

4　　《德国著作权法》规定了一般保护期限（《德国著作权法》第 64 条）以及不同于此的规定（《德国著作权法》第 65 条及下一条文）。

二、一般保护期限（《德国著作权法》第 64 条）

5　　《德国著作权法》第 64 条确定了著作权的一般保护期限。根据该条，著作权在作者死后 70 年灭失。该期限适用于所有受著作权保护的作品，因此不受《德国著作权法》第 2 条第 1 款规定的作品类型的影响。因为对作品的著作权保护始于其创作，作者死后继续存在 70 年，所以著作权的保护期间由作者的一生和其死后的 70 年相加而得（保护期间＝作者的寿命＋70 年的保护期限）。这一时间段既涉及作者人身权（《德国著作权法》第 11 条及以下），也与财产性的利用权（《德国著作权法》第 15 条及以下）有关。

6　　70 年期限的开始并不根据《德国民法典》第 187 条而确定。其实，《德国著作权法》第 69 条将对期限的开始具有决定性意义的事件发生的日历年届满之日作为期限的开始。所以，期限自作者死亡的后一年之始起算。②

　　示例：作者死于 2002 年 2 月 3 日。《德国著作权法》第 64 条规定的 70 年期限自 2003 年 1 月 1 日开始，结束于 2072 年 12 月 31 日。

7　　《德国著作权法》第 69 条规定的期限计算方法适用于《德国著作权法》第 64 条至第 67 条的所有著作权法期限。为了简便，《德国著作权法》第 69 条规定了整年的期限（也参见《德国民法典》第 199 条第 1 款）。

三、共同作者的保护期限（《德国著作权法》第 65 条第 1 款）

8　　如果存在《德国著作权法》第 8 条所规定的共同作者的情况，则著作权在寿命最长的作者死后 70 年后灭失（《德国著作权法》第 65 条第 1 款；期限的开始：《德国著作权法》第 69 条）。对于电影作品和类似于电影的作品适用《德国著作权法》第 65 条第 2 款的特别规定。

---

① Dreier/Schulze/*Dreier*，Vor §§ 64 ff. UrhG Rn. 1.
② Dreier/Schulze/*Dreier*，§ 65 UrhG Rn. 4.

四、电影作品和类似电影作品的保护期限（《德国著作权法》第 65 条第 2 款）

对于电影作品和以类似电影作品的方式而制作的作品（《德国著作权法》第 2 条第 1 款第 6 项），著作权在下列人员中寿命最长的死后 70 年灭失：主导演、剧本作者、对白作者、为电影作品创作音乐的作曲者（《德国著作权法》第 65 条第 2 款；期限的开始：《德国著作权法》第 69 条）。《德国著作权法》第 65 条第 2 款转化了欧共体第 93/98/EWG 号指令第 2 条第 1 款和第 2 款，因此要采取与指令相一致的方式来解释。因此这是强制的，但是也只要考虑列举的四种人。其他人对著作权保护期间的确定不产生影响，即使是共同作者（示例：摄像师）。其他人的作者身份并非被《德国著作权法》第 65 条第 2 款所排除，而是根据《德国著作权法》第 2 条来确定。因为《德国著作权法》第 65 条第 2 款只是关于电影作品和类似电影作品的保护期间的规定。这一规定并不是对这样一部作品的作者身份的指派。① 关于《德国著作权法》第 65 条第 2 款列举的人是否电影作品或者与类似电影作品的（共同）作者，单独根据《德国著作权法》第 7 条、第 8 条结合《德国著作权法》第 2 条第 2 款来确定。

五、匿名与假名作品的保护期间（《德国著作权法》第 66 条）

作者有权自由决定，是否将其作品署上自己的名字、匿名（没有任何作者标识）或者署假名（示例：笔名或者缩写）发表（《德国著作权法》第 13 条）。是否产生著作权的保护并不取决于此，因为只有作品的创作才是其前提（《德国著作权法》第 7 条）。如果不知道一部作品的作者，则可能其死亡的日期对于保护期限的确定不起决定性作用。所以《德国著作权法》第 66 条第 1 款第 1 句将作品发表的时间（《德国著作权法》第 6 条第 1 款）作为《德国著作权法》第 69 条规定的决定性事件来确定期限开始。对匿名和假名作品的保护期限也是 70 年。对于匿名或者假名发表的连续作品（示例：连载小说；报纸或者杂志上的连载文章），每一期在其发表后分别计算《德国著作权法》第 66 条第 1 款第 1 句规定的保护期限（《德国著作权法》第 67 条）。这是公平合理的，因为连续作品不能独立利用。《德国著作权法》第 67 条基于对欧共体第 93/98/EWG 号指令第 1 条第 5 款的转化，因此要按照符合指令的方式来解释。

如果作品在创作后 70 年内没有发表，则《德国著作权法》第 69 条规定的期限开始时间调整为作品的创作（《德国著作权法》第 66 条第 1 款第 2 句）。这项只适用于匿名和假名作品的规定是为了阻止不发表的作品从来不开始计算保护期限，从而使著作权的保护在时间上无限存续。《德国著作权法》第 66 条第 1 款第 2 句基于对欧共体第 93/98/EWG 号指令第 1 条第 3 款的转化，因此要按照符合指令的方式来解释。

《德国著作权法》第 66 条第 1 款导致了一般保护期限的严重缩短，可能造成著作权保护期间在作者在世时就已届满。因此，《德国著作权法》第 66 条第 2 款在三

---

① BR-Drs. 98/95，S. 30；*Vogel*，ZUM 1995，451，454.

种情况下授予作者《德国著作权法》第 64 条及以下规定的一般保护期限。一种情况是，如果作者在《德国著作权法》第 66 条第 1 款第 1 句规定的保护期限内公开了其身份（《德国著作权法》第 66 条第 2 款第 1 句第 1 种情况）。根据《德国著作权法》第 66 条第 2 款第 1 句第 1 种情况的文字表述，作者在世时只能由其自己揭开假名（作者死后揭开假名则要根据《德国著作权法》第 66 条第 3 款；参见边码 13）。但是，在假名的情况下，如果第三人如媒体在《德国著作权法》第 66 条第 1 款第 1 句所规定的期限内揭开了作者的身份，则不是《德国著作权法》第 66 条第 1 款的（狭义解释的）例外规定，而要适用更好保护作者的《德国著作权法》第 64 条及下一条文。[①] 如果作者选择的假名没有对其真实身份造成疑问，则《德国著作权法》第 64 条及下一条文规定的一般保护期限继续存在（《德国著作权法》第 66 条第 2 款第 1 句第 2 种情况）。最终也是《德国著作权法》第 64 条及下一条文规定的一般保护期限起决定作用，如果在《德国著作权法》第 66 条第 1 款第 1 句所规定的期限内，作者的真实姓名被登记在匿名或者假名作品（《德国著作权法》第 138 条）上（《德国著作权法》第 66 条第 2 款第 2 句）。

13　　　　作者死后，其权利继受人（《德国著作权法》第 30 条）或者遗嘱执行人（《德国著作权法》第 28 条第 2 款）有权进行《德国著作权法》第 66 条第 2 款规定的行为（《德国著作权法》第 66 条第 3 款）。如果存在《德国著作权法》第 8 条规定的共同作者的情况，则根据《德国著作权法》第 66 条第 2 款，每一个共同作者都有权独立进行公开其身份的行为。因为《德国著作权法》第 8 条规定的共同关系中并不包括《德国著作权法》第 13 条规定的署名权。反之，如果《德国著作权法》第 66 条第 3 款的前提条件没有满足，则共同作者无权公开其他共同作者的身份。如果只有一个共同作者公开了身份，则对作品整体适用《德国著作权法》第 65 条第 1 款规定的一般保护期限。这同样也适用于一位共同作者公开了另一位共同作者的身份，即使其无权这样做。

---

① Dreier/Schulze/*Dreier*，§ 66 UrhG Rn. 9.

第八章 ◀

对电脑程序的特别规定（《德国著作权法》第69a条至第69g条）

第一节 欧盟法的规定

欧共体第91/250/EWG号指令包含了欧盟法对电脑程序的著作权保护的规定。 *1*

第二节 解释《德国著作权法》第69a条至第69g条

《德国著作权法》第69a条至第69g条是对欧共体第91/250/EWG号指令的转 *2* 化，因此应当采取与指令相符合的方式来解释。

第三节 《德国著作权法》第69a条至第69g条的规范目的

电脑程序可以作为以语言作品（也参见《德国著作权法》第2条第1款第1 *3* 项）形式出现的个人智力创作（《德国著作权法》第69a条第3款）而受到著作权法的保护（其前提参见边码6及以下）。关于这一点，《德国著作权法》第69a条至第69g条保护以程序员的个人智力创作为基础的程序的具体形态；此外，还以保护对发开电脑程序来说必不可少的投资为目的。① 因为只有这样，才会促进对创新和竞争力起决定性作用的事物的投资，如电脑程序。尤其因为非常容易就可以被复制（示例：拷贝到CD光盘上），所以要防止软件盗版行为。此外，作者应当全面监督

---

① Dreier/Schulze/*Dreier*，§ 69a UrhG Rn. 1 mit kritischer Auseinandersetzung in Rn. 2.

电脑程序的使用强度，因此也可以在经济上参与分享电脑程序的利用。《德国著作权法》第 69a 条至第 69g 条的规定使得面对《德国著作权法》第 53 条的一般限制性规定，为了私人或者其他个人的使用而通过第三人来复制电脑程序更加困难，从而主要体现了《德国著作权法》第 69a 条至第 69g 条对电脑程序进行目的性很强的著作权法上的保护。

第四节　《德国著作权法》第 69a 条至第 69g 条的体系

4　　《德国著作权法》第 69a 条第 1 款定义了电脑程序的概念。《德国著作权法》第 69a 条第 2 款确定了电脑程序的著作权法保护的范围。《德国著作权法》第 69a 条第 3 款规定，究竟在何种前提之下，电脑程序受著作权法的保护。根据《德国著作权法》第 69a 条第 4 款，关于语言作品的规定也可以适用于电脑程序，只要《德国著作权法》第 69a 条至第 69g 条没有其他规定。因为《德国著作权法》第 69a 条至第 69g 条与欧共体第 2009/24/EG 号指令一样，很少包含对电脑程序进行全面法律保护的规定。只要《德国著作权法》第 69a 条至第 69g 条规定了一个观点，就具有优先性，因此属于特别法。

　　示例：被取代的有《德国著作权法》第 2 条第 2 款（适用《德国著作权法》第 69a 条第 3 款）、《德国著作权法》第 15 条至第 23 条（适用《德国著作权法》第 69c 条）、《德国著作权法》第 43 条（适用《德国著作权法》第 69b 条）、《德国著作权法》第 53 条至第 54h 条（适用《德国著作权法》第 69d 条和第 69e 条）。

5　　《德国著作权法》第 69a 条第 5 款排除了《德国著作权法》第 95a 条至第 95d 条（规避技术保护措施）对电脑程序的适用。因为对电脑程序的规避保护已经在《德国著作权法》第 69f 条第 2 款专门规定了。《德国著作权法》第 69b 条规定，在劳动和雇佣关系中谁是电脑程序的作者。《德国著作权法》第 69c 条第 1 项至第 4 项描述了权利所有人享有的排他权利。《德国著作权法》第 69d 条至第 69e 条包含了限制性规定。《德国著作权法》第 69f 条是销毁侵害权利的复制件的请求权基础（《德国著作权法》第 69f 条第 1 款），而且该请求权也包括有助于违法排除或者规避技术性的程序保护机制的工具（《德国著作权法》第 69f 条第 2 款）。《德国著作权法》第 69f 条第 1 款确定，对电脑程序的著作权保护与其他法律规定之间是何种关系。那里列举的法律规定并非最终的[①]，还要考虑根据《德国民法典》第 823 条第 1 款和第 2 款、第 826 条、第 812 条以及第 687 条第 2 款所产生的请求权。《德国著作权法》第 69g 条第 2 款声明《德国著作权法》第 69d 条第 2 款、第 3 款以及第 69e 条是强行法，也就是说，不得通过合同而进行其他约定。

---

① BT-Drs. 12/4002, S. 15.

第五节 电脑程序的著作权法保护

一、保护的对象：电脑程序的概念（《德国著作权法》第 69a 条第 1 款）

根据《德国著作权法》第 69a 条至第 69g 条，电脑程序的著作权法保护的对象可以是任何形式的程序，包括草案资料。虽然《德国著作权法》第 69a 条第 1 款没有定义电脑程序的概念，但是这一规定说明，对电脑程序的概念要进行广义理解（"任何形式"），所以只取决于含有对电脑进行指挥和操纵的指令。因此，所有类型的电脑程序都受到著作权法的保护。[①]

示例：电脑程序可以是操作系统、应用程序、辅助程序、浏览器、搜索引擎或者电子邮件软件。

同样，电脑程序也不取决于程序语言，如构成程序的代码（示例：源代码或者对象代码）。该程序属于个人或者标准软件，也不重要。[②] 如果只是数据集合而没有对电脑的指挥和操纵的指令，则不属于电脑程序。超链接和网页也不是电脑程序。

由于包括了"任何形式"的程序，所以不取决于程序是作为软件还是与硬件形成整体而存在（欧共体第 2009/24/EG 号指令之考量理由 7）。[③]《德国著作权法》第 69a 条第 1 款将草案资料也列为电脑程序的组成部分，也就是说，程序的预备步骤（示例：流程图）或者程序开发中的预备或者中间步骤。相反，指令和对使用者的说明不属于电脑程序的组成部分（示例：手册或者使用说明）。这同样也适用于用户界面，即使其结构是在程序内操作的。[④] 对于视频游戏来说，只有操作游戏进程的那部分是《德国著作权法》第 69a 条第 1 款规定的程序，而屏幕上的试听展示并不属于程序。但是后者可以通过其他方式——如作为《德国著作权法》第 2 条第 1 款第 5 项规定的摄影作品——受到著作权法的保护。多媒体作品（＝不同类型的作品，如声音、文本、图像合为一体）也不属于电脑程序。[⑤] 只有作品中操纵了控制和进程，因此也操纵了各个作品的相互配合，才是《德国著作权法》第 69a 条第 1 款所规定的程序。当然，多媒体作品的其他部分可以通过其他方式而受到著作权的保护。

二、保护的前提：个人的智力创作（《德国著作权法》第 69a 条第 3 款第 1 句）

电脑程序如果是作为其作者个人智力创作的产物而存在的个人作品，则受著作权法的保护（《德国著作权法》第 69a 条第 3 款第 1 句；另参见欧共体第 2009/24/

---

① Dreier/Schulze/*Dreier*，§ 69a UrhG Rn. 12.

② Schricker/Loewenheim/*Loewenheim*，§ 69a UrhG Rn. 3.

③ Vgl. auch BT-Drs. 12/4022，S. 9.

④ *OLG Düsseldorf* CR 2000，184；Schricker/Loewenheim/*Loewenheim*，§ 69a UrhG Rn. 7；Wandtke/Bullinger/*Grützmacher*，§ 69a UrhG Rn. 14；a. A. *OLG Karlsruhe* GRUR 1994，726，729.

⑤ *OLG Karlsruhe* GRUR 1994，726，729；Schricker/Loewenheim/*Loewenheim*，§ 69a UrhG Rn. 29；Wandtke/Bullinger/*Grützmacher*，§ 69a UrhG Rn. 21.

EG 号指令第 1 条第 3 款)。因此,和《德国著作权法》第 2 条第 2 款一样,个人创造性的活动是电脑程序的著作权保护的前提(另参见第二章边码 1 及以下)。小作品已经满足了必要的个性,也就是说,对电脑程序的著作权法保护是正常情况。[①]但是对电脑程序的著作权法保护不存在法定推论。[②] 对于复杂的电脑程序,事实推论认为程序设计上具有足够的个性。[③]

10   不受著作权法保护的例外仅限于非常简单和常规的过程,即每个程序员都会用同样的或者类似的方式来设计。[④] 这可以根据任务的本质或者功能上的要求而得出。电脑程序的开发在何种阶段就可以成为个人的智力创作,并不重要。因为电脑程序是作为整体受著作权法保护的。草案资料则与此不同,其必须表现出自身具有必要的个性。

11   《德国著作权法》第 69a 条第 3 款第 2 句将《德国著作权法》第 69a 条第 3 款第 1 句的要求确定为电脑程序是否受著作权法保护的唯一评判标准。因为根据这一条文,确定是否受著作权法的保护时无须适用其他标准,尤其是质量或者美学标准。

三、保护范围 (《德国著作权法》第 69a 条第 2 款)

12   根据《德国著作权法》第 69a 条第 2 款第 1 句,对电脑程序的著作权法保护包括其所有表现形式。这其中也包括如源代码和对象代码。但是想法和原则不受保护(《德国著作权法》第 69a 条第 2 款第 2 句)。

     示例:开发一款完成某特定任务的电脑程序的想法,不受保护。

13   《德国著作权法》第 69a 条第 2 款第 2 句再次明确,即使是作为组成部分基础的想法和原则,也不受著作权法的保护。组成部分是程序中将硬件和软件相互连接并使其相互作用的部分。

14   《德国著作权法》第 69a 条第 2 款第 2 句只有阐明的功能,因为其内容从著作权法的一般原则中已经可以得出(第二章边码 7 及以下)。因为只有作为具体表现形式的作品类型是受著作权法保护的。这项保护针对采用主要的、内容上的结构要素(示例:程序运行的分段)。因此,微小的偏离并不改变任何对他人著作权的损害。[⑤] 如果算法(=机器可实行的处理规则)是普遍知晓的数学运算法则,则不考虑著作权法上的保护。但是算法也可以通过这种方式具体设计程序,从而受著作权法的保护。此外,算法结合的类型和方式可能受著作权法的保护。[⑥] 编程语言也可能受著作权法的保护。[⑦]

---

①   BT-Drs. 12/4022, S. 9; vgl. auch *BGH* GRUR 1994, 39-Buchhaltungsprogramm; GRUR 2000, 866, 868-Programmfehlerbeseitigung; GRUR 2001, 153-OEM-Version(认可了对 *MS-DOS 和 MS-Windows 操作系统的著作权保护*); GRUR 2005, 860, 861-Fash 2000。

②   BT-Drs. 12/4022, S. 9.

③   *BGH* GRUR 2005, 860, 861-Fash 2000.

④   BT-Drs. 12/4022, S. 9 f.

⑤   Dreier/Schulze/*Dreier*, § 69a UrhG Rn. 21.

⑥   *BGH* GRUR 1991, 449, 453-Betriebssystem.

⑦   Dreier/Schulze/*Dreier*, § 69a UrhG Rn. 24; a. A. Schricker/Loewenheim/*Loewenheim*, § 69a UrhG Rn. 12.

四、需经同意的行为（《德国著作权法》第69c条至第69e条）

《德国著作权法》第69c条第1项至第3项转化了欧共体第91/250/EWG号指 *15*
令第4条第1款a项至c项。此外，《德国著作权法》第69c条第4项规定了一项另
外的排他权，其不以欧盟法规定为基础，而是为了进行阐释。① 对《德国著作权法》
第15条至第23条（边码4）来说，《德国著作权法》第69c条是优先适用的特殊规
定。根据《德国著作权法》第69c条，对电脑程序进行复制（《德国著作权法》第
69c条第1项）、改变（《德国著作权法》第69c条第2项）、发行（《德国著作权法》
第69c条第3项）和公开再现（《德国著作权法》第69c条第4项）必须要经过权利
所有人的同意。《德国著作权法》第69d条包含了此处的例外情况。

（一）复制（《德国著作权法》第69c条第1项）

aa）需经同意的行为。《德国著作权法》第69c条第1项第1句为权利所有人创 *16*
设了复制电脑程序的排他权。复制可以持久地（示例：磁盘、光盘存储器、硬盘或
者服务器）② 或者暂时地、全部地或者部分地（只要程序的该部分在著作权法上是
受保护的）、利用任何媒介（示例：电子的或者纸质打印）以及通过任何形式（示
例：软件或者在硬件中执行）来实现。因为《德国著作权法》第69c条第1项没有
定义复制的概念，对此则要回到以欧共体第2001/29号指令为基础的《德国著作权
法》第16条第1款的广义的复制的概念。只要加载、显示、运行、转换或者储存
电脑程序需要复制，则这些行为也需要权利所有人的同意（《德国著作权法》第69c
条第1项第2句）。在系统内存里储存受著作权法保护的程序或者程序的部分总是
必须经过同意的。③ 相反，只是在屏幕上显示程序不在《德国著作权法》第69c条
第1项范围之内。

bb）《德国著作权法》第44a条的限制性规定的适用。有一个问题被提出来， *17*
即《德国著作权法》第44a条的限制性规定是否也适用于《德国著作权法》第69c
条第1项规定的电脑程序复制。虽然《德国著作权法》第44a条基于欧共体第
2001/29号指令第5条第1款，但是根据该指令的第50项考虑理由，欧共体第91/
250/EWG号指令的特别限制性规定应当不受影响。然而复制电脑程序时的利益状
况与作为《德国著作权法》第44a条基础的利益状况是可比较的。因此，不允许对
受保护的程序进行另外的独立使用的纯技术性复制，不隶属于《德国著作权法》第
69c条第1项规定的复制权。

（二）改变（《德国著作权法》第69c条第2项）

aa）需同意的行为。（1）规定内容。《德国著作权法》第69c条第2项第1句授 *18*

---

① BT-Drs. 15/38，S. 22.
② Vgl. auch *BGH* GRUR 1994，363-Holzhandelsprogramm.
③ Wandtke/Bullinger/*Grützmacher*，§ 69c UrhG Rn. 5.

予权利所有人以广泛的改变电脑程序的权利。法律规定了翻译、改编、整理以及其他改变。因此，改变是上位概念，可以细化（示例：翻译、改编和整理），所以权利人的改变权涵盖非常广泛。其也包括，如改变或者补充源代码。此外，如果第三人将受著作权法保护的电脑程序作为样本而用于非独立的复制，则违反了《德国著作权法》第 69c 条第 2 项第 1 句。复制的成果根据《德国著作权法》第 2 条或第 69a 条第 3 款是否受著作权法的保护，并不重要。而复制权并不属于改变权，而是专门规定在《德国著作权法》第 69c 条第 1 项中。如果存在《德国著作权法》第 24 条规定的对电脑程序的自由使用，则不违反《德国著作权法》第 69c 条第 2 项第 1 句。

19　　　　权利所有人不仅有权进行改变，也允许复制该项改变所获得的成果（《德国著作权法》第 69c 条第 2 项第 1 句）。

20　　　　根据《德国著作权法》第 69c 条第 2 项第 2 句，改编了程序的人的权利不受影响。改编的构成要件并不限于《德国著作权法》第 69c 条第 2 项第 1 句所列举的事实构成，因为其包括任何改变。[①] 这意味着，如果改变本身也受著作权法的保护，则改变人也根据《德国著作权法》第 3 条获得自己的改编权。如果改变是在未经权利所有人允许的情况下完成的，也适用这一规定。

21　　　　（2）与《德国著作权法》第 23 条的关系。对比《德国著作权法》第 23 条，《德国著作权法》第 69c 条第 2 项是优先适用的特别规定。相比于《德国著作权法》第 23 条，《德国著作权法》第 69c 条第 2 项赋予权利人在这方面更广泛的权利，因为并非经改变的程序的发表，而是其制作就已经要求权利人的同意。[②]

（三）发行（《德国著作权法》第 69c 条第 3 项）

22　　　　aa）权利所有人的权限（《德国著作权法》第 69c 条第 3 项第 1 句）。《德国著作权法》第 69c 条第 3 项第 1 句为权利所有人创立了通过任何方式发行自己的电脑程序的原件或者复制件的权利，包括出租。发行的概念要从广义上理解（"任何形式"）。关于这一点，要追溯到为了确定其概念而在《德国著作权法》第 17 条第 1 款中引入的考虑（第四章边码 38 及以下）。[③] 为了确定出租的概念也要适用为了确定其概念而在《德国著作权法》第 17 条第 3 款中引入的考虑（第四章边码 50）。

23　　　　bb）欧盟范围内的穷竭（《德国著作权法》第 69c 条第 3 项第 2 句）。《德国著作权法》第 69c 条第 3 项第 2 句确定了电脑程序的复制件的发行权在欧盟范围内穷竭。但是出租权——如同《德国著作权法》第 17 条第 2 款——被排除在穷竭之外。因此，只有当出现转让且复制件最终归属于获得者时，才出现欧盟范围内的发行权穷竭。仅仅暂时的转让则不足够。虽然《德国著作权法》第 69c 条第 3 项第 2 句只在转让复制件时才构成欧盟范围内的穷竭（《德国著作权法》第 69c 条第 3 项第 1

①　BT-Drs. 12/4022，S. 11.

②　Dreier/Schulze/*Dreier*，§ 69a UrhG Rn. 14.

③　BT-Drs. 12/4022，S. 11.

句反而区分了原件与复制件）。如果权利所有人通过交付源代码等方式而转让电脑程序的原件，才真正构成。[①] 因为《德国著作权法》第 69c 条第 3 项第 2 句提到复制件，发行权在欧盟范围内的穷竭以有体作品件的转让为前提。如果权利所有人在网上转让电脑程序，接收人在征得同意之下制作有体的作品件，则与权利所有人转让有体作品件的利益状况完全一样。[②]

根据《德国著作权法》第 69c 条第 3 项第 2 句，欧盟范围内的穷竭只包括发行   24
权，而不包括复制权。但是如果只穷竭发行权而不包括复制权，则会导致权利所有人虽然无法阻止已经转让的复制件的继续发行，但是可以阻止复制程序时必要的使用行为。《德国著作权法》第 69d 条第 1 款消除了这项矛盾（边码 26 及以下）。因为根据这一规定，合法使用电脑程序的人无须权利所有人的同意，可以进行复制程序所必需的复制行为。

（四）公开再现（《德国著作权法》第 69c 条第 4 项）

根据《德国著作权法》第 69c 条第 4 项，公开再现权包括《德国著作权法》第   25
15 条第 2 款、第 19 条至第 22 条所规定的所有形式的公开再现。这并不取决于，公开再现以有线还是无线的方式进行。

（五）需同意的行为的例外

aa）《德国著作权法》第 69d 条。（1）规范目的。《德国著作权法》第 69c 条在   26
非常广泛的范围内为权利所有人设立了排他权。《德国著作权法》第 69d 条转化了欧共体第 2009/24/EG 号指令第 5 条，设立了其例外，因此对权利所有人的权限进行了限制。这指的是按照约定对电脑程序的使用（《德国著作权法》第 69d 条第 1款），制作备份文件（《德国著作权法》第 69d 条第 2 款）和观察、研究或者测试程序的运行（《德国著作权法》第 69d 条第 3 款）。

《德国著作权法》第 69d 条据此与《德国著作权法》第 44a 条及以下条文的一   27
般限制性规定区分开来，即该条与《德国著作权法》第 44a 条及以下条文不同，并不允许任意第三人不经同意且无偿进行特定行为。其实《德国著作权法》第 69d 条的特权仅限于特定的人群。也就是说，这是有关有权利用复制件（《德国著作权法》第 69d 条第 1 款、第 3 款）或者使用程序（《德国著作权法》第 69d 条第 2 款）的人。由此可以确认，只有当权利所有人对此同意时，《德国著作权法》第 69d 条的特权才能介入。为了保护权利所有人以应对强大的谈判相对人，《德国著作权法》第 69d 条第 2 款和第 3 款强制适用（《德国著作权法》第 69g 条第 2 款）。由于必须要经过权利所有人的同意，《德国著作权法》第 69g 条的例外本意上并非限制性规定。更准确地说，其一方面确定了所授予权利的范围，另一方面为解释合同提供了依据，而权利所有人可以此为依据转让《德国著作权法》第 69c 条规定的权利。因

---

① Dreier/Schulze/*Dreier*，§ 69c UrhG Rn. 23；a. A. Schricker/Loewenheim/*Loewenheim*，§ 69c UrhG Rn. 31.
② Dreier/Schulze/*Dreier*，§ 69a UrhG Rn. 14.

此，从法律属性上来说，这是法定许可和约定解释规则的混合形式。①

28　　　（2）与《德国著作权法》第 44a 条及以下条文的关系。对于《德国著作权法》第 44a 条及以下条文来说，《德国著作权法》第 69d 条是优先适用的特别规定。但是《德国著作权法》第 44a 条及以下条文也适用于电脑程序，只要其不涉及有关《德国著作权法》第 69d 条所规定的利益冲突的优先适用。② 否则，《德国著作权法》第 53 条及下一条文的适用尤其被排除在外，因为《德国著作权法》第 69d 条第 1 款和第 2 款优先包含了其规范对象。《德国著作权法》第 44a 条也不适用于电脑程序（参见欧共体第 2001/29 号指令的第 20 项考虑理由）。与此相反，《德国著作权法》第 45 条第 1 款和第 51 条第 1 项可以适用于电脑程序。

29　　　（3）权利人按照约定的使用（《德国著作权法》第 69d 条第 1 款）。《德国著作权法》第 69d 条第 1 款为那些有权利用程序的复制件的人——如基于通过许可合同而获得使用权——设立了按照约定使用电脑程序的权利，包括纠错。据此，有权利用人的使用利益被看作高于权利所有人的利益。③ 按照约定使用的范围首先从权利授予的合同中得出。除此之外，要注意转让的目的以及其他合同状况。④

30　　　《德国著作权法》第 69d 条第 1 款规定复制权（《德国著作权法》第 69c 条第 1 项）和改变权（《德国著作权法》第 69c 条第 2 项）为被允许的使用行为（关于解码参见《德国著作权法》第 69e 条；边码 40）。但是《德国著作权法》第 69d 条第 1 款并不涉及发行权（《德国著作权法》第 69c 条第 3 项）和公开再现权（《德国著作权法》第 69c 条第 4 项）。《德国著作权法》第 69c 条第 1 项和第 2 项规定的使用行为对电脑程序的按约定使用必须是必不可少的。如果只是符合目的或者有用是不够的。⑤ 只有当其他措施不能通过可以期待的方式促进按约定使用时，才满足必不可少的要件。⑥

31　　　虽然《德国著作权法》第 69d 条第 1 款允许"特别的合同约定"对于被允许的使用行为的限制，但是这种限制只能在所谓的稳定的协议内核的界限之内行使（参见欧共体第 2009/24/EG 号指令的第 16 项考虑理由第 2 句）。

　　　示例： 电脑程序的合法使用者负有合同上的义务，不让第三人获得该程序。但是该项义务并不包括稳定的协议内核，即请第三人加入故障排除。但是，如果合同规定，权利所有人自己通过对使用人来说可期待的类型和方式来提供以及执行故障排除，则这种请第三人参加的方式就被排除了。⑦

32　　　使用的强度不属于稳定的协议内核。所以，合同约定的对于电脑程序的符合约定的使用可能有关不同的工作场所（多场地许可）或者仅限于确定的某台电脑（所

---

① Dreier/Schulze/*Dreier*，§ 69d UrhG Rn. 14.
② Dreier/Schulze/*Dreier*，§ 69d UrhG Rn. 3.
③ BT-Drs. 12/4022, S. 12.
④ *OLG Düsseldorf* CR 2002，95，96f.；Wandtke/Bullinger/*Grützmacher*，§ 69d UrhG Rn. 6.
⑤ *OLG München* CR 1996，11，17；Schricker/Loewenheim/*Loewenheim*，§ 69d UrhG Rn. 11.
⑥ Dreier/Schulze/*Dreier*，§ 69d UrhG Rn. 11.
⑦ *BGH* GRUR 2000，866，868-Programmfehlerbeseitigung.

谓的 CPU 附加条款）。① 个人对程序的改变和调试以及对程序的改善和扩展也不属于稳定的协议内核。②

　　（4）备份（《德国著作权法》第 69d 条第 2 款）。根据《德国著作权法》第 69d 　*33*
条第 2 款，权利所有人不得禁止有权使用程序的人制作备份，如果这样的复制对于确保将来的使用是必需的。在这样的前提之下，制作备份无须同意，且无须支付报酬。应当尽可能促进使用人对程序无障碍的使用。他应当受到保护而避免出现，一旦电脑程序停止运转他就长时间无法继续工作。其他对此的合同约定无效（《德国著作权法》第 69g 条第 2 款）。如果为了能够重新安装而将电脑程序按照 1∶1 再另外制作一份，则构成备份。

　　制作备份对于将来的使用必须是必不可少的。如果生产者在交付电脑程序时已　*34*
经交付了备份，则不具备这一点。③ 如果生产者虽然没有一起交付备份，但是承诺在有需要时立刻提供，就属于不同的情况。因为根据《德国著作权法》第 69g 条第 2 款的规范目的，通知电脑程序停止运转以及可能存在的等待对于使用者来说，都是不可期待的。④ 仅有生产者的承诺无法保证尽可能不受阻碍的对程序的使用，而交付程序后使用人制作备份就足够了。

　　虽然《德国著作权法》第 69d 条第 2 款是关于制作备份，但是应当这样来理　*35*
解，即使用人只允许制作唯一的备份。⑤ 如果虽然符合了《德国著作权法》第 69d 条第 2 款的前提条件，但是技术性的保护机制阻碍了制作备份，则使用人有权要求权利所有人移除备份保护。⑥

　　（5）观察、研究与测试（《德国著作权法》第 69d 条第 3 款）。根据《德国著作　*36*
权法》第 69d 条第 3 款，有权利用程序复制件的人（只要与《德国著作权法》第 69d 条第 1 款相一致）在未经权利所有人同意的情况下，也有权查明进行特定行为时所必要的信息（也参见欧共体第 2009/24/EG 号指令第 5 条第 3 款）。如果特定的行为是为了特定的目的且限于特定的过程，则是被允许的。

　　《德国著作权法》第 69d 条第 3 款列举了观察、研究与测试程序的运行作为该　*37*
意义上的行为。这样的行为可能涉及整个电脑程序，而并不局限于其中的部分。⑦ 但是其中并不包括解码，因为对此存在《德国著作权法》第 69e 条的特别规定（边码 40）。

　　这些行动的目的必须是查明作为程序单元的基础的想法与原则。这可能是为了　*38*
制作相兼容的程序，而不是为了制作其他复制件。虽然作为程序单元的基础的想法

---

　　① Vgl. dazu *BGH* GRUR 2003，416-CPU-Klausel.

　　② Schricker/Loewenheim/*Loewenheim*，§ 69d UrhG Rn. 13f.

　　③ BT-Drs. 12/4022, S. 12.

　　④ Wandtke/Bullinger/*Grützmacher*，§ 69d UrhG Rn. 44；*Hoeren/Schumacher*，CR 2000，137，140；differenzierend Dreier/Schulze/*Dreier*，§ 69d UrhG Rn. 16.

　　⑤ Schricker/Loewenheim/*Loewenheim*，§ 69d UrhG Rn. 19；*Lehmann/Klein*，NJW 1993，1822，1823；a. A. Wandtke/Bullinger/*Grützmacher*，§ 69d UrhG Rn. 56（für Sicherungsbedürfnis erforderliche Anzahl）.

　　⑥ Dreier/Schulze/*Dreier*，§ 69d UrhG Rn. 19.

　　⑦ BT-Drs. 12/4022, S. 12.

与原则完全不受著作权法的保护（也参见《德国著作权法》第 69a 条第 2 款第 2 句），但是《德国著作权法》第 69d 条第 3 款有独立的适用范围。因为根据《德国著作权法》第 69c 条第 1 项，进行复制时的观察与测试是必须征得同意的，而《德国著作权法》第 69d 条只是为了按照约定的使用而包含了一项例外。因此，有必要只对观察和测试的目的而单独开放程序的运行过程。

39　　行为仅限于加载、显示、运行、转换以及存储程序的过程。偏离《德国著作权法》第 69d 条第 3 款的合同约定无效（《德国著作权法》第 69g 条第 2 款）。

40　　bb) 解码（《德国著作权法》第 69e 条）。《德国著作权法》第 69e 条（也参见欧共体第 2009/24/EG 号指令第 6 条）允许在特定前提下复制电脑程序的代码并且未经权利所有人的同意而将其翻译成密码形式。这一规定应当推动不经同意且无偿地获取和利用电脑程序接口的信息，从而制造出与其他电脑程序相连接的自己的程序或者设备（交互操作性）。因为《德国著作权法》第 69c 条第 1 项和第 2 项与此相对立，因而有必要通过《德国著作权法》第 69e 条来免除义务。它将获取信息与三项前提（《德国著作权法》第 69e 条第 1 款第 1 项至第 3 项）联系起来。对于利用根据《德国著作权法》第 69e 条第 1 款而合法获取的信息，《德国著作权法》第 69e 条第 2 款含有三项限制（参见《德国著作权法》第 69e 条第 2 款第 1 项至第 3 项）。最后，《德国著作权法》第 69e 条第 3 款含有依据三阶段测试（参见第六章边码 1）而解释《德国著作权法》第 69e 条第 1 款和第 2 款的规定。《德国著作权法》第 69e 条的限制性规定不可通过协议而变更或废除（《德国著作权法》第 69g 条第 2 款）。

（六）通过合同授予权利

41　　权利所有人可以根据《德国著作权法》第 69c 条将其权利转让给其他人。其利益往往在于，限制将要转让的使用权。但是这只允许在现有的法律界限（参见《德国著作权法》第 69g 条第 2 款）之内完成。这样的界限可能出现在著作权法、卡特尔法以及《德国民法典》第 305 条及以下条文所规定的对一般交易条款的使用限制中。

五、劳动与雇佣关系中的作者（《德国著作权法》第 69b 条）

42　　对于雇员或者雇佣义务人（《德国著作权法》第 69b 条第 2 款）在履行任务或者根据其雇主/雇佣权利人的命令而设计的电脑程序，《德国著作权法》第 69b 条相对于《德国著作权法》第 43 条来说是具有优先性的特别规定。这一规定基于欧共体第 2009/24/EG 号指令第 2 条第 3 款，因此需要按照符合指令的方式来解释。《德国著作权法》第 69b 条加强了雇主或者雇佣权利人的法律地位。因为只有他有权行使电脑程序的所有财产性权限，只有通过其他的约定才能产生不同情况。因为《德国著作权法》第 69b 条的规定只是关于电脑程序的财产性权限，因而并不涉及作者人身权，如署名权（《德国著作权法》第 13 条）。它们因此还归属于作者。[1]《德国

---

① BT-Drs. 12/4022，S. 12.

著作权法》第 69b 条并不包括委托作品。这应当赋予自由职业的编程人员以特权并促进设计程序。

　　雇员的概念要和《德国著作权法》第 43 条一样来确定。由于必须按照指令来 [43] 解释，所以雇佣义务人的概念并不限于公法的雇佣关系。① "在履行任务或者根据雇主的命令"的构成要件虽然不同于《德国著作权法》第 43 条的表述（"在履行其劳动或者雇佣关系中的义务"），但是在内容上并没有区别，因为《德国著作权法》第 69b 条只是按字面转化了欧共体第 2009/24/EG 号指令第 2 条第 3 款。② 因此关于这一点，也可以参阅《德国著作权法》第 43 条的考虑（第五章边码 106 及以下）。因为雇主/雇佣权利人享有所有财产性权利，根据强行法授予其《德国著作权法》第 69c 条规定的所有排他的使用权。③ 就这方面来说，一般目标转让理论如同在《德国著作权法》第 31 条第 5 款上一样没有适用空间。所以雇主/雇佣权利人根据《德国著作权法》第 69c 条所享有的排他性权利在内容、空间和时间上不受限制。如果雇员/雇佣义务人在脱离该项劳动关系或者雇佣关系后希望通过其他方法让该程序供新的雇主/雇佣权利人继续开发，只要他损害了原雇主/雇佣权利人根据《德国著作权法》第 69c 条所享有的权利并且其与现有雇主/雇佣权利人并未通过协议而对此进行许可，就是不允许的。雇员/雇佣义务人无权请求另外的报酬，也不得类推适用《雇员发明法》。④

六、权利侵害（《德国著作权法》第 69f 条）

（一）规范目的

　　《德国著作权法》第 69f 条转化了欧共体第 91/250/EWG 号指令第 7 条。这条 [44] 规定是针对准备或者间接导致著作权侵害的行为。出于这一目的，《德国著作权法》第 69f 条第 1 款规定权利所有人有权请求销毁非法制作或者发行或者为了非法发行的特定的电脑程序复制件。《德国著作权法》第 69f 条第 2 款将该请求权扩展至仅被确定用于辅助违法排除或者规避技术性程序保护措施的工具。

（二）适用范围

　　对于《德国著作权法》第 98 条及下一条文所规定的请求权来说，《德国著作权 [45] 法》第 69f 条第 1 款第 1 句规定的销毁非法制作或者发行或者为了非法发行的特定的电脑程序复制件的请求权是具有优先性的特别规定。也就是说，《德国著作权法》第 69f 条第 1 款与《德国著作权法》第 98 条及下一条文不同，并不取决于所有权人或者占有人自己是侵害人。《德国著作权法》第 98 条第 3 款和第 4 款也适用于《德

---

①　BT-Drs. 12/4022，S. 11；Schricker/Loewenheim/*Loewenheim*，§ 69b UrhG Rn. 4.

②　Schricker/Loewenheim/*Loewenheim*，§ 69b UrhG Rn. 5；Wandtke/Bullinger/*Grützmacher*，§ 69b UrhG Rn. 5.

③　Dreier/Schulze/*Dreier*，§ 69c UrhG Rn. 24.

④　*BGH* GRUR 2001，155-Wetterführungspläne I；GRUR 2002，149-Wetterführungspläne II.

国著作权法》第 69f 条第 1 款第 1 句（《德国著作权法》第 69f 条第 1 款第 2 句）。销毁请求权作为特别的排除妨害请求权，并不以过错为前提。

46　　　　销毁意味着使程序变得不能再用，也就是说其功能被永久地去除。[①]

　　　示例：删除软件；对于已经执行的软件则毁坏其芯片。

47　　　　因为《德国著作权法》第 69f 条第 1 款第 2 句参阅《德国著作权法》第 98 条第 3 款，当满足销毁请求权的前提条件时，其中尤其包含比例原则，只能采用更温和的措施来去除。由于这样的措施往往没有考虑对非法复制件进行其他方式的合法使用的可能性，所以这样的请求权通常以销毁为目的。[②]

48　　　　《德国著作权法》第 69f 条第 2 款将《德国著作权法》第 69f 条第 1 款规定的销毁请求权扩展至仅被确定用于辅助违法排除或者规避技术性程序保护措施（示例：复制保护）的工具（规避工具）。

　　　示例：关闭复制保护或者运行时间限制的程序，或者使只能在一台电脑上使用的权限用于多台电脑的程序。

49　　　　规避工具必须仅被确定为，使规避成为可能。因此其不得也可以被用于合法的目的，如解码（《德国著作权法》第 69e 条）。为了查明规避工具是否确定，要采用客观的标准。[③]

---

① Dreier/Schulze/*Dreier*，§ 69f UrhG Rn. 7.

② Dreier/Schulze/*Dreier*，§ 69f UrhG Rn. 7.

③ Wandtke/Bullinger/*Grützmacher*，§ 69g UrhG Rn. 20；Möhring/Nicolini/*Hoeren*，§ 69f UrhG Rn. 16.

第九章

邻接权 (《著作权法》第70条 至第87e条、第94条及以下)

第一节　基本理论

　　《德国著作权法》不仅保护作者的作者人格权及其对作品进行经济利用的利益。　*1*
而且，《著作权》为所谓邻接权［也称为成果保护权（Leistungsschutzrechte）或者
邻接权（Nachbarrechte）］的所有权人提供法律保护。这意味着广义上著作权保护
作用的彰显（参见第一章 边码43）。[①] 一方面，这一法律保障是针对特定的客体
［特定的出版物（Bestimmte Ausgaben），《德国著作权法》第70条及以下诸条；照
片，《德国著作权法》第72条］；另一方面，上述法律保障又以特定的人或者企业
为对象。受保护的人包括表演者（《德国著作权法》第73—84条）或者与其商人组
织形式的单位（录音制品制作者，《德国著作权法》第85条及以下诸条；广播企
业，《德国著作权法》第87条；数据库制作者，《德国著作权法》第87a—87e条；
电影制作人，《德国著作权法》第94条及以下）一起促进文化生活发展的人。由于
出版社并未被提及，因而，其只能基于衍生性的权利成为权利人。

第二节　具体邻接权

一、科学出版物（《德国著作权法》第70条）

　　单纯地将既有特定作品或者文本（示例：铭文）编辑出版，多数情况下不受到　*2*
著作权法的保护，因为缺乏独创性。但是，这一编辑出版活动可能牵涉具有重要意
义的科学工作并产生高昂的费用成本。因此，《德国著作权法》第70条在特定的条

---

① Dreier/Schulze/*Dreier*，Einl. Rn. 1.

件下赋予此类编辑出版物作者以著作权法的保护。这仅仅针对编辑出版（＝编者的劳动成果），而不是作品本身。

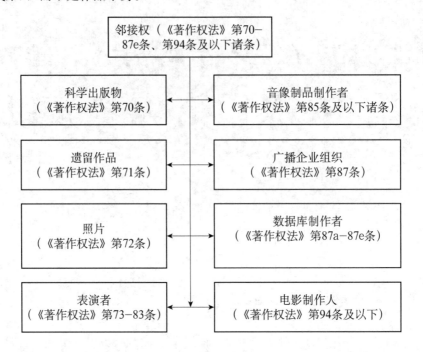

二、遗留作品（《德国著作权法》第 71 条）

3　　　将未出版的作品在其著作权消灭之后以被准许的方式首次进行出版或者首次公开表演的人，则对于该作品享有专属的使用权（《德国著作权法》第 71 条第 1 款第 1 句）。这一法律规定认可了首次将作品向公众提供的人作为成果知识产权（著作权）权利主体的地位，这是因为遗留作品首次向公众公布，多数情况下需要付出极大的劳动和金钱成本。根据欧共体第 93/98 号指令第 4 条的规定，通过对遗留作品的第一次公开表演也可以享有《德国著作权法》第 71 条的法律保护，即便公开表演所涉及的成本较低。[①]

三、照片（《德国著作权法》第 72 条）

4　　　在《德国著作权法》第 2 条第 1 款第 5 项所规定的摄影作品的构成要件没有获得满足的情况下，则该法第 72 条所提供的法律保护纳入考察范围。因为后者所提供的法律保护普遍性地适用于所有照片，而不需要满足《德国著作权法》第 2 条第 2 款所提出的（个人智力创作）法律要求。这里的照片包含所有不具备《德国著作权法》第 2 条第 2 款所规定前提要件的图片（示例：全家福照片）。

---

①　BR-Drs. 98/95, S. 22: „ nicht unproblematisch und sehr weit gehend ".

四、对表演者的法律保护（《德国著作权法》第 73–84 条）

（一）规范目的

《德国著作权法》第 73—84 条为表演者提供了法律保障。因为不仅应当对受到著作权法保护的作品提供法律保障，而且应当为表演该作品的人提供法律保障。因此，不仅是这些表演者的人格权应当受到保护，而且其对表演进行商业利用的利益也值得法律保护。此外，应当为表演活动创设一种激励，这符合公共利益。[①] 由于表演者的成果无法脱离被表演的作品，所以相较于作者的法律地位而言，表演者的法律地位要更加弱势。

5

（二）表演者的概念（《德国著作权法》第 73 条）

根据《德国著作权法》第 73 条的规定，表演者是指将一项作品或者民间艺术的表达形式（Ausdrucksform）进行实施、演唱、演奏或者以其他方式表演的人或者以艺术性的方式参与到此种表演中的人。表演（Darbietung）的概念是一个上位概念（法律中含有"以其他方式"的表述）；而"实施"（Aufführung）、"演唱"和"演奏"等示例是这一上位概念的具体化。本条意义上的"表演"并不必须满足《德国著作权法》第 2 条第 2 款所规定的（个人智力创造）要求。[②] 只要听众或者观众能够获得感官印象，从而激发其情绪、感受、情感或者想象力。对此，表演必须以艺术化的形式进行（"艺术家"）。[③]

6

示例：歌手、舞者、演员、外语电影的同声配音[④]或者知识竞答节目的主持人[⑤]通常情况下都采取艺术化的形式组织其表演。相反，一个仅是朗读文本的新闻节目主持人[⑥]，或者一个所谓的"雕塑组合"（Plastikgruppe），即并非亲自演唱，而是回放录音[⑦]，都不构成以艺术化的形式进行表演。这同样适用于体育运动员，示例：足球运动员。但是，在舞蹈运动和花样滑冰运动中可能情况不同，诸如，调音师[⑧]、或者化妆师[⑨]等仅是提供技术支持，或者如同（剧院的）经理或者制片人那样，仅是提供其他辅助性工作。《德国著作权法》第 81 条对如何保护表演的组织方进行了规定。

至于被表演的作品本身是否受到著作权法的保护，对于（表演的）法律保护不

7

---

① Dreier/Schulze/*Dreier*，§ 73 UrhG. Rn. 1.
② *BGH* GRUR 1981，419，422-Quizmaster［电视知识竞答节目案］。
③ *BGH* GRUR 1981，419，422-Quizmaster［电视知识竞答节目案］；Wandtke/Bullinger/*Büscher*，§ 73 UrhG. Rn. 6。
④ *BGH* GRUR 1984，119，120-Synchronisationssprecher.
⑤ *BGH* GRUR 1981，419，422-Quizmaster［电视知识竞答节目案］.
⑥ *BGH* GRUR 1981，419，422-Quizmaster［电视知识竞答节目案］.
⑦ Vgl. Auch *BGH* GRUR 1989，198，202-Künstlerverträge.
⑧ *BGH* GRUR 1983，22-Künstlerverträge.
⑨ *BGH* GRUR 1974，672-Celestina.

具有决定性意义。仅要求所涉及的是《德国著作权法》第 2 条第 1 款意义上的一种作品类型。

（三）权利内容

8　　表演者享有以下权利：署名权（《德国著作权法》第 74 条）；保护表演形象不受歪曲的权利（《德国著作权法》第 75 条）；录制、复制和传播权（《德国著作权法》第 78 条第 1 款）和公开播放权（《德国著作权法》第 78 条第 1 款；在满足该法第 78 条第 2 款所规定条件下，仅享有报酬请求权）。对于外国表演者的保护规定在《德国著作权法》第 125 条。

五、音像制品制作者的法律保护（《德国著作权法》第 85 条及以下）

（一）规范目的

9　　音像制品（示例：唱片或者 CD）的制作者首次将声音（"音调"）——诸如，音乐或者朗读的文本（示例：有声读物）录制到音像制品上，为此需要投入巨大的经济成本，从而使得公众能够感知这些声音。另外，对于第三人而言，他们不需要进行额外的投入便可以采用这些录制的声音。因此，音像制品的制作者应当通过取得知识产权权利主体的地位来为其经营活动提供保障。基于上述原因，《德国著作权法》第 85 条第 1 款第 1 句规定，音像制品制作人享有专属的，对其音像制品（立法定义见《德国著作权法》第 16 条第 1 款）进行复制、传播和向公众提供的权利。

10

（二）适用范围

aa）音像制品制作者。《德国著作权法》第 85 条第 1 款第 1 句意义上的音像制品制作者是通过从事组织性和经济性的劳动将声音资料进行录制的主体（wer）。这些活动包括：承担相关活动的经济风险；以自己的名义与艺人缔结合约；租赁场所和诸如，乐器等工具；支付材料费用等。

示例：对一场现场直播首次进行录音录像并不能使录制者取得《德国著作权法》第 85 条第 1 款第 1 句意义上的音像制品制作人的法律地位。尽管通过这一录制行为导致了音像制品的产生，但是此录制人并不能被视为该音像制品的"生产者"，因为它没有从事现场直播的组织性和经济性活动。该录制人进行录制活动的极少投入无法与《德国著作权法》第 85 条第 1 款第 1 句旨在保护的组织性和经济性的活动相提并论。[1] 并且，如果不这样处理的话，会出现众多的录制人成为"音像制品制作者"。因此，此处音像制品制作者只能是从事了现场直播相关组织性和经济性活动的主体。

---

[1]　Schricker/Loewenheim/*Vogel*，§ 85 UrhG. Rn. 23.

如果音像制品的制作是在企业中完成的，那么，该企业的所有人*则为"制作 *11*
者"（《德国著作权法》第 16 条第 2 款）。因为《德国著作权法》第 85 条的立法目
的在于，将通过投入特别的经营成本获取的成果作为知识产权的保护客体赋予以企
业主身份进行上述成本投入的主体。

bb）音像制品。《德国著作权法》第 16 条第 2 款对音像制品的概念进行了立法界 *12*
定（第四章边码 37）。在音乐、语言和图像相互结合在一起的情况下，也可以构成音
像制品（有声电影）。这些音像制品中，音乐（"声音"）可以居于优先地位（示例：
音乐视频）。在此种情况下，制片人既是音像制品的制作者，又属于《德国著作权
法》第 94 条及以下意义上的"电影制作者"。至于音像制品是否自始便旨在进行复
制和传播则不具有决定性意义。为音像制品的概念设定目的要素是没有意义的。①

如果一个公立电视台将一场交响乐演出进行了录制，以便日后或者反复地进行 *13*
播放；那么，该电视台对于录制品享有《德国著作权法》第 85 条第 1 款第 1 句所
规定的权利。无关紧要的是，电视台的录制活动是否为了另外的目的，或者仅是作
为继续复制件的样本。② 因此，一个电视台可能享有多项并存的知识产权，具体而
言，作为音像制品制作者对自己录制的音像制品享有的权利（《德国著作权法》第
85 条第 1 款第 1 句）、作为电影制作人对自己的制作享有的权利（《德国著作权法》
第 94 条）以及作为广播企业对于其无线电广播所享有的权利（《德国著作权法》第
87 条第 1 款）。

cc）首次制作。由于复制件的制作尚不能满足法律规定的要件（《德国著作权 *14*
法》第 85 条第 1 款第 3 句），《德国著作权法》第 85 条第 1 款第 1 句所规定的权利
只能由首次制作该音像制品的主体享有。③

dd）音像制品制作者的权利（《德国著作权法》第 85 条及以下）。音像制品制 *15*
作者所享有的全部权利由《德国著作权法》第 85 条及以下诸条进行了穷尽性的规
定。根据这些规定，音像制品制作者享有专属的复制、传播和向公众公布的权利
（《德国著作权法》第 85 条第 1 款第 1 句）。此外，在特定情况下音像制品制作者还
对表演者（《德国著作权法》第 78 条第 2 款）享有适当的报酬请求权（《德国著作
权法》第 86 条）。

六、广播企业（Sendeunternehmen）的法律保护（《德国著作权法》第 87 条）

（一）规范目的

无线广播节目的制作需要投入巨大的组织性和经济性劳动（Leistungen）。为了 *16*
给这些劳动成果提供保障，《德国著作权法》第 87 条第 1 款第 1—3 项赋予广播企

---

*　德国法上的企业（Unternehmen）不是一个主体概念，而是客体概念。——译者注
①　*BGH* GRUR 1999，577，578-Sendeunternehmen als Tonträgerhersteller.
②　*BGH* GRUR 1999，577，578-Sendeunternehmen als Tonträgerhersteller.
③　*BGH* GRUR 1999，577，578-Sendeunternehmen als Tonträgerhersteller.

业对其广播节目享有多种不同的专属权利。

（二）适用范围

17 　　aa）广播企业。《德国著作权法》第 87 条第 1 款意义上的广播企业是指通过投入组织性和经济性劳动来完成广播节目制作的企业。并且其所制作的广播节目（《德国著作权法》第 20 条）以能够为公众接收的方式放送。① 对此，并不要求该企业自行制作广播节目的全部内容，也不必须自行通过企业自有的放送设施来向公众提供。而且，企业的法律形式也无关紧要。因此，《德国著作权法》第 87 条第 1 款所规定的广播企业既可以是公立广播企业②，也可以私营广播企业。在企业（示例：广播企业；制片企业）制作了一部影片的情况下，则企业的所有人为制作者（通过对《德国著作权法》第 85 条第 1 款第 2 句的类推适用）。这一类推适用的原因在于，正如《德国著作权法》第 85 条的立法目的一样，该法第 87 条也旨在为通过特别的经营性投入而产生的成果提供保护。这种法律保护的实现方式便是赋予作为企业主，即进行上述投入的主体以知识产权权利人地位。

18 　　如果一家企业将另外一家企业的广播节目同时且无任何变更地进行播放，则前者不构成广播企业。否则的话，会导致多家企业对同一播放节目享有《德国著作权法》第 87 条第 1 款所规定的权利。因此，必须排除这种过于延伸的法律保护。③ 即便是在将节目内容不变的情况下进行错后播放，也不构成《德国著作权法》第 87 条意义上的广播企业。仅是从事广播信号传输的主体（示例：通信卫星运营商）也不属于广播企业。另外，没有自行从事播放活动的制片人也不属于广播企业。

19 　　bb）广播（Funksendung）。广播是指以无线或者有线的方式将《德国著作权法》第 20 条意义上的节目信号传递给公众（《德国著作权法》第 15 条第 3 款），而这些信号包含了放送的内容。④ 根据这一概念，无论是单纯的使节目信号可为公众感知，还是使其可以在线获取，都尚不足以构成广播。但是，广播行为并不必须面向全体公众进行。根据《德国著作权法》第 15 条第 3 款中对"公众"概念具有关键意义的法律界定，广播也可以仅由部分群体接收；但是，其他人则有充分的自由可以决定进入这一特定的群体（示例：付费电视节目）。相反，与个别信号接收者之间的通信则不构成《德国著作权法》第 87 条第 1 款意义上的广播（空中无线电往来；Funkverkehr in der Luft）。⑤ 无论是广播的声音组成部分，还是图像组成部分都属于法律保护的对象。至于广播的内容是否应受到著作权法的保护，对于《德国著作权法》第 87 条第 1 款所规定权利的产生不具有任何影响。⑥

20 　　cc）广播企业的权利（《德国著作权法》第 87 条第 1 款）及其限制（《德国著

---

① Dreier/Schulze/*Dreier*，§ 87 UrhG. Rn. 5.
② 例如，德国电视二台（ZDF）是欧洲第二大公立广播电视组织。
③ Schricker/Loewenheim/*v. Ungern-Sternberg*，§ 87 UrhG. Rn. 13.
④ Dreier/Schulze/*Dreier*，§ 87 UrhG. Rn. 91.
⑤ Schricker/Loewenheim/*v. Ungern-Sternberg*，§ 87 UrhG. Rn. 13.
⑥ Schricker/Loewenheim/*v. Ungern-Sternberg*，§ 87 UrhG. Rn. 29.

作权法》第 87 条第 4 款）。《德国著作权法》第 87 条第 1 款第 1—3 项规定了广播企业对其广播所享有的三项专属权利。同时，《德国著作权法》第 44a 条及以下诸条所规定的权利限制，除第 47 条第 2 款第 1 句、第 54 条之外，也适用于该法第 87 条关于广播企业的权利。这一除外规定的法理根据在于，对广播节目的合法录制并未直接侵犯广播企业受保护的经营活动；相反，（对音像制品的）复制则构成对音像制品制作者经济基础的关键侵害。随之而来的问题是，是否以及在特定情况，多大程度上可以将广播企业作为《德国著作权法》第 85 条第 1 款第 1 句意义上的音像制品制作者对待，从而使其在此范围内能够享有该法第 54 条第 1 款所规定的报酬请求权。《德国著作权法》立法的基本理念是，一个主体可以基于不同的创作活动从而享有多种著作权。基于此，该法第 85 条第 1 款第 1 句和第 87 条第 1 款所规定的（不同）权利可以并存；从而，《德国著作权法》第 87 条第 4 款的（限制性规定）不能对广播企业作为"音像制品制作者"所享有的权利进行限制。当然，对此需要对以下问题进行考察，在满足哪些条件的情况下，《德国著作权法》第 87 条第 1 款意义上的"广播企业"可以构成该法第 85 条第 1 款第 1 句意义上的"音像制品制作者"。单纯地将其广播节目录制为音像制品的行为并不能满足上述要求，因为广播企业通常情况下会将其大部分已播放或待播放的节目录制为音像制品。这是因为，如果单纯以此为要件的话，会导致《德国著作权法》第 87 条第 4 款的规定失去立法意义。所以，必须满足的条件是，广播企业并非单纯基于将广播节目固定的目的进行录制活动（即仅作为广播企业活动的必要附随行为），而是应当承担了待录制成果的经济性和组织性费用。

示例：一家电视台 A（即《德国著作权法》第 87 条第 1 款意义上的广播企业）通过自己电视台的交响乐团并自我编导举办一项音乐会，如果 A 电视台将该音乐会录制成 CD，则 A 电视台在此范围内构成《德国著作权法》第 85 条第 1 款第 1 句意义上的"音像制品制作者"[①]。如果 A 电视台将该音乐会录制成视频并进行播放，也同样构成音像制品制作者。因为 A 电视台承担了该音乐会的经济性和组织性费用。如果 A 电视台只是对他人举办的音乐会进行了录制并制作成音像制品，则应不同对待。因为此种情况下，A 电视台并未承担该音乐会的经济性和组织性费用，所以不能作为《德国著作权法》第 85 条第 1 款第 1 句意义上的"音像制品制作者"对待。

七、数据库制作者（Datenbankhersteller）的保护

（一）规范目的

通过对信息的获取、收集、审查、整理和提供（Darbietung）而制作数据库需要投入巨大的组织性和经济性劳动。《德国著作权法》第 87a-87e 条对这些劳动成果提供为期 15 年的法律保护（《德国著作权法》第 87d 条第 1 句）。这种法律保护独

---

① *BGH* GRUR 1999，577，578-Sendeunternehmen als Tonträgerhersteller.

立于《德国著作权法》对数据库作品的保护（《德国著作权法》第 4 条第 2 款），并且以另外一种客体，具体而言，以投资性劳动为保护对象。这种法律保护通过确认在《德国著作权法》第 87b 条第 1 款中所规定的各项具体性的专属性权利来实现。欧共体第 96/9 号指令是数据表制作者权利保护相关规范的立法基础。这一指令的立法目的旨在通过这种法律保护创设一种设立对现有信息进行存储和处理系统的激励机制。

（二）法律解释与体系化

22　　《德国著作权法》第 87a-87e 条的规定是对欧共体第 96/9 号指令第 7 条的转化，因此应当进行符合指令的法律解释。《德国著作权法》第 87a 条包含了立法定义［第 87a 条第 1 款第 1 句：数据库；第 87a 条第 1 款第 2 句：新的数据库，对于保护期限具有重要意义（第 87d 条）；第 87a 条第 2 款：数据库制作者］。《德国著作权法》第 87b 条规定了数据库制作者的专属权利。而该法第 87c 条规定了对这些专属权利的限制。这些专属权利的保护期限则由《德国著作权法》第 87c 条进行了规定。该法第 87e 条则对特定限制性条款的无效性进行了规定。根据《德国著作权法》第 108 条第 1 款第 8 项的规定，未经许可对他人数据库的适用构成犯罪。

（三）适用范围

23　　aa）数据库（《德国著作权法》第 87a 条第 1 款第 1 句）。在内容上，《德国著作权法》第 87a 条第 1 款第 1 句意义上的数据库概念与该法第 4 条第 2 款的数据库概念一致。根据第 87a 条第 1 款第 1 句的规定，数据库必须满足以下四个要件：（1）作品、数据或其他独立要素的集合；（2）对要素进行体系化或者采用特定方法进行编排；（3）通过电子化方式或者其他方式能够实现对单一要素的访问；（4）对要素的获取、审查和提供必须进行巨大的投入。

24　　（1）作品、数据或其他独立要素的集合。"要素"的概念是个上位概念，而作品和数据这两个概念以示例的方式将要素的概念予以具体化。一个作品、数据或者其他独立要素的集合的特征是广泛的。基于此，博物馆或者私人收藏家对实体物的单纯收集也涵盖在内。[1] 制作或者运行电子数据库的计算机软件则不构成数据库的组成部分（参见欧共体第 96/9 号指令第 1 条第 3 项和第 23 项立法理由）。计算机程序是作为独立的客体受到《德国著作权法》第 69a 条及以下诸条的保护。

25　　集合中要素的独立性在以下条件下获得满足，即这些要素能够各自分离，同时并不对各要素内容的价值构成不利影响（参见欧共体第 96/9 号指令第 10 项和第 12 项立法理由）。[2]

26　　（2）对要素进行体系化或者采用特定方式进行编排。体系化的编排或者采取特定方法的编排这一要件的满足必须具有以下前提条件：对要素的编排是根据事先拟

---

① Dreier/Schulze/*Dreier*，§ 87a UrhG. Rn. 4.
② *EuGH* Slg. 2004，I-10549 Rn. 29-Fixtures-Fußballspielpläne II；*BGH* GRUR 2005，940，942-Marktstudien.

定的、符合逻辑的标准进行的（体系化）；或者基于特定目的的实现而采取的符合计划的结构化（方法论；Methodik）。①

示例： 依据首字母、阿拉伯数字、时间、语义（semantisch）进行的编排。

由于要素的编排既可以采取体系化的方式，也可以依据特定方法来实现，因而，这两个要件是相互替代关系。　　27

（3）通过电子化方式或者其他方式能够实现对单一要素的访问。单一要素的可获取性要求，（要素的）集合必须存在于一个固定的载体，通过一定的手段（示例：电子程序或者一个内容目录）能够找到该集合中的任何一个单一要素。②　　28

（4）对要素的获取、审查和提供必须进行巨大的投入。无论是欧共体第 96/9 号指令，还是《德国著作权法》都没有对"投入"（Investitionen）的概念进行立法界定。因此，应当通过诉诸欧共体指令的立法目的来进行解释。该指令旨在为数据存储和数据处理系统的投入提供保护。在数据指数级地增长的情况下，数据存储和数据处理系统的投入将为信息市场的发展作出贡献。与数据库内容的获取、审查和提供相关联的"投入"概念是指为制作数据库本身（"专用的"）而产生的支出（参见欧共体第 96/9 号指令第 9 项、第 10 项和第 12 项立法理由）。③　　29

对于要素的获取（示例：数据集的处理）、审查和提供（示例：链接的理念设计；检索可能性的处理）所必要的投入并非必须是资金上的支出。这种投入也可以是劳动投入和时间投入。这是因为，投入的概念应当进行广义的解释（参见欧共体第 96/9 号指令第 40 项立法理由）。这些费用的产生并不必须在同样的范围内在数据库制作的所有阶段产生，而是只要数据库的制作总体上会导致费用的产生。　　30

基于欧共体第 96/9 号指令的立法目的，"与数据库的内容获取相关的实质性投入"这一概念也包括用于确定已有数据以及服务于要素在数据库中的编排进行的投入。相反，为制作构成数据库内容的要素的投入则不包含在内。纳入考虑范围的投入包括所有对现有要素进行收集、审查和编排而进行的投入。　　31

示例： 就建立一个音乐榜单（Muski-Charts）（单曲名称、解读、标签、销售记录和通过广播播放的频率）所进行的投入而言，为确认（特定音乐作品）销售记录和广播频率所耗费的成本。④ 这是因为这些耗费的成本是用于确认实际发生的事件，从而是对既有要素的确认和在数据库中进行编制的成本。这些信息是已经存在的，从而不需要（在纳入数据库之前）首先进行制作。同时，这些信息并非是所有公众都可以（任意）获取的。

对数据建立赖以为基础的前期产品（前期投资）的投入在以下情况下不纳入考虑范围：即当这些前期投入仅导致一项独立的前提成果作为数据库的单纯副产品（Nebenprodukt）或者废物制品（Abfallprodukt）（所谓的副产品理论；Spinn-Off-Theorie）。　　32

---

① Dreier/Schulze/*Dreier*，§ 87a UrhG. Rn. 7.

② *EuGH* Slg. 2004，I-10549 Rn. 30f. -Fixtures-Fußballspielpläne II；*BGH* GRUR 2005，940，942-Marktstudien.

③ *EuGH* Slg. 2004，I-10549 Rn. 39-Fixtures-Fußballspielpläne II；*BGH* GRUR 2005，857，858-Hit Bilanzen.

④ *BGH* GRUR 2005，857，858-Hit Bilanzen.

示例：一家英国足球超级联赛组织者 A 针对特定赛季计划的比赛，比如说，每赛季 2 000 场比赛，制定出赛程安排。这些赛程信息进行了电子数据存储并在宣传册中分别按照比赛时间以及参加比赛的足球队进行编排并公开。B 企业则是一家足球彩票活动的组织者，其足球彩票针对的是英国足球联赛。为了进行足球彩票经营活动，B 企业在其彩票上复制了比赛的信息。A 认为 B 企业的行为构成对其作为数据库制作者权利的侵害。

一项赛程安排构成一个数据库。这是因为，一方面一项赛程安排所提供的数据包含了每场足球比赛的日期、具体时间和参加比赛足球队的信息，具有独立的信息价值。赛程安排为感兴趣的公众提供了相关具体比赛的信息。另一方面，以比赛赛程的形式对上述数据的编排满足了法律所设定的系统性和方法性编排的要求以及集合构成要素的个体可获取性要求（欧共体第 96/9 号指令第 1 条第 2 款和《德国著作权法》第 87a 条第 1 款）。[1] 为组织超级联赛而对所有比赛制定赛程的框架下，就此联赛中的每场比赛中信息的确认、具体时间的确定以及比赛分组的确定所进行的投入不构成《德国著作权法》第 87a 条第 1 款意义上的投入。[2] 因为这些投入仅是基于举办足球联赛活动本身而并不是用于收集数据库所包含的信息。

33　为获得一个数据库而支付的价款并不构成《德国著作权法》第 87a 条第 1 款第 1 句意义上的投入。

34　投入的"实质性"这一构成要件应当进行广义解释。

示例：如果为获取 3 000 项数据而投入了 4 650 万欧元的信息收集成本，那么，无论如何都构成一项实质性投入。[3] 这同样适用于因将日报上的文章进行纸质印刷以及在线公布而产生的成本。[4]

35　（5）形式。数据的形式并不是考量因素。因此，无论是电子化的数据库还是印刷版的数据库都受到保护（"通过电子化的手段或者其他方式能够被获取"；也见：欧共体第 96/9 号指令第 14 项立法理由）。

36　示例：电话簿[5]、可在线访问的日报文章[6]和音乐榜单[7]都构成《德国著作权法》第 87a 条第 1 款第 1 句意义上的数据库；相反，音乐汇编则不构成数据库。

37　bb）数据库制作者（《德国著作权法》第 87a 条第 2 款）。数据库制作者的立法定义规定在《德国著作权法》第 87a 条第 2 款。根据该立法定义，对于数据库制作者的判断而言，谁是进行该法第 87a 条第 1 款所规定的"投入"的主体是关键标准。这是指"发出倡议、采取主动措施并承担投资风险的人"（欧共体第 96/9 号指令第 41 项第 2 句立法理由）。根据该标准，（委托关系中的）受托人和（雇佣关系

---

① *EuGH* Slg. 2004，I-10549 Rn. 29-Fixtures-Fußballspielpläne II.
② *EuGH* Slg. 2004，I-10549 Rn. 31-Fixtures-Fußballspielpläne I.
③ *BGH* GRUR 1999，923，926-Tale-Info-CD.
④ *BGH* GRUR 2003，958-Paperboy［纸男孩案］.
⑤ *BGH* GRUR 1999，923-Tale-Info-CD.
⑥ *BGH* GRUR 2003，958-Paperboy［纸男孩案］.
⑦ *BGH* GRUR 2005，857，858-Hit Bilanzen.

中的）雇员均被排除在外。① 数据库的制作者既可以是自然人，也可以是法人。在多个主体共同完成数据库制作的情况下，则类推适用《德国著作权法》第 8 条（共同作者）的规定。但是，这一类推适用的前提是，每一个主体都必须符合"从事投入"这一要件。因此，单纯的执行行为，示例：单纯的数据采集，并不能满足这一前提条件。② 而至于（为制作数据库而）进行投资的主体是自行对数据库进行经济利用，还是将其移转给第三人，则是无关紧要的。

cc）数据库制作者的权利（《德国著作权法》第 87b 条）及其限制（第 87c 条）。　38
《德国著作权法》第 87b 条为数据库的制作者设定了多种不同的专属权利。这一法律规定是基于欧共体第 96/9 号指令第 7 条第 1 款和第 5 款的规定，因此，应当进行符合指令的解释。《德国著作权法》第 87b 条第 1 款通过赋予数据库制作者的专属性权利的方式对基本权利中的"信息自由"设定了限制。一般性的法律（《德国德国基本法》第 5 条第 2 款）可以对信息自由这一基本权利施加限制；而《德国著作权法》属于这一范畴。③

数据库的制作者享有专属的复制权和传播权（Verbreitung）。因此，即便在　39
《德国著作权法》第 17 条第 2 款所规定的传播权耗尽的情况下，数据库制作者依然得以免受无权复制行为的侵害。因为，该条所规定的权利耗尽仅是针对传播权，而不影响复制权的效力。④

《德国著作权法》第 87b 条第 1 项第 1 句中"复制"的概念应当采取与欧共体　40
第 96/9 号指令中所采用之"获取"（Entnahme）概念相同的解释。这一概念包含了任何一种未经数据库制作者同意，将其投入的成果复制或者将这些信息进行公开。这是因为，复制的行为剥夺了数据库制作者用于实现其投入成本回收的信息。⑤

据此，复制的行为在以下情况下便构成对数据库制作者的专属性权利（《德国　41
著作权法》第 87b 条第 1 款）的侵害，即复制的行为依其性质或者范围涉及数据库的实质部分。这同样适用于对数据库（依其内容和范围的）非实质部分的重复性和系统性复制的情形；前提是这种复制与对数据库常见的运用相违背，从而构成对数据库制作者权利的超过合理限度的损害。⑥ 至于对一个数据库中数据编排的继受是否导致相应结构的产生，这是无关紧要的。⑦

示例：企业 A 制作每周的（音乐）榜单。而企业 B 则将 A 企业的数据以更大的时间间隔制作热门音乐榜单，示例：德国单曲榜单（1956—2007），并将其以书籍和 CD-ROM 的形式公开出版。在此情形中，即便在缺乏一个排行榜形式的典型

---

① *BGH* GRUR 1999，923，926-Tale-Info-CD.

② *BGH* GRUR 1999，923，925-Tale-Info-CD.

③ *BGH* GRUR 2005，857，859-Hit Bilanzen.

④ *EuGH* Slg. 2004，I-10415 Rn. 52-BHB-Pferdewetten；*BGH* GRUR 2005，940，942-Marktstudien.

⑤ *EuGH* Slg. 2004，I-10415 Rn. 47-BHB-Pferdewetten；*BGH* GRUR 2005，857，859-Hit Bilanzen；GRUR 2005，940，9 41-Marktstudien.

⑥ *BGH* GRUR 2005，857，859-Hit Bilanzen.

⑦ *EuGH* Slg. 2004，I-10415 Rn. 81-BHB-Pferdewetten；*BGH* GRUR 2005，857，858-HIT BILANZ.

数据编排的情况下，也构成复制。①

A 出版社在未得到 B 企业许可的情况下，从后者制作的数据库中的数据，诸如，图标型的市场研究用于自己出版发行的期刊从而将该数据公开。这一行为构成对 B 企业所享有的专属复制权和传播权的侵害。② A 出版社不得援引《德国基本法》第 5 条第 1 款第 2 句作为抗辩的法律依据，因为《德国著作权法》是调整媒体对受著作权法保护的作品进行自由新闻报道的利益与作者对其作品进行经济利用的利益之间冲突的规范。在此意义上，著作权法的规定构成对《德国基本法》第 5 条第 2 款的限制。如果 B 企业将数据库的一个复制件进行出售，通过这一出售行为仅导致其对该复制件继续出售的控制权的耗尽（传播权；《德国著作权法》第 17 条第 2 款）。相反，B 企业享有拒绝（他人未经许可）对该复制件中的内容进行获取和再利用的权利（复制权；参见边码 39）。

42　　复制行为是否涉及数据库的实质部分应当从质和量两个方面来确定。就量的考察角度而言，数据库内容的实质部分涉及对被获取抑或继续利用的数据库数据的规模。应考察这一数据规模与数据库总体内容的比例关系。③

示例： 在边码 41 所描述的案例中，B 无论是在"质"的方面还是在"量"的方面都构成对 A 所制作数据库的实质内容的复制和传播。B 对数据的获取尤其是针对数据库中需要进行巨大投入的部分。这是因为，每一个音乐作品的排名是基于该作品在广播中被播放的频率或者市场中的销售量来确定的。而这两类数据的获取和确认需要耗费巨大的成本。④

43　　对于《德国著作权法》第 87b 条第 1 款的适用而言，对于数据库中特定数据的复制或者传播是否为追求其他目的而非（建立）数据库，是无关紧要的（也见：欧共体第 96/9 号指令第 42 项立法理由）。

44　　《德国著作权法》第 87c 条规定了对数据库制作者权利的限制。外国数据库制作者的法律保护由《德国著作权法》第 127a 条规定。

八、电影制作者的法律保护（《德国著作权法》第 94 条及以下）

（一）规范目的

45　　如同音像制品和广播的制作一样，电影的制作需要进行巨大的组织性和经济性投入。《德国著作权法》第 94 条及以下为此类投入的成果提供保护。这种保护之所以必要是因为，电影的制作者通常情况下并未对电影作品作出智力创作贡献，从而不能够获得著作权法为作者提供的法律保护。因此，《德国著作权法》第 94 条及以下诸条赋予电影制作者一种独立于作者权利的邻接权（Leistungsschutz）。这一邻接权的成立并不以电影本身根据《德国著作权法》第 2 条第 1 款第 6 项的规定而受

---

① *BGH* GRUR 2005，857，859-Hit Bilanzen.
② *BGH* GRUR 2005，940，942-Marktstudien.
③ *EuGH* Slg. 2004，I-10415 Rn. 70f. -BHB-Pferdewetten；BGH GRUR 2005，857，859-Hit Bilanzen.
④ *BGH* GRUR 2005，857，859-Hit Bilanzen.

到保护。因此，不能作为电影作品受到保护的动态图像，具体而言，图像序列或者图像与声音序列的制作也属于受保护的范围（《德国著作权法》第 95 条）。在制作者对于电影进行了智力创作的情况下，则同时并行不悖地享有《德国著作权法》第 94 条及以下所规定的权利以及基于作品身份所享有的著作权。电影制作人根据《德国著作权法》第 94 条及以下所享有的知识产权并不取决于所涉及的电影载体中所录制的电影是否构成电影作品（如果属于电影作品的话，则《德国著作权法》第 94 条直接适用）或者属于一种不作为电影作品受到保护的动态图像的图像序列（示例：对行人的采访；此种情况下根据《德国著作权法》第 95 条的规定类推适用该法第 94 条）。此外，根据《德国著作权法》第 94 条及以下的规定，电影作品或者图像序列的单一组成部分（示例：对一位行人采访的剪辑）也同样受到保护，无论其剪辑的大小或者长度。[①] 因为《德国著作权法》第 94 条及以下诸条旨在为电影制作人的组织性和经济性投入提供法律保护；电影制作人为整部电影承担了经营性的成本。

（二）适用范围

　　aa）电影制作人（《德国著作权法》第 94 条第 1 款、第 2 款第 2 句）。电影制作人是指为了将一部电影作为整体成果予以公布并使对电影的经济利用成为可能，事实上承担了经济责任并从事了组织性活动的主体。[②] 通过电影制作人的事实行为，对电影的利用才能成为可能。 　　**46**

　　示例：筹集制作电影所必要的经济资源；对预拍摄素材的遴选；剧本作者、主演人员、导演的确定；取得电影拍摄所必需的权利；承租场地；配置拍摄器材和设备。

　　电影制作者既可以是自然人，也可以是法人。在由一家企业（示例：播放企业；制片企业）来制作电影的情况下，该企业的权利人为制作者（类推适用《德国著作权法》第 85 条第 1 款第 2 句）。[③] 这是因为，如同《德国著作权法》第 85 条的立法目的一样，该法第 94 条也旨在为特殊的经营性投入产生的成果提供保护。而提供保护的手段便是通过将知识产权赋予以企业主身份进行前述投入的主体。在涉及电影制作人员变更或者有新的人员加入的情况下，则在电影首次定影时整个成果归属的主体是电影制作者。[④] 如果在这一时间点上存在数人，则这些主体为电影的共同制作人。如果一个主体首先开始一个电影的制作，而另外一个主体独自继续该电影的制作工作，那么只有第二主体可以成为电影制作人。因为是其将电影首次定影（fixiert）。[⑤] 如果电影制作过程自始至终有多个人共同承担组织性和经济性的责 　　**47**

---

① *BGH* WRP 2008，1121 Rn. 19-TV Total［Total 电视案］。

② *BGH* GRUR 1993，472f.-Filmhersteller［电影制作人案］。

③ *BGH* GRUR 1993，472，473-Filmhersteller［电影制作人案］。

④ Wandtke/Bullinger/*Manegold*，§ 94 UrhG. Rn. 21.

⑤ Wandtke/Bullinger/*Manegold*，§ 94 UrhG. Rn. 21；其他观点参见 Dreier/Schulze/ *Schulze*，§ 94 UrhG. Rn. 7："

Parallele zur Miturheberschaft "。

任（共同制作；Koproduktion），则构成《德国民法典》第 705 条意义上的民事合伙。其所有合伙人属于相互连带的责任关系。①

48　　　　如果仅是单纯地委托他人来制作电影，此种委托人身份并不能导致电影制作人身份的获得。相反，如果受托人事实上对于电影制作进行了经济性和组织性的投入，则该受托人属于电影制作人。为此，受托人必须作为企业家实现了必要的决策（示例：与演员和投资人缔结合同）并且承担了相关的经济风险。② 针对以固定价格承担的电影制作委托，如果受托人以自己的名义缔结合同并承担成本超支的经济风险，受托人也属于电影制作人。负有交付一个完成的电影义务的主体也属于电影制作人。③ 相反，如果受托人仅仅是委托人的一个执行机关，委托人承担所有相关的风险，那么，委托人属于电影制作人。④

49　　　　bb) 录制电影作品的图像载体或者图像和声音载体（《德国著作权法》第 94 条第 1 款第 1 项）。构成录制电影作品的图像载体或者图像和声音载体的前提条件是，通过在载体上的固定，以便将来能够重复利用。一个现场直播节目在其进行之时不满足这一前提条件。但是，这属于《德国著作权法》第 87 条所提供法律保护的适用范围。⑤ 对一个现场直播节目的录制并不以特殊的组织性和经济性投入为前提，因此，也不属于《德国著作权法》第 94 条第 1 款第 1 句的适用范围。⑥ 对于《德国著作权法》第 94 条第 1 款第 1 项所规定的"录制"而言，录制技术（示例：数字化录制）对于该要件的具备不具有关键意义。这同样适用于电影类型，即无论所涉及的是故事影片、纪录影片还是广告影片都是无关紧要的。此外，同样不具有决定作用的因素是，影片的录制是否以合法的方式进行。构成《德国著作权法》第 94 条第 1 款第 1 句意义上的图像载体或者图像和声音载体仅能是电影作品首次录制的载体。DVD 或者录像带等形式的复制件仅属于复制的范畴。尽管只有电影制作人有权制作这些复制件，但并未形成独立的知识产权。对于同一素材多次进行的电影拍摄，每一部电影都导致著作权保护的产生。同时，《德国著作权法》第 94 条第 1 款第 1 句所提供的法律保障也涵盖电影的各个组成部分。因此，描述同一主题的连续镜头，甚至是单一的（标准）图像都属于受保护的范围。

50　　　　cc) 电影制作人的权利（《德国著作权法》第 94 条第 1 款）。《德国著作权法》第 94 条第 1 款第 1 句对电影制作人的权利进行了穷尽性的列举。根据该条，电影制作人享有《德国著作权法》第 16 条、第 17 条、第 19 条第 4 款、第 19a 条、第 20 条、第 20a 条、第 20b 条第 1 款所规定的专有性权利。此外，法律保护电影制作人免受篡改或者裁剪行为的侵害（《德国著作权法》第 19 条第 1 款第 2 句）。《德国著作权法》第 94 条第 1 款第 1 句意义上的电影制作人可以同时也是该法第 85 条第

---

①　Dreier/Schulze/ *Schulze*，§ 94 UrhG. Rn. 10.

②　*BGH* GRUR 1993，472，473-Filmhersteller［电影制作人案］。

③　Wandtke/Bullinger/*Manegold*，§ 94 UrhG. Rn. 33.

④　Schricker/Loewenheim/*Katzenberger*，vor § § 88ff. UrhG. Rn. 33.

⑤　Schricker/Loewenheim/*Katzenberger*，vor § § 88ff. UrhG. Rn. 22.

⑥　Dreier/Schulze/ *Schulze*，§ 94 UrhG. Rn. 21.

1 款第 1 句意义上的"音像制品制作者"和第 87 条第 1 款意义上的"广播企业"。唯一具有决定性意义的是，每一种类型的构成要件（在个案中）需要具备。《德国著作权法》第 94 条及以下诸条对电影制作者所提供的著作权保障超出了该法第 85 条第 1 款第 1 对音像制品制作者的保护程度。因而，电影制作者的权利包含了专属性的播放权；相反，音像制品的制作者在此范围内仅享有一个报酬请求权。至于涉及哪种知识产权类型，则取决于侵害行为。未经许可而对（影片拷贝上的）声迹非法利用（示例：制作电影音乐集成）既构成对《德国著作权法》第 85 条第 1 款第 1 句所规定权利的侵害，也构成对该法第 94 条第 1 款所规定权利的侵害。电影制作人可以上述两个条款作为权利救济的法律基础。而对图像与音响载体未经许可的不当利用仅构成对《德国著作权法》第 94 条第 1 款所规定权利的侵害。

　　dd）动态影像（《德国著作权法》第 95 条）。《德国著作权法》第 94 条的规定也适用于动态影像（该法第 95 条）。据此，所涉及的客体是否为电影这一区分并不具有决定性意义。《德国著作权法》第 95 条的规定旨在保障法律的安定性。这一规定的正当性在于，多数情况下动态影像的制作也必须进行组织性和经济性的投入；这与电影的制作者的投入具有同等性。动态影像是指图像序列以及图像和声音序列，但又不属于《德国著作权法》第 94 条第 1 款第 1 句所保护的电影作品。多数情况下所涉及的是通过固定的照相机或者类似设备所进行的录制。 *51*

　　示例：通过固定的照相机限于对完全预设的过程进行回放的每日新闻或者纪录电影；一部自然电影中展示飞翔的天鹅的片段。[①]

第三节　与邻接权相关的权利变动(《德国著作权法》第 28 条及以下)

　　作者人身权并非在其全部范围内都可以进行移转。这一规则也同样适用于邻接权，只要这些邻接权包含特定的作者人格权要素。《德国著作权法》第 28 条及以下诸条适用于科学出版物（《德国著作权法》第 70 条第 1 款）和照片（《德国著作权法》第 72 条第 1 款）。因此，既存的权利可以继承，但由于作者人身权要素的存在，不能在其全部范围内进行权利移转。原则上，表演者的权利可以在其全部范围内进行移转（《德国著作权法》第 79 条第 1 款第 1 句），因此，也可以不受任何限制地进行继承（例外规定：《德国著作权法》第 74 条及以下）。其他邻接权并不包含作者人身权的要素，因此，这些权利可以在其全部范围内依据《德国民法典》关于"转让"（该法第 398 条及以下）的规定进行移转（参见：如《德国著作权法》第 71 条第 1 款、第 79 条第 1 款、第 85 条第 2 款第 1 句、第 87 条第 2 款第 1 句、第 94 条第 2 款第 1 句）和继承。针对邻接权而言，根据《德国著作权法》第 31 条及以下诸条的规定授予使用权也是可能的（也见《德国著作权法》第 70 条第 1 款、第 72 条第 1 款）。另外，《德国著作权法》第 33 条所规定的（权利）顺位保护（Sukzessionsschutz）也同样适用于邻接权（参见《德国著作权法》第 70 条第 1 款、 *52*

第 72 条第 1 款、第 79 条第 2 款、第 81 条、第 85 条第 2 款、第 87 条第 2 款、第 94 条第 2 款）。对于邻接权的使用权的再次移转，在所涉及的邻接权具有作者人身权要素的情况下，必须征得权利人的许可（参见：如《德国著作权法》第 79 条及第 34 条）。

第四节　邻接权的保护期限

53　　　在不具备作者人身权要素的范围内，邻接权保护期限（概念参见第七章边码 2 及以下）的目的在于保障投入的收回和适当的赢利可能性。邻接权的保护期限与《德国著作权法》第 64 条及以下的规定不同。因而，特定邻接权的保护期限较短（对比：如《德国著作权法》第 70 条第 3 款第 1 句、第 71 条第 3 款第 1 句、第 76 条第 1 句、第 82 条第 1 句和第 2 句、第 94 条第 3 款）。（《德国著作权法》第 69 条意义上的）保护期限的计算多数情况下并不以权利人的死亡作为起点，而是原则上以发表（对比：《德国著作权法》第 70 条第 3 款第 1 句、第 71 条第 3 款第 1 句、第 82 条第 1 句、第 94 条第 3 款）作为起算点。根据《德国著作权法》第 76 条第 1 句和第 3 句的规定，只有对表演者人格权的保护期限以权利人的死亡作为起算点。

第十章

对电影作品的特殊规定（《德国著作权法》第88条至第95条）

第一节 立法目的

　　多数情况下，电影作品具有以下特性，即其制作必须投入巨大的组织性和经济 **1**
性成本。另外，电影作品的特征还在于，其将不同人的（示例：电影脚本作者、作
曲人、导演、艺术总监）多种作品类型和劳动共同合成为一个总体作品。如果某一
个体能够阻止对电影作品的利用，那么，整个作品的利用将会受到损害，从而导致
通常情况下所投入的巨额制作成本付之东流。为了阻止这种情况的发生，《德国著
作权法》第88—95条以有利于电影制作者（概念参见第九章边码46及以下）的方
式减轻权利取得的难度，以便能够使其最大可能地不受阻碍地被利用。[①] 实现这一
目的的方式首先是通过法律解释规则。这些解释规则仅适用于作品的作者与电影制
作者之间的法律关系。《德国著作权法》第88—95条仅对使用权授予的范围和电影
制作人的知识产权保护进行了规定。

　　针对特定的电影是否满足个人智力创作的要求，从而导致著作权的产生， **2**
应当根据《德国著作权法》第2条第1款第6项和第2款的规定来判断。另外，
关于谁是电影的（共同）作者也是依据一般的著作权法规则来决定（《德国著
作权法》第7条及以下）。适用一般著作权法规则的还包括以下法律问题：电
影作品的利用权（《德国著作权法》第15条及以下）、限制性规定（《德国著作
权法》第44a条及以下）和著作权的保护期限（《德国著作权法》第64条
及以下）。

---

① Dreier/Schulze/ *Schulze*，vor §§ 88ff. UrhG. Rn. 1.

第二节　电影拍摄权（《德国著作权法》第88条）

一、规范目的

3　　一部电影的制作多数情况下需要对既有作品（示例：长篇小说、剧本、电影音乐）进行利用。因此，应当对既有作品的作者和电影作品的作者进行区分。打算通过电影拍摄的方式对一项既有作品进行利用的主体，必须拥有相应的权利。对此，需要根据《德国著作权法》第31条及以下诸条的规定，从既有作品作者处有效地获取这些权利。这里不存在对相关权利善意取得的可能性。这里适用《德国著作权法》第5项所规定的"权利移转目的原则（Zweckübertragungsprinzip）"（见第五章边码29及以下）。鉴于电影所涉及的特殊利益关系（边码1），《德国著作权法》第88条以有利于电影制作人的方式对该原则进行了限制。因为根据该条的规定，权利人可以对电影作品以任何已知和未知的使用方式进行利用（《德国著作权法》第88条第1款第1句）。这一规定超出了《德国著作权法》第31a条的规定范围。因为第88条第1款第1句不仅仅是允许针对未知的利用方式进行授权，而且是明确将之作为一般原则，即是授权针对所有已知和未知的使用方式作出的。法律如此规定的理由在于，恰恰是在电影领域，对权利的事后取得通常是极为困难的。[①]

　　示例：如果一个电影制作人打算对一部拍摄于60年代的电影通过互联网点播的形式进行利用，他本必须对这种利用方式从所有对电影的创作作出贡献的作者那里事后获取利用权。而该电影制作人也本必须对所有参与人员进行审查，其是否为真正的作者。即是说，电影制作人本需要审查，这些主体是否事实上确实对电影的制作作出了充分的个人创作性贡献。如果确实如此的话，该电影制作人本必须从这些主体那里取得利用权。在任何一个作者拒绝授权的情况下，那么，通过新的方式对电影作品进行利用的可能性都会被排除。基于上述原因，对影视作品以一种新的方式进行利用对于电影制作者而言是充满风险的，有可能遭遇障碍。这样一种情况既不利于作者的权益，也不利于电影制作人和消费者的利益。所有相关参与人的利益都要求电影能够在新的利用方式中尽可能地快速利用和提供（给利用人）。

4　　但前提条件总是，既存作品的作者将一特定的利用方式，尤其是以电影的方式（示例：影院电影、电视电影、广告影片）对其作品进行利用已经进行了授权。对于这一授权问题本身适用《德国著作权法》第31条第5款的权利移转目的规则。因为即便是对电影拍摄权利的移转也可能在内容上（示例：限于特定的电影类型）、空间上和时间上受到（合同）限制。这一权利授予的范围可以从合同的目的和个案的具体情况得出。对此，《德国著作权法》第88条的规定没有适用意义。

　　示例：一项制作影院电影的授权不能扩展到制作电视电影中。

　　一项基于教学目的的对即兴表演的录制，基于合同目的仅能将该录制视频用于大

---

① BT-Drs. 16/1828, S. 32.

学内部的教学活动。[①]

一项对特定音乐作品的简单且非排他性地用于电影德语版本的授权并不扩展为一项排他性的权利以及将该音乐作品在电影的外语版本中予以使用的授权。[②]

只有在能够确认作者已经将其权利移转给电影制作人以及在多大的范围内这种授权进行或者未进行之后，《德国著作权法》第88条的适用可能性才纳入考量范围。如果相关授权合同不存在漏洞，也就是说不存在通过解释来弥补漏洞的必要性，则《德国著作权法》第88条不具有可适用性。在使用权及其范围明确地通过个别协议或者一般交易条款的形式明确规定的情况下便是如此。

二、法律属性

因为电影制作人可以通过所有已知和未知的利用方式对电影加以利用，所以电影制作人在有争议的情形下根据《德国著作权法》第88条第1款取得所有必要的权利。因此，上述第88条是一种有利于电影制作人的解释规则。[③]

三、适用范围

（一）对作品进行电影拍摄的授权

作者必须有效授权另外一个主体对其作品进行电影拍摄。这里所称的作者是指作为电影基础的既存作品的作者（示例：长篇小说的作者），而不是导演、摄影师或者电影的其他作者。在此意义上，应当对既存作品的作者和电影的作者进行区分。当然，也存在一个主体具有双重身份的可能性。

示例：长篇小说的作者来完成电影脚本的写作。

作为既存作品，所有的作品类型都属于考量范围。

电影的（首次）制作也构成对音乐作品表演的著作权权限的介入。因为无论何种情况下这都构成一种《德国著作权法》第16条第1款意义上的复制[④]，从而需要获得权利人的许可。对于获取权利人许可的必要性而言，录制品仅是为日后在电影中的使用做准备这一情形是无关紧要的。因为对作品的利用权应当原则上使作者能够控制对其作品"是否"、"何时"和"如何"进行利用。

对受到著作权法保护的作品进行电影拍摄构成一种独立的利用类型；对此，必须由作者授予单独的使用权。至于是否存在此授权或者授权的范围有多大则根据一般的著作权法基本原则，尤其是《德国著作权法》第31条第5款的权利移转目的规则来进行审查。在此意义上，《德国著作权法》第88条的规定没有意义。

右侧页码标记：5　6　7　8　9　10

①　*BGH* GRUR 1985，529，530-Happening［即兴表演案］。
②　*BGH* GRUR 1984，45，48-Honorarbedingungen；Sendevertrag［薪酬条件：播放协议案］。
③　Schricker/Loewenheim/*Katzenberger*，§ 88 UrhG. Rn. 2.
④　*BGH* GRUR 2006，319，321-Alpensinfonie.

（二）授权的范围

11 　　aa）排他性（《德国著作权法》第 88 条第 1 款第 1 句）。如果作者授予（他人）对作品进行电影拍摄的权利，那么，在有争议的情况下，这一权利授予是排他性的（《德国著作权法》第 88 条第 1 款第 1 句）。这一授权范围涵盖对作品不进行变更或者进行加工或者改造（Umgestaltung），以便用于制作电影作品；并且对电影作品及其翻译或者其他影视方式的加工以任何方式，包括已知的和未知的利用方式，来进行利用。电影拍摄权的排他性只限于具体的电影素材。电影制作人可以基于此项排他性的电影拍摄权来禁止他人进行二次拍摄；前提是该二次拍摄会对首次电影拍摄构成侵害。[①] 这种侵害的危险可以根据所涉及的作品类型采用不同的方式来进行判断。

　　示例：对一部长篇小说的首次电影拍摄可能因对同一素材的二次电影拍摄而受到侵害。

　　对一部犯罪长篇小说进行电影拍摄中将特定摇滚音乐作品作为配乐使用的情形下，如果该摇滚乐的作者也授权一部文艺电影在拍摄中使用其歌曲的话，则不构成对第一部电影拍摄的侵害。

12 　　bb）为制作电影作品而使用（《德国著作权法》第 88 条第 1 款第 1 句）。至于权利人是否将既存作品用于制作一个受到著作权法保护的电影作品（《德国著作权法》第 2 条第 1 款第 6 项、第 2 款）还是用于制作一部不受著作权法保护的影片（所谓的动态影像；《德国著作权法》第 95 条；对比：第九章边码 45、51）无关紧要。电影制作者的权利仅涵盖对既存作品进行一次性的电影拍摄，因此，其他用途，诸如，重新拍摄（参见《德国著作权法》第 88 条第 2 款；边码 17）或者将首次电影拍摄进行剪辑之后用于另外一部电影（所谓的 Abklammern）[②] 或者为采取其他利用形式［示例：广告文章（Merchandising-Artikel；电影相关的书籍）］而制作复制件都不涵盖在内。基于电影制作目的的使用范围涵盖了（对既存作品的）加工（Bearbeitungen）和（结构）改造（Umgestaltungen）。

　　示例：对作为拍摄对象的长篇小说进行删减和转化为直接的演说。

13 　　当然，所进行的加工和改造必须旨在用于电影作品的制作，也就是说，将既存作品做适合电影媒介的调整。

　　示例：一首音乐的作者授权其作品用于一部电影。那么，电影制作者可以对电影进行缩短或者进行剪切来使用。但是，电影制作人如果计划制作一首音乐的铁克诺（Techno）版本的电子音乐以便在电影中加以使用，则必须特别地获得（对既有音乐）进行加工的权利。[③]

14 　　对既有作品进行加工和改造的界限规定在《德国著作权法》第 93 条第 1 款中。

---

① Dreier/Schulze/ *Schulze*，§ 88 UrhG. Rn. 29.
② *BGH* GRUR 1957，611，612-Bel ami［电影《漂亮好友》案］：将电影音乐用于另外一部电影。
③ Dreier/Schulze/ *Schulze*，§ 88 UrhG. Rn. 35.

根据该规定，电影作品不得对既有作品进行严重的歪曲或者以其他方式严重地侵害。

cc）以所有方式进行利用。除非当事人之间有其他约定，权利人可以以所有已 15
知和未知的利用方式对既有作品加以利用。示例：第三人通过视频方式对电视电影
进行利用的权利可以通过合同约定的方式予以排除。另外，应当对通过影院方式利
用和电视方式利用加以区分。① 制作影院电影的权利以及对该影院电影进行复制的
权利涵盖了通过向影院进行"电影出借"的方式来对电影进行首次利用的权利以及
通过销售视频的方式对所制作的电影进行二次利用的权利。② 因此，一项特殊的视
频拍摄的权利（Video-Verfilmungsrecht）原则上是不必要的。

示例：A 企业制作一部电影并从一位作曲家那里获得授权将他的一首音乐在电
影中进行使用。这部电影在影院上映一段时间。自该电影首次在影院上映 4 个月
后，A 企业将对电影通过视频方式予以二次利用的权利移转给 B 企业。那么，前述
音乐作品的作曲家的权利并未因此而受到侵害。对影院电影通过视频的方式进行二
次利用，在此过程中对前述音乐的利用并不需要特别的视频拍摄权，而只需要进行
复制权和传播权的移转。因为通过视频的方式对电影进行二次利用构成一种复制
（《德国著作权法》第 16 条第 2 款）和传播（《德国著作权法》第 17 条）。那种认为
通过视频对电影作品二次利用需要授予特别的电影拍摄权的观点在现行法中没有法
律依据。电影拍摄权仅是表明了通过合同授予的利用权的方式和范围。《德国著作
权法》第 88 条第 1 款所规定的作者授权他人对其作品进行电影拍摄涉及一个既存
作品。该既存作品是独立电影拍摄行为的基础。根据法律的文字表述，以一部影院
电影为基础制作录像带的行为并不构成《德国著作权法》第 88 条第 1 款意义上的
独立电影拍摄行为。③ 因此，并不需要既存作品的作者针对以视频方式进行二次利
用的行为予以特别的事前同意（Einwilligung）。

《德国著作权法》第 88 条第 1 款所规定的广泛的利用权限必须以对作者利益的 16
充分考量为前提，尤其是作者获得适当报酬的利益。④ 针对每一项利用类型都应当
履行适当的报酬支付（对未知的利用方式参见《德国著作权法》第 32c 条）。

dd）再度拍摄（Wiederverfilmung；《德国著作权法》第 88 条第 2 款）。在有争 17
议的情况下，《德国著作权法》第 88 条所规定的权限范围并不涵盖对作品的再度拍
摄（该法第 88 条第 2 款第 1 句）。如果一个已经被拍摄成电影的素材产生另外一个
版本，则构成上述法条意义上的再度拍摄。因此，应当拒绝电影制作者对既存作品
的利用超出具体被许可的电影范围。由于《德国著作权法》第 88 条第 2 款第 1 句
也属于解释规则（"在有争议的情况下"），所以当事人可以对此进行不同的约定。
在有争议的情况下，既有作品的作者有权在（电影拍摄权授予）合同缔结 10 年后
以其他影院方式对作品加以利用（《德国著作权法》第 88 条第 2 款第 2 句）。基于

---

① *BGH* GRUR 1969，346，366-Fernsehauswertung［电视评估案］。
② *BGH* GRUR 1994，41，43-Vidcozweitauswertung Ⅱ［视频二次利用案（二）］。
③ *BGH* GRUR 1994，41，43-Vidcozweitauswertung Ⅱ［视频二次利用案（二）］。
④ BT-Drs. 14/8058，S. 25。

这一原因，电影制作者所享有的利用权的排他性也以 10 年为限。由于《德国著作权法》第 88 条第 2 款第 2 句的规定也属于一种解释规则（"在有争议的情况下"），因而当事人之间作出不同的约定是为法律所允许的。相反，在当事人之间没有不同的合同约定的情况下，《德国著作权法》第 88 条第 2 款第 2 句依然保留了电影制作者在合同缔结 10 年后对由其拍摄的电影继续进行利用的权利。

第三节　对电影作品的权利（《德国著作权法》第 89 条）

一、规范目的

18　　与《德国著作权法》第 88 条不同，该法第 89 条并不涉及既有作品的作者，而是以电影的作者所付出的劳动为规范对象。电影的作者可能是多个人（诸如，导演、摄影师、剪辑员、电影录音师）。因为电影作品是一个由多数共同作者形成的共同作品的典型例子。为了使电影制作者能够尽可能不受阻碍地对作品加以利用，在有争议的情况下，他从所有有义务对电影制作共同起作用的人员那里获得以下权利，即以所有已知和未知的使用方式和方法对电影作品加以利用（《德国著作权法》第 89 条第 1 款第 1 句）。《德国著作权法》第 89 条第 1 款第 1 句的规定超出了该法第 31a 条规定的内容，因为在电影领域，权利的事后获取多数情况下是非常困难的（边码 3）。

19　　根据《德国著作权法》第 89 条第 1 款第 1 句的规定，电影的作者（针对表演者参见《德国著作权法》第 92 条）进行权利授予必须满足以下前提条件，即电影的作者此前负有参与并对电影制作作出贡献的义务。对此，应当适用著作权法的一般规则，尤其是《德国著作权法》第 31 条第 5 款所规定的"目的移转条款"。在存在参与电影制作义务的情况下，《德国著作权法》第 89 条对该法第 31 条第 5 款的目的移转条款进行了限制。具体而言，这种限制体现在，电影制作人可以通过所有使用方式对具体电影进行利用。相较于《德国著作权法》第 31 条第 5 款所规定的一般解释规则，该法第 89 条第 1 款的规定原则上具有优先性。这是因为，后者是以一种有利于电影制作者的特别而广泛的授权为对象。[①]

二、法律属性

20　　如同《德国著作权法》第 88 条的规定一样，该法第 89 条也属于一项对电影制作者有利的解释规则（Auslegungsregel）。

三、适用范围

（一）负有协作参与电影制作的义务

21　　必须存在一项有效的协作参与电影制作的义务。一方面，电影的作者必须通过

---

① 　BGHZ 163，109，114-Der Zauberberg［魔山案］。

诸如雇佣合同、劳动合同或者定作合同负有共同协作参与电影制作的义务。设定这一义务的合同构成权利授予的基础。这一权利授予的范围仅限于所具体约定的电影。如同《德国著作权法》第 88 条第 1 款第 1 句的规定一样，在此过程中应当对电影的类型（示例：影院电影、电视电影、广告电影）进行区分。[①]《德国著作权法》第 89 条仅涉及此前以合同方式实现的权利授予的范围。

电影作品的作者（在将使用权授予电影制作者）之前已经将该使用权利授予第三人这一事实并不能够妨碍电影作品的作者对电影制作者进行有效的使用权授予。原因在于，即便如此，电影作品的作者依然总是享有以有限制或者无限制的方式对电影制作者进行权利授予的权限（《德国著作权法》第 89 条第 2 款）。根据这一规定，针对该第三人而言，其对电影作品的支配权无论是在债法的层面，还是在物权法层面，都是附带消灭条件的（《德国民法典》第 158 条第 2 款）。[②]（电影作者先第三人授权这一）支配行为在以下情况下消灭，即电影作品的作者以对电影制作者有利的方式行使（使用权授予的）支配权。《德国著作权法》第 88 条第 2 款的规定仅包含该法第 89 条意义上的使用权（不包括：电影作者的法定报酬请求权），并且仅针对（电影作者所作出的较之于第三人）时间上在后的对电影制作者的授权。当然，电影作品的作者可能需要对第三人承担损害赔偿责任。

（二）取得一部电影作品的著作权

《德国著作权法》第 89 条第 1 款第 1 句涵盖的人员包括根据该法第 2 条第 1 款第 6 项和第 2 款取得对一部电影作品的著作权的人。对此的判断标准是创作者原则（Schöpferprinzip）。因此，单纯的辅助性劳动不包括在内。对于既存作品所享有的著作权仅依据《德国著作权法》第 88 条的规定。这些著作权不受《德国著作权法》第 89 条之规定的影响（《德国著作权法》第 89 条第 3 款）。可能存在（一个主体）发挥双重功能（Doppelfunktion）的情况，只要两种类型的创作劳动能够相互区分。

示例： 导演（即电影的共同作者之一）同时撰写电影的脚本，这种情况下此导演便也属于既存作品的作者。

在上述两种创作活动相互融合的情况下，则只能导致著作权的保护或者邻接权的保护。[③]

对于共同作者身份的产生而言，创作性贡献的范围大小并不是决定因素。这一因素仅仅对（共同作者内部相互之间）份额大小的确定具有意义（《德国著作权法》第 8 条第 3 款）。

一个参与到电影制作中的人的共同作者身份在满足以下前提的情况下推定其为共同作者，即该个人以常见的方式（示例：电影片头字幕）为公众知晓具有特定的功能（导演、摄影师、剪辑员）；而这些功能的发挥能够导致受到著作权法保护之

---

① Schricker/Loewenheim/*Katzenberger*，§ 89 UrhG. Rn. 10.

② Wandtke/Bullinger/*Manegold*，§ 89 UrhG. Rn. 8.

③ *BGH* GRUR 1984，730，732-Filmregisseur［电影导演案］，m. Anm. *Schricker*.

成果的产生（参见《德国著作权法》第 10 条及 §3 边码 56）。①

（三）权利授予的范围

27　　在电影作品的作者有义务协助参与到电影制作中的情况下，则在当事人之间有争议时，电影制作者享有排他性的使用权（《德国著作权法》第 89 条第 1 款第 1 句）。这一排他性的权利包括对电影作品及其翻译或者其他影视艺术的加工或者改造以所有（包括已知和未知）利用方式加以利用的权利。但是，这一权利的专属性仅限于具体的电影作品。一项超出具体电影作品之外对电影作者的创作进行独立利用的权利是不可能的。

示例：将一部电影中的图像序列选取后用于另外一部电影是被禁止的。②

28　　另外，电影制作人对电影作品的加工或者改造的权限还受到《德国著作权法》第 93 条第 1 款的限制。

29　　在当事人之间约定不明确的情况下，电影制作者可以通过所有已知和未知的利用方式和方法对电影作品加以利用。对此，法律作出了法定推定。

第四节　表演者（《德国著作权法》第 92 条）

30　　电影的制作多数情况下需要演员参与其中。如果一部电影采用了音乐作品配乐，这也极为常见，那么，电影的制作也涉及对音乐家或乐手（示例：一个摇滚乐乐团）创作成果的利用。演员和音乐人的创作成果属于邻接权（参见《德国著作权法》第 73 条及以下；第九章边码 5 及以下）。为了实现对电影尽可能不受阻碍的利用，《德国著作权法》第 92 条在当事人约定不明的情况下赋予电影制作人所有对于其不受阻碍地对电影加以利用所需要的权利。这一规定如同《德国著作权法》第 88 条及以下对其规范客体的规范模式。法律性质上，《德国著作权法》第 92 条的规定也属于一种解释规则。它构成一种有利于电影制作人的、可以被推翻的权利移转的法律推定。③ 当事人之间不同的约定是允许的。由于《德国著作权法》第 92 条的规定在很大程度上以该法第 89 条的规定为样本，因而，后者的立法考量对于前者具有一定程度的适用性。

31　　《德国著作权法》第 92 条的解释规则——如同该法第 89 条的规定一样，只有在以下条件下才适用，即表演者有义务协助参与到一部具体电影作品的制作中。对此，应当依据（著作权法的）一般性规范，尤其是《德国著作权法》第 31 条第 5 款所规定的目的移转规则（Zweckübertragungsregel）来进行判断。

示例：如果一个演员参与到一部影院电影的制作中，那么，（根据上述规则）对电影制作者的权利授予不能涵盖在广告电影中对其创作进行利用。

---

① Dreier/Schulze/*Manegold*，§ 9 UrhG. Rn. 34.
② BGHZ 9，262，268-Lied der Wildbahn［维尔德班之歌案］。
③ Schricker/Loewenheim/*Katzenberger*，§ 92 UrhG. Rn. 3.

如果列明每一个参与到电影中的演员名称需要耗费不成比例的高昂成本，则没 *32*
有必要逐一列明（《德国著作权法》第 93 条第 2 款）。即便在一部电影所参与的演
员和其他作为主角和配角的演艺人员人数众多的情况下，原则上应当在影片片头或
者片尾文字中明确进行提及。由于这样会在个案中导致需要付出极为不成比例的成
本，所以《德国著作权法》第 93 条第 2 款进行了例外规定。相反，对电影的主演
人员进行明列通常情况下并不构成不成比例的负担。

第五节　权利的限制（《德国著作权法》第 90 条）

原则上，对一部电影作品的权利进行移转抑或授予必须取得（共同）作者的同 *33*
意（《德国著作权法》第 34 条及以下）。另外，任何一个（共同）作者都有权收回
使用权（Rückrufsrecht；《德国著作权法》第 40 条及以下）。由于这样的法律规定
会导致尽可能不受阻碍地利用电影作品（这一立法目的）实现的难度，因而，《德
国著作权法》第 90 条（对于表演者也具有适用性；《德国著作权法》第 92 条第 3
款）降低对电影作品权利支配进行的要求。因为在电影制作者已经开始拍摄工作的
情况下（《德国著作权法》第 90 条第 2 句），《德国著作权法》第 34 条及以下和第
40 条及以下并不适用于该法第 88 条第 1 款和第 89 条第 1 款所明列的权利类型
（《德国著作权法》第 90 条第 1 句）。因此，直至拍摄工作开始之前，电影制作人只
有在获得既有作品之作者许可的情况下才能对其被授予的权利进行移转。相反，从
拍摄工作已经开始那一刻起，对于电影制作者而言已经产生了成本，从而需要在此
范围内获得法律的保护。因此，从这一刻起，电影制作者获得对电影加以利用的权
利，而不必征得电影作者的同意并且电影的作者也不享有撤回使用权的权利。

第六节　电影制作者的邻接权（《德国著作权法》第 94 条及以下）

关于电影制作者根据《德国著作权法》第 94 条及以下诸条的规定所享有的邻 *34*
接权参见本书另外一处（第九章，边码 45 ff.）的相关讨论。

第十一章

著作权与邻接权的共同规定（《德国著作权法》第95a条至第143条）

第一节　补充性的保护规定

一、基础内容

1　　对于受著作权法律保护的作品和成果（Leistungen），常常需要面对未经授权对其作品和成果进行利用的危险。这种危险在数字化和互联网时代更加突出。基于这一原因，作者或者权利人经常试图通过技术措施（technische Maßnahmen）对其作品和成果的可获取性或者对其作品和成果的利用方式和方法进行控制。无论如何，这些技术措施对于保护排他性的权利是为法律所允许的。但是，这些技术措施本身也面临着被规避的风险。《德国著作权法》第95a—96条为技术性保护措施提供了法律保护。

二、技术措施的保护（《德国著作权法》第95a条）

2　　《德国著作权法》第95a条是对欧共体第2001/29号指令第6条第1款至第3款的转化，因此，应当进行符合指令的解释。《德国著作权法》第95a条旨在保护生效技术措施免受规避措施（Umgehung；《德国著作权法》第95a条第1款）以及特定规避措施的准备行为（《德国著作权法》第95a条第3款）的侵害。"技术措施"这一概念的立法定义规定在《德国著作权法》第95a条第2款第1句；而该法第95a条第2款第2句则对"有效性"这一概念进行了立法界定。有效的技术措施必须以保障受到著作权法保护的客体为指向。在诸如，所针对的权利保护期限已经经过的情况下，则不具备这一前提条件。[①]《德国著作权法》第95a条第4款则规定了技术措施保护的例外情形。针对计算机程序，《德国著作权法》第69条及以下进行了特殊规定。在《德国著作权法》第95a条意义上的技术措施与限制性规定（《德国著作权法》第45条及以下）的实现相冲突的情况下，则限制性规定具有优先适用性。

示例：对合法取得的一份原作制作一份私人复制件，根据《德国著作权法》第53条的规定是法律所允许的。一项《德国著作权法》第95a条意义上的保护措施不得对此进行阻碍。

三、限制性规定的实施（《德国著作权法》第95b条）

《德国著作权法》第95b条的规定是对欧共体第2001/29号指令的转化，因此，　3
该条的规定在进行法律解释时应当采取符合指令的方式进行。《德国著作权法》第95b条尽管承认作者或者权利人有权通过有效的技术性措施来对其作品进行保护，但该条旨在确保，这些技术性保护措施只有在与《德国著作权法》第45条及以下诸条所规定的限制性规定相协调的情况下才得以实施。这是因为，旨在保障专有权的有效技术性措施同时也会导致《德国著作权法》第45条及以下所规定的限制性规定中对作品可以自由获取和自由使用的情形变得不再可能。基于这一背景，在此范围内作者或者权利人没有正当化的利益，同时也意味着在此范围内作者或权利人对其技术性措施的规避行为不能获得法律的保障。

作为前述限制性规定受益者的使用人并没有自助的权利（Selbsthilferecht）。[②]　4
而是首先应将权利人的自愿措施（示例：通过缔结协议）纳入考量范围（也见：欧共体2001/29号指令第6条第4款第1项的规定）。只有在无法实现此种措施的情况下，成员国必须采取保障措施，确保作为特定限制性措施受益人的用户能够事实上主张法律对其有益的规定。因此，针对《德国著作权法》第95b条第1款第1句所明列的、作为限制性规定受益人，从而能够合法地获取作品或其他受著作权法保护客体的主体，著作权人有义务提供必要的措施，来保障上述主体在限制性规定的必要范围内能够获取作品或其他受著作权保护的客体。根据《德国著作权法》第95b条第1款第2句的规定，著作权人的这一义务不得约定排除。为了保障《德国著作权法》第95b条第1款第1句所规定的法律义务能够得以履行，该法第95b条第2款第1句对受益人的请求权进行了规定。据此，受益人针对违反《德国著作权法》第95b条第1款第1句所规定法律义务的著作权人享有请求权。此请求权可以要求著作权人提供保障（受益人所享有权益的）实施必要的措施。在下述情形下该请求权消灭，即（著作权人）所提供的措施与著作权人组织（Vereinigung der Rechtsinhaber）和限制性规定的受益人之间达成的协议的规定相适应。因为这种情况

[①]　BT-Drs. 15/38, S. 26.

[②]　BT-Drs. 15/38, S. 27.

下可以推定，（著作权人所提供的）措施已经能够充分保障受益人的权益。

5　　　根据《德国著作权法》第 95b 条第 3 款的规定，在受法律保护的作品和成果基于合同的约定能够在线访问的情况下，则该法第 95 条第 1 款和第 2 款的规定便不再适用（对比：欧共体第 2001/29 号指令第 6 条第 4 款）。对于著作权人为了履行合同义务而根据《德国著作权法》第 95b 条第 1 款的规定所设置的技术保护措施所采取的规避措施也受到该法第 95a 条禁止未经许可的规避行为的保护（对比：欧共体第 2001/29 号指令第 6 条第 4 款第 3 项）。

四、对维护权利之必要信息的保护

6　　　《德国著作权法》第 95c 条的规定是对欧共体第 2001/29 号指令的转化，因此，应当进行符合指令的解释。该条规定旨在保障（著作权利人）权利的实施（Rechtewahrnehmung）所必要的信息（立法定义见《德国著作权法》第 95c 条第 2 款）免受去除（Entfernung）或者更改（Veränderung）行为的侵害。在数字化和互联网领域，如果没有这些信息（示例：数字化方式传播的图像数据集中摄影师的名称）权利人的权利实施几乎不可能。相反，在类似领域对于权利的实施所必要的信息则不受法律的保护。[1]《德国著作权法》第 95c 条第 1 款在以下条件下禁止对相关信息的去除或者更改：（1）相关信息对于权利实施而言是必要的；（2）这些信息登载在作品或其他受著作权法保护之客体的复制件上或者是在对这些作品或保护客体进行公开播放时呈现的信息；（3）对信息的去除或更改是在明知无权限的情况下进行的；（4）行为人知道或者根据情形应当知道，他的去除行为或变更行为会促使著作权或邻接权侵权行为、使得侵权行为成为可能、降低实施侵权行为的难度或者掩饰侵权行为。因此，《德国著作权法》第 95c 条第 3 款规定了一项传播权和使用权的禁止性规定，即禁止对未经授权对权利实施所必要的信息进行去除或更改的产品进行传播或使用。

五、标示义务（Kennzeichnungspflichten；《德国著作权法》第 95d 条）

7　　　如果一个著作权法保护的客体通过技术性措施来实现其保障，那么，使用人（Nutzer）仅能对该客体进行有限的使用。对于使用人而言，这一受技术性措施保护的状态应当可以识别。因此，作品或其他著作权保护客体在通过技术性措施进行保护的情况下，应当通过关于技术性措施的属性说明清晰地进行标示（《德国著作权法》第 95d 条第 1 款）。另外，（针对著作权的）限制性规定的受益人应当能够知晓其根据《德国著作权法》第 95b 条第 2 款所享有请求权的相对人。所以，对作品或其他著作权保护客体采取技术性保护措施的主体应当将其姓名或者商号以及通信地址进行标示（《德国著作权法》第 95d 条第 2 款第 2 句）。针对《德国著作权法》第 95b 条第 3 款所规定的情形，该法第 95d 条第 2 款第 2 句进行了除外规定。因为这些情形中不能成立《德国著作权法》第 95b 条所规定的请求权。

---

[1]　Dreier/Schulze/*Dreier*，§ 98b UrhG. Rn. 1.

六、利用禁止（《德国著作权法》第96条）

《德国著作权法》第96条第1款禁止对通过违法方式制作的复制件（第6条、8
第16条）进行传播或者用于公开播放。《德国著作权法》第96条第2款禁止对非
法组织的广播节目进行录音或录像（《德国著作权法》第16条第2款）或者进行公
开播放。这一条法律规定保护了享有复制权主体的利益，即通过赋予其一项禁止以
其他方式利用作品（公开播放和传播）的权利，只要对作品利用是借助非法制作的
复制件来实现的。《德国著作权法》第96条第1款并未禁止通过利用一个非法制作
的复制件来制作复制件。根据该条的文字表述，这一情况并不属于其调整范围。此
处，类推适用又因为不存在法律漏洞（Gesetzeslücke）而不可能。[①] 原因在于，对
非法制作的复制件的非法复制已经构成了对《德国著作权法》第16条第1款的禁
止性规定的违反。

《德国著作权法》第96条的两项禁止性规定在以下情形中具有独立的意义，9
即一个第三人以违法的方式（对作品）进行复制，而另外一个享有传播权和公开
播放权的主体对这一违法制作的复制件进行了利用。因此，《德国著作权法》第
96条第1款通过禁止违法制作的复制件的传播来保障享有传播权的权利人的利
益。原因在于，根据该条的规定，对非法制作的复制件的继续利用行为构成一种
独立的对他人权利的侵害，从而使得权利人享有《德国著作权法》第97条所规
定的请求权。这一规则同样适用于广播（《德国著作权法》第96条第2款）。如果
一份复制件既没有权利人通过合同方式的许可，也不具备《德国著作权法》第44a
条及以下诸条限制性规定的前提条件，则属于非法制作的复制件。[②] 这同样适用于
作为受保护作品或邻接权（客体）进行广播（《德国著作权法》第20条）的违法性
判断。

第二节　侵权行为（《德国著作权法》第97 – 143条）

一、欧盟法的规定

欧共体第2004/48号指令旨在实现欧盟成员国诉前程序法和诉讼程序法方面的 10
协调与趋同（Rechtsangleichung）。这是因为成员国之间关于知识产权执行领域的
规则差异对于共同体市场顺畅地发挥功能构成损害（欧共体第2004/48号指令立法
理由第8项第1句）。这一指令旨在确保在共同体市场内部对知识产权提供高度的
（hohes）、具有同等价值的（gleichwertiges）和同类（homogenes）的保护水平
（参见欧共体第2004/48号指令第10项立法理由）。该指令对以下内容进行了规定：
侵权人的证据提供义务（Beweisvorlagepflichten；第6条）、证据保全程序（第7

[①] *BGH* GRUR 2006，319，322-Alpensinfonie.

[②] Dreier/Schulze/*Dreier*，§ 98b UrhG. Rn. 7.

条）、信息获得权（Auskunftsrechte；第 8 条）、特定的临时措施和保全措施（第 9 条）、纠正措施（Abhilfemaßnahmen；第 10 条）、停止侵权的命令（Unterlassungsanordnung；第 11 条）和替代措施（第 12 条）、损害赔偿规则和程序费用的规定（第 14 条）以及法院判决的公开。

二、《德国著作权法》中的请求权基础

11　　《德国著作权法》第 97 条规定了作者在其著作权或者权利人在其邻接权受到侵害时所享有的请求权。此处规定了以下请求权：（1）排除妨害请求权（《德国著作权法》第 97 条第 1 款第 1 句第 1 种情形以及第 98 条的特殊规定）；（2）停止侵害请求权（第 97 条第 1 款第 1 项第 2 种情形和第 97 条第 1 款第 2 项）；（3）财产损失中的损害赔偿请求权（第 97 条第 2 款第 1 项）；（4）非财产损失中的损害赔偿（第 97 条第 2 款第 4 项）。除以上请求权之外，还有依据其他法律规定（示例：《德国民法典》第 687 条第 2 款、第 812 条第 1 款第 1 项第 2 种情形；《德国反不正当竞争法》第 8—10 条；《德国民法典》第 809 条）所享有的请求权。这是因为《德国著作权法》第 97 条第 1 款和第 2 款并未对上述请求权产生影响（《德国著作权法》第 102a 条）。排除妨害请求权和停止侵害请求权都属于其上位概念，即防御请求权（Abwehransprüche）的组成部分。

三、实体权限（积极的合法性）

12　　因其著作权或者其他受到著作权法保护的权利受到侵害的主体有权主张行使《德国著作权法》第 97 条所明列的请求权。该主体享有实体权限（Sachbefugnis）（积极的合法性；Aktivlegitimation）。在此范围内应当予以区分，侵权行为是针对作者人格权，还是针对财产权（Verwertungsrechte）。除此之外，还取决于权利人享有的是专有权还是仅为简单的利用权（第五章边码 15、21 及以下）。

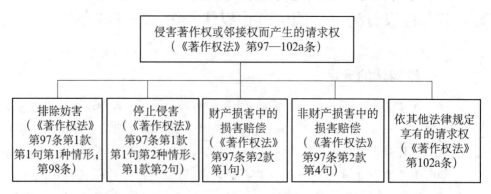

13　　如果作者人身权受到侵害，则作者或者邻接权的权利主体有权主张《德国著作权法》第 97 条所规定的各项请求权。因为只有这些主体是作者人身权的权利主体。在这些主体死亡的情况下，则其继承人具有（行使请求权的）实体权限（Sachbefugt）。在表演者死亡的情况下，相关作者人身权（命名权；禁止篡改权）并非由其继承人，而是由其亲属享有（《德国著作权法》第 76 条第 4 句）。这同样

适用于对《德国民法典》第 823 条所规定之一般人格权的侵害。① 相反，电影制作者所享有的其成果免受篡改的权利则可以自由移转（《德国著作权法》第 94 条第 2 款第 1 项）。在有遗嘱继承人介入的情况下（《德国著作权法》第 28 条第 2 款），则遗嘱执行人是唯一的请求权主体，即便继承人取得了（邻接权）权利主体的地位。

在涉及专有权侵权的情况下，则只有相应的权利主体具有（主张请求权的）实体权限。最初的权利主体是作者。但是，在作者授予（其他主体）以排他性的使用权的情况下，意味着作者在此范围内放弃了他的支配权。因此，在排他性使用权的授权范围内，只有该使用权权利人有权（针对侵权行为）主张请求权。共同作者中的一位作者可以单独就侵害共同著作权的行为主张请求权（《德国著作权法》第 8 条第 2 款第 3 项第 1 半句）。但是，该作者只能请求向所有共同作者履行侵权义务（《德国著作权法》第 8 条第 2 款第 2 半句）。针对多个表演者所共同进行的表演，《德国著作权法》第 80 条进行了特殊规定。在著作权人死亡之后，使用权移转至其继承人。在这种情况下，继承人也有权就侵权行为主张请求权。早在其生命存续期间，便可以由作者之外的其他主体享有（针对侵权行为主张请求权的）专属权利。在作者将此种权利授予他人时便是如此。通过权利的授予，导致原权利人（行使请求权之）积极合法性的丧失和新权利人（行使请求权之）积极合法性的产生。② 但是，这仅限于授权的内容（sachlich）、空间和时间范围以内。因此，作者至少在排他性授权未涵盖的范围内，（在排他性权利的权利主体之外）作者依然具有独立的事实合法性。③ 在排他性权利授权的范围内，作者只有在以下情况下才有权对侵权行为主张权利，即当作者具有独立的、值得保护的（经济性的或者精神性的）利益。④ 示例：当作者的报酬取决于排他性权利的权利人收入的特定营业额比例。⑤

在涉及简单的使用权授予的情况下，权利主体不能够基于自身的权利主张请求权的行使。在这种情况下，只有作者依然具有（行使请求权的）实体权限。原因在于，作者并没有完全放弃自己的支配权，因此作者依然可以进行简单使用权的授予。但是，经作者允许可以通过使用权权利人以及基于意定的代表诉讼（gewillkürte Prozessstandschaft）来行使请求权。采取后一种方式主张请求权需要满足以下条件：首先，作者的事前同意或事后许可。其次，提起诉讼的主体自身对于权利的实现具有正当利益。⑥ 通常情况下，被许可人（Lizenznehmer）被授予的使用权因侵权行为而受到影响的情况下便具有此种正当利益。⑦

四、防御请求权

《德国著作权法》第 97 条第 1 款构成了排除妨害请求权（Beseitigungsans-

① *BGH* GRUR 1968，552-Mephisto［小说《墨菲斯托》案］。
② Dreier/Schulze/*Dreier*，§ 98b UrhG. Rn. 1.
③ *BGH* GRUR 1960，251，252-Mecki-Igel II.
④ *OLG Hamburg* GRUR 2002，335-Kinderfernseh-Sendereihe［儿童电视节目系列案］。
⑤ *BGH* GRUR 1992，697-ALF.
⑥ *BGH* GRUR 1998，376-Coverversion［翻唱案］。
⑦ *BGH* GRUR 1981，652-Tische und Stühle［桌凳案］。

pruch）和停止侵害请求权（Unterlassungsanspruch）的法律基础。针对以违法的方式侵害著作权或者其他受到著作权法保护的权利的主体，权利人享有排除妨害（《德国著作权法》第 97 条第 1 款第 1 句第 1 种情形）以及在存在重复侵权危险的情况下请求停止侵害（《德国著作权法》第 97 条第 1 款第 1 句第 2 种情形；侵害行为停止之诉）的权利。在存在侵害行为首次发生的紧迫危险时，即存在首次侵权的危险（Erstbegehungsgefahr）时，权利人享有预防性停止侵害（vorbeugende Unterlassung）之诉讼请求（参见《德国著作权法》第 97 条第 1 款第 2 项以及《德国反不正当竞争法》（UWB）第 8 条第 1 款第 2 项和《德国反限制竞争法》（GWB）第 33 条第 1 款第 2 项也有类似规定）。停止侵害的诉讼请求旨在阻止将来的特定侵害行为；而排除妨害的诉讼请求旨在消除一个持续的权利侵害之源。排除妨害之诉和停止侵害之诉都不以过错（Verschulden）为要件。

（一）排除妨害（《德国著作权法》第 97 条第 1 款第 1 句第 1 种情形、第 98 条）

17　　　　aa）前提要件。不以过错为要件的排除妨害请求权原则上适用债法的规定（《德国民法典》第 275 条、第 280 条及以下、第 286 条及以下）。根据债法的相关规定，排除妨害请求权以因对著作权或者其他受著作权法保护的权利的侵害而导致一种持续性的、违法的妨害状态的产生为前提条件。这既可以是侵权人基于自身行为所导致的违法妨害状态，也可以是基于对由他人所导致的妨害状态进行维持或者利用的行为。在（权利人负有）容忍义务（Duldungspflicht）的情况下，则不具备违法性要件。这种容忍义务可以是基于法律的规定，也可以是基于权利人的事前同意（Einwilligung）。如果妨害排除不可能（《德国民法典》第 275 条）或者妨害状态消灭，则（权利人）不享有排除妨害请求权。

18　　　　（1）侵害著作权或者其他受著作权法保护的权利。《德国著作权法》第 97 条第 1 款第 1 句第 1 种情形的规定以著作权或者其他受著作权保护的权利受到侵害为前提条件。所以，受到侵害的权利必须是一种绝对权，意即一项对所有人都有效的权利。相反，仅是对债法上权利的侵害，即仅对合同当事人有效的权利的侵害则不能够满足上述前提条件。[1] 绝对权包括基于作者人身权而产生的权利，以及基于作者广泛的（经济）利用权（Verwertungsrecht）而产生的物权性质的利用权，包括根据《德国著作权法》第 96 条所规定的（对非法制作的复制品和非法组织的广播）"禁止利用"（Verwertungsverbote）的权利，从作者人格权所产生的尤其是作者根据《德国著作权法》第 12 条至第 14 条、第 39 条及以下和第 62 条及以下的规定所享有的权利。《德国著作权法》第 25 条、第 35 条第 1 款、第 41 条及以下、第 46 条第 5 款所作出的特殊规定排除了该法第 97 条及以下所规定请求权的可能性。[2] 属于利用权范畴的尤其是《德国著作权法》第 15 条及以下所赋予作者的排他性权利或者作者授予第三人的物权性的使用权（dingliches Nutzungsrecht）。其他受著作权

---

[1] BT-Drs. IV/270，S. 103.

[2] Schricker/Loewenheim/*Wild*，§ 97 UrhG. Rn. 23；Dreier/Schulze/*Dreier*，§ 97 UrhG. Rn. 4.

法保护的权利包括《德国著作权法》第70条及以下所规定的决定性和物权性的邻接权（《德国著作权法》第70条第1款、第71条第1款、第72条第1款、第74条、第75条、第76条第1款、第81条、第83条第1款、第85条第1款、第87条第1款、第93条、第94条第1款、第95条）。相反，法定的报酬请求权并不构成绝对权。

在某一主体侵犯作者或者其他权利主体的权限时，构成对一项绝对权利的侵 **19**害。对此，具有重要意义的是权利主体的权限范围的大小。在此意义上，应当尤其注意《德国著作权法》第44a条及以下诸条（针对著作权）所作限制性规定。权利人的权限范围尤其以合同的安排为基础。因此，被授权的使用人超越授权范围的情况下构成对作者利用权的侵犯。对一项绝对权的侵害必须具备的前提条件是，侵害行为必须是以绝对权利为指向。因此，对一项作品原件的损毁不仅构成对所有权的侵害，而且更是对利用权的侵害。[1] 单纯的对利用权的反射性侵害，示例：通过援引作者身份（Berühmung der Urheberschaft），则尚不能满足前述要件。[2] 同时，无权利人的支配也不构成对他人权利的侵害。[3] 原因在于，著作权法中不存在权利的善意取得。另外，如果一项被作为绝对权保护之权利的保护期限（《德国著作权法》第64条及以下）经过之后，也不构成侵权。因为在此范围内，由于权利保护期限的经过，已经不存在可以被侵害的权利。从空间的角度来看，一项侵害行为必须发生在德国境内，从而导致一项德国的著作权或者邻接权受到侵害（所谓的属地原则；Territorialitätsprinzip）。[4]

在对侵权行为进行审查时，受法律保护的作品与涉嫌侵权的作者之间的区别并 **20**不是关键因素。具有决定性影响的反而是这两种作品之间的共同性（Gemeinsamkeiten）。[5] 因此，对一件作品创作性要素的大幅继受可能构成侵权。尽管所谓的独立双重创作（Doppelschöpfung）是可能的，但却非常鲜见。原则上认为，时间上在后的创作者在其创作过程中有意识或者无意识地以已有的作品为基础。为了削弱这种表象证据（Anscheinsbeweis）的证据力，时间上在后的创作者必须予以说明并且在特定情形下必须举证，两件作品之间的一致性并不是基于模仿，而是出于其他显而易见的理由。

针对一项邻接权的侵权在以下条件下构成，即某一主体将《德国著作权法》第 **21**70、72和73条及以下诸条所规定的一项成果（Leistung）的艺术创作特性或者《德国著作权法》第85条及以下、第87条、第87a条及第94条及以下所规定情形中的"组织性和经济性成果"据为己有。

在主张报酬请求权的情况下（示例：根据《德国著作权法》第49条第1款第2 **22**

---

① Dreier/Schulze/*Dreier*，§ 97 UrhG. Rn. 5.

② *BGH* GRUR 1997，896，897-Mecki-Igel III.

③ *BGH* GRUR 2002，963，964-Elektronischer Pressespiegel［电子新闻评论案］.

④ *BGH* GRUR 1999，49，50-Bruce Springsteen and his. Band［布鲁斯·史普林斯汀和他的乐队案］.

⑤ *BGH* GRUR 1981，267，269-Dirlada［歌曲 Dirlada 案］.

句的规定），尚不构成独立的著作权侵权。①

23　　　（2）侵害的违法性。原则上，对著作权或者一项其他受著作权法保护的权利的侵害也构成该行为违法性（Rechtswidrigkeit）的表征（indiziert）。②（侵权人）对违法性是否有意识并不具有决定性意义。③在侵害人具有正当性基础的情况下，则可以排除违法性。构成这种正当性基础的情形诸如，作者或者（其他）权利主体行使相关权限具有合同依据（示例：通过授予《德国著作权法》第 31 条所规定之使用权）或者属于《德国著作权法》第 44a 条及以下诸条所规定的限制性规定中的情形之一。侵害行为的违法性还可以进一步基于以下理由而排除——事后许可、禁止权利滥用（《德国民法典》第 226 条）、正当防卫（《德国民法典》第 227）、紧急避险（《德国民法典》第 228 条）以及法律所允许的自助行为（Selbsthilfe；《德国民法典》第 229 条及以下）。除此之外，在具体的利用行为中，单纯的事前同意（Einwilligung）也可以构成正当性的基础。此种事前同意并不以权利主体作出具有法律拘束力的意思表示为前提要件。④相反，只要第三人能够基于权利主体的一个行为能够推论出（schließen darf）权利主体对于其权益的侵犯是事前同意的（示例：将配有自己作品的网页上的内容进行公开以便搜索引擎能够获取，对于搜索引擎的经营者而言，权利人的这一行为意味着事前同意搜索引擎可以在通常的范围内对网页的配图进行使用；示例：用于制作预览图片）。⑤这种事前同意尽管使得具体利用行为（Verwertungshandlung）具有合法性（Rechtsmäßigkeit）；但是，不同于权利人主体通过法律行为所实施的使用权授予，此种事前同意不能够创设一种能够对抗权利人意愿的权利。⑥

24　　　（3）违法妨害状态的持续。违法的侵害行为必须导致一种违法的妨害状态的持续存在。

25　　　bb）内容与范围。排除妨害请求权仅使得（义务人）负有针对侵害采取积极排除措施的义务，而不能主张金钱赔偿。

　　　示例：（要求）采取（义务人）措施去除通过模仿特殊的文体而强加到一副绘画上的伪造签名。⑦

26　　　排除妨害请求权尤其不以排除已经产生的损害（《德国民法典》第 249 条第 1 款恢复原状；Naturalrestitution）为指向。否则的话，《德国著作权法》第 97 条第 1 款第 1 句第 1 种情形也将会包含（要求侵权人）排除损害后果的义务。

　　　不能针对已经产生的损害进行排除，从而导致与损害赔偿责任价值理念上的严重冲突。损害赔偿请求权是以（行为人）过错为前提（《德国著作权法》第 97 条第

①　BGHZ 151，300，305-Elektronischer Pressespiegel［电子新闻评论案］。
②　Dreier/Schulze/*Dreier*，§ 97 UrhG. Rn. 14.
③　*BGH* GRUR 1991，769，770-Honorarfrage［薪酬问题案］。
④　*BGH* WRP 2010，916 Rn. 34-Vorschaubilder I［预览图片案（一）］。
⑤　*BGH* WRP 2010，916 Rn. 33，36-Vorschaubilder I［预览图片案（一）］。
⑥　*BGH* WRP 2010，916 Rn. 34-Vorschaubilder I［预览图片案（一）］。
⑦　*BGH* GRUR 1995，668-Emil Nolde［埃米尔·诺尔德案］。

2 款第 1 句）；相反，《德国著作权法》第 97 条第 1 款第 1 句第 1 种情形（关于排除妨害请求权）的规定并不以行为人过错为前提条件。尽管在（行为人）没有过错的情况下也可以产生损害赔偿责任（示例：《德国民法典》第 833 条第 1 句、《道路交通法》（StVG）第 7 条第 1 款、《瑕疵产品责任法》（ProdHaftG）第 1 条第 1 款第 1 项）。但是，这些危险责任（Gefährdungshaftung）仅限于特定的情形，也就是说法律以列举的方式进行了穷尽性的规定。如果《德国著作权法》第 97 条第 1 款第 1 句第 1 种情形也可以在法律所规定的特性情形之外创设导致危险责任的情形，那么上述穷尽性列举原则（Enumerationsprinzip）将会遭到破坏。基于这一原因，如同《德国民法典》第 1004 条第 1 款第 1 句的规定那样，应当对排除妨害请求权和损害赔偿责任进行谨慎的区分。不然的话，损害赔偿的过错要求和危险责任的列举原则将会遭到破坏。这一区分可以通过以下方式来进行，即排除妨害请求权仅以排除持续性的侵害源为指向；这一持续性的侵害源在特定情形下会导致进一步损害的发生。相反，排除妨害请求权并不以消除已经产生的损害后果为指向。因此，排除妨害请求权仅具有防御现行的和将来的妨害的功能，而不具有对已经产生之损害进行补偿的功能（Ausgleichsfunktion）。因此，排除妨害请求权是一种消极请求权（negatorischer Anspruch）。

就请求权的内容而言，《德国著作权法》第 97 条第 1 款第 1 句第 1 种情形如同 **27** 《德国民法典》第 1004 条第 1 款第 1 项的规定一样，受到比例原则（Grundsatz der Verhältnismäßigkeit）的限制。这一原则限制要求进行广泛的利益衡量。[①] 义务人仅负有履行对排除尚存的妨害适合（geeignet）且必要（erforderlich）的行为义务。并且，这些行为义务对于义务人而言又具有期待可能性（zumutbar）。在对期待可能性进行审查的框架内，应当对个案中的所有情形都进行考量。尤其需要考虑以下因素：侵害人是否具有过错以及过错的具体形式；侵害的严重程度；因侵害行为所导致的排除妨害成本的大小以及排除行为对于侵害人声誉（Ansehen）的影响。

根据《德国著作权法》第 98 条第 1 款第 1 句的规定，侵害人有义务对以下复制 **28** 件（Vervielfältigungsstücke）进行销毁（Vernichtung），即侵害人占有或所有的以违法的方式制作、传播或者以违法传播为目的的复制件。这一销毁义务同样适用于侵害人拥有的、曾主要用于复制品生产的复制设施（Vervielfältigungsvorrichtungen；《德国著作权法》第 98 条第 1 款第 1 项）。作为销毁请求的替代方式，被侵害人可以通过支付适当报酬的方式要求侵害人将其拥有的复制品转让（überlassen）给自己（《德国著作权法》第 98 条第 3 款）。

《德国著作权法》第 98 条第 2 款规定，权利受侵害的主体可以要求，对非法制 **29** 作、传播或者用于非法传播的复制件进行撤回（Rückruf）或者要求这些复制件从市场流通中彻底退出。侵害人并不必须对这些复制件享有支配权。因此，撤回义务旨在要求侵害人要求其客户，无论是企业还是消费者，将相关的复制件进行返还。《德国著作权法》第 98 条第 2 款的规定旨在对欧共体第 2004/48 号指令进行转化，

---

① *BGH* GRUR 1984，54-Kopierläden［打印店案］。

因此，应当进行符合指令的解释。上述法律规则得以实施的前提条件是，对于侵害人而言，撤回或者从销售渠道中撤出尚且可能。①

30   比例原则（参见《德国著作权法》第 98 条第 4 款第 1 项）同样适用于《德国著作权法》第 98 条第 1—3 款所规定的请求权。根据这一原则，只有在销毁、撤回或者（从销售渠道）撤出这些措施对于排除侵权行为而言是适当（geeignet）且必要（erforderlich）的情况下，相关销毁请求权、撤回请求权和撤出请求权才能够成立。另外，这些措施也必须与侵害的严重性保持适当的比例。在充分考虑个案中所有情形对合比例性进行审查时，也应当考虑第三人的正当利益（参见《德国著作权法》第 98 条第 4 款第 2 项）。针对计算机程序而言，《德国著作权法》第 69 条及以下的特殊规定较之于该法第 98 条属于具有优先适用性的特殊规定。

31   cc）审查顺序。对于《德国著作权法》第 97 条第 1 款第 1 句第 1 种情形所规定排除妨害请求权的审查依下列审查顺序来进行：

《德国著作权法》第 97 条第 1 款第 1 句第 1 种情形所规定的排除妨害之诉

1．实体权限（积极的合法性）

2．以违法的方式对著作权或者一项其他受著作权法保护权利的侵害

3．侵害行为导致一种违法的妨害状态

4．妨害状态的持续

5．排除义务的类型与范围，特定情形下考虑《德国著作权法》第 98 条关于比例原则的规定

（二）停止侵害（《德国著作权法》第 97 条第 1 款第 1 句第 2 种情形）

32   aa）停止侵害之诉（Verletzungsunterlassungsanspruch；《德国著作权法》第 97 条第 1 款第 1 句第 2 种情形）。（1）侵害行为重复的危险性。不以过错为前提要件的停止侵害之诉旨在阻止将来新的对著作权或者其他受著作权法保护的权利的非法侵害。因为该项请求权是以对这样一种权利的非法侵害以及侵害行为具有重复的危险（《德国著作权法》第 97 条第 1 款第 1 句第 2 种情形）为前提条件。因此，必须存在对继续的非法侵害的担忧（参见《德国民法典》第 12 条第 2 句、第 1004 条第 1 款第 2 项）。因此，如果未来同样的或者实质上同种类型的侵害客观上是可能的并且这种危险也具有严肃的紧迫性，（对权利的侵害）具有重复的危险性构成请求权的实质性要件。因此，在不具备这一要件的情况下，相应的诉讼请求在实体法上被认为没有法律依据，在程序法上则不予受理（unzulässig），应予驳回。

33   （2）对重复性危险的可推翻推定（Widerlegliche Vermutung）。原则上由原告对存在（侵害的）重复性危险承担举证责任。因为这涉及的是请求权成立基础的事实。在已经存在针对著作权或者其他受著作权保护之权利的侵害的情况下，构成了对侵害人将来会以同样的方式行为这种"严肃和可以理解的担忧"的客观根据。因

---

① BT-Drs. 16/5048，S. 97.

此，针对重复性危险的可推翻推定不仅针对同样的侵害形式，而且还针对核心上属于同一种类型的侵害行为。因此，一项已经进行的侵害构成存在（侵害）重复性危险的表征（indiziert）。① 只有特定的，由侵害人承担说明与举证责任（Darlegungs- und Beweislast）的事实能够推翻上述法律推定。

（3）重复性危险的缺失。在不存在（侵害行为）重复性危险的情况下，停止侵害之诉亦不成立。属于此种情形的诸如，当侵害行为的重复自始客观不能。示例：针对著作权和其他受著作权法保护之权利的侵害行为所完全（allein）依赖的特定客体已经灭失。 **34**

（4）重复性危险的消除（Wegfall）。（a）法律后果。在重复性危险得以消除的情况下，停止侵害之请求权也灭失。就重复性危险是否已经消除而言，应依据个案中的情形进行客观判断。在此过程中，应当对重复性危险消除采取严格的标准。 **35**

（b）构成要件。（aa）事实关系的改变。单纯的事实关系的改变只有在以下情况下才能导致重复性危险的消除，即基于每一种可能性的考察，同等类型权利侵害的行为再次发生的可能性已经被排除。侵权行为的单纯终止尚不能够满足这一条件，尤其是当侵害人可以于任何时候在不付出更大成本的情况下就可以重新进行侵害行为。 **36**

bb）自愿接受惩罚声明（Unterwerfungserklärung）。首先，作为一个基本原则，（侵害）重复性危险可以通过作出一项自愿接受惩罚声明而消除。该声明是一份明确的、足够具体的、在违反承诺的情况下须承担惩罚的不作为义务声明（Unterlassungsverpflichtungserklärung），通过该义务声明能够体现出侵害人（不进行侵权行为）的严肃的意愿（自愿接受惩罚声明；Unterwerfungserklärung；也见：《德国著作权法》第97a条第1款第1项）。合同约定的惩罚金额必须适当地高，从而能够威慑侵害人不再从事侵害行为。② 针对一个债权人作出的有效自愿接受惩罚声明，即便没有固定形式，也会导致针对所有负有停止侵害义务的债权人的重复性危险的消除（自愿接受惩罚声明的第三方效力与重复性危险的不可分性）。③ 因此，针对其他（停止侵害义务的）债权人，债务人原则上不再需要作出自愿接受惩罚声明。 **37**

一项自愿接受惩罚声明在以下情况下便缺乏"真诚性"，诸如，债务人在与第三人的法律冲突中依然主张其行为具有合法性。④ 一项附延迟期限（aufschiebend befristet）的自愿接受惩罚⑤和部分自愿接受惩罚（Teilunterwerfung）⑥ 本身并不影响义务人声明的真诚性。但是，附延迟期限的自愿接受惩罚只有在期限经过之后 **38**

① *BGH* GRUR 1955，97-Constanze II.
② *BGH* GRUR 1994，146，147f.-Vertragsstrafebemessung［合同违约金确定案］。
③ St. Rspr.，vgl. nur *BGH* GRUR 2003，450，452-Quizmaster［电视知识竞答节目案］。
④ *Bornkamm*，FS Tilmann，2003，S. 769，778.
⑤ *BGH* GRUR 2002，180，182-Weit-Vor-Winter-Schluss-Verkauf［非季末促销案］。
⑥ *BGH* GRUR 2001，422，424-ZOCOR.

重复性危险才消除；而部分自愿接受惩罚声明只在其涵盖的范围内导致重复性危险的消除。对于只涵盖较小地域范围的自愿接受惩罚声明或者约定的合同处罚金额不能产生充分的威慑效果的情况下，（侵害行为）重复性危险自始不受影响。①

39　　（cc）生效的法院判决。原则上，一份通过主诉讼程序（Hauptsacheverfahren）审理终结而获得的生效法院判决可以导致因（债务人）曾从事侵害行为而产生的再次从事侵害行为的推定消灭。而且这种消灭的效果也对第三人具有效力。② 在个案中，可以例外地得出不同的结论。

40　　（dd）临时性禁令（Einstweilige Verfügung）。通过颁发临时性禁令（也见：《德国反不正当竞争法》第 12 条第 2 款）而导致重复性危险消除的前提条件是，所颁发的禁令根据（义务人所作出的）争议终结声明（Abschlusserklärung）具有最终效力。通过争议终结声明使债权人所获得的临时性权利（vorläufiger Titel）变成具有最终效力的权利。③ 对此，作为前提条件，债务人必须放弃所有可能的法律救济途径（Rechtsbehelfe；《民事诉讼法》第 924 条、第 926 条及以下）和可能享有的反诉请求（《民事诉讼法》第 945 条关于危险责任的规定）。在债务人由于权利放弃从而无法针对权利人根据禁令所享有的权利采取措施的范围内，在主诉讼程序中没有必要为债权人提供权利保护，而在债务人所提起的消极的确认之诉（negative Feststellungsklage）中没有必要对其权利进行保护。④ 由于"效力最终化"的临时禁令如同自愿接受惩罚声明或者生效的法院判决一样，通常情况下，同时即便在涉及第三人的情况下，能够消除（侵害的）重复性危险（争议终结声明的第三方效力和重复性危险的不可分性）。在由于一项特定的侵权行为导致（多个权利人）取得多项临时性禁令的情况下，只要债务人向其中一个债权人作出争议终结声明便能够导致充分性危险的消除。⑤

41　　（5）审查顺序。依据《德国著作权法》第 97 条第 1 款第 1 句第 2 种情形对停止侵害请求权进行审查依据以下审查顺序进行：

《德国著作权法》第 97 条第 1 款第 1 句第 2 种情形规定的停止侵害请求权

1. 实体权限

2. 以违法的方式对著作权或者一项其他受著作权法保护权利的侵害

3. 存在侵害重复性危险

42　　bb）预防性的停止侵害之诉。（1）侵害首次发生的危险（《德国著作权法》第 97 条第 1 款第 2 项）。《德国著作权法》第 97 条第 1 款第 2 项所规定的无过错预防性停止侵害请求权在下述情形下便已经产生，即一项对著作权或者其他受著作权法保护之权利的首次侵害存在严肃的紧迫性（也见：《德国反不正当竞争法》第 8 条

---

① *BGH* GRUR 2002，180，181— Weit-Vor-Winter-Schluss-Verkauf［非季末促销案］。
② *BGH* GRUR 2003，450，452-Begrenzte Preissenkung［有限降价案］。
③ Köhler/Bornkamm/*Köhler*，§ 12 UWG. Rn. 3. 74.
④ *BGH* GRUR 1991，76，77-Abschlusserklärung［最终声明案］。
⑤ Köhler/Bornkamm/*Köhler*，§ 12 UWG. Rn. 3. 77.

第 1 款第 2 项)。这一情形要求存在首次侵权的危险（侵权首次进行的危险）。而侵权首次进行的危险在事实上存在以下线索时便已具备，即某一主体在不久的将来以特定的、能够对著作权或者其他受著作权法保护的权利造成侵害的方式行为。①

侵权首次进行的危险可以基于准备行为而产生，示例：内部指令受托人采用特定的广告信息。② 在某一主体宣称其有权利 (sich des Rechts berühmt) 从事特定行为的情况下，也构成存在侵权首次进行的危险。③ 相反，一个已经经过诉讼时效的侵害行为不能够作为存在侵害首次进行危险的充分理由。

（2）侵害首次进行之危险的消灭。较之于消除因（已发生的）侵害行为而产生的侵害人将来再次重复侵害行为的危险，原则上应当对侵权首次进行的危险消除规定较为宽松的条件。④ 与因已经发生的侵害行为所产生的重复性危险不同的是，对于侵害首次发生的危险不存在法律推定。因此，原则上没有必要作出自愿接受惩罚声明。⑤ 就准备工作而言，通常情况下只要能够撤回便可满足消除危险的要求。一项因（义务人关于其自身拥有权利的）声明所导致的侵害首次进行的危险原则上随着放弃该声明而消除。

（3）构成要件审查顺序。针对一项预防性停止侵害之诉的审查适用下列审查顺序：

《德国著作权法》第 97 条第 1 款第 1 句第 2 种情形所规定的预防性停止侵害请求权

1. 实体权限
2. 以违法的方式对著作权或者一项其他受著作权法保护权利的侵害
3. 侵害首次进行的危险 (Erstbegehungsgefahr)

cc) 停止侵害义务的履行。停止侵害义务最主要的是通过不再从事（继续的）侵害行为来履行。但是，也有可能必须由义务人采取积极的作为 (Tun)，前提是只有如此才能够避免将来的违法行为。⑥ 尤其是侵害行为是以未能履行某种应当履行的行为来体现的情况下更是如此。

dd) 停止侵害请求权的空间范围。停止侵害请求权在空间上及于整个联邦德国。在涉及即便债权人仅在有限的地域空间内具有有限的主体资格⑦或者停止侵害的请求权乃是基于合同约定的自愿接受惩罚的情况下也同样如此。⑧

ee) 停止侵害请求权的移转。只要停止侵害请求权的基础性权利可以移转给他人，则该请求权也可以进行移转。

---

① *BGH* GRUR 2003，890，891-Buchclub-Kopplungsangebot［读书会联合促销案］。
② *BGH* GRUR 1971，119，120-Branchenverzeichnis［行业黄页案］。
③ *BGH* GRUR 2001，1174，1175-Berühmungsaufgabe［首次侵害危险排除案］。
④ *BGH* GRUR 2001，1174，1175-Berühmungsaufgabe［首次侵害危险排除案］。
⑤ Wandtke/Bullinger/*v. Wolf*，§ 97 UrhG. Rn. 41.
⑥ *BGH* GRUR 1993，415，416-Straßenverengung［道路变窄案］。
⑦ *BGH* GRUR 2000，1089，1093-Missbräuchliche Mehrfachverfolgung［权利滥用案］。
⑧ *BGH* GRUR 2001，85，86-Altunterwerfung IV［不当得利案（四）］。

（三）防御请求权的债务人

49   aa）概念。防御请求权的债务人只能是侵害人（Verletzer）。侵害人是指（自行）从事侵权行为的人或者有从事侵权行为之危险的人。除此之外，司法判例在特定情形下也将妨害人（Störer）的责任纳入考量范围。妨害人是指有意地参与到对他人权利的侵害行为中且（其行为与损害后果之间）存在充分的因果关系，但是并非侵害人。[①] 根据联邦最高法院的观点，通过类推适用《德国民法典》第 1004 条的规定，在满足特定的前提条件下，（债权人）对妨害人也享有停止侵害请求权和排除妨害请求权。[②]

50   bb）侵害人的责任。（1）基础内容。在著作权法中，并不像民法和刑法中那样，对直接犯和间接犯（《刑法》第 25 条）、单独行为人和共同行为人（《德国民法典》第 830 条第 1 款第 1 项）、教唆人（犯）与辅助人（犯）（《德国民法典》第 830 条第 2 款、《刑法典》第 26、27 条）进行区分。[③] 上述任何一种行为进行的方式都可以构成侵害人身份。因此，在参与的构成要件得以满足并且参与人明知或应知主行为构成侵权的情况下，（权利人所享有的）一项防御请求权不仅能够针对行为人，而且还可以针对一个（具有威胁性）侵害行为的参与人。辅助人责任（Gehilfen-haftung）除了要求客观上的辅助性行为外，还至少要求主观上对于主行为（Haupttat）具有间接故意（bedingter Vorsatz）。[④]

    示例： 某人如果援引他人提供的信息，示例：借助一个超级链接，并将该信息作为自己的信息，那么，此行为人应当如同信息提供者一样对信息承担责任。[⑤]

    如果拍卖人能够在一个互联网拍卖行（Internet-Auktionshaus）中无须事前告知后者便可以经过一个自动化的程序在互联网上提供自己的拍卖品，那么，首先可以排除的是拍卖行为行为人对第三人的行为承担责任的可能性。因为该拍卖行既不是自行提供该商品，也未将其投入市场流通，也没有在广告宣传中利用该商品。同样可以排除的是拍卖行作为故意的参与人的责任。拍卖行应当预见到不时的侵害行为发生的可能性这一情形尚不能充分认定其具有帮助（侵害的）故意，而是必须针对具体的主行为。[⑥] 在这种情况下仅可能构成因违反交易保障义务（Verkehrssi-cherungspflicht；边码 51 及以下）所导致的责任。

    第三人在互联网门户网站的经营者所经营的网站上能够将特定内容，示例：配方，公之于众。如果经营者将这些公布的内容作为自己的内容，那么，该经营者就应当对这些内容承担如同其自己进行公布的一样的责任。[⑦] 在互联网门户网站经营

---

① *BGH* GRUR 2004，899，901-Schöner Wetten［美好的赌注案］。
② *BGH* GRUR 1999，418，419-［经典家具案］。
③ Dreier/Schulze/*Dreier*，§ 97 UrhG. Rn. 23.
④ *BGH* WRP 2007，964，Rn. 31-Internet-Versteigerung II［互联网拍卖案（二）］。
⑤ *BGH* WRP 2008，771，Rn. 20-ueber18. de.
⑥ *BGH* WRP 2007，964，Rn. 32-Internet-Versteigerung II［互联网拍卖案（二）］。
⑦ *BGH* GRUR 2010，616 Rn. 23-marions-kochbuch［食谱案］。

者对第三人所提交内容的完整性和正确性进行审查的情况下①或者对这些内容取得使用权，从而以商业的方式提供给第三人适用的情况下②都是属于自己须承担责任的情形。

（2）违反交易保障义务（Verletzung einer Verkehrssicherungspflicht）。违反交 51
易保障义务的主体也构成侵害人（Verletzer），从而属于行为人（Täter）。这是因为，任何一个人对在其职责范围内导致危险源发生或者使得危险持续都必须采取对其而言可能（möglich）且可预期（zumutbar）的措施，来作为排除对第三人因此而产生之风险的必要之举。③ 在违反著作权的交易保障义务的情况下④，不仅可以使得（权利人享有）排除妨害请求权和停止侵害请求权，而且可以导致损害赔偿责任的产生（《德国著作权法》第 97 条第 2 款第 1 句、第 4 句）。将民法中所发展出的交易保障义务这一法律制度适用于著作权法的理由在于：在交易中通过其行为而导致下述危险发生的主体，即导致第三人侵害其他市场参与者受著作权法保护的利益的危险，在著作权法上应当由负有义务的人采取可能且可预期的措施来对这种危险进行限制。也就是说，著作权法上的交易保障义务涉及第三人的行为。将民法与著作权法相互连接的合理理由还在于，如此能够更加清晰地展现著作权法作为一般侵权法规则的特殊侵权规则的内在联系。⑤ 为了避免将第三人违法行为的责任过于扩大，必须（1）存在违反交易保障义务的情形，且（2）存在侵害首次进行或者侵害重复性危险。交易保障义务的内容以采取危险预防措施的义务为指向。在对该义务进行具体化的过程中，应当考虑个案中的情形、所有相关者的利益以及具有关键意义的法律价值判断。尤其应当纳入考量范围的是审查义务（Prüfungspflicht）和介入义务（Eingreifpflicht）。⑥

示例：关于设置超链接（Hyperlinks）所导致审查义务范围取决于该超链接的总体情况（超链接的目的；设置超链接的主体对被链接的网页存在的违法行为是否知道；对于设置超链接的主体而言，被链接的网页的违法行为是否可以通过诸如警告或者起诉从而可以辨识）。在涉及一个媒体企业通过设置超链接来减轻公众获取特定信息源的难度，而这些信息源本就可以被公众访问的情况下，由于言论自由和媒体自由的规定（《欧盟条约》（EUV）第 6 条以及《基本权利宪章》（GR-Charta）第 11 条第 1 款、第 2 款；《德国基本法》第 5 条第 1 款），不应当对审查义务设定过高的要求。⑦ 一篇互联网上的文章，如果属于言论和媒体自由的适用范围（《欧盟条约》（EUV）第 6 条以及《基本权利宪章》（GR-Charta）第 11 条第 1 款、第 2 款；

---

① *BGH* GRUR 2010，616 Rn. 32-marions-kochbuch［食谱案］。

② *BGH* GRUR 2010，616 Rn. 23-marions-kochbuch［食谱案］。

③ *BGH* GRUR 2009，890 Rn. 26-Jugendenfährdende Medien bei eBay［eBay 有害青少年媒体案］。

④ 支持著作权法中确认这些义务的观点参见 *Scbaefer*，ZUM 2010，699，700；*Fürst* WRP 209，378，389；*J. B. Nordemann*，FS Loewenheim，2009，S. 215，219；不同观点；*BGH* GRUR 2010，633，Rn. 13-Sommer unseres Lebens［生命中的夏天案］。

⑤ *Köbler*，GRUR 2008，1，3。

⑥ *Köbler*，GRUR 2008，1，4。

⑦ *BGH* WRP 2004，899，902-Schöner Wetten［美好的赌注案］。

《德国基本法》第 5 条第 1 款），示例：一篇关于如何规避拷贝保护的文章，包括该文章佐证性的或者补充性地援引他人的网络页面，而该网络页面又对违反行为提供了支持，诸如，设置软件提供者页面的超链接、去除拷贝保护，都受到基本权利的保护。① 在作者的言论与媒体自由较之于因违法（信息）提供而受到侵害者的利益相比更为重要时，即便文章的作者知道其超链接所援引的（信息）提供是违法的也同样受到基本权利的保护。这种言论自由与媒体自由的重要性尤其体现在以下情形中，即作者明确地对所援引网页中的（信息）提供违反法律进行了提示，并且由于所涉及违法行为的严重性使得公众对此拥有特殊的信息需求。

能够为私人或者经营性主体提供在线拍卖物品服务的互联网拍卖行，其经营者在违反交易保障义务的情况下须为第三人的著作权侵权行为（示例：未经授权而对影院电影进行销售）承担责任。这种对交易保障义务的违反体现在，该经营者可被合理地期待针对侵权行为采取控制措施，从而阻止侵权的发生。互联网拍卖行的经营者并不必须对每一个经过自动程序在互联网上进行的拍卖都进行审查，是否侵害到第三人的知识产权，不存在一种普遍化、一般化的监督义务（也见：欧共体第 2001/3 号指令第 15 条第 1 款的规定）。目前对所有侵权行为实现确定的识别，从而实现毫无漏洞的事前控制在技术上是不可能的；但是，这样一种现状并不能成为排除针对经营者提出停止侵害之诉讼请求的理由。② 在经营者获知（第三人的）侵权行为的情况下，他不仅必须毫不迟延地冻结所涉及的具体交易，而且还必须采取可能且可合理期待的措施来保障不再发生进一步的侵权行为。被侵权人的函告引起拍卖服务提供者对侵权行为注意，从而使得互联网拍卖服务提供者获知第三人的侵权行为。但是，该拍卖服务提供者对第三人的侵权行为承担责任还必须满足以下条件：即便在获知第三人在其提供的拍卖平台上从事侵权行为依然未采取任何措施。只有在这种情况下，才可以基于主张行使停止侵害之诉讼请求的目的向拍卖平台经营者发出警告信（催促其履行义务）。

无线网络接入口（WLAN-Anschluss）的所有人如果没有采用购买无线路由器时市场普遍采用的安全保障措施，那么，该所有人在以下情况下须承担不作为的责任。具体而言，第三人利用该所有人的网络接口从事了著作权侵权行为，示例：通过设置一个针对受著作权保护的音乐作品的互联网交换平台来从事侵权行为。③

cc）妨害人（Störer）的责任。（1）针对所从事的违法竞争的行为。根据联邦最高法院（BGH）的系列判决，在知识产权领域引入交易保障义务之后对于其维持已经不再具有客观依据④，通过类推适用《德国民法典》第 1004 条的规定，作为妨害人对排除妨害或停止侵害（但不包括损害赔偿）承担责任。妨害人是指某个主

---

① *BGH* WRP 2011，762，Rn. 15-AnyDVD.

② *BGH* WRP 2007，964，Rn. 47-Internet-Versteigerung II（für gefälschte Markenware）　［互联网拍卖案（二）—针对假冒商标产品］。

③ A. A. *BGH* GRUR 2010，633，Rn. 47-Sommer unseres Lebens［生命中的夏天案］，mit Anm. *Stang*（但是承认妨害人责任）。

④ *Köbler*，GRUR 2008，1，6.

体，即便没有过错，以下述方式参与到第三人的侵权行为中，即该主体有意地且以对违法损害的产生具有充分因果关系的方式发挥了共同作用 (mitwirkt)。此种意义上的共同作用可以是对第三人所独立地采取行动的支持或者利用，只要被请求人法律上具有阻止该行为的可能性。根据联邦最高法院的观点，妨害人责任尤其在满足以下条件的情况下成立，即当一个主体 (1) 参与到第三人的著作权侵权行为中 (附属性要求；Akzessorietätserfordernis)，(2) 这种参与是有意地且以对违法损害的产生具有充分因果关系的方式所进行的共同作用，(3) 违反了对其可期待性的行为义务，尤其是审查义务。[①] 就行为义务可期待的内容和范围而言，德国联邦最高法院主张应依据个案情况，尤其是妨害人作为被主张请求的主体所承担的具体分工和职位以及作为直接侵权人之第三人的个人责任。[②]

(2) 针对有紧迫危险的违法行为 (für drohenden fremden Gesetzesverstoß)。**53** 根据德国联邦最高法院的观点，权利受侵害者可以根据《德国民法典》第 1004 条以及所违反的《德国著作权法》相关条款向妨害人主张预防性的请求权，意即不需要具备侵害已经发生这一要件。前提是潜在的妨害人存在首次进行侵害行为的危险。[③] 这是基于预防性停止侵害之诉讼请求的本质要求。据此，权利人在面临即将进行的侵害行为时并不必须等到对其权益之侵害已实际发生后才可采取保护措施。

dd) 企业的所有权人 (Inhaber eines Unternehmens) 的责任 (《德国著作权 **54** 法》第 99 条)。(1) 规范目的。企业的雇员或者受托人以违法的方式对受著作权法保护的权利造成侵害，则被侵权人也可以向企业的所有权人主张《德国著作权法》第 97 条第 1 款和第 98 条所规定的，除损害赔偿请求权之外的全部请求权 (《德国著作权法》第 99 条)。《德国著作权法》第 99 条规定了一项结果责任 (Erfolgshaftung)，且并未规定可以免责的事由。该条构成了被侵权人所享有的，针对企业的权利人的一项额外 ("也"；auch) 独立请求权 (＝请求权基础)。《德国著作权法》第 99 条的规定填补了《德国民法典》第 831 条对第三人责任的限制所产生的法律保护漏洞。企业的雇员和受托人的侵权行为应当归责于企业的所有权人，如同其自己从事这些侵权行为一样。[④] 这是因为劳动分工组织机构 (arbeitsteilige Organisation) 不得排除对侵权承担责任。在雇员和受托人所从事的行为对企业有利并且企业能够控制风险领域 (Risikobereich beherrscht) 的情况下，更是如此。就侵犯著作权的责任承担而言，企业的所有数人不得通过隐藏于受其控制的其他企业来逃避责任。因此，企业的所有权人也不得以对侵权不知情或者将涉嫌侵权相关领域的决策权授予给雇员或者受托人来进行抗辩。

(2) 适用范围。从条文表述来看，《德国著作权法》第 99 条仅包含了该法第 97 **55** 条第 1 款意义上的排除妨害请求权和停止侵害请求权 (包括其中的信息请求权；Auskunftsanspruch) 以及第 98 条所规定的请求权。这些请求权以对著作权或者一

① *BGH* GRUR 1997，313，315-Architektenwettbewerb [建筑师竞争案]。
② *BGH* GRUR 2003，969，970f.-Ausschreibung von Vermessungsleistungen [测量工作招标案]。
③ *BGH* WRP 2007，964，Rn. 41-Internet-Versteigerung II [互联网拍卖案]。
④ *BGH* GRUR 1993，37，39-Seminarkopien [研讨班复印件案]。

项其他受著作权法保护的权利的侵害为前提要件。但是，《德国著作权法》第 99 条对于损害赔偿请求权（包括属于其中的信息请求权）并不具有可适用性。[①] 对于损害赔偿请求权适用一般的民法规则，尤其是《德国民法典》第 31 条、第 831 条和第 166 条。这些一般性的民法规则并不受《德国著作权法》第 99 条的影响。

56   （3）前提条件。(a) 侵权行为（Rechtsverletzung）。企业的雇员或者受托人必须已经对一项受著作权法保护的权利造成了非法侵害。由于《德国著作权法》第 97 条第 1 款或者第 98 条的构成要件必须满足（"也"；auch），因而，《德国著作权法》第 99 条的适用前提是，根据该法第 97 条第 1 款或者第 98 条的规定，存在一项针对公司雇员或者受托人的请求权。在针对企业雇员或者受托人的请求权诸如因义务人作出自愿接受惩罚声明而消除或者由于诉讼视角的经过而无法强制执行的情况下，《德国著作权法》第 100 条第 1 句的规定也具有适用性。

    为另外一个雇主或者委托人提供活动所导致的侵权行为则不能归责于企业（《德国著作权法》的 99 条），原因在于一个企业内的分工安排不能成为此种责任的产生依据（da sich eine solche Haftung nicht mit der arbeitsteiligen Organisation in einem Unternehmen begründen lässt）。在此范围内，应当将新的雇主或者委托人作为侵害人或者妨害人而纳入考量。

57   (b) 雇员。雇员包括任何一个劳动法意义上的雇员，意即，每一个基于其劳动合同居于附属地位的职工（Beschäftigte；参见第五章边码 107 及以下）。

58   (c) 受托人（Beauftragter）。受托人是指在企业中或者为另外一个企业或者基于合同约定或者其他法律关系从事活动而非职员的主体。作为基础之合同的有偿性、有效性及其法律属性均与其地位确定无关。但是，基于《德国著作权法》第 99 条的立法目的，前提条件是该主体以下述方式被划入企业经营性组织机构（betriebliche Organisation）中的一员，即一方面该主体从事行为的成果至少对企业的权利人是有好处的，另一方面企业的权利人可以对其不令人满意的行为实施确定的（bestimmenden）和可实施的影响。

    示例：商业代表（Handelsvertreter）、分销商（Vertragshändler）、特许经营人（Franchisenehmer）、广告代理以及控制协议（Beherrschungsvertrag；《股份法》第 291 条）中的附属企业以及事实康采恩（《股份法》第 308 条及以下）都可以构成受托人。

59   (d) 在企业内部。《德国著作权法》第 99 条以"发生在企业内部"的侵权行为为要件。根据该条款的立法目的，这一构成要件不应当从空间上（räumlich），而应当从功能上（funktional）来理解。因此，判断的唯一标准便是，该行为是否属于企业的经营范围并且应当给企业带来利益。在雇员或者受托人在企业内部基于私人目的所从事的行为，不能够满足这一构成要件。

    示例：雇员或者受托人制作或者出售不属于企业经营范围的产品或者虽属于企业经营范围，但是自己负担相应成本的情形。

---

① Dreier/Schulze/*Dreier*, § 100 UrhG. Rn. 1.

由于应当对企业的概念进行广义解释（weit auszulegen），所以这里企业的概念 *60*
也包括了从事非经济活动的主体，诸如：政党和公民组织（Bürgerinitiativen）。另
外，《德国著作权法》第99条的规定也适用于国家。①

（e）企业的权利人（Unternehmensinhaber）。企业的权利人是以其名义（Name） *61*
和责任（Verantwortung）对企业进行经营的主体。通常情况下是所有权人、用益租
赁权人（Pächter）或者用益权人（Nießbraucher）。如果由一个法人、无限公司
（OHG）*或者民事合伙（BGB-Gesellschaft）来经营企业，那么，该法人或合伙作
为企业的权利人。因此，法人的机关（示例：股份公司的董事会；有限责任公司的
董事）以及无限公司的或者民事合伙的合伙人（成员）不是企业的权利人。

（4）法律后果。针对企业的雇员或受托人所提起的防御诉讼请求，"也对企业 *62*
的权利人成立"。因此，原则上存在两个相互独立的防御诉讼请求（selbständige
Abwehransprüche）。这种独立性既适用于（构成要件的）法律判断标准，也适用于
诉讼请求的主张。

示例：如果就企业的雇员或受托人而言，侵害首次进行的危险或者重复性危
险已经消除，那么危险消除的效果不能及于针对企业权利人的诉讼请求。反之
亦然。

就请求权的内容和范围而言，针对企业的雇员或者受托人所提起的诉讼请求与 *63*
针对企业的权利人所提起的诉讼请求并没有区别。基于这一原因，企业的权利人与
其雇员或者受托人一样，以同样的方式负有排除妨害和停止侵害之义务。因此，企
业权利人的义务并不仅限于保证同样的侵害行为不再发生。

ee）排除妨害与停止侵害责任的例外规定（《德国著作权法》第100条）。排除 *64*
妨害请求权（《德国著作权法》第97条第1款第1句第1种情形）和停止侵害请求
权（《德国著作权法》第97条第1款第1句第2种情形和第1款第2句）的执行可
能会由于经济价值的灭失（Vernichtung wirtschaftlicher Werte）而对侵害人造成不
成比例的巨大损失。在侵害行为是因无意而发生的，即侵害人对于侵害行为没有过
错的情况下，基于正当性的考虑，应当赋予侵害人以金钱对被侵害人进行补偿
（entschädigen）来作为对排除妨害和停止侵害之诉的抗辩理由。这一可能性的前提
是，可以合理期待被侵害人能够接受金钱的补偿（Abfindung；《德国著作权法》第
100条第1句）。

示例：A企业制作了一部电影。但是，出于无意该企业并未获得对其电影作品
进行商业利用所必须的使用权（Nutzungsrecht）授权。

通过补偿金的支付，受侵害人对相关利用权的事前同意在惯常的范围内视为已 *65*
授予（《德国著作权法》第100条第2句）。

---

* 实质为无限商事合伙。——译者注

① *BGH* GRUR 1981，419，422-Quizmaster［电视知识竞答节目案］。

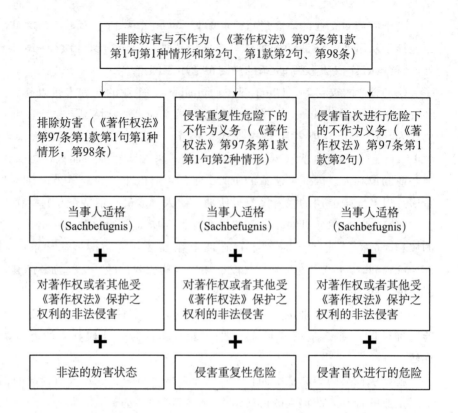

（四）审查顺序概览

66　从对排除妨害请求权和停止侵害请求权（《德国著作权法》第 97 条第 1 款第 1 句第 1 种情形以及第 1 款第 2 句）的概括性展示（见边码 64）中可以看出，每个单一请求权的构成要件部分地重合。对一项著作权或者一项其他受著作权法保护的权利的侵害是每一种请求权的构成要件。

五、损害赔偿请求权（《德国著作权法》第 97 条第 2 款第 1 句、第 2 款第 4 句）

（一）对财产损失的赔偿（《德国著作权法》第 97 条第 2 款第 1 句）

67　aa）前提要件。根据《德国著作权法》第 97 条第 2 款第 1 句的规定，对一项著作权或者一项其他受著作权法保护之权利以故意或过失的方式非法（widerrechtlich）实施侵害的主体负有赔偿因此所导致之损害的义务。这一规定体现的是损害弥补（Schadensausgleich）这一基本思想。欧盟和德国的立法者对于惩罚性损害赔偿（Strafschadensersatz）是持否定态度的。① 关于损害赔偿请求权的构成要件（侵害行为、行为后果、因果关系、规范的保护目的（Schutzzweck der Norm）、违法性和过错（故意与过失）；《德国民法典》第 276 条）适用一般性的民法基本原则。一个起初无过错地实施侵害行为的主体，在其受到被侵害人合法的侵权警告信

---

① Vgl. 立法理由：26 RiL 2004/48/EG und BT-Drs. 16/5048，S. 96。

(Abmahnung) 后便失去对其行为的善意 (Gutgläubigkeit)。

bb) 损害赔偿的内容和范围。原则上，《德国民法典》第 249—254 条适用于著 **68**
作权损害赔偿请求权的内容和范围。但是，在此范围内存在一些需要注意的特
殊性。

(1) 恢复原状 (Naturalrestitution；《德国民法典》第 249 条)。根据《德国民 **69**
法典》第 249 条第 1 款的规定，受侵害人原则上可以要求侵害人恢复至如同使赔偿
义务发生之情事未发生时之状态 (恢复原状)。

根据《德国民法典》第 249 条第 2 款第 1 句的规定，因对人侵害或者对物毁 **70**
损，债权人得不请求恢复原状，而得请求恢复原状所必要之金额。债务人并没有义
务事实上去执行恢复行为 (对比：《德国民法典》第 249 条第 2 款第 2 句)。① 由于
著作权法中通常并不是涉及因对人的侵害或者物的毁损而导致的损害赔偿，而是主
要地涉及财产损失，尤其是因 (潜在) 客户的丧失所产生的损害，因而，多数情况
下《德国民法典》第 249 条第 2 款第 2 句的规定并不具有直接的适用性。如果债权
人只能以违法的方式获取特定的收益，那么，这一事实上可期待的收益
(tatsächlich zu erwartender Gewinn) 并不具有可获赔偿的资格。②

(2) 损失的预期收益 (Entgangener Gewinn；《德国民法典》第 252 条)。在对 **71**
损失的收益 (《德国民法典》第 252 条) 进行主张时，受侵害人不必对以下事实进
行举证，即假设侵害人合法地行事，受侵害人本应已经获得了特定的委托；而是适
用《德国民法典》第 252 条第 2 句规定的对受侵害人有利的法律拟制 (Fiktion)。
因此，受侵害人仅需要对其非常有可能 (Wahrscheinlichkeit) 获得收益的情形进行
说明 (darlegen) 以及必要情况下进行举证 (beweisen)。③ 针对这一说明义务的履
行，不应设定过于严格的标准。在进行举证的过程中，受侵害人可以适用《民事诉
讼法》第 287 条关于举证责任减轻 (Erleichterung) 的有利规定。只有在缺乏所有
可以合理理解的有关事实的情况下，法院才能够拒绝采用最低损害的估计。受侵害
人在确定其举证相关事实时可以主张信息披露请求权 (Auskunftsrecht)。

(3) 三种损失计算方式 (Dreifache Schadensersatzrechnung)。(a) 法律性质与 **72**
内容。著作权法对三种损失计算方式进行了法律规定。这一规定仅赋予 (受侵害
人) 针对一项 (eines) 特定的损害赔偿请求额度采取不同的计算方法。据此，受侵
害人可以选择通过下述方法来确定其所遭受损害的大小： (1) 具体的损害
(konkreter Schaden)，包括损失的 (预期) 收益 (《德国民法典》第 249 条及以
下)；(2) 侵害人返还收益 (Herausgabe des Verletzergewinns；《德国著作权法》
第 97 条第 2 款第 2 句)；(3) 适当的 (拟制) 授权许可费用 (Lizenzbebühr；授权
许可类比；《德国著作权法》第 97 条第 2 款第 3 句)。侵害人可以在上述三种损害
计算方式中自由选择并且原则上也可以在诉讼程序中转换损失计算方式。④ 被侵害

① *BGH* NJW 1997，520；Köhler/Bornkamm/ *Köhler*，§ 9 UWG. Rn. 1. 28.
② *BGH* GRUR 2005，519，520-Vitamin-Zell-Komplex [维生素案]。
③ *BGH* GRUR 2007，532，Rn. 15-Meistbegünstigungsvereinbarung [最优惠协议案]。
④ *BGH* GRUR 2000，226，227-Planungsmappe [规划]。

人的这一选择权直至债务人义务履行或者法院针对请求权的主张作出有效的判决（rechtskräftige Zuerkennung）时方才消灭。但是，被侵害人不得将上述计算方式进行累计或者彼此混合（彼此混合禁止或者相互结合禁止；Vermengungs-oder Verquickungsverbot）。① 针对合同约定的损害赔偿请求，前述三种损害计算方式（任选其一）的规定并不适用。② 这是因为（当事人之间）债法上关于智慧财产（Immaterialgut）的约定不能够创设一种如同智慧财产本身具有可比性的法律地位（Rechtsposition）。

73　　　　（b）规范目的。法律确认根据拟制的授权许可费用或者侵害人收益的标准来进行损害的计算是基于智慧财产权的权利人——示例：著作权的权利人——特殊的利益保护需求。这一特殊的保护需求产生的原因在于，受侵害人通常情况下难以进行举证证明，侵害人的侵害行为对其造成了多大的收益损失。③ 由于采取授权许可费用拟制或者侵害人（因侵害行为所得）收益的损害计算标准可以免除被侵害人的上述举证负担，因而，该规定可以实现一种适当的利益平衡（Interessensaus-gleich）。④ 除此之外，这一规定还可以对侵害行为予以惩戒，从而对侵害智慧财产权或者类似权益的行为产生威慑作用（预防功能；Prävention）。⑤

74　　　　（c）每一种计算方法。（aa）侵害人返还收益。与未经授权将他人事务当作自己事务而管理的返还请求权（《德国民法典》第 687 条第 2 款第 1 句，第 681 条第 2 句、第 667 条）一样，以侵害人的收益为计算标准的损害计算（参见《德国著作权法》第 97 条第 2 款第 2 句；这里所指的是一项返还侵害人所得收益的请求权）旨在剥夺侵害人基于对智慧财产权（示例：著作权）或者一项类似的权利未经授权的利用而取得的收益。⑥ 因此，法律假定，被侵害人通过对其受侵害的权利的利用原本也可以获得与侵害人已获得收益相等的收益（拟定；Fiktion）。为了使审理法院能够根据《民事诉讼法》第 287 条的规定对损害进行估算，被侵害人必须对以下事实进行说明并且必要情况下进行举证，即侵害人的侵害行为极有可能对其造成了损害并且为侵害人带来了收益。⑦ 当然，通常情况下侵害人的收益可以从被侵害人的可期待收益损失推断出来。⑧ 在这一计算过程中，被侵害人是否能够取得与侵害人相同的收益并不具有决定性影响。⑨

75　　　　被侵害人的特殊保护需求使下述法律拟制获得正当性，即如果侵害人没有对被侵害人专属的权利进行违法利用，被侵害人本可以获得与侵害人已取得的相等收益。因此，应当假设（unterstellen）被侵害人经营一家企业，该企业能够像侵害人的企业那样提供同样的生产和销售服务。基于这一假设，在确认侵害人收益时应当

---

① *BGH* GRUR 1993，757，758-Kollektion " Holiday " ［《假日》集案］。
② *BGH* GRUR 2002，795，797-Titelexklusivität ［排他性条款案］。
③ *BGH* GRUR 2001，329，331-Gemeinkostenanteil ［成本分担案］。
④ *BGH* GRUR 1995，349，351-Objektive Schadensberechnung ［客观损害计算案］。
⑤ *BGH* GRUR 2001，329，331-Gemeinkostenanteil ［成本分担案］。
⑥ *BGH* GRUR 2001，329，331-Gemeinkostenanteil ［成本分担案］。
⑦ *BGH* GRUR 1962，509，512-Dia-Rähmchen II ［幻灯片框架案（二）］。
⑧ *BGH* GRUR 1995，349，351-Objektive Schadensberechnung ［客观损害计算案］。
⑨ *BGH* GRUR 2001，329，332-Gemeinkostenanteil ［成本分担案］。

合乎逻辑地扣除那些可以直接因侵权标的物的制作和销售而产生的成本。①

示例：生产所耗费的材料和能源以及包装和销售（示例：运输费用）成本应当在确定侵害人收益时进行扣除。同样应当扣除的费用还包括侵害人仅因侵权产品的生产和销售所进行的雇员工资支出以及机器和厂房（依据使用年限按比例计算）成本。

相反，独立于（侵权产品的）生产和销售而产生的企业运营的费用不得从收益中扣除。因此，侵害人不得将非直接因侵权标的物的生产和销售而产生的一般费用（Gemeinkosten）按比例地进行概括性扣除。 76

示例：一般的市场营销支出；依据业务管理人员劳动力的比例确定的开发与实验成本；未销售货物的材料成本。

否则的话，侵害人因其侵害行为所得的收益不能完整地被穷尽，从而使得侵害人尚且能够保留可以弥补其共计支出的收益（Deckungsbeitrag）。 77

在对著作使用权构成侵害情况下，侵害人收益的范围仅以基于权利侵害行为所获得的收益为限。对此，在判断标准上不是采用所谓的"充分性因果关系"（adäquaten Kausalität）标准，而是应进行衡量性的判断。具有决定影响的是，在侵权商品的销售中，通过继受受到著作权法保护之原装产品的要素以及作为模仿品在多大程度上构成作为购买人的另一方市场参与者作出购买决定的原因，或者是除此之外的其他原因发挥了关键性的作用。② 在此范围内可以导致一种"因果关系的减弱"（Kausalitätsabschlag）。 78

通过销售一种非自由加工（unfreie Bearbeitung）* 产品而实施的著作权侵权行为，具有决定性的影响因素是，作为购买者的另一方市场参与者在作出购买侵权产品时在多大程度受到该产品所继受的被侵权商品的要素影响。在此判定过程中，标的物的性质尤其具有决定性意义（示例：根据经验，功能性要素在对购买决定的影响上，家具产品要远大于首饰产品；就婴儿座椅而言，不仅结构要素，而且功能性、安全性以及优惠的价格都对购买决定具有重要影响）。③ 基于侵权行为所获得收益比例的高低应当依据《民事诉讼法》第287条的规定来进行判断。至于被侵害人是否能够获得如同侵害人同等的收益则是无关紧要的。在处于一条供应链上下游的多个供货商先后对（著作权人的）著作使用权实施侵害的情况下，原则上被侵害人可以要求此供应链上的所有供应商返还其所得收益。④ 这是因为，根据以损害弥补为指向的预防理念，供应链上的每一个侵害人都不应当保有因其以过错的方式所获得的收益。但是，在由一个（上游）供货商返还的收益数额中应当将该供货商支付

---

* 不同于自由加工能够创作出一种新的独立作品（《著作权法》第24条），对原作品的非自由加工并未产生新的独立作品（《著作权法》第23条），因此须征得原作品作者的许可。——译者注

① *BGH* WRP 2009，1129，Rn. 36-Tripp-Trapp-Stuhl［台阶椅案］。
② *BGH* WRP 2009，1129，Rn. 37-Tripp-Trapp-Stuhl［台阶椅案］。
③ *BGH* WRP 2009，1129，Rn. 46-Tripp-Trapp-Stuhl［台阶椅案］。
④ *BGH* WRP 2009，1129，Rn. 61-Tripp-Trapp-Stuhl［台阶椅案］。

给其下游供货商因被权利人主张损害赔偿而支付的赔偿金扣除。① 因为在此范围内，该上游供货商并未取得收益。

示例：A 从事婴儿座椅的销售，而该婴儿座椅由 B 所生产，并对 C 的著作权造成侵害。A 和 B 通过生产和销售行为获得了收益。C 有权既向 A，又向 B 主张返还侵害人所得收益。但是，如果 B 向 A 支付了 10 万欧元损害赔偿金，因为 A（由于侵权行为）被 C 主张承担侵权责任，那么，B 在被 C 主张返还侵害人所得收益时，返还的数额应当扣除上述 10 万欧元。因为，在此范围内 B 由于未经授权对著作权的使用而获得的收益已经耗完（aufgezehrt）。

79　　　　（bb）授权许可类比（Lizenzanalogie）。如同不当得利的返还（《德国民法典》第 812 条第 1 款第 1 句第 2 种情形、第 818 条第 2 款）一样，根据授权许可类比（《德国著作权法》第 97 条第 1 款第 3 句）所进行的损害计算旨在将侵害人置于一种比通过合同方式被授予使用权许可并支付了许可费的被许可人不好也不坏的地位。② 鉴于这一损害计算方式的规范目的，"个案中，侵害人假设以合法的方式行为是否会真的获得相关授权，是无关紧要的。"基于这一原因，在单纯对损害进行计算时，需要对以下问题进行考察，即一份（虚拟的）授权许可合同中理性的合同当事人在知晓使用期限和程度的情况下会对许可费用如何进行约定。这一假设只要具备以下条件便能够成立，即这种类型的（虚拟的）授权许可合同法律上是可能的，相关权利的移转也符合交易惯例，并且被侵害人在未获得对价给付的情况下不会许可（侵害人对其权利的）使用。③ 针对相关（专属）权利的移转是否符合行业惯例，并不以当事人双方所处的具体行业的情形为标准。具有关键意义的是，所涉及的一种（专属）权利在一般意义上通过授权许可的方式（赋予他人使用权）是否在交易中为常见现象。对此，只要根据所涉及权利的性质能够通过授予他人使用权的方式进行利用并且事实上也是以此种方式进行利用的便满足了法律规定的要件。④

80　　　　在对合适的授权许可费用额度进行计算上，应当依据（对著作权的）使用收益的客观价值来进行确定。⑤ 具体而言，至于侵害人个人是否愿意为其利用行为支付一笔以这一标准所确定的费用是无关紧要的。在对适当的授权许可费用的额度进行确定时必须考虑个案中所有相关的情形（示例：侵害行为的不法内容，行业通行的报酬标准和资费标准）。⑥

81　　　　在满足上述条件的情况下，（侵害人）未支付的授权许可费用构成损害产生的表征。⑦ 由于授权许可类比仅是以被侵害人与侵害人之间一份虚拟的授权许可协议

---

① *BGH* WRP 2009，1129，Rn. 78-Tripp-Trapp-Stuhl［台阶椅案］。

② *BGH* GRUR 2000，685，686f.-Formunwirksamer Lizenzvertrag［形式无效许可权合同案］。

③ Köhler/Bornkamm/ *Köhler*，§ 9 UWG. Rn. 1. 42.

④ BGHZ 60，206，211-Miss Petite；143，220，232-Marlene Dietrich；*BGH* NJW-RR 2006，184，186-Catwalk（对实用新型权则持肯定态度）。

⑤ *BGH* GRUR 1995，578，422-Steuereinrichtung II［操控系统案］。

⑥ *BGH* GRUR 2006，136，138-Pressefotos［新闻图片案］。

⑦ *BGH* WRP 1995，393，396-Objektive Schadensberechnung［客观损害计算案］。

为基础，所以在侵害人支付了授权许可费用类比额度的损害赔偿之后并不会导致与被侵害人之间授权许可合同的缔结。从而，侵害人也不得以此作为继续其（侵害）行为的合法依据。①

cc）妨害人（Störer）不承担损害赔偿责任。由司法判例所发展出的妨害人责 *82* 任仅针对防御请求权，而不包括损害赔偿请求权在内。② 因此，如同民法中的规定一样，损害赔偿请求权的债务人只能是满足著作权法责任规范构成要件的（间接的）行为人、共同行为人（《德国民法典》第 830 条第 1 款第 1 句）、教唆人或辅助人（《德国民法典》第 830 条第 2 款）。③

dd）构成要件审查顺序。针对《德国著作权法》第 97 条第 2 款第 1 句所规定 *83* 的请求权适用下述构成要件审查顺序：

《德国著作权法》第 97 条第 2 款第 1 句所规定的损害赔偿请求权

1. 实体权限
2. 以违法的方式对著作权或者一项其他受著作权法保护权利的侵害
3. 故意或过失的侵害行为
4. 财产损害
5. 损害赔偿请求权的类型和范围（三种损害赔偿的计算方法）

（二）对非财产损害的赔偿（《德国著作权法》第 97 条第 2 款第 4 句）

aa）规范目的。《德国著作权法》第 97 条第 2 款第 4 句规定了对非财产损害进 *84* 行赔偿的请求权基础，从而对权利侵害行为进行威慑（abzuschrecken）并对被侵害人进行赔偿（Genugtuung）。这一请求权所涉及的是《德国民法典》第 253 条第 1 款意义上的"法律所规定之情形"。这一请求权的债权人可以是作者和《德国著作权法》第 97 条第 2 款所明列的邻接权的权利人（《德国著作权法》第 70 条、第 72 条、第 73 条）。将请求权主体限制在特定的群体的原因在于，《德国著作权法》这些群体规定了作者人身权的权能（urheberpersönlichkeitsrechtliche Befugnisse）并且只有在侵害这些权能的情况下对非财产损害进行损害赔偿才显得具有正当性。④ 该请求权的权利人只能为自然人并且仅能是作者或者邻接权的原始权利人（不能是被许可人）。但是，非财产损害的赔偿请求权可以由通过法定继承或遗嘱处分的方式成为死亡的作者人身权（新）的权利人享有。《德国著作权法》第 97 条第 2 款第 4 句意义上的一项请求权可以被继承。

bb）前提条件。一项《德国著作权法》第 97 条第 2 款第 4 句意义上的请求权 *85* 必须满足以下前提条件：（1）针对一项著作权或者《德国著作权法》第 70 条或第

---

① *BGH* WRP 2002，214，218-SPIEGEL-CD-ROM［明镜光盘案］。
② *BGH* GRUR 2005，670，671-WirtschaftsWoche［经济周刊案］。
③ *BGH* WRP 202，532，533-Meißner Dekor.
④ Dreier/Schulze/*Dreier*，§ 97 UrhG. Rn. 73.

72 条或第 73 条所规定的一项邻接权的违法和有过错的侵害（widerrechtliche, schuldhafte Verletzung）；（2）基于公平原则的考量存在进行金钱赔偿的必要性。第二个前提条件要求存在对作者人身权严重和持续性的侵害。[①] 对此需要对个案中的下列情形进行考虑，诸如，行为的动机、过错的程度、侵害的意义、程度和持续时间以及排除侵害的其他可能性〔示例：撤销（Widerruf）、更正（Richtigstellung）〕。从被侵害人的角度来讲，首先补偿功能具有重要意义。

示例：如果某人在进行图书封面设计时对一个照片进行了窜改（verstümmeln），则可能导致《德国著作权法》第 97 条第 2 款所规定的损害赔偿责任。[②]

86　　　　　cc）请求权的性质和范围。金钱赔偿的数额应根据《民事诉讼法》第 287 条的规定来进行估算。对此，个案中的具体情形同样具有决定性意义，尤其是（对权利）侵害的意义和影响范围。基于预防侵害的考量，侵害人所得收益也应当纳入评估因素。[③]

87　　　　　dd）构成要件审查顺序。针对《德国著作权法》第 97 条第 2 款第 4 句所规定的损害赔偿请求权适用下述构成要件审查顺序：

《德国著作权法》第 97 条第 2 款第 4 句所规定的损害赔偿请求权

1. 实体权限（作者或者《德国著作权法》第 70 条、第 72 条或第 73 条所规定的邻接权的权利人）

2. 以违法的方式对著作权或者《德国著作权法》第 70 条、第 72 条或第 73 条所规定的一项邻接权的侵害

3. 故意或过失的侵害行为

4. 非财产损害

5. 公平性

6. 损害赔偿请求权的类型和范围

（三）构成要件审查顺序概览

88　　　　　在对《德国著作权法》第 97 条第 2 款第 1 句所规定之损害赔偿请求权的构成要件审查顺序进行概括性展示（边码 83）中可以看出，对一项著作权或者其他受著作权法保护的权利进行违法侵害，正如在不以过错为要件的防御请求权中那样，构成了损害赔偿请求权的基础。但是，不同于不以过错为要件的防御请求权，损害赔偿请求权必须以侵害人的过错为要件。此外，根据《德国著作权法》第 97 条第 2 款第 4 句的规定，非财产性损害的赔偿必须符合公平性原则的要求。

---

① *BGH* GRUR 1971，525-Petite Jacqueline.
② *BGH* GRUR 1971，525-Petite Jacqueline.
③ Dreier/Schulze/*Dreier*，§ 97 UrhG. Rn. 76.

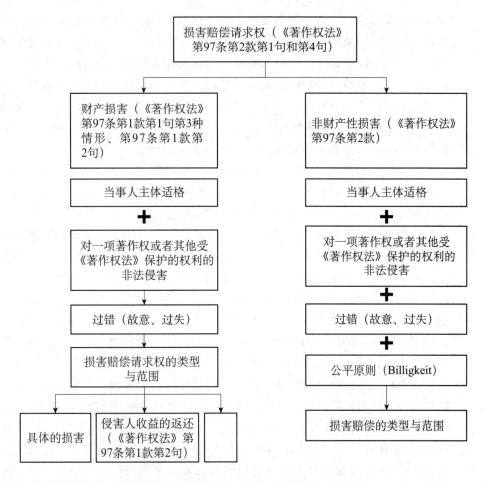

六、信息查询权（《德国著作权法》第101条）

《德国著作权法》第101条规定了一项针对著作权或其他受著作权法保护的权 **89**
利之侵害人的（侵害情况）查询请求权。根据这一规定，被侵害人对以经营性规模
对著作权或者其他受著作权保护之权利实施违法侵害的主体享有不迟延地获取侵权
复制品或其他产品的来源和销售渠道信息的权利。

（一）义务人

aa）侵害人或妨害人（《德国著作权法》第101条第1款）。《德国著作权法》 **90**
第101条旨在转化欧共体第2004/48号指令第8条的规定，因此，需要进行符合指
令的法律解释。第101条第1款设定了一项被侵害人针对以经营性规模对著作权或
其他受著作权法保护之权利实施不法侵害的侵害人所享有的请求权。负有提供信息
义务的主体还包括妨害人。

侵害人或者妨害人必须不迟延地（unverzüglich）提供涉及侵权复制品或者其 **91**
他产品的来源和销售渠道的信息。

bb）未参与的第三人（《德国著作权法》第101条第2款）。《德国著作权法》 **92**
第101条第2款规定了对除侵害人或妨害人之外，其他（未参与侵权的）第三人所

享有的查询请求权。这一请求权并不影响权利人对侵害人或妨害人本身所享有的信息查询权。在涉及明显侵权（offensichtliche Rechtsverletzung）或者对侵害人已经提起诉讼的情况下，针对第三人的查询请求权在满足以下条件的情况下成立，具体而言：（1）以经营性的规模满足了《德国著作权法》第 101 条第 2 款第 1 句第 1—4 项的构成要件；（2）该第三人不存在根据《民事诉讼法》第 383—385 条拒绝作证的正当性理由（《德国著作权法》第 101 条第 2 款第 1 句）。这一查询请求权以侵害行为发生在商事交易中为前提条件。

93　　被侵害人对侵害人提起诉讼的前提条件是，前者已经知晓了后者。通过诉讼的提起明确地表明了权利人事实上要对侵害行为进行追究的意愿，通过查询请求权的行使所获得信息并不是主要基于其他目的或用途。

94　　根据《德国著作权法》第 101 条第 2 款的规定，在明显侵权的情况下，权利人也针对第三人享有信息查询请求权。这一规定体现了立法者对权利人正当利益的考量，即权利人首先能够确认和核实谁是侵害人（对比：《电信媒体法》（TMG）第 14 条第 2 款的规定）。《德国著作权法》第 101 条第 2 款的规定尤其是旨在为互联网服务供应商设定信息提供义务，从而使得被侵害人有可能确定谁是侵害人（示例：公布某匿名主体的姓名和地址）。[1] 对权利侵害的明显性以下事实的明确无误为前提，即可以排除对第三人不正当施加负担的可能性。[2]

95　　如果权利侵害行为是以获取经济利益为目的而实施的，那么，侵权行为必须是以经营性的规模进行的（参见欧共体 2004/48 号指令第 14 项立法理由）。经营性规模既可以从对权利侵害所发生的数量上，也可以从侵害的严重性上来进行判断（《德国著作权法》第 101 条第 1 款第 2 句）。如果侵害行为的规模超过了基于个人需要的范围[3]，则通常情况下构成以经营性规模从事的行为。但是，单纯的私人行为也可以达到经营性规模的标准。作为例外，应当将善意的终端消费者排除在该范围之外。[4] 如果权利侵害行为并不是以经营性规模进行的，则可以考虑适用基于《德国民法典》第 242 条（依诚实信用为给付）的规定所发展出并被广泛认可的习惯法（gewohnheitsrechtlich）之信息查询请求权。

96　　《德国著作权法》第 101 条第 2 款第 1 句第 1—4 项所规定的前提条件将义务人的范围规定的十分宽泛。

97　　第三人的信息提供义务在以下情况下不再适用，即当第三人作为证人可以根据《民事诉讼法》第 383—385 条的规定享有拒绝作证的权利（Zeugnisverweigerungsrecht）。因此，在信息查询请求权的框架内，相较于因同一案件事实所进行的司法诉讼中的证人相比，第三人并未被置于不利的地位。

98　　根据《德国著作权法》第 101 条第 2 款第 3 句的规定，第三人并不必须以自己付出成本为代价来提供相关的信息。相反，第三人可以向被侵害人就其所遭受的必

---

① BT-Drs. 16/5048，S. 128.
② BT-Drs. 16/5048，S. 128 und 99.
③ BT-Drs. 16/5048，S. 128.
④ 立法理由：14 RiL 2004/48/EG u. BT-Drs. 16/5048，S. 97。

要费用损失主张赔偿。这一规定的合理性在于，第三人作为非参与主体却必须提供相关信息和情况。

（二）合比例性的基本原则（《德国著作权法》第 101 条第 4 款）

侵害人、妨害人和第三人根据《德国著作权法》第 101 条第 1 款和第 2 款所负有的信息提供义务应当符合比例原则的要求（《德国著作权法》第 101 条第 4 款；也见：欧共体第 2004/48 号指令第 8 条第 1 款）。据此，对于权利人的权利保护而言，相关信息必须符合适当性（geeignet）、必要性（erforderlich）和妥当性（an-gemessen）的要求。

（三）信息义务的范围（《德国著作权法》第 101 条第 3 款）

《德国著作权法》第 101 条第 3 款确定了该条第 1 款和第 2 款所规定的信息查询请求权的范围。

（四）因提供错误或者不完整信息而产生的损害赔偿请求权（《德国著作权法》第 101 条第 5 款和第 6 款）

在信息提供义务人故意或者因重大过失提供的信息错误（falsch）或者不完整（unvollständig）时，则其应当对被侵害人承担损害赔偿责任（《德国著作权法》第 101 条第 5 款）。因此，提供有瑕疵的信息并不是没有法律后果的。

若一个主体虽然并不负有《德国著作权法》第 101 条第 1 款或第 2 款所规定的信息提供义务，但却提供了真实的信息，则只有在其明知不负有信息提供义务的情况下，才对第三人承担责任（《德国著作权法》第 101 条第 6 款）。通过这一规定，实现了一种责任的减轻。

（五）临时权利保护措施（《德国著作权法》第 101 条第 7 款）

针对明显的权利侵害行为，被侵害人可以依据《民事诉讼法》第 935—945 条的规定，通过颁布临时性禁令（einstweilige Verfügung）的方式促使侵害人履行信息提供义务（《德国著作权法》第 101 条第 7 款）。

（六）刑事与行政违法程序（《德国著作权法》第 101 条第 8 款）

在义务人提供信息之前，针对信息提供义务人或者一个《刑事诉讼法》第 52 条第 1 款所明列人员所从事行为而进行的刑事程序或者行政程序（Straf-oder Ord-nungswidrigkeitenverfahren）中所获取的信息，在利用时只有征得义务人的同意才能纳入考量范围（《德国著作权法》第 101 条第 8 款）。

（七）交易数据的利用（《德国著作权法》第 101 条第 9 款第 1 句）

如果信息的提供只有在利用《电信法》（TKG）第 3 条第 30 项意义上的"交易数据"（Verkehrsdaten）才有可能的情况下，则必须事前获得法院的许可命令

（richterliche Anordnung der Zulässigkeit；《德国著作权法》第 101 条第 9 款第 1 句）。交易数据包含了电信的具体情况和信息，尤其是特定数据连接的时间要素以及其具体的电话接入端口的归属，属于电信秘密的范畴（《德国德国基本法》第 10 条第 1 款）。在互联网上很大程度地进行匿名通信的可能性在特定情形下会导致对著作权的侵害（示例：在线交换平台；Tauschbörse）。针对这种情况，（被侵害人）对于信息的提供具有特别的利益需求，没有这些信息被侵害人无法确定侵害人的身份。由于交易数据的特殊保护利益，同时也为了免除网络服务提供商和电信企业考察是否存在明显侵权的负担，信息查询请求权（的行使）属于司法审查保留事项（Richtervorbehalt）。

（八）《德国民法典》第 242 条

106　　aa）前提要件。在超出《德国著作权法》第 101 条适用范围的情况下，信息查询请求权的法律基础是《德国民法典》第 242 条。习惯法规则为习惯法所认可。

　　"根据诚实信用原则，在以下情况下产生信息提供义务，即当事人之间的既有法律关系中，权利人并非由于自身可归责的方式对其权利的存续和范围处于未知状态，并且该权利人对于这些作为其权利准备和实施所必要的信息不能以可合理期待的方式自行获取，而义务人提供这些信息并不困难，即并不因此承担不公平的负担。"①

107　　信息查询请求权并不以请求权成立构成事实（die anspruchsbegründenden Tatsachen）的查明为指向。因此，关于特定侵害行为的证据材料原则上并不能成为对所有可能的其他侵害行为主张信息查询请求权的充分依据。这是因为，这意味着认可了一种一般化的信息查询请求权，从而使得以违背被普遍认可的举证责任规则的方式进行信息的查证成为可能。② 原则上，侵害人的信息提供义务仅限于具体的侵害行为。

108　　bb）比例原则对信息查询请求权的限制

　　合比例性的基本原则对信息查询请求权的存续和范围（特定情况下还有会计信息查询请求权）设定了限制。③ 作为这一请求权客体的信息必须是（1）对主诉讼请求的准备和实施而言是适当且必要的，并且（2）对于债务人而言，相关信息的提供也是可合理期待的（zumutbar）。

109　　（1）适合性与必要性（Eignung und Erforderlichkeit）。对于主诉讼程序（Hauptverfahren）的准备和实施而言，相关情况的信息是否是适合的和必要的，应当依据个案的具体情况来进行判断。如果主诉讼程序以排除妨害为请求内容，则适合性和必要性以对持续的妨害状态的排除作为判断标准。在以损失的预期收益的损害赔偿作为诉讼请求权的情况下，如果一项信息查询请求权能够使债权人对损害评估所必要

---

① *BGH* GRUR 2001，841，842-Entfernung der Herstellungsnummer II［去除生产编号案（二）］。
② *BGH* GRUR 2001，841，842-Entfernung der Herstellungsnummer II［去除生产编号案（二）］。
③ *BGH* GRUR 2001，841，842-Entfernung der Herstellungsnummer II［去除生产编号案（二）］。

的根据进行说明时，则不受（信息提供义务人）以下抗辩的影响，即债权人通过所获得相关信息和说明不太可能（unwahrscheinlich）对损失的可期待利益（向法院）进行足够具体的说明。① 否则的话，这与信息查询请求权的目的相违背。

（2）可期待性。对于债务人而言，信息的提供是否具有可期待性需要在考虑个 *110* 案具体情况的前提下进行广泛的利益衡量（Interessenabwägung）。在此意义上，既要首要地考察侵害行为的性质与严重程度，也要考察权利人和侵害人的利益。② 在相关信息的准备和提供所产生的负担对于债务人而言并不严重（nicht ins Gewicht fallen）时，那么信息的提供总是具有可期待性。即便在上述负担（对债务人而言）相当明显时，信息的提供也可能具有可期待性。可期待性的判定取决于对个案中所有情况的衡量（信息提供义务人的成本投入，被侵害人的获知相关情况的利益（Aufklärungsinteresse），诸如其因合同约定对第三人负有信息义务）。

除此之外，还应当考虑债权人进行说明和举证的困难以及所要求的信息对于说 *111* 明主诉讼程序中的请求权根据或者请求权主张的额度的重要性。③ 再者，还应当从事实的角度考察，义务人是否已经在税法上负有相关凭证保存的义务，从而使其具备提供相关信息的能力。针对债权人所要求提供的信息，还应当考察债务人是否负有受到法律保护的保密利益（Geheimhaltungsinteresse）。这一保密利益在以下情况下不存在，具体而言，债务人本来就负有或者曾经负有向债权人公开所要求信息的义务。如果债务人已经基于合同约定对债权人负有或者曾经负有提供信息的义务（示例：涉及对汽车供应商问询的信息），而债务人从事了严重的义务违反行为的情况下，那么，债务人因合同结束后将原本所负有义务整理提供信息的耗费不具有获得法律保护的正当价值。

侵害人原则上并不必须提供（相关信息的）凭证（示例：委托确认书或者账 *112* 单）。当然，在个案中信息查询请求权的范围可以扩展，从而包含要求义务人提供凭证。其前提条件是：1）债权人对出示凭证提出了明确的要求，以便有可能审查（债务人所提供）信息的真实性；2）凭证的出示这一额外的义务对于债务人而言具有可期待性。④ 在独立的信息查询请求权中（第三人信息查询；Drittauskunft），上述前提条件在通常情况下都得以满足。

（3）审计师保留（Wirtschaftsprüfervorbehalt）。在信息查询请求权明显涉及义 *113* 务人的较大利益的情况下，法院可以作出审计师保留的命令。⑤

示例："被告可以将（信息查询请求权所涉及的）事实告知给一位由其指明的，负有保密义务的宣誓审计师；前提是被告必须承担审计师聘用的成本。"⑥

---

① *BGH* GRUR 2007，532，Rn. 15-Meistbegünstigungsversinbarung.

② *BGH* GRUR 2001，841，842-Entfernung der Herstellungsnummer II［去除生产编号案（二）］.

③ *BGH* GRUR 2007，532，Rn. 16-Meistbegünstigungsversinbarung［最惠约定案］.

④ *BGH* GRUR 2002，709，712-Entfernung der Herstellungsnummer I［去除生产编号案（一）］.

⑤ *BGH* GRUR 1999，1025，1031-Preisbindung durch Franchisegeber［出租人固定价格案］.

⑥ Vgl. *BGH* WRP 1999，1031，1032-Rollstuhlnachbau［轮椅仿造案］.

114　　　　但是，司法判例对审计师保留制度持怀疑态度。司法判例强调了该制度仅适用于例外情形的特征，并认为审计师保留降低了通过义务人直接提供相关信息和情况的可期待性门槛。①

115　　　　（4）权利不存在的抗辩（Einwendungen）和权利不可执行的抗辩（Einrede）。*在主请求权（Hauptanspruch）消灭的情况下（示例：因履行、抵消或者放弃；失权（Verwirkung）**），信息查询请求权亦随之消灭。② 信息查询请求权也可能独立地失效（verwirkt sein）。③ 根据德国联邦最高法院的判例，信息查询请求权的诉讼时效与主诉讼请求的诉讼时效一致。④ 如果主诉讼请求已经经过诉讼时效，通常情况下债权人不再具有正当的利益（例外情形：请求权抵销的可能性；《德国民法典》第 390 条第 2 句）。这种情况下，一项主张信息查询的请求权是没有实体法依据的。⑤

116　　　　（5）程序性的执行。在程序法上，信息查询请求权是通过给付之诉（Leistungsklage）和强制执行程序（Vollstreckung；《民事诉讼法》第 888 条抑或第 887 条）来实施的。根据《德国民法典》第 242 条（关于诚实信用原则的）规定，针对信息查询请求权颁发临时性禁令只有在债权人存在丧失（经济）生存基础或者明显侵权的极为例外的情形下才纳入考量范围。

117　　　　为了保障所提供信息的正确性和完整性，债权人可以请求信息提供义务的义务人自己或者其法定代理人，但是不能是履行辅助人（Hilfspersonen；《民事诉讼法》第 889 条、第 478 条），作出宣誓保证（Versicherung an Eides statt）。前提条件是，有合理的理由认为，信息提供义务人未能尽必要的注意义务来提供相关信息（《德国民法典》第 259 条第 2 款、第 260 条第 2 款）。也就是说，必须以信息提供义务人违反注意义务为前提条件。对此需要通过（信息提供义务人的）个人情况（教育、经营经验等）以及义务人的整体行为来判断。在个案中，注意义务的违反可以基于不同的原因而产生（示例：信息提供义务人对所提供之信息进行了多次纠正；信息的不完整性被证实；信息内容的相互矛盾或者其他情况导致对信息的可靠性产生质疑）。⑥ 在内容上，债务人的宣誓保证以下内容为指向，即其本人在既定情况下已经尽其所知来提供相关的信息。在针对第三方信息提供义务人的情况下，债权

----

　　* 我国学者邵建东在迪特尔·梅迪库斯《德国民法总论》中将两种抗辩分别翻译为"无需主张的抗辩"（Einwendungen）和"需主张的抗辩"（Einrede）。德国法上，权利不存在的抗辩可分为请求权未生效和请求权已消灭两种类型；而权利不可执行的抗辩可分为：持续性不可执行抗辩、临时性不可执行抗辩和请求权限制性抗辩。——译者注

　　** 在德国法上，权利失效，或失权需要满足时间要素和情景要素两个前提条件，具体而言：自权利可主张时起已经经过了很长的时间（时间要素），并且出现了特殊的情形，导致权利人之后主张权利的行为违反了诚实信用原则（情景要素）。——译者注

　　① *BGH* WRP 1999, 1031, 1032-Rollstuhlnachbau［轮椅仿造案］。

　　② BGHZ 85, 16, 29.

　　③ BGHZ 39, 87, 92.

　　④ *BGH* GRUR 1974, 99, 101-Brünova；不同观点：Köhler/Bornkamm/ *Köhler*，§ 9 UWG. Rn. 4. 42（普通诉讼时效参见《德国民法典》第 195 条、第 199 条）。

　　⑤ *BGH* NJW 1985, 384, 385；NJW 1990, 180, 181.

　　⑥ *BGH* WRP 1999, 534, 542-Preisbindung durch Franchisegeber［出租人固定价格案］。

人主张作出宣誓保证的请求权必须满足上述前提条件。①

七、信息凭证出示、实物检查、获取请求权和会计账簿查阅请求权

（一）（信息凭证的）出示、实物检查和获取（《德国著作权法》第 101a、101b 条）

aa）请求权成立所需的凭证出示和实物检查（《德国著作权法》第 101a 条）。　*118*
《德国著作权法》第 101a 条旨在对欧共体第 2004/48 号指令进行转化，因此，应当
进行符合指令的解释。该条规定了一项对（信息凭证）出示和（实物）检查的请求
权。据此，在对著作权或者其他受到著作权法保护的权利的侵害存在充分可能性的
情况下，如果被侵害人为了证明其请求权成立的需要，可以要求极有可能侵权的主
体出示（权利）凭证或者检查涉及的实物，这些凭证和实物处于其控制权范围内
（《德国著作权法》第 101a 条第 1 款第 1 句）。必要性的前提条件能够确保排除滥用
的可能性，即（可能侵权主体的）相对人将该请求权滥用为一种一般性的调查权。
该请求权只有在被侵害人需要通过对权利凭证的查阅或者实物的检查所获得认知来
主张和实施其请求权。在被侵害人必须对其请求权成立的事实进行证明或者首先必
须对侵害事实加以了解的情况下更是如此。对权利进行侵害的"充分可能性"并非
在任何一种怀疑的情况下都成立。相反，权利人必须令人信服地证明，相对人对权
利人的侵害存在充分的可能性。尽管在有"初始怀疑"（Anfangsverdacht）的情况
下已经满足这一条件，但是，不许通过事实进行佐证。《德国著作权法》第 101a 条
所规定的出示请求权首要地在涉及计算机程序侵权的诉讼中对于源代码的提供具有
重要意义。

在存在以经营性规模（边码 95）进行侵权的充分可能性的情况下，上述请求权　*119*
也可以及于要求出示银行、财务或者商事文件（《德国著作权法》第 101a 条第 1 款
第 2 句）。

在涉嫌侵权的主体主张（权利人的请求权内容）涉及其保密信息（vertrauliche　*120*
Information）的情况下，则由法院在个案中采取必要的保护措施来保障这些信息的
安全（《德国著作权法》第 101a 条第 1 款第 3 句）。这一规定旨在为（涉嫌侵权人
的）保密利益（Geheimhaltungsinteressen）提供法律保护。在此意义上以下方式可
以纳入考量范围，即（相关信息凭证）仅向负有保密义务的第三人公开，该第三人
可以提供关于是否存在侵害（权利人）权利以及特定情形下该侵害是在多大的范围
内发生的。

在具体个案中，如果《德国著作权法》第 101a 条所规定的请求权的行使不符　*121*
合比例原则的要求，则请求权不成立（《德国著作权法》第 101a 条第 2 款；也见：
欧共体第 2004/48 号指令第 3 条第 2 款）。这一法律规定排除了仅因微小的侵权行
为而主张广泛的（权利凭证）提供义务的可能性。

法院也可以在临时性禁令程序中对《德国著作权法》第 101a 条的请求权作出　*122*

---

① *BGH* GRUR 2001，841，845-Entfernung der Herstellungsnummer II［去除生产编号案（二）］。

决定（《德国著作权法》第 101a 条第 3 款第 1 句；也见：欧共体第 2004/48 号指令第 7 条）。根据该规定，如果临时性禁令（《民事诉讼法》第 935 条及以下）能够使得主诉讼程序中的权利人请求得到实现，那么，临时性禁令的颁发也是为法律所允许的。当然，权利人并没有被免除证明临时性禁令的颁发所必须满足的其他前提条件的义务。法院必须对保密信息采取保障措施（《德国著作权法》第 101a 条第 3 款第 2 句和第 3 句）。

123　　（权利凭证）出示的地点、风险和成本的确定依据《德国民法典》第 811 条的规定来进行（《德国著作权法》第 101a 条第 4 款第 1 种情形）。

124　　在义务人出示权利凭证之前或者容忍对实物进行检查之前，针对信息提供义务人或者一个《刑事诉讼法》第 52 条第 1 款所明列人员所从事行为而进行的刑事程序或者行政违法程序（Straf-oder Ordnungswidrigkeitenverfahren）中所获取的信息，在利用时只有征得义务人的同意才能纳入考量范围（《德国著作权法》第 101a 条第 4 款第 2 种情形结合第 101 条第 8 款）。根据这一规定，如同《德国著作权法》第 101 条第 8 款中的情形，存在一种证据利用的禁止。

125　　在不存在侵害或者侵害危险的情况下，侵害嫌疑人可以请求根据《德国著作权法》第 101a 条第 1 款的规定主张权利凭证出示或实物查阅的主体对其因此而造成的损失承担损害赔偿责任（《德国著作权法》第 101a 条第 5 款）。

126　　bb）凭证出示和获取作为损害赔偿请求权的保障（《德国著作权法》第 101b 条）。《德国著作权法》第 101b 条旨在对欧共体第 2004/48 号指令第 9 条第 2 款第 2 句的规定指令进行转化，因此，该条规定应当进行符合指令的解释。该条规定的立法目的是旨在为《德国著作权法》第 97 条第 2 款所规定的被侵害人的损害赔偿请求权提供保障。被侵害人应当获得了侵害人具体财产的相关信息，从而可以请求依据《民事诉讼法》第 917 条的规定颁发（对其财产的）扣押命令（Erlass eines Arrests）。通过这种方式能够较为迅速地对侵害人的财产实施控制。因此，在涉及以经营性规模实施侵权行为的情况下，被侵害人可以请求侵害人出示银行、财务或者商业文件或者要求获得对上述文件的合适的访问权限（《德国著作权法》第 101b 条第 1 款）。对此必须满足以下前提条件：（1）被侵害人对侵害人享有损害赔偿请求权；（2）相关文件处于被侵害人处分权限范围之内；（3）这些文件对于损害赔偿请求权的实施是必要的；（4）没有这些文件的出示，损害赔偿请求权的强制执行会遇到障碍（《德国著作权法》第 101b 条第 1 款第 1 句）。除此之外，《德国著作权法》第 101b 条在很大程度上参照了该法第 101a 条的规定。在《德国著作权法》第 101b 条所规定之请求权明显成立并且《民事诉讼法》第 935 条和第 940 条所规定之前提条件具备的情况下，该请求权也可以通过临时性禁令的方式来实施（《德国著作权法》第 101b 条第 3 款第 1 句）。

（二）会计信息的提供（《德国民法典》第 242 条）

127　　根据《德国民法典》第 242 条所主张的会计信息提供请求权适用与信息查询请求权一样的基本原则。这是因为，尽管二者在内容上存在差异，但其在本质上却非常类似。信息查询请求权的成立并不是在无须其他条件的情况下便理所当然地产生会计信息提供请求权。在（侵害人所导致的损害）可计算的情况下，会计信息可以作为确定拟制授权许可费的高低而纳入考量范围。① 因此，被侵害人可以基于确定拟制授权许可费的目的要求侵害人提供其营业额的会计信息。② 为了计算侵害人的收益高低，被侵害人可以要求侵害人提供其收入和支出的会计信息。③

八、权利不存在的抗辩与权利不可执行的抗辩

（一）基本内容

权利不存在的抗辩能够阻止请求权的产生（权利阻碍性的抗辩），对请求权进行限制（权利限制性的抗辩）或者导致权利的消灭（权利消灭性的抗辩）。这些抗辩事由在诉讼程序中由法院依职权适用，而无须当事人主张。首要的权利不存在抗辩事由包括：被侵害人的事前同意（Einwilligung）、对侵权行为防御（Abwehr）和权利的失效（Verwirkung）。相较于民法中的基本原则，著作权法中的这些抗辩事由具有一些特征。权利不可执行的抗辩使得债务人获得拒绝履行给付义务的权利（示例：《德国民法典》第214条第1款关于消灭时效的规定）。不同于权利不存在的抗辩事由，只有当债务人在诉讼程序中对权利不可执行的抗辩事由进行主张时，法院才会予以考虑。著作权法中仅规定了一种权利不可执行的抗辩事由，即时效的经过（Verjährung；《德国著作权法》第102条）。根据该条的规定，尤其是《德国民法典》第195、199条的规定具有适用性（《德国著作权法》第102条第1句），因此，适用三年的普通诉讼时效。

（二）权利的失效

权利的失效是一种基于权利人相互冲突的行为而导致其权利的行使违反诚实信用原则的状态（《德国民法典》第242条）④，从而产生一种权利组织性的抗辩（rechtshemmende Einwendung）。在诉讼程序中，由法院依职权对这一抗辩事由进行调查。⑤ 对此，司法判例⑥发展出了以下基本原则：

"一项权利在以下情况下失效，具体而言，如果一个债务人由于其债权人长时间的不作为（时间要素），并且从客观判断的角度其有理由适应且已经适应这样一种状态，即该权利人将来不会再主张其权利。基于这一原因，权利人后来主张权利的行为违反了诚实信用原则（情景要素）。"

时间要素和情景要素不能够分割而进行独立的考察，二者处于一种相互影响的

128

129

130

---

① *BGH* GRUR 1998，50，54-Indorektal/Indohexal.
② *BGH* GRUR 1995，349，352-Obektive Schadensberechnung［客观损害计算案］.
③ *BGH* GRUR 1980，227，233-Monumenta Germaniae Historica［德国历史遗迹导览案］.
④ *BGH* GRUR 2001，323，324-Temperaturwächter［温度监控器案］.
⑤ *BGH* GRUR 1966，623，625-Kupferberg.
⑥ *BGH* GRUR 2001，323，324-Temperaturwächter［温度监控器案］.

关系（Wechselwirkung）。个案中的时间要素以及其他情景要素必须能够正当化以下结论，即请求权主体如今已经不再可能主张行使其权利了，因为债务人已经不必考虑债权人行使其权利的可能性。债权人对其权利主张无所作为的时间越长，尽管权利的行使是完全可能的，那么，债务人的信赖利益，即债权人不会再向其主张权利，就越值得保护。如果债务人知道或者应当知道，债权人对其权利的存在处于不知晓状态，那么，则欠缺失效效果所必需的信赖要件。[1] 对于权利失效效果产生所必需的失效期间（通常情况这一期间非常长）在以下情况下可以进行缩短，即双方当事人在同一地方进行经营活动并且其经营活动在市场上具有众多的接触的可能性[2]，或者当事人之间甚至具有商业往来关系。[3]

九、法院判决的公开（《德国著作权法》第 103 条）

131　　根据《德国著作权法》第 103 条第 1 句（也见：欧共体第 2004/48 号指令第 15 条）的规定，在依据著作权法提起的诉讼中，法院可以判决诉讼中获胜的一方当事人得以将法院判决进行公开，并且由诉讼中败诉的一方当事人承担因此而产生的费用。对于判决的公开，胜诉方必须具有正当的利益。正当利益要求之所以必要乃是因为，判决的公开可能会对败诉方的利益造成严重影响。判决的公开应当能够消除由于（败诉方的）侵害行为所造成的持续性损害。胜诉方必须提出判决公开的申请并对其主张进行充分的说理论证。

132　　审理法院在经过对公开抑或不公开所导致（对一方的）的利益与（对另一方的）不利益依职责要求进行衡量后作出决定。在这一过程中尤其应当关注对败诉方因此而造成的损害和负担。公开的方式和范围应当在判决中进行确定（《德国著作权法》第 103 条第 2 句）。只要能够为权利人的利益提供充分的保障，公开的权限可以限制在判决的一部分或者甚至仅以判决的形式（Urteilsformel）为限。根据《德国著作权法》第 103 条第 3 句的规定，如果权利人未能在判决生效后的 6 个月内进行公开，则该权限依法消灭。因公开而产生的成本由侵害人承担。

十、私法程序

（一）非诉程序（《德国著作权法》第 97a 条）

133　　aa）警告信和自愿接受惩罚的概念。以《德国反不正当竞争法》第 12 条第 1 款第 1 句为直接的榜样，《德国著作权法》第 97a 条第 1 款第 1 句对通过警告信（Abmahnung）和自愿接受惩罚（Unterwerfung）的非诉方式执行权利人的请求权进行了规定。[4] 根据这一规定，被侵害人在对侵害人提起诉讼之前应当通过警告信的方式对后者予以警告，并且给予对方通过作出（再次侵权便自愿承担）适当额度

① *BGH* GRUR 2003，628，630-Klosterbrauerei［修道院酿酒厂案］。
② *BGH* GRUR 2001，323，327-Temperaturwächter［温度监控案］。
③ *BGH* GRUR 2002，280，282-Rücktrittsfrist［退出期限案］。
④ BT-Drs. 16/5048，S. 125.

合同罚金的停止侵害义务声明（自愿接受惩罚声明），以此来终结双方之间的纠纷。警告信这种方式解决了绝大部分的非诉争议。具体而言，警告信是：（1）权利人或者组织针对侵害人发出的一种通知，告知后者以所明列的行为侵害了权利人的权利；（2）警告信负有对侵害人将来不再从事侵害行为的要求；（3）在特定的期限内作出以适当的合同罚金作为保障的停止侵害义务声明（自愿接受惩罚声明；Unterwerfungserklärung）；（4）否则的话，发出警告信的主体可以诉诸法院。①

bb）警告信的目的。警告信使得债权人能够在不借助法院的帮助下对一种侵害行为进行迅速而有效的防御。如果被警告的债务人作出了自愿接受惩罚声明，那么，债权人便对将来的其他侵害行为获得了一种以合同罚金作为担保的合同请求权保护。通过这一途径可以消除（侵害人）重复进行侵权的危险。如果债务人未能对警告信进行有效回应，那么，债权人可以诉诸法院来行使其权利，而不用担心《民事诉讼法》第 93 条的诉讼费用规则。② 对于债务人而言，警告信制度在以下情形下也符合其自身利益，即使其获知可能由于疏忽而从事的侵害行为并通过作出自愿接受惩罚声明的方式来避免进入司法诉讼程序。　　*134*

cc）警告信的法律性质。警告信构成一种以缔结自愿接受惩罚合同为目的而作出的《德国民法典》第 145 条意义上的要约（Antrag）。③ 根据《德国民法典》第 151 条第 1 句的规定，对于该要约，承诺之意思表示的送达是不必要的，前提是承诺在内容上并未实质性地偏离要约的内容。警告信并不构成程序性的前置条件，意即在未发出警告信的情况下，无论是申请临时性禁令，还是向法院提起民事诉讼都是允许的（"应"；sollen）。警告信缺乏对临时性禁令的申请或者诉讼的提起也没有影响。　　*135*

dd）警告信的生效要件。（1）警告权限。只有享有实体（法）权限的主体才拥有发出警告信的权限。　　*136*

（2）形式、送达、代理和内容。警告信并不限制于具体的形式，其生效并不需要采取固定形式。警告信必须根据《德国民法典》第 130 条及以下的规定送达对象主体，否则的话，警告无法实现其目的。（警告作出的）代理是为法律所允许的，但是，基于被警告人利益的考量应当类比遵守《德国民法典》第 174 条的规定。为了实现警告的目的，警告的内容必须足够具体，从而使得被警告人能够确定无疑地知晓，警告人具体是对其哪些行为进行了指责，以及为了避免诉讼程序，警告人对其提出了哪些具体的要求。因此，双方当事人以及被指控的事实情况应当准确地被进行说明，从而使得被警告人能够对其进行审查。除此之外，警告还必须包含要求被警告人作出停止侵害义务承担和合同罚金承诺（自愿接受惩罚声明）。前提是这些对初次从事侵害行为或者侵害重复性危险的消灭是必要的。④ 另外，基于法律明确性的考量，警告中应对作出自愿接受惩罚声明设定合理的期限。最后，为了实现　　*137*

① BT-Drs. 16/5048，S. 125.

② BT-Drs. 16/5048，S. 126.

③ 有争议的司法判例；vgl. nur *BGH* GRUR 2002，824f. -Teilunterwerfung［部分责任认可案］。

④ *BGH* GRUR 1992，116，117-Topfguckerscheck.

不经诉讼程序而满足停止侵害请求权的目的，警告中必须包含在所设定期限无结果地经过的情况下将采取诉讼措施的威胁。

138　　　如果在诉讼程序中被告针对原告起诉作出了自愿接受惩罚声明并且声称，原告的警告并未对其送达时，则原则上由被告来对《民事诉讼法》第 93 条所规定的由原告承担诉讼费用的前提条件承担说明与举证责任。[①]

139　　　（3）警告的不必要性。为了避免在《民事诉讼法》第 93 条所规定的侵害人立即认可原告诉讼请求的情况下对于原告的不利诉讼成本规则，原则上警告的作出是必要的。在警告存在没有成果的预期或者不具有可期待性的情况下，警告是没有必要的。当侵害人明确表示，其将（本）不会对警告加以理睬的情况下，则警告存在没有成果的预期。诸如，侵害人表示愿意通过法院解决该事项，或者侵害人自身在判决之后或者作出自愿接受惩罚声明之后再次从事了侵害行为。在以下情况下警告（对权利人而言）具有不可期待性，诸如，采取司法程序具有特殊的紧迫性（Eilbedürftigkeit）、在延迟进行法律保护的情况下对更大法律保护利益的威胁、故意或者特别顽固的重复性侵害行为。

140　　　ee）法律后果。（1）没有警告的法律义务。根据《德国著作权法》第 97a 条第 1 款第 1 句的规定，"应（soll）"进行警告。通过这一立法表述表明并不存在进行警告的法律义务。[*] 基于这一原因，一项诉讼请求并不能仅因为原告未在起诉之前对相对方进行警告而不予受理（unzulässig）或者没有法律根据（unbegründet）。当原告在警告具有可能性和可期待性但却未进行警告的情况下，如果被告立即承认原告诉讼请求，则对原告而言存在需要承担诉讼成本的风险（《民事诉讼法》第 93 条）。如果被警告人满足了警告中所提出的要求，则双方之间的争议通过诉讼外程序得到了解决，因为警告人通过侵害人的自愿接受惩罚声明有效地保障了侵害行为再次发生的可能。所以，侵害的重复性危险已经不再存在。

141　　　（2）《德国著作权法》第 97a 条第 1 款第 2 句[**]所规定的警告费用的赔偿。根据《德国著作权法》第 97a 条第 1 款第 2 句（对比：《德国反不正当竞争法》第 12 条第 1 款第 2 句）的规定，警告具有合理理由的警告人可以要求赔偿必要的费用。这一规定的理由在于，作者或者邻接权的权利人在维护其权利时应当能够借助律师的帮助。[②] 除此之外，原则上应当由对权利进行侵害的主体来承担因之而产生的成本。

142　　　《德国著作权法》第 97a 条第 1 款第 2 句意义上的必要性，并非在任何情况下都是指聘请律师介入的成本。如果警告人自身具备权利维护所需要的充分专业知识并且所涉及的侵害行为也较为容易确认的情况下，则委托律师来对违反著作权法规定的主体进行警告并非是必需的。

---

　　*　德国法中所谓的"Soll-Vorschrift"（应当条款）是指一项对通常情况规定了作为或者不作为的义务，但是，并非强制性的。与之相对应的，一方面是"Muss-Vorschrift"（必须条款），强制性的规范；另一方面是"Kann-Vorschrift"（可以条款），任意性的规范。——译者注

　　**　内容上对应现行《著作权法》（即 2013 年 10 月 1 日修订）第 97a 条第 3 款第 1 句的规定，下同。——译者注

　①　BGH WRP 2007，781 Rn. 12-不正当竞争法中警告信的送达。

　②　BT-Drs. 16/5048，S. 125.

首次警告中因接受律师法律服务而产生的必要费用的赔偿，在非商业交易领域内的简单且仅涉及一项著作权侵权的案件中以 100 欧元为限（《德国著作权法》第 97a 条第 2 款）。* 这一规定旨在对侵害人的正当利益进行保护。针对首次进行的著作权侵害行为不必支付高额的律师服务费（轻微侵权案件；Bagatellfälle）。[①]《德国著作权法》第 97a 条第 2 款的规定对双方当事人之间的利益进行了平衡：该条的规定仅适用于在非商事交易领域所进行的权利主张。此处，商事交易的概念应当进行广义解释。它涵盖了市场中基于促进自己或者他人商业经营的目的而从事的任何一种经济活动。[②]除此之外，《德国著作权法》第 97a 条第 2 款的规定仅适用于首次警告的情形。这需要从具体所涉及的被侵害人的角度进行判断。再者，只有简单的涉及单一著作权侵害的案件才适用第 97a 条第 2 款的规定。所谓简单的案件是指案件的处理不需要投入较大的成本，意即属于例行案件。[③]单一著作权侵害的要件则要求侵害行为无论是数量上还是质量上都仅为较小的规模（程度）。对此，需要考察个案中的具体情形。

（二）诉讼程序（Gerichtliches Verfahren）

相关诉讼程序在普通法院（ordentliche Gerichte）进行（《德国著作权法》第 104 条）。为了确保对著作权法熟悉的法院来审理涉及著作权争议的案件，依据《德国著作权法》进行的诉讼可以规定由特定的法院管辖（《德国著作权法》第 105 条）。

十一、刑事与行政处罚规定（《德国著作权法》第 106—111a 条）

除了民事请求权之外，在涉及著作权或者邻接权侵害的情况下，还可能导致刑事和行政处罚（《德国著作权法》第 106—111a 条）。欧共体第 2004/48 号指令并没有规定成员国负有为著作权侵权设定刑事处罚的义务。

十二、强制执行（《德国著作权法》第 112—119 条）

一项著作权或者邻接权可以形成巨大的财产价值（Vermögenswert）。因此，如果权利人的债权人因其对权利人的金钱债权希望能够对其债务人的财产进行强制执行的话，则著作权的财产价值对于债权人的权利实现具有重要意义。在强制措施针对一个作品享有特定权利的人的情况下，那么，强制执行措施应当限制在该主体所享有权利的范围之内。此外，只有针对（著作）财产权，强制执行措施才纳入考虑范围；相反，针对（著作）人身权则不具有强制执行的可能性。《德国著作权法》第 112 条及以下并未对著作权法中的强制执行作出广泛的规定，而仅是有选择性地

右侧页边码：143、144、145、146

---

* 现行《著作权法》第 97a 条第 3 款第 2 句将针对自然人在非经营性领域从事的侵权且未曾负有停止侵害义务的情况下，必要费用赔偿额以停止侵害之诉与排除妨害之诉中标的额 1 000 欧元的法定收费为限。——译者注

① BT-Drs. 16/5048，S. 125.

② BT-Drs. 16/5048，S. 126.

③ BT-Drs. 16/5048，S. 126.

对特定的、受著作权法保护的对象进行了规定。因此，在此意义上构成了对强制执行措施的限制（《德国著作权法》第 113 条及以下）。[1] 除了这些特殊的著作权法中的强制措施保护之外，适用《民事诉讼法》中的一般规定（《德国著作权法》第112 条）。

---

[1] 　Dreier/Schulze/*Dreier*，§ 112 UrhG. Rn. 1.

第十二章

对自己肖像享有的权利（《美术与摄影作品著作权法》第22条至第24条）

第一节 规范内容

《德国美术与摄影作品著作权法》（KUG，以下简称《德国美摄著作权法》）对 1
自己肖像享有的权利进行了特殊规定。根据这些规定，肖像（Bildnisse）只有在满
足以下条件的情况下才能够进行传播或者公开展示：（1）权利人的事前同意（《德
国美摄著作权法》第 22 条第 1 句），或者（2）在满足《德国美摄著作权法》第 23
条第 1 款第 1—4 项前提条件的情况下，未对肖像人（Abgebildeten）根据该法第
23 条第 2 款所享有的正当利益构成侵害，或者（3）在满足该法第 24 条所规定前提
条件的情况下对肖像所进行的传播或者公开展示。根据这些规定，《德国美摄著作
权法》第 23 条第 1 款和第 24 条规定了该法第 22 条的例外情形。当然，即便是在
前述第 23 条第 1 款所规定的例外构成要件得以满足的情况下，肖像人的正当利益，
或者在肖像人已死亡的情况下，其亲属的正当利益（《德国美摄著作权法》第 22 条
第 4 句）可以构成阻止传播和展示行为的理由（《德国美摄著作权法》第 23 条第 2
款）。从法律的规定来看，立法者旨在实现一种分层级的保护理念（abgestuftes
Schutzkonzept）。这是因为，既要考虑肖像人的利益保障需求，也要考虑公众和媒
体的信息利益。

对肖像权的侵害（《德国美摄著作权法》第 22 条及以下）

1. 肖像

2. 传播行为或者展示行为

3. 未经事前同意（Einwilligung）

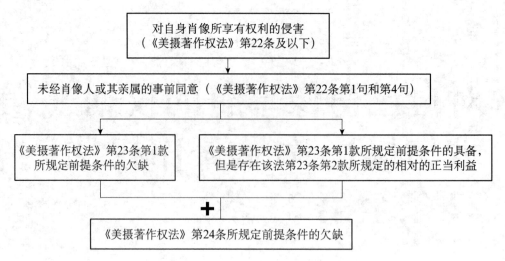

a）未经肖像人的事前同意（《美摄著作权法》第 22 条第 1 句），或者

b）肖像人亲属的事前同意（《美摄著作权法》第 22 条第 4 句）

4. 不存在《美摄著作权法》第 23 条第 1 款所规定的例外情形，或者

5. 属于上述第 23 条第 1 款所规定的例外情形，但是，肖像人具有相对立的正当利益（《美摄著作权法》第 23 条第 2 款）

6. 不存在《美摄著作权法》第 24 条所规定的例外情形

7. 保护期限未经过（《美摄著作权法》第 22 条第 3 句）

第二节　《德国美摄著作权法》与《德国民法典》

2　　　　《德国美摄著作权法》自身并未对民事法律后果进行规定，因此，需要援引《德国民法典》的相关规定。尤其是《德国民法典》第 1004 条第 1 款的类推适用以及第 823 条第 2 款结合第 249 条及以下诸条。由于《德国美摄著作权法》第 22—24 条的规定将肖像人对其自身肖像的权利作为一般人格权的特殊表现形式来进行保护①，因而，这些法律规范属于《德国民法典》第 823 条第 2 款意义上的"以保护他人利益为目的之法律"。作为对《德国美摄著作权法》第 22—24 条的补充，一般人格权的基本原则具有适应性。② 因此，肖像人对于自身肖像的权利也属于《德国民法典》第 823 条第 1 款所规定的"其他权利"的范畴。尽管如此，针对肖像人对其肖像的权利，《德国美摄著作权法》第 22—24 条的规定构成一般人格权规范的特别法（leges specialis）。③

①　*BGH* WRP 2004，1494，1495.

②　*BGH* WRP 2004，240，241；Palandt/*sprau*，§ 823 Rn. 112.

③　*Larenz/Canaris*，§ 76 II 4d，§ 80 I 6b u. 81 III 4d.

第三节 规范目的

　　根据《德国德国基本法》第 2 条第 1 款以及第 1 条第 1 款的规定（示例：《德 　3
国基本法》第 5 条第 1 款和《德国美摄著作权法》第 22 条及以下构成《德国基本
法》第 2 条第 1 款第 2 半句意义上的"限制"），一般人格权作为保护人格的基本权
利尽管并不包含对个人进行展示的支配权（Verfügungsrecht）。① 但是，对自身肖
像的权利作为一般人格权的体现（Ausprägung），原则上将以下决策的权利仅赋予
了肖像人，即肖像人的肖像是否以及以何种方式向公众呈现。② 至于这种图像化的
展示是在私人的还是公众的背景下进行的，则原则上不具有实质性影响。肖像人特
别的保护需求产生于以下可能性，一个人的形象可以进行数据存储，并在任何时间
可以在不可预知的群体范围内进行传播。③ 至于在此过程中对于肖像人的肖像是否
进行了变更是无关紧要的。因为《德国美摄著作权法》第 22—24 条针对单纯地将
肖像人的肖像进行公开的行为，意即对一主体视觉形象的传播行为，便已经提供了
法律保护。因此，这些规则旨在为肖像人的人格权提供保障，而非对肖像制作人的
著作权提供保障。④《德国美摄著作权法》第 22 条及以下的规定属于《德国德国基
本法》第 5 条第 2 款意义上的"法律"（Gesetze），因此，这些规定为言论自由和新
闻自由设定了限制。欧盟法还进行了其他的限制性规定。这些法律规定一方面保障
了肖像人的权利（《欧盟基本权利宪章》第 7 条；《欧洲人权公约》第 8 条第 1 款），
另一方面也保障媒体的权利（《欧盟基本权利宪章》第 11 条第 2 款；《欧洲人权公
约》第 10 条第 1 款）。《欧盟基本权利宪章》第 11 条第 1 款和《欧洲人权公约》第
10 条第 1 款所提供的保护尤其涵盖以新闻报道配图的形式将拍摄的照片进行公开。

第四节 法律解释

一、事前同意的基本原则（《德国美摄著作权法》第 22 条第 1 句）

（一）肖像（Bildnis）

　　原则上只有在获得肖像人事前同意的前提下，才能将其肖像进行传播或者予以 　4
公开展示（《德国美摄著作权法》登记 22 条第 1 句）。此种意义上的肖像包含任何
一种对特定主体以第三人可以表示其外部形象的方式所进行的图形描绘。⑤ 只要存
在可（为他人）辨识的可能性便满足了这一条件。基于这一原因，没有必要对面部

---

①　BverfGE 101，361，380.
②　BGHZ 131，332，336；*BGH* WRP 2004，1494，1495.
③　BverfGE 101，361，380 = NJW 2000，1021，1022.
④　*BverfG* NJW 2001，1921，1923.
⑤　BGHZ 26，349，351；142，214，228.

进行刻画。如果所涉及的图像所包含的特征恰恰是肖像人所具备的，从而使得第三人能够对肖像人进行辨识，便满足了上述条件。

示例：透过足球球门的栏网从背部对一个守门员所制作的图像，如果知晓该足球队的人尤其是通过该主体的身材、姿势和发型完全能够进行辨识的话，则满足肖像的要求。①

5　　　　这同样适用于以下情形，即图像中的主体通过配文或者结合以前的发表能够被辨识。② 另外，可辨识性还可以产生于卡通图像（示例：以摄影蒙太奇的形式对一个主体的头部图像进行变更）的公开。③ 只要能够产生肖像人的可辨识性，（图像对肖像人进行）异化（Verfremdung）的程度并不是需要考虑的因素。图形描绘（Abbildung）并非必须使得所涉及的主体自身能为他人所辨识。在对一个与他人极为相似的人（诸如，相似的面相）进行图形描绘时，如果这种相似性具有欺骗性，则该图形描绘构成该他人的肖像。如果所涉及的图像导致"这是某特定的人"这一印象的产生，即便产生的原因并非由于面相，而是由于其他原因，也适用同一规则。

示例：排演电影《蓝色天使》中玛琳·黛德丽（Marlene Dietrich）的著名场景。④

6　　　　至于对特定主体的图像展示是以何种媒介（示例：照片、绘图、雕塑、虚拟肖像）进行的，则不具有重要意义。⑤ 通过一名演员在故事片中对一个主体进行展示，如果该演员与被展示的主体并不相似，那么，由于缺乏该主体的肖像要件，应适用一般人格权法的规定，而不是依据《德国美摄著作权法》第 22 条及以下诸条的规定来进行判断。⑥

（二）传播和公开展示

7　　　　《德国美摄著作权法》第 22 条为对肖像的传播和公开展示提供法律保护。基于对人格进行有效保护的考量，应当对"传播"这一构成要件进行广义解释。这一条件包含任何一种形式的传播（jede Form）。在某一主体将肖像投入流通领域（示例：媒体新闻报道）的情况下，肖像的传播便已构成。⑦ 在对"传播"的构成要件进行法律解释时，应当对媒体自由进行考虑。⑧ 如果一个行为并未导致外部影响，则《德国美摄著作权法》第 22 条和第 23 条的保护目的并未受到影响。

示例：一家新闻出版社访问自己的图片档案⑨；媒体内部在图片档案经营者处

---

① *BGH* NJW 1979，2205.
② *BGH* NJW 1979，2205.
③ *BGH* WRP 2004，240，241.
④ *BGH* NJW 2000，2201ff.
⑤ BGHZ 143，214，228f.
⑥ *OLG München* NJW-RR 2008，1220，1221.
⑦ MuenchKomm-BGB/*Rixecker*，§12 Anh. Rn. 45.
⑧ BGHZ 187，254，Rn. 10-Bildarchiv［图片档案案］.
⑨ BGHZ 187，254，Rn. 10-Bildarchiv［图片档案案］.

进行的检索和调取。① 因此，此类档案的经营者并不负有新闻报道对图片如何进行利用的审查义务。②

（三）事前同意（Einwilligung）

aa）内容。肖像人必须——明示地或者默示地对事前同意进行了表示。这一意思表示必须是针对肖像公开的具体形式，包括可能的配文。该意思表示必须清晰（eindeutig）并且没有歧义。因此，对拍摄行为的单纯容忍并不能够满足这一要求。事前同意是否存在以及在特定情形下具体内容如何应当在结合个案具体情形通过法律解释来予以确定。③ 在此过程中，应当尤其考虑进行公开的方式。 **8**

示例： 肖像人对将其裸体照片（Nacktaufnahmen）以在男士杂志刊登的方式进行公开的事前同意并不能涵盖在讽刺作品（Satire）中将该裸体照片进行公开的方式。④

对以媒体公开的方式所表示的事前同意并不涵盖基于商业目的而对肖像所进行的公开。⑤

一项国际体育竞赛的参与者以默认的方式事前同意对其参与该体育赛事活动的肖像进行传播。这一事前同意仅限于对体育竞赛的新闻报道和其个人的参与活动。⑥ 如果既不能从所涉及的图像本身，也不能从配文中获取体育赛事的相关信息，而图像几乎单纯地涉及赛事参与人的外部特征和个人事项，则与在体育赛事的参与和参与过程中形成的图像之间缺乏必要的联系。属于此种情形的示例，借摩纳哥公主卡洛琳（Prinzessin Caroline von Monaco）的女儿参加一项骑马赛事的机会，相关的新闻报道没有关于其他参赛选手的任何信息，也没有该赛事的赛程或者其他参赛选手的排名的内容，而是将对公主女儿的展示完全置于首要地位（示例："简直是无可挑剔的甜美"的形容文字以及只有该骑手但无赛事结果的插图）。⑦

bb）对事前同意的推定（《德国美摄著作权法》第22条第2句）。如果肖像人让他人对自己进行拍摄并且为此获得了报酬，则在有争议的情况下推定事前同意的存在（《德国美摄著作权法》第22条第2句）。这里涉及的是一种可以推翻的法律推定。 **9**

cc）肖像人的死亡。在肖像人已死亡的情况下，在10年的期限经过之前，需要征得肖像人亲属的事前同意（《德国美摄著作权法》第22条第3句）。这一10年的期限同样适用于死后人格权的财产价值构成内容的表现形式（边码52及以下），示例：姓名权。⑧ 这里所指的亲属是指（肖像人）尚存的配偶或者生活伴侣（Leb- **10**

---

① BGHZ 187，254，Rn. 10-Bildarchiv［图片档案案］。
② BGHZ 187，254，Rn. 10-Bildarchiv［图片档案案］。
③ *BGH* WRP 2004，1294，1295；WRP 2005，120，121.
④ *BGH* BJW 1985，1617；*OLG Frankfurt* NJW 2000，594.
⑤ *BGH* WM 1992，1157.
⑥ *BGH* WRP 2004，1494，1495；2005，120，121.
⑦ *BGH* WRP2004，1494，1495.
⑧ *BGH* WRP 2007，78 Rn. 18-kinski-klaus. de.

enspartner）和其子女。在既没有配偶或生活伴侣，也没有子女的情况下，则为肖像人的父母（《德国美摄著作权法》第 22 条第 4 句）。基于上述规定，保护肖像免于（即便是以未经变更的方式）传播和公开展示以 10 年为期限。在这一期限经过之后，死者的人格权在以下情况下受到法律的保护，即当传播行为或者展示形式对死者的人格利益造成了额外的伤害。

示例：一张使死者显得非常可笑的图片。

11   如果肖像人是未成年人，从而仅具有限制民事行为能力（《德国民法典》第 2 条、第 106 条），则需要其法定代理人的事前同意。[1] 一个由未成年人所授予的事前同意可以由其法定代理人撤销或者进行限制。

二、事前同意要求的例外情形

（一）《德国美摄著作权法》第 23 条第 1 款第 1 项

12   《德国美摄著作权法》第 23 条第 1 款第 1 项对自身肖像所享有的权利进行了限制。因为根据该条的规定，即便是在没有该法第 22 条第 1 句所规定之必要事前同意的情况下，也可以对当代历史领域中的肖像进行传播或者展示；前提条件是不违背肖像人的正当利益（《德国美摄著作权法》第 23 条第 2 款）。这一限制是基于对公众的信息利益（Informationsinteresse der Allgemeinheit）和新闻自由（Pressefreiheit）的考量。[2] 新闻自由并非仅旨在维护媒体的主观权利。这一基本自由同样旨在为公共意见的形成过程提供保护。因此，媒体上的言论首先享有内容可靠性的推定。在这些言论的内容涉及其他主体的权利范围时，也是同样如此。[3] 在新闻报道能够增益（对事件的）符合公众利益的客观讨论的情况下，应当对《欧盟基本权利宪章》第 11 条第 2 款、《欧洲人权公约》第 10 条第 1 款以及《德国基本法》第 5 条第 1 款所规定的新闻自由提供更大力度的保障。

13   aa）时事（Zeitgeschehen）的概念。在对《德国美摄著作权法》第 23 条第 1 款第 1 项所规定的"时事领域中"这一构成要件进行法律解释时，应当考虑到公众的关切与利益（Belange der Öffentlichkeit）和新闻自由。[4] 对此，对公众了解当代事件完整信息的利益具有决定性意义。《德国美摄著作权法》第 23 条第 1 款第 1 项中"时事"的概念应当以有利于新闻自由的方式进行广义解释。因为新闻媒体在作出出版决策时应当对什么涉及公众利益拥有充分的自由裁量空间。[5] 鉴于《德国美摄著作权法》的产生历史，尤其是考虑到社会公众对于信息的需求，此处时事的概念不应当仅包括那些具有历史和政治意义的事件，还应当包括一般性的时事。因此，特别是应当将具有一般社会意义的问题和娱乐性报道（unterhaltende Beträge）

---

[1]   *BGH* WRP 2004，1494，1495.

[2]   *BGH* WRP 2005，117，118.

[3]   BVerfGE 77，346，354.

[4]   *BVerfG* BJW 2006，3406，3407f.；*BGH* WRP 2007，789 Rn. 13.

[5]   *BGH* WRP 2007，644 Rn. 21.

也包括在内。① 原因在于，这些问题和报道，特定情况下甚至比单纯事务性的信息更加能够促进公共意见的形成。特别是将参与新闻报道所涉及时间的当事人作为配图更加能够引起读者对文字内容的注意力，从而极大地有助于公共意见的形成。②

根据德国联邦最高法院的司法意见，公众的信息利益并非是没有边界的；而是，对肖像人个人空间的引入受到比例原则的限制。基于这一原因，在（将特定事件）归入时事范畴的情况下便需要对两个相互冲突的基本权利进行衡量，一方面是肖像人基于《欧洲人权公约》第 8 条以及《德国基本法》第 1 条第 1 款、第 2 条第 2 款的规定所享有的权利，另一方面是新闻媒体依据《欧盟人权公约》第 10 条和《德国基本法》第 5 条第 1 款第 2 句所享有的权利。③ 公众对于时事新闻报道所享有之正当利益的边界只有在结合个案具体情形的情况下才能够确定。在此范围内并不涉及《德国美摄著作权法》第 23 条第 2 款所规定的肖像人的正当利益。④ 但是，当联邦最高法院在对《德国美摄著作权法》第 23 条第 1 款第 1 项进行衡量时，将肖像人的正当利益纳入考虑范围的情况下便产生了冲突。⑤

联邦最高法院所采取的进路为，能够充分清晰地对《德国美摄著作权法》第 23 条第 1 款第 1 项和该法第 23 条第 2 项进行区分。因此，似乎以下处理方式才是正确的，即在对所涉及个人的肖像是否属于时事范畴进行判断时（第一层次审查；er-ste Prüfungsebene），应当结合《德国美摄著作权法》第 23 条第 1 款第 1 项的立法目的，仅是考察以下问题：公众是否享有对某一特定人进行图片新闻报道享有利益。这样一种利益即便是对娱乐性报道，示例：针对所谓社会名流的报道也是如此。在此范围内，德国联邦宪法法院（BVerfG）和联邦最高法院的意见值得充分肯定。只有在属于前述情形的条件下，才接下来对肖像人的利益纳入考量范围并与公众依据《德国美摄著作权法》第 23 条第 2 款所享有的信息利益进行衡量（第二层次审查；zweite Prüfungsebene）。这一审查顺序符合《德国美摄著作权法》第 23 条第 1 款和第 2 款的体系结构。根据该条的规定，在对是否涉及时事这一问题的判断上，（尚且）不需要考虑肖像人的利益。另外，联邦最高法院的进路还导致这样的结果，即必须进行两个层次的利益衡量，且每次都涉及（两种）相同类型的利益。因为按照联邦最高法院的裁判进路，不仅在对《德国美摄著作权法》第 23 条第 1 款所规定"时事"这一概念的界定上，而且在对该法第 23 条第 2 款所规定肖像人（相对应的）正当利益这一问题的判断上都需要对言论和新闻自由与肖像人的一般人格权进行衡量。当然，通过这一思路所得出的最终结果与联邦最高法院的裁判思路并没有区别。因此，在对公众是否对特定个体的图片新闻报道享有利益的判

14

15

---

① 德意志帝国国会讨论速记报道，第 11 个立法期，1905/1906 年第一届会议，第一阶段，档案号：30，S. 1540f. Und I. Lesung 25. Januar 1906，Band214，S. 819；*Ebermayer*，in：Stenleins Kommentar zu den Strafrechtlichen Nebengesetzen des deutschen Reiches，5. Aufl.，Band I，23 KUG Anm. 1；BverfGE101，361，389f.；*BverfG* NJW 2006，2836，2837；BGH WRP 2007，644 Rn. 17.

② *BGH* WRP 2008，1363 Rn. 23.

③ *BGH* WRP 2007，644 Rn. 14.

④ *BGH* WRP 2007，789 Rn. 29a. E. und 30.

⑤ *BGH* WRP 2007，789 Rn. 16 und 33.

断上，正确的方式是仅需要考虑以下因素：（1）所涉及个体的个人情况，示例：社会知名度；（2）客观情况，即考察是否属于时事的范畴。在对一个主体的社会知名度进行判断的问题上，关于绝对时事人物和相对时事人物的区分可以作为一项重要的指导标准。①

16　　　　bb）个人情况。（1）总体趋势上，针对所谓的绝对时事人物（公众利益人物；Person des öffentlichen Interesses）的图片新闻报道较之于相对时事人物在更大范围内是为法律所允许的。

17　　　　绝对时事人物是指不以特定时事的进行为条件而仅基于其身份或者重要性便能够导致广泛公众关注度的人物。对于公众而言，这些个体的肖像单纯基于其个人因素便具备了值得关注的价值（公众利益人物）。②

　　　　示例：国家元首、出众的政治人物、皇室成员、著名的发明家、知名的演员（示例：玛琳·黛德丽③）或者知名的运动员以及电视节目主持人。同时，摩纳哥公主卡洛琳无论如何都属于在公众中广为人知的人物，从而能够引起较大程度的公众关注。④

18　　　　相反，欧洲人权法院（EGMR）⑤ 在"卡洛琳"一案中，对于该案争议的问题"绝对时事人物"的概念，法院认为仅指那些政治生活中承担公职的人员。在一份早期的判决中⑥，该法院认为，"政治人物的言论和行为本应当不可避免地且有意识地受到新闻媒体和普通公众的持续监督和控制"；但是，对于像卡洛琳公主这一私人而言，公众和新闻媒体对其广泛的关注单纯是基于卡洛琳公主是执政皇室的成员之一，而其自身并未承担任何公职，那么将其归入"绝对时事人物"的范畴则缺乏正当理由。无论如何，在这些前提条件下应当对《德国美摄著作权法》进行限制性法律解释，从而使得国家能够履行其（如依据《欧洲人权公约》所负有的）保障公民私人生活以及公民肖像权的积极法律义务。根据这一规则，诸如，顶尖体育运动员、演员、时装设计师、摄影模特、电视节目主持人、贵族的家庭成员或者名流俱乐部成员都不属于绝对时事人物。⑦ 但是，即便是在欧洲人权法院的"卡洛琳案"判决之后，绝对时事人物和相对时事人物的区分依然构成一项重要的指导标准。⑧

19　　　　当然，一个主体的高知名度仅是将其归入绝对时事人物的一个要素。这一要素自身并不具有充分的说服力，因为知名度也可以由于单一的事件而产生（示例：在温布尔登网球锦标赛中的一次胜利）。基于同样的原因，民意调查的结果也同样不能构成判断的充分依据。

---

①　*BVerfG* NJW 1997，2669；NJW 2000，2190.

②　BVerfGE 101，361，392；*BGH* NJW 1996，985，986；WRP 2004，772，773.

③　BGHZ 143，214，229；151，26 29.

④　*BGH* WRP 2007，Rn. 15；*Teichmann*，NJW 2007，1917，1918，从这些判决中可以发现脱离之前绝对和相对时事人物相区分的理念。

⑤　*EGMR* NJW 2004，2647 Rn. 72-Caroline von Hannover/Deutschland［摩纳哥公主卡洛琳诉德国案］。

⑥　*EGMR* NJW 1987，2143 Rn. 42-Lingens/Oesterreich；NJW 1992，613 Rn. 59-Oberschlick/Oesterreich.

⑦　*Heldrich*，NJW 2004，2634，2636.

⑧　*Ohly*，GRUR Int. 2004，902，912.

绝对时事人物的子女并不单纯基于其亲属关系从而也成为绝对时事人物。　　20

示例：摩纳哥公主卡洛琳的女儿。①

绝对时事人物的子女只有在满足以下条件的情况下才能成为绝对时事人物，即　　21
子女作为家庭成员同样也涉足公众领域，或者子女在其父母职责范围内也承担了公
共职能。② 这些条件在当时尚且为未成年人的公主卡洛琳的女儿身上并不具备。但
是，如同其他家庭成员一样（示例：配偶），绝对时事人物的子女也可以成为相对
时事人物（边码 22 及以下）。

（2）相对时事人物是指那些当代因特定的事件（示例：意外事故、绑架事件、　　22
救援行动、体育运动成果或者一个其他的事件）而成为公众关注对象的人物。③ 针
对相对时事人物，公开的权利仅以特定的主题为限。具体而言，公开的权利应当在
时间上、空间上和主题内容上以使特定主体知名的事件为限。在没有获得相对时事
人物事前许可的情况下，对该主体的图片新闻报道只能在结合使其取得相对时事主
体地位的事件的情形下进行。

示例：对一个因吸毒而死的人的父母进行图片新闻报道并不属于《德国美摄著
作权法》第 23 条第 1 款的适用范围。④

作为绝对时事人物的家庭成员、生活伴侣（Lebenspartner）或者陪伴者而共同　　23
出现在公众领域的主体也可以成为相对时事人物。⑤ 这是因为《德国美摄著作权法》
第 23 条第 1 款第 1 项所规定的时事要件也可以因绝对时事人物的陪同而具备。如
果在具体的时事背景下，公众的信息利益相对于陪伴者的人格权具有优先地位的
话，那么即便在未获得陪伴者事前同意的情况下也可以对陪伴者的肖像进行传播。
属于这种情形的诸如当一位绝对时事人物与所涉及的另外一个主体共同出现在公众
领域（所谓的"陪伴者判例"；Begleiterrechtsprechung）。⑥

由于陪伴者并非绝对的时事人物，而仅是相对的时事人物，因而，原则上陪伴　　24
者仅必须容忍其肖像与绝对时事人物一起被用于图片新闻报道。

示例：在对是否允许对汉诺威恩斯特·奥古斯特亲王与其妻子一起进行图片新
闻报道的问题判断上需要对以下问题进行审查，即是否由于卡洛琳公主的秘密陪同
从而使得公众对于其丈夫也产生信息利益。⑦

在对上述问题进行评判的过程中应当摒弃严苛的形式考察方式，从而充分考虑　　25
新闻媒体在其报道中使用配图的正当利益。

一位绝对时事人物与一位隐秘陪伴者在一起的肖像照片的传播基于其微弱的侵　　26
害性即便是在陪伴情形之外（新闻报道中）进行传播也是法律所允许的。⑧ 这是因

---

① *BGH* WRP 2004，772，773.

② *BGH* NJW 1996，985，986；WRP 2004，772，773.

③ *BGH* WRP 2007，644 Rn. 11.

④ *BGH* GRUR 1974，794.

⑤ MuenchKomm-BGB/*Rixecker*，§ 12 Anh. Rn. 65.

⑥ *BVerfG* NJW 2001，1921，1923.

⑦ *BVerfG* NJW 2001，1921，1923.

⑧ *BVerfG* NJW 2001，1921，1924.

为，这样的照片对于被拍摄的陪伴者一般人格权的侵害程度并不比在陪伴情形下与被陪伴人一起被拍摄的照片更加强烈。但应注意的是，这种照片必须是情境中立的，从而使得在其他情形中对照片的使用不给陪伴人的一般人格权造成超出陪伴情形之外的额外侵害。[①] 在此意义上还应当考虑的因素是，所涉及的照片是否是对一件事件报道进行了图像阐释，而该事件中不仅产生了（对绝对时事人物的）陪同情形，而且该陪同人员从事了能够引起公众关注，从而导致公众对其本身产生独立的披露利益的行为。

示例： 卡洛琳公主的丈夫对摄影师进行人身攻击。[②]

27　　　在陪伴者由于已经在一段时间之前与绝对时事人物分手，从而不再属于陪伴者的情况下，公众对于该（曾经的）陪伴者的图片新闻报道不再享有压倒性的利益。[③] 在下述情形下公众对于图片新闻报道也不具有压倒性的利益，即新闻报道并非旨在满足公众对时事的信息需求和利益，而仅是借助特定的活动场合几乎完全以陪伴者的外在形象作为主题内容。[④]

28　　　cc）客观情形。根据《德国美摄著作权法》第 23 条第 1 款第 1 项的立法目的，该条所规定的例外情形仅涵盖那些公众享有正当信息利益的公开情形。这尤其适用于具有历史性或者政治性意义的事件。对于政治生活领域的人物，公众越来越享有更高的信息利益，以便保障民主的透明性。[⑤] 因为这些人物在很大程度上是特定价值观的直接体现。基于这一原因，公众对于政治人物的正当信息利益并不以丑闻性的、道德上或者法律上有争议的行为方式为限，而是应当原则上包含日常生活的常态，只要这些常态对于涉及公众利益问题的民意形成具有促进作用。

示例： 公众对于政治人物的仕途变化享有正当的信息利益，诸如，对一位联邦财政部长的辞职或者一位女性州长的败选以及其之后在日常生活中的行为。

对于公开的体育活动，示例：国际性的马术比赛，存在正当的公众信息利益。[⑥]

至少对以严重犯罪行为内容的时事新闻报道，公众享有正当的信息利益。与之相比，犯罪人员的人格权保护则退居次要地位。[⑦] 因此，新闻报道中公开犯罪人的图片是为法律所允许的。在对为法律所允许的新闻报道时间界限的确定上具有决定性影响的是，在多大范围上对犯罪行为的新闻报道与犯罪人的再社会化（Resozialisierung）不相容。[⑧] 在涉及并非严重犯罪行为或者仅是单纯的犯罪嫌疑的情况下，对此进行图片新闻报道的可能性应当至少进行极大的限制，示例：通过规定在所涉及人员照片的眼部添加黑色条框来加以遮挡。当然，如果肖像人自身始终对外极为

---

① *LG Hamburg* NJW-RR 2002，1067.

② *BVerfG* NJW 2001，1921，1925.

③ *OLG Hamburg* ZUM 1986，400；AfP 1993，576.

④ *BVerfG* NJW 2000，2191f.；*BGH* WRP 2004，772，773.

⑤ *BGH* WRP 2008，1221 Rn. 17.

⑥ *BGH* WRP 2004，1494，1496；2005 120，122.

⑦ BVerfGE 35，202，224，227.

⑧ BVerfGE 35，202，224，*BVerfG* NJW 2000，1859.

强调遵守道德和秩序的重要价值的话，也可以因此导致公众产生压倒性的信息。①

但是，公众的正当利益的产生并不以具有历史意义或政治意义事件为前提条件，即便是娱乐性的报道也属于考察范围。尤其是公众对于一个居于社会显要地位的个体在其职责范围之外如何在公众领域行事可以产生正当的信息利益。恰恰是在娱乐性报道中，（所涉及人物的）个性化是一项能够吸引读者注意力的措施。② 只有在利益衡量层面上（第二审查层次）以下问题才具有重要意义，即所针对的新闻报道是对涉及公众的问题进行探讨，还是仅出于满足好奇者对（他人）私生活事项的好奇心。③ 相反，欧洲人权法院④对公众的正当信息利益进行了极大的限缩。因为该法院在其判决中称，公众的正当信息利益只能产生于对"能够有助于民主社会进行公开讨论"的客观事实所进行的新闻报道。这样一种正当利益存在于诸如对政治领域中履行其公职的人物所进行的新闻报道。与之相反，公众对于未承担公职的人物的私生活相关新闻报道并没有正当的信息利益。《德国美摄著作权法》第23条第1款第1项的规定并不要求进行上述区分，尤其是该法第23条第2款为肖像人的利益获得充分的保护提供了保障。

示例：对于在巴黎市政厅举办的一场有众多知名参与者的晚会，公众享有正当的信息利益。⑤

根据德国联邦最高法院的观点，即便是对时事的概念采取广义的法律解释，也不包括知名人士度假的照片。⑥ 当然，这些图片如果与对一项时事进行报道的文字新闻结合在一起，则作为新闻的插图是为法律所允许的（边码50）。

《德国美摄著作权法》第23条第1款第1项的客体适用范围自始至终都不包含通过广告对肖像进行利用的行为，因为在此范围内并不存在公众的正当信息利益。⑦ 诸如，之所以将时事领域的图片加以使用是为了利用知名人士的广告宣传价值并将这种价值传至所宣传的产品上。相反，如果广告的内容除了宣传目的之外，还包含了提供给公众的信息内容，则属于《德国美摄著作权法》第23条第1款第1项的适用范围。

示例：在汽车租赁公司A的广告中对政府（内阁）组成人员逐一进行了肖像展示，而不久前辞职的财政部长B的面部则被打叉，并且在该肖像的底部配有这样的文字内容："A公司也向试用期员工出租汽车"。这种对肖像的利用并不仅仅是基于广告宣传的目的，而且通过B的配图以政治幽默的方式对当下正在发生的政治事件表达观点。⑧ 以此，该行为被纳入《德国美摄著作权法》第23条第1款第1项的适

① BGHZ 57，325，328.

② BVerfGE 101，361，390；*BVerfG* NJW 2001，1921，1923.

③ BVerfGE 101，361，390.

④ *EGMR* NJW 2004，2647，Rn. 63-Prinzessin Caroline von Hannover/Deutschland［摩纳哥公主卡洛琳诉德国案］.

⑤ *BGH* WRP 2004，772，773.

⑥ *BGH* WRP 2007，644，Rn. 26.

⑦ *BGH* WRP 2007，83，Rn. 15-Ruecktritt des Finanzministers［财政部长辞职案］.

⑧ *BGH* WRP 2007，83，Rn. 16-Ruecktritt des Finanzministers［财政部长辞职案］.

用范围，从而需要对后续问题进行考察，即该法第 23 条第 2 款所规定之 B 的正当
利益是否能够阻止这种形式的利用。

（二）《德国美摄著作权法》第 23 条第 1 款第 2—4 项

31　　《德国美摄著作权法》第 23 条第 1 款在以下情况下也认为肖像人的人格利益应
受到法律保护的重要性程度是可以忽略的，即图像上的人物仅是作为自然风景或者
其他地形图像的附属品出现（《德国美摄著作权法》第 23 条第 1 款第 2 项），或者
该主体作为多数成员集体（并不一定是公众性的）的单一组成部分，而该主体是自
行参与到这种多数成员构成的集体，诸如集会、游行队伍以及类似的活动中，从而
进入哪怕是部分的公众领域（《德国美摄著作权法》第 23 条第 1 款第 3 项）。这要
求从客观的角度来讲，肖像人仅是所涉及展示的附属事项，从而他在第一印象上并
不是明显作为单一主体的面貌呈现。① 在肖像人的图像几乎占满了全部画面的情况
下，上述条件没有得到满足。最后，根据《德国美摄著作权法》第 23 条第 1 款第 4
项的规定，基于较高的艺术与科学价值，即便在没有获得肖像人事前同意的情况下
也可以对肖像进行传播和展示。

（三）对例外情形的限制：肖像人的正当利益（《德国美摄著作权法》第 23 条第 2 款）

32　　aa）利益衡量的必要性。《德国美摄著作权法》第 23 条第 1 款第 1—4 项所规定
的权利人事前同意的例外情形受到该法第 23 条第 2 款的限制。根据后者的规定，
事前同意的例外规定并不适用于侵害肖像人，或者在肖像人死亡的情况下其亲属正
当利益的情形（《德国美摄著作权法》第 23 条第 2 款）。在对这一问题进行审查时，
应当对图像公开的整体情况进行考察，而不是脱离其所配文字内容进行独立考察。
在这一过程中，应当进行一项广泛的、以个案为导向的价值与利益衡量（Güter-
und Interessenabwägung）并对以下问题进行审查，即肖像人的一般人格权，尤其
是其根据《德国美摄著作权法》第 22 条及以下诸条对自身肖像所享有的权利，较
之于肖像使用人权利具有更重要的价值，从而必须予以优先保护（第二层次审
查）。② 由于人格权作为一种框架性权利③（即开放性的构成要件）的独特属性，其
权利范围并非绝对确定，而是原则上应当通过与相对立的权利和应当受到保护的利
益进行衡量后来确定。④ 因而，关键性的问题是，较之于艺术与科学自由（《欧盟基
本权利宪章》第 13 条；《德国基本法》第 5 条第 3 款）或者言论与新闻自由（《欧
盟基本权利宪章》第 11 条；《欧洲人权公约》第 10 条第 1 款；《德国基本法》第 5
条第 1 款），在个案中是否应当赋予一般人格权在个人肖像上的体现以更大保护力
度。《欧盟基本权利宪章》第 11 条、《欧洲人权公约》第 10 条第 1 款和《德国基本
法》第 5 条第 1 款所保障的基本权利都可以以一般性法律的方式来进行限制，而

---

① MuenchKomm-BGB/*Rixecker*，§ 12 Anh. Rn. 72.
② BVerfGE 101，361，39；*BGH* WRP 2004，240，241.
③ MuenchKomm-BGB/*Wagner*，§ 823 Rn. 179；krit. *Larenz/Canaris*，§ 80 III 2 u.
④ BVerfGE 101，361，388；*BGH* NJW 1999，2893；2004，762，764.

《德国民法典》第 823 条第 2 款及《德国美摄著作权法》第 22 条及以下的规定便属于此种性质的法律规范。但是，德国基本法并没有赋予公民个人以特定方式出现在公众领域的请求权。[①] 在进行必要的衡量过程中，具有决定性影响的因素是以下问题，即新闻媒体是否属于对公共意见的形成具有普遍意义的新的和真实的信息进行传播，或是对于公众而言，其信息价值核心地体现在其娱乐性上。[②] 如果属于后一种情形，那么肖像人的一般人格权通常要比公众的信息利益更加值得保护。

首先，在进行权益衡量时尤其应当对肖像（对权利人的权益）介入程度（Eingriffsintensität）进行审查。对此，具有重要意义的问题是，肖像人的哪些领域受到影响。这种介入的范围越广（隐私、私生活、社交领域），则一般人格权（此处是肖像权）就越应当获得更大程度的保护。另外，（对肖像进行）展示的方式也对介入的程度具有重要影响。示例：照片是否是伪造的，或者在图像中肖像人被以极为不利的方式进行展示等都具有重要影响。尤其不属于这一情况的是以下情形，即肖像产生的原始背景已经完全不能够辨识（示例：典型的肖像照片）。与之相反，如果该照片是取自肖像人的私人生活领域（边码 35 及以下）则构成对其一般人格权极大程度的介入。再者，对一般人格权的侵害还可能通过将肖像置于另外一种背景之中，而背景的变换导致图像所传达的意义内容发生巨大的变化。[③] 一张歪曲（肖像人所发表）言论的照片，即从一开始便导致读者误解的照片不能够获得法律的保护。一般人格权法对于经过技术操控的图片只有在其作为某人的权威肖像呈现时才提供法律保障。[④] **33**

示例： A 在由其出版的杂志中的多个页面上公布了一张蒙太奇图片。该图片中显示时任德国电信股份公司董事会主席的 B 坐在一个从该公司标志截取的字母"T"上；该 T 字母呈现裂纹贯穿和破碎状态。而对 B 的展示则由两部分构成，从 B 的照片中截取的头部被置于另外一个人的躯体之上。为了相互协调，A 将 B 头部的照片进行了技术调整，其中，脸部总体大约长了 5%，面颊更加丰满和宽阔，下巴部分更加饱满，脖子更加短和胖，而肤色显得越发苍白。

bb）肖像人应受保护的利益。如果（肖像的）公开会给肖像人的生命、身体或者健康带来威胁，则肖像人（对于禁止肖像的公开）享有应受法律保护的利益。　**34**

示例： 以下情形可以构成《德国美摄著作权法》第 23 条第 2 款所规定的正当利益，即某人由于担心遭到绑架而不愿自己的肖像进行公开。只要这种危险在具体的情形下可以得到佐证的，诸如，富裕家族的成员反复遭到绑架，而且肖像人也是依据这种危险情形来安排自己的行为。[⑤]

cc）私人领域（《欧盟基本权利宪章》第 7 条；《欧洲人权公约》第 8 条第 1 款；　**35**《德国基本法》第 1 条第 1 款、第 2 条第 1 款）。保护人格的基本权利也包含了对私

---

① BVerfGE 99，185，194；*BVerfG* NJW 2001，1921，1925.

② *BGH* WRP 2007，789 Rn. 28.

③ BVerfGE 101，361，381 f. ；*BVerfG* NJW 2001，1921，1924.

④ *BVerfG* WRP 2005，595，596.

⑤ *BVerfG* NJW 2000，2194.

人领域的法律保护（《欧盟基本权利宪章》第 7 条；《欧洲人权公约》第 8 条第 1 款；《德国基本法》第 1 条第 1 款、第 2 条第 1 款）。在确定对某一单一个体提供的法律保障范围时，以下问题具有决定性的影响，即在具体情形中，个体可以在多大范围内期待是私人领域。因此，个案中的具体情形具有决定性影响，尤其是对受影响主体的人格发展（Persönlichkeitsentfaltung）和私人生活因特定行为而产生的或者可期待的影响。即便是绝对时事人物也有私人生活受到保护的权利。私人生活领域的保护范围应当从主题内容、空间和时间范围来确定。

36

（1）主题内容上，对私人生活的保护所涵盖的事项包括那些由于其信息的内容而具有高度个人性，从而通常被归入"私人"范畴的事项。通常情况下对这一领域的公开探究或者展示是禁止的。

示例：日记中（所记录的）自我思想斗争[①]；夫妻之间[②]或者父母与子女之间所进行的秘密交流；性爱关系领域[③]；与社会偏离的行为方式[④]；疾病；（所涉及主体）相互结识和订婚的具体情形；财产关系或者特定的个人偏好。[⑤] 尽管这些都属于德国基本法所保障的行为方式，但是，如果缺乏对（这些行为）免受第三人获知的保障，则上述行为方式是不可能的。[⑥] 除此之外，欧洲人权法院[⑦]还将日常情形，诸如，野外骑马活动、餐厅就餐、离开居所、自行车骑行、滑雪度假、打网球或者游泳馆游泳都归入私人生活的范畴（《欧洲人权公约》第 8 条第 1 款）。同样，根据德国联邦最高法院的观点，诸如外出度假这样的活动即便是对"知名人士"而言也属于私人生活的范畴。[⑧] 即便所涉及的知名人士的度假照片中，该知名人士与其他很多人一起，示例：在公开的街道上或者在滑雪场的升降机上，也同样属于私人生活领域。同样，涉及公众利益的人物其个人的病情原则上也属于私人生活领域。[⑨] 对于特殊的人物群体，示例：重要的政治人物、经济界领袖或者国家元首，可以构成上述规则的例外情形。

37

（2）空间范围上，作为私人生活领域受到保护的首先是免受公众观察，从而也免于因公众观察而强制性产生的自律的领域。属于这一领域的首先是室内领域。但超出室内领域的范围也可能属于私人生活领域。具有关键意义的是所涉及主体所处地点的性质。对地点性质的判断应当以下列标准考察，即对于第三人而言，是否可以合理辨识，该主体所处地点并不是要置于公众的观察之下，而是要独处。[⑩] 即便是对绝对时事人物也必须拥有在特定的地方能够免受图片新闻报道从而自由活动的

---

① *BVerfG* NJW 1990，563.

② *BVerfG* NJW 1970，555.

③ *BVerfG* NJW 1979，595.

④ *BVerfG* NJW 1977，1489.

⑤ *BVerfG* NJW 2000，2193.

⑥ *BVerfG* NJW 2002，1021，1022.

⑦ EGMR NJW 2004，2647 Rn. 53-Prinzessin Caroline von Hannover/Deutschland ［摩纳哥公主卡洛琳诉德国案］.

⑧ *BGH* WRP 2007，644 Rn. 25；WRP 2007，648 Rn. 651.

⑨ *BGH* GRUR 2009，86 Rn. 20.

⑩ BVerfGE 101，361，382ff.；*BGH* NJW 2004，762 763.

可能性。[①]

地点的封闭性是决定性因素。这种封闭性是指能够客观上辨识出，所涉及的主　　38
体希望独处并在具体情形下以充分信赖这种封闭性的方式行事。通过这种方式（行
为主体）可以对自身进行反思（Zu-Sich-Selbst-Kommen），保障（身心的）放松并
且能够确保满足"自身不受打扰"的需求。封闭性的这些前提条件是否获得满足只
能依据特定时间点上该地方的客观情形来判断，从而取决于个案情况。

示例：根据德国联邦最高法院的观点[②]，地点的封闭性并不由于以下原因便不
存在，即仅有有限的公众可以进行特定的认知。基于这一原因，卡洛琳公主在男宾
的陪同下一起在饭店用餐也属于其私人生活领域。得出这一结论的依据在于，尽管
卡洛琳公主将自身行为置于有限的公众群体（即餐厅的其他客人）关注之下。但
是，某人仅是非常偶然地被出现在周围的人观察这样一种情形与他人在同一情形下
对其进行拍照并意图进行公开传播这一情形存在巨大的差异。对于从事后一种行为
的人，卡洛琳公主并未将自身置于他的观察之下。如果所涉及的照片是被人以隐蔽
的方式，不为人觉察地从远距离所拍摄的，则更是如此。

按照以往的司法判例，绝对时事人物只有在室内空间或者封闭的地点才能够主　　39
张（要求他人）尊重其私人生活领域的权利，包括个人独处的权利。根据这些判
例，如果难以限制的多数人无论如何都可以进行特定的认知的话，则不构成私人生
活领域。

示例：根据以往的判例规则，在市场购物或者在专卖店购物不属于私人生活领
域的范畴。但是，如果所购买服装尺码的大小、价格或者信用卡使用的细节被透露
的话，则属于对私人生活领域的侵犯。因为这些情况并不是通常借由地点的公开性
可以获得的认知。[③]

基于上述原因，欧洲人权法院[④]认为"地点封闭性"这一概念过于不确定，对　　40
于受影响的群体来说难以把握。这一批评意见至少部分上是有正当依据的。因此，
并非不重要的是，应当放弃将"空间的封闭性"作为界定私人生活领域的标准，转
而将结合个案的利益衡量置于首要地位。[⑤]

欧洲人权法院在"卡洛琳案"中极大地扩张了对像摩纳哥公主卡洛琳这样未担　　41
任公职的人物的私人生活领域的保护。此种法律保护并不取决于轮廓不清晰的"地
点的封闭性"概念。根据该判决，图片新闻报道对卡洛琳公主以下图像的展示也构
成对《欧洲人权公约》第 8 条第 1 款所规定私人生活领域的侵害，诸如，她野外骑
马、市场上购物或者显示其跃入游泳池的照片。这是因为，相关图片新闻报道并不
属于增益涉及公众利益讨论的报道。而德国法院所采用的裁判标准不适宜（nicht
geeignet）保障对私人生活领域获得保护的合理期待。这一判决部分地，即除了放

① *BGH* WRP 2007, 644 Rn. 11.

② *BGH* NJW 1996, 1128 1130.

③ *Bverf G* NJW 2000, 2194, 2195.

④ EGMR NJW 2004, 3647 Rn. 75-Caroline con Hannover/Deutschland.

⑤ *Lettl*, WRP 2005, 1045, 1058. Im Ergebnis aehnlich *Ohly*, GEUR Int. 2004, 902, 912.

弃地点的封闭性标准之外，导致只有对履行其公共职务的政治人物进行图片新闻报道才与《欧洲人权公约》第 8 条的规定相符合。[①] 但是，由于欧洲人权法院仅是将该情形作为"示例"，因为"无论如何"在此范围内涉及的是对能够增益民主社会讨论的报道，（公众的）信息权利"尤其是"可以涉及政治人物的私人生活的多个方面，因此，还存在很大的自由裁量空间。[②]

42　　　　德国联邦最高法院和德国联邦宪法法院（BVerfG）都遵循了欧洲人权法院的判决。尽管这两个法院依然坚持采用"地点的封闭性"这一概念[③]，但是，只要主题内容上属于私人生活领域的适用范围，则认为其他地方也可以构成私人生活领域。据此，人格权的保护即便在"地点的封闭性"条件之外也获得了更大程度的保护。

　　　　示例：将摩纳哥公主卡洛琳度假的照片在一份杂志上进行公开侵害了其私人生活领域；即便是所拍摄的照片中显示卡洛琳公主与其他众多人一起在圣莫里茨（St. Moritz）公开的街道上或者在滑雪场的升降机中。[④]

　　　　如果一名著名的摇滚乐歌手或者球星以及他们的生活伴侣在公开的街道上逛街购物或者在街边咖啡店就座，则这些也属于其私人生活领域。从此种意义来讲，德国法院由于受到欧洲人权法院的重大影响对其司法判例规则进行了改变。

43　　　　根据上述规则，室内领域/封闭性地点与其他地方的区别仅对于下文（边码 46 及以下）所要进行的权益衡量具有重要意义。

44　　　　（3）从时间范围的角度来讲，私人生活领域受到保护的范围也可能会得到不同的界定。因此，可能从特定的时间点开始，此前对一个主体的图片新闻报道从不被法律所允许而变得为法律所允许。同样，一个主体由于其公开参与（Auftreten）从而被纳入时事的范畴，那么，从这一时刻（边码 45 及以下）起该主体便不得再主张私人生活领域的保护。[⑤]

45　　　　（4）一个主体不得就其自行有意进行公开的事实主张应当受到私人生活领域的保护。[⑥]

　　　　示例：一位著名女演员的丈夫的新女性生活伴侣可以通过公开露面以下述方式成为婚姻危机争议的主题，即该新的生活伴侣针对公众自行决定公开露面。

　　　　这同样适用于以下情形，即该女性伴侣将其身份以及作为新的生活伴侣的角色向娱乐小报公布，诸如通过同意娱乐小报对该新的生活伴侣的采访。[⑦] 在这种情况下，该新女性伴侣也必须对针对其在与著名女演员的丈夫共同公开露面之前的时间内的新闻报道保持容忍，只要这些新闻报道中的图像对其私人生活的影响如同经过

---

①　So etwa *Grabenwarter*，AfP 2004，310.

②　*Mann*，NJW 2004，3220，3221.

③　*BVerfG* WRP 2008，645 Rn. 69；*BGH* WRP 2007，789 Rn. 15.

④　*BGH* WRP 2007，789 Rn. 31；so zuvor schon *Lettl*，WRP 2005，1045，1062.

⑤　*BGH* WRP 2005，117，118.

⑥　BVerfGE 101，361，385；*BGH* WRP 2005，117，119.

⑦　*BGH* WRP 2005，117，119.

其同意公开的自己与其男性伴侣的照片一样从视觉上导致其个人可为（公众所）辨识。这一前提条件（示例：在一张肖像照片中）通过照片底部说明"尤斯奇·格拉斯（Uschi Glas）的情敌安科·S.（Anke S.）来自……"的方式得到满足。但是，该新的女性生活伴侣并不必须对以下照片的公布予以容忍，即在其公开承认新的恋情之前拍摄的显示其与新的男性生活伴侣在私人场合，示例：散步的照片。原因在于，在这一时刻，该新的女性生活伴侣尚未放弃自己的私人生活空间。图片新闻报道可以通过选择（恋情公开后的）更近时间内的照片来充分保障公众的信息利益。①

（5）在涉及私人生活受保护领域的情况下，则需要对两个对立的利益进行衡　**46**
量：一方面是新闻自由和公众获得信息的权利，另一方面是肖像人的私人生活领域
受保障的权利。对于此种利益衡量具有关键意义的是个案中的各种具体情形
（Umstände des Einzelfalls），诸如，获得图像的具体情形和所涉及的肖像所展示的
肖像人所处场景。

在室内范围或者封闭性地点内，通过秘密的拍摄照片行为所进行的骚扰导致肖　**47**
像人的私人生活空间的保护居于更加优势的地位（图像获得的具体情形）。②

示例：某人秘密地通过利用望远设备远距离对摩纳哥卡洛琳公主的住所拍摄的
照片是禁止进行公开的。同样的规则还适用于某人趁人不注意对游泳池里陪伴其子
女的摩纳哥卡洛琳公主所拍摄的照片。同样，在本书边码38所描述的示例中，摩
纳哥卡洛琳公主的私人生活领域受保护的利益也具有更加优势的地位。

除此之外，尤其是针对公开不涉及室内领域或者封闭性地点的照片而言，适用　**48**
以下规则：所涉及的图像必须能够有助于涉及公共利益的讨论。因此，所涉及的图
像为公众提供的信息价值便具有决定性意义。在此意义上存在着一种相互作用。这
是因为，对于公众的信息价值越大，则肖像人应受保护的利益便越要退居次要地
位。③ 反之亦然，所涉及主体获得人格权保护利益程度越高，对公众的信息价值就
越小。④ 这一规则对于具有高知名度的主体亦是如此。针对肖像人私人生活领域保
护而言，读者对于单纯娱乐性的利益以及满足基于特定原因（示例：属于特定贵族
或者王室成员的身份；或者作为摇滚明星或者体育明星的地位）而产生的好奇心的
利益通常情况下都具有较弱的地位。⑤ 这一规则同样适用于具有高知名度的人物。⑥

对于家庭中父母与子女之间相处的私人生活领域的保护问题应当尤其关注子女　**49**
的特殊保护需求。原因在于，子女必须首先成长为能自己负责的人，从而来保护自
己免受因媒体及其用户对儿童图像的利益而导致的危险。所以，相较于成年人而
言，儿童的私人生活领域应当获得更大范围的保护。⑦ 另外，父母对其作为儿童的

---

① *BGH* WRP 2005，117，120.
② BVrefGE 101，361，381；*BVerfG* NJW 2006，3406，3408；*BGH* WRP 2007，789，Rn. 15.
③ *BGH* WRP 2007，789，Rn. 20.
④ BVrefGE 101，361，391；*BGH* WRP 2007，644，Rn. 20.
⑤ *BVerfG* NJW 2006，3406，3407；*BGH* WRP 2007，789，Rn. 20 u. Rn. 28.
⑥ *BGH* WRP 2007，789，Rn. 21.
⑦ Vgl. Auch *BVerfG* NJW 2000，2191 u. NJW 2000，2191f.

子女的关注也同样属于《德国基本法》第 2 条第 1 款以及第 1 条第 1 款的适用范围。而《欧盟基本权利宪章》第 9 条、《欧洲人权公约》第 8 条第 1 款和《德国基本法》第 6 条的规定强化了这种对人格权的保护。

示例：将一张显示摩纳哥公主卡洛琳与其丈夫和婴儿一起在游泳池的照片进行公开是违法的。[①] 这是因为，这样一种类型的照片并不包含任何可以受到《欧盟基本权利宪章》第 11 条、《欧洲人权公约》第 10 条第 1 款和《德国基本法》第 5 条第 1 款保护的信息价值。

50　　在进行利益衡量时，所涉及图像的信息价值具有关键性影响的情况下，应当对与此图像相结合的文字新闻报道内容进行考察。[②] 如果所涉及的一个人的图像本身并非产生于某时事，但与该图像结合使用的文字新闻报道涉及该时事，那么，编辑的内容（redaktionellen Gehalt）和报道的形式（Gestaltung des Artikels）并不具有关键性的影响。因为新闻自由的保障独立于相关新闻产品或者编辑内容的质量。[③] 当然，为了使（新闻报道中的）图像获得信息价值[④]，（相结合的）文字新闻报道必须是法律所许可的。[⑤]

示例：结合（法律所允许的）关于时事的文字新闻报道，使用摩纳哥公主卡洛琳的丈夫度假中在公开的街头或者在滑雪场升降机中的照片，如果照片的取得没有采取秘密（拍摄）手段或者技术措施，则是法律允许的。本案所涉及的时事是指当时执政的摩纳哥亲王的病情。[⑥] 在新闻报道的内容涉及家族成员在摩纳哥亲王患病期间所从事行为，而所采用的肖像配图对新闻报道内容进行了佐证和阐释。

如果对一位著名摇滚乐歌手及其新的生活伴侣进行的图片新闻报道中展示了两人在购物或者在街头咖啡店逗留的场景并且相关的文字报道内容上并不与某项时事具有联系，而仅仅是以报道这对情侣为内容，则是为法律所禁止的。属于此种情形的诸如，文字报道的内容以"男人需要更多的温情——这同样适用于他"为题，单纯地以报道摇滚乐手新的幸福生活为内容。至于该摇滚乐歌手在其歌词中对其私人生活的部分领域，诸如妻子去世，进行艺术化的处理这一情形并不会改变上述图片新闻报道不为法律所允许的状态。[⑦]

在一位女州长经历了一场引起巨大公众关注的四轮并以失败告终的州议会选举后，以该女州长在一个热闹的购物中心进行购物的场景作为配图，并以"此后她首

---

① *BGH* NJW 2005，215，217.

② *BGH* WRP 2007，644 Rn. 23；WRP 2007，789 Rn. 32.

③ *BGH* WRP 2007，644 Rn. 26.

④ Die rechtlichen Schranken fuer die Wortberichterstattung nach §§ 823 I，1004 I 2 BGB sind weniger streng als die rechtlichen Schranken fuer die Bildberichterstattung nach §§ 22，23 KUG；vgl. *BGH* WRO 2011，70 Rn. 11. Denn bei der Wortberichterstattung ist auch bei Themen，die nicht von besonderem Beland gfer die Öffentlichkeit sind，wegen Art. 5 I GG com Grundsatz freier Berichterstattung auszugehen，wohingegen ein Eingriff in das Recht am wigenen Bild nur ausnahmsweise zulaessin ist. Denn es stellt gegenueber der Wortberichterstattung einen erheblich staerkeren Eingriff in die persoenlche Sphaere dar，wenn jemand das Erscheinungsbild einer Person bildlich offenbart.

⑤ So wohl auch *BGH* WRP 2007，789 Rn. 32.

⑥ *BGH* WRP 2007，644 Rn. 26.

⑦ *BGH* GRUR 2007，899 Rn. 28.

先去购物"配图文字，结合对这一具有重要意义的政治事件进行的文字报道是法律所允许的。原因在于，公众对于该政治人物在丧失其公职之后的后续行为享有巨大的信息利益。该女州长尽管丧失了其公职，但依然是位重要的政治人物。即便是在她竞选失败之后依然与政治讨论具有关系，可以成为涉及公共利益讨论的客体。[①] 除此之外，这里并未涉及私人生活的核心领域。

针对涉及一位知名电影演员的刑事执行程序所进行的图片新闻报道（本案中：该演员的刑期开始执行之后仅两周便被释放）中，配图的使用是服务于关于该案判决和刑法执行流程的文字报道。这种情况下基于刑罚执行机关应当受到民主监督这一公共利益的考量，该图片新闻报道是法律所允许的。[②]

dd）人格权的其他精神性构成部分。一般人格权以及其在《德国美摄著作权法》第22条及以下所规定的肖像权中的特殊表现首先是旨在维护权利人的精神利益（ideelle Interesse）。除了私人生活领域受到尊重之外，人格权的精神性利益还包括人格的价值承认与尊重人格的要求（Wert-und Achtungsanspruch）。[③] **51**

示例：在没有获得一位著名电影演员的事前许可的情况下，将其裸体摄影照片进行公开的行为便构成对肖像人精神利益的侵害。

在人格权为精神利益提供保障的范围内，则这些人格权作为高度个人性的权利不可放弃并且不可转让。因此，这些权利不得进行移转，也不得继承。[④] 任何人都不得将其肖像权完整地并且最终性地予以放弃。否则的话，这与人格尊严（Menschenwürde）不受侵犯（《欧盟基本权利宪章》第1条；《德国基本法》第1条第1款）的宪法性保障以及自决权（《德国基本法》第2条第1款）相冲突。但是，人格权的法律效力超出了权利人生前的限制。[⑤] 在权利人死亡之后，不得再以《德国基本法》第2条第1款所规定的一般行为自由作为法律基础，这是因为该条所规定的自由仅以生命的存续为前提。所以，人死后的人格权仅涉及《德国基本法》第1条第1款的规定。 **52**

权利人死亡后法律至少能够保障其人格免受故意诋毁行为之侵害的情况下才能够保障人格尊严和生命存续期间（人格的）自由发展（freie Entfaltung）。[⑥] 因对死后的、精神性人格权实施侵害所导致的请求权属于有权为侵害行为寻求法律救济的权利人，通常情况下为（死者的）继承人或者专门获得此项授权的主体。[⑦] **53**

ee）财产性利益（Vermögen）。（1）一般人格权为肖像人生前的财产性利益在以下范围内提供法律保障，即对一般人格权的体现形式，尤其是肖像权，进行财产性利用在征得权利人事前许可的情况下是法律所允许的。 **54**

---

① *BGH* WRP 2008，1221 Rn. 21.
② *BGH* WRP 2009，190 Rn. 28ff.
③ BGHZ 143，214，218.
④ BGHZ 50，133，137；143，214，220.
⑤ BGHZ 50，133，136.
⑥ BGHZ 50，133，139.
⑦ BGHZ 50，133，139f. ；bestaetigt durch BverfGE 30，173；hierzu instruktiv *J. Hager*，Jura 2000，186.

示例：在一个包含某商品的宣传海报中使用一个足球明星的肖像必须征得该球星的事前同意。

55　对一般人格权的财产性利益的保障导致以下问题：这种保障是否仅存在于受侵害人生前还是说其死后也存在这种保障。

案例：

A 是演员玛琳·黛德丽的女儿和唯一的继承人。B 在未获得 A 事前同意的情况下销售含有玛琳·黛德丽肖像的纪念品。通过这种方式，B 的销售收入获得了巨大的增长。问题是，A 可以向 B 主张损害赔偿吗？

作为《德国民法典》第 823 条第 1 款所保障的权利，首先纳入考量的是从《德国基本法》第 2 条第 1 款结合该法第 1 条第 1 款中所引申出的玛琳·黛德丽的一般人格权以及该权利的特殊表现形式，即对自身肖像享有的权利（《德国美摄著作权法》第 22 条及以下）。

因侵害上述人格权而导致的损害赔偿责任须满足以下条件：（a）所涉及的权利不仅为人格的精神性利益提供保障，而且为人格的财产性利益提供保障；（b）玛琳·黛德丽相关的人格权的组成部分，即为财产性利益提供保障的部分已经移转给 A。在一份具有普遍意义的判决中，德国联邦最高法院[①]肯定了这两个前提条件。

56　**ff）肖像使用人和公众值得保护的利益（Schutzwürdige Interessen）。**（1）从法律上归入《德国基本法》第 5 条第 3 款意义上的"艺术"范畴必须以一种自由的智识性的创作形式来实现对印象、经验或者体验的表达为前提条件。[②] 对此，需要以一个理性的、忠于作品作出判断的第三人的视角来对整个作品进行观察和评价。[③] 由于《德国基本法》第 5 条第 3 款并未就法律保留进行规定，因而，艺术自由的边界只能由宪法自身来确定。[④] 既然一般人格权以及作为其具体体现的肖像权都是以《德国基本法》第 2 条第 1 款结合第 1 条第 1 款所提供的法律保障为法律基础，那么，只有在为公民提供宪法保障时有必要赋予一般人格权优先于艺术自由（《德国基本法》第 5 条第 3 款）的情况下，一般人格权才具有优先地位。[⑤]

示例：将一位政治人物以交配中的猪的形象进行展示是法律所禁止的。[⑥]

57　（2）《欧盟基本权利宪章》第 11 条第 1 款、《欧洲人权公约》第 10 条第 1 款和《德国基本法》第 5 条第 1 款第 1 句中关于言论自由（Meinungsfreiheit）的规定保障任何一个人都有权对其个人观点进行自由表达。应当在广泛的意义上对言论进行

---

① BGHZ 143，214 mit teilweise anderem Sachverhalt；dazu etwa *Frommeyer*，JuS 2002，13 u. *Staudinger/Schmidt*，Jura 2001，241.

② BverfGE 30，173，289；67，213，226.

③ BverfGE 67，213，228.

④ St. Rspr.；vgl. nur BverfGE 30，173，193.

⑤ *Larenz/Canaris*，§ 80 V 2a.

⑥ BverfGE 75，369，379f.

理解。至于所涉及的言论是有价值还是无价值、正确还是错误、有根据还是无根据、情感的还是理性的都不具有决定性影响。[1] 尤其应当说明的是，一项见解具有侵害性的表达并不必然（per se）排除在基本权利的保护范围之外。[2] 所谓（对言论的）"水平控制"是并不存在的。言论自由首要地是对文字新闻报道具有重要意义，但对于图片新闻报道也可以在一定程度上产生作用。在此意义上需要对以下问题进行审查，某人通过一个图像是否构成《欧盟基本权利宪章》第 11 条第 1 款、《欧洲人权公约》第 10 条第 1 款和《德国基本法》第 5 条第 1 款第 1 句意义上的言论表达。

（3）《欧盟基本权利宪章》第 11 条第 2 款、《欧洲人权公约》第 10 条第 1 款和 58 《德国基本法》第 5 条第 1 款第 2 句意义上的新闻自由（Pressefreiheit）是为整个新闻媒体提供的自由权利。这种法律保障涵盖了从信息的获取到新闻和言论的传播。[3] 基础性的权利是自由决定一个出版机构的属性和针对的群体、内容和形式。[4] 属于这一范畴的还包括这样的决策，即一个媒体产品是否以及如何进行配图。这首先适用于采用人物配图的形式。[5] 新闻自由也包含了对新闻产品的广告宣传。[6] 在这一背景下所进行的图片广告宣传不得排除《德国美摄著作权法》第 23 条第 1 款第 1 项所规定的特权。

（4）如果肖像使用人仅是基于追求商业目的的需要，利用肖像人受公众喜爱的 59 事实用于提高其经营收益，那么，通常情况下肖像人存在《德国美摄著作权法》第 23 条第 2 款所规定的正当利益（对比：也见边码 55 中的案例）。原因在于，一般人格权的权利人享有自行决定是否以及以何种方式将其自身肖像用于广告宣传的权利。

如果肖像作为配图使用并不是单纯出于商业目的，而是至少基于另外一个受到 60 法律保护的利益而进行的，那么，可能导致另外一种判断结果。

示例：在边码 30 所描述的示例中，德国联邦最高法院认为，相较于原联邦财政部长 B 对自身肖像所享有的权利，言论自由（《德国德国基本法》第 5 条第 1 款第 1 项）具有优先地位。[7] 原因在于，本案中并不涉及将 B 的形象价值或者广告价值移转到 A 身上。除此之外，A 也可以在广告宣传中以幽默和戏谑的方式来对当下的政治事件进行评论。

新闻产品的广告宣传也适用特殊规则。如此，一家制作新闻产品的出版社可以 61 使用该产品中所涉及的绝对时事人物的肖像来对产品进行宣传。原则上，产品宣传中使用的肖像并不必须与新闻报道中所使用的肖像一致。在个案中，如果肖像

① BverfGE 85，1，14f.；*Bverf G* NJW 1995，3303，3304l BGHZ 143，199，213.

② St. Rspr.；z. B. BverfGE 61，1，7f.；93，266，289.

③ BverfGE 10，118，121；66，116，13；BGHZ 151，26，31.

④ BverfGE 101，361，389 ＝ NJW 2000，1021；*Bverf G* NJW 2001，1921，1922.

⑤ BverfGE 101，361，389；*BVerf G* NJW 2001，1921，1922.

⑥ BGHZ 151，26，31.

⑦ *BGH* WRP 2007，83 Rn. 20-Ruecktrit des Finanzministers［财政部长辞职案］.

权人的人格权由于（新闻媒体）对其另一个肖像图像的使用从而遭受额外的损害的话，则只有在这种情况下肖像权人不必容忍对其另外一个肖像图像的使用行为。

示例：一家报纸通过电视台播放了一段时长为 18 秒的广告短片，来为其"德国五十年"特刊做宣传。在这一广告短片中，约 1 秒钟的片段显示的是 1959 年德国每周新闻中的一个电影片段。其中有玛琳·黛德丽和希尔德加德·纳福（Hildegard Knef）的镜头，二者被其他人围绕着。在该广告宣传品的开始和结尾处有该报纸的标识（Logo）。而该广告所宣传的特刊中所包含的玛琳·黛德丽的肖像并非广告宣传品中的肖像，而是另外一个。作为唯一继承人，玛琳·黛德丽的女儿认为该报纸的行为侵害了其母亲的一般人格权。因为该出版社仅是基于宣传目的而使用其母亲的肖像，并且广告中的肖像并不与该报纸特刊中的肖像一致。尽管德国联邦最高法院[①]认定该宣传片构成广告（Werbung），但至少就玛琳·黛德丽的肖像而言却认可该报纸得以援引《德国美摄著作权法》第 23 条第 1 款第 1 项的规定作为抗辩。原因在于，在对受宪法（《德国基本法》第 2 条第 1 款结合第 1 条第 1 款）保护的一般人格权和另一种宪法性权利——新闻自由（《德国基本法》第 5 条第 1 款第 2 句）进行衡量时，后者具有优先性。

(四)《德国美摄著作权法》第 24 条

62 《德国美摄著作权法》第 24 条规定了另外一种权利人事前同意的例外情形。根据该条，国家机关基于司法和公共安全的需要可以未经权利人以及肖像人或其亲属事前同意的情况下对肖像进行复制、传播和公开展示。这一例外情形并不是针对公众的信息利益，而是基于公共利益，尤其是犯罪追究和犯罪预防的公共利益。[②]

三、审查顺序

63 根据《美摄著作权法》第 22 条及以下的规定，对肖像权侵害的审查依据以下顺序来进行：

《美摄著作权法》第 22 条及以下所规定的对肖像权的侵害

1. 肖像

2. 传播行为或者公开展示行为

3. 未经事前同意（Einwilligung）

a）未经肖像人的事前同意（《美摄著作权法》第 22 条第 1 句），或者

b）肖像人亲属的事前同意（《美摄著作权法》第 22 条第 4 句）

4. 不存在《美摄著作权法》第 23 条第 1 款所规定的例外情形，或者

5. 属于上述第 23 条第 1 款所规定的例外情形，但是，肖像人具有相对立的正当利益（《美摄著作权法》第 23 条第 2 款）

---

① BGHZ 151，26，30.

② Dreier/Schulze/*Dreier*，§ 24 KUG Rn. 1.

6. 不存在《美摄著作权法》第 24 条所规定的例外情形

7. 保护期限未经过（《美摄著作权法》第 22 条第 3 句）

第五节　侵害肖像权的民事法律后果

除《美摄著作权法》第 37 条及以下之外，《美摄著作权法》本身并未对侵害肖 **64**
像权（从而导致的权利人所享有的）请求权作出规定。基于这一原因，这里需要援
引《德国民法典》的相关规定，并对不同的保护目的进行区分。

一、排除妨害

（一）请求权基础（类推适用《德国民法典》第 12 条第 1 句、第 862 条第 1 款第 1 句、第 1004 条第 1 款第 1 句；《美摄著作权法》第 37 条、第 38 条）

《德国民法典》第 12、862、1004 条仅直接对姓名权、占有、所有以及基于不 **65**
同的法律援引（示例：《德国民法典》第 1065 条）对限制物权提供法律保护。除此
之外，鉴于其他绝对权利类似的应受保护性，司法判例和学说也正确地对其他绝对
权利提供保护，其中也包括一般人格权及其在肖像权中的体现（《德国美摄著作权
法》第 22 条及以下）。在逻辑上，这一结果是正确的；但是，较之于对物的占有或
者对物的所有，诸如生命、身体、健康或者基于《德国基本法》第 2 条第 1 款结合
该法第 1 条第 1 款所延伸出的一般人格权，尤其是该权利在《德国美摄著作权法》
第 22 条及以下所规定肖像权中的体现都是具有较高地位的权益。因此，存在一种
类似的利益衡量状况。基于这一原因，通过类推适用《德国民法典》第 12 条第 1
句、第 862 条第 1 款第 1 句、第 1004 条第 1 款第 1 句的规定，一项绝对权利（诸
如，一般人格权）的权利人可以要求侵害人排除对其权利的持续性侵害（对比：也
见《德国反不正当竞争法》第 8 条第 1 款第 1 句第 1 种情形）。

在存在针对《德国美摄著作权法》第 22 条及以下所规定的肖像权实施侵害的 **66**
情况下，法律规定了一项特殊的排除妨害请求权。这项请求权与受害人的销毁请求
权（Vernichtungsanspruch）并存。除此之外，还可能产生其他的请求权基础和请
求权内容，诸如，请求金钱损害赔偿的权利。这是因为《德国美摄著作权法》第 37
条并非对法律后果进行了穷尽性的规定。除了请求销毁之外，受害人还可以要求在
支付适当对价，但最高不超过生产成本的前提下全部地或者部分地取得（侵权）样
本和设施（《德国美摄著作权法》第 38 条）。

（二）前提条件

排除妨害请求权应当导致对一项受保护权利（诸如，肖像权）的持续侵害状态 **67**
的终结。[①] 根据《德国民法典》第 1004 条第 1 款和第 823 条第 1 款所享有的排除妨

[①] BGHZ 34，99，102；*BGH* NJW 1995，861，862.

害请求权必须具备以下三个条件：

    （1）必须针对一项受到《德国民法典》第 823 条第 1 款或者其他法律规定（示例：《德国美摄著作权法》第 22 条）保护的权利存在客观的违法侵害（objektiv widerrechtlicher Eingriff）。侵害人的过错或者其对行为违法性的认知此处是无关紧要的。

    （2）侵害必须存续。侵害行为必须导致一种持续的状态，并且该状态构成一种对受法律保护权益反复侵害的持续性源头。

    （3）（权利人）所要求的行为必须适合（geeignet）排除侵害。但是，排除妨害的具体方式则原则上由妨害人自行决定，只要并非仅有一种排除妨害的行为方式。撤销请求权（Anspruch auf Widerruf）的内容必须合乎比例性原则的要求。尤其是必须符合可期待性（Zumutbaren）[1] 的要求并且对言论自由和新闻自由予以充分考虑。

尽管通过照片的制作便已经构成对肖像人一般人格权的侵害，从而可以根据《德国民法典》第 1004 条第 1 款和第 823 条第 1 款导致排除妨害请求权的产生。而对照片的占有是作为这种侵害行为的后果并且占有的行为维持了侵害行为所导致的妨害状态的持续。[2] 在涉及新闻报道图片的情况下，则应当对新闻自由加以考虑；在这种情况下，取得照片的方式和方法只有在极为例外的情况下才属于违法。

    示例： 在边码 50 所描述的关于一位女州长败选的示例中，即便是图片报道记者的行为对该政治人物造成一定程度的骚扰，但并非持续性的骚扰，因而并不导致排除妨害请求权的产生。诸如，图片报道记者在败选当日和次日守候在该政治人物的家门口并对其进行跟随的行为。此种情形下，相较于公众对于政治人物在丧失公职后的行为方式的（信息）利益，（对该政治人物）人格权的保护并不具有优先地位。[3]

（三）审查顺序

根据《德国美摄著作权法》第 22 条及以下的规定，因侵害肖像权而产生的排除妨害请求权应以以下顺序来进行审查：

类推适用《德国民法典》第 12 条第 1 句、第 862 条第 1 款第 1 句所规定的排除妨害之诉

    1. 类推适用《德国民法典》第 12 条第 1 句、第 862 条第 1 款第 1 句、第 1004 条第 1 款第 1 句的合理性

    2. 对《德国美摄著作权法》第 22 条及以下所规定肖像权的侵害

    3. 侵害的持续性

---

[1] Palandt/*Sprau*，Einf. v. § 823 Rn. 33.
[2] *BGH* WRP 2008，1221，Rn. 30.
[3] *BGH* WRP 2008，1221，Rn. 33.

4. 排除妨害的类型和范围（合比例性）

5. 妨害状态的持续

二、不作为之诉（Unterlassung）

（一）请求权基础（类推适用《德国民法典》第 12 条第 2 句、第 862 条第 1 款第 2 句、第 1004 条第 1 款第 2 句的规定）

就类推适用《德国民法典》第 12 条第 2 句、第 862 条第 1 款第 2 句、第 1004 条第 1 款第 2 句的规定而言，（前文）类推适用《德国民法典》第 12 条第 1 句、第 862 条第 1 款第 1 句和第 1004 条第 1 款第 1 句中所阐释的考量因素具有参照性。因此，对自身肖像享有的权利也应当免于遭受将来之侵害。

69

（二）前提条件

一项不作为请求权的前提条件是：（1）针对一项受《德国民法典》第 823 条或者其他法律规定（示例：《德国美摄著作权法》第 22 条及以下）保障的权利存在（潜在的）客观的违法侵害；以及（2）存在重复性侵害的危险或者侵害首次进行的危险。

70

aa）权利侵害。必须针对《德国民法典》第 823 条第 1 款或者其他法律规定所保障的权利（诸如，《德国美摄著作权法》第 22 条及以下）存在客观的违法侵害或者存在发生客观违法侵害的危险（drohen）。至于对侵权构成要件和违法情形是否明知或者是否存在过错则是无关紧要的。[①]

71

bb）重复性侵害的危险。法院判决（某主体）不从事特定行为并不能单纯地以过去曾经发生的侵害行为为依据。即便是针对曾经对自己权利实施侵害行为的主体，权利人也不享有请求该（曾经的侵害人）不从事一种如今已经不再违反的行为。[②] 而是，必须（在法院最近一次开庭进行事实审理（Tatsachenverhandlung）时）存在继续发生侵害行为的担忧（Besorgnis weiterer Beeinträchtigung），也就是说侵害具有重复性的危险（对比：《德国民法典》第 12 条第 2 句、第 862 条第 1 款第 2 句、第 1004 条第 1 款第 2 句；对比：《德国反不正当竞争法》第 8 条第 1 款第 1 句第 2 种情形）。[③] 因此，除了一个已经发生过的侵害行为之外，还必须存在一个基于客观事实的担忧，即将来会重新（erneut），即再一次（zum wiederholten Male）出现违反不作为义务的行为。至于是否存在重复性的危险，必须依据个案的具体情形来进行判断。这一规则也适用于新闻媒体所实施的侵害行为。就此而言，如果根据相关的素材和内容，（媒体）明显可能对该主题再次或者继续探讨和挖掘的情况下，便已经存在（侵害）重复性的危险。[④]

72

---

① *BGH* WRP 39, 124, 129 = NJW 1963, 902；*BGH* NJW-RR 1994, 872, 873；NJW 2004, 762, 765.

② *BGH* WRP 2005, 117, 119.

③ Bamberger/Roth/*Fritzsche*, Kommentar zum Buergerlichen Gesetzbuch, 3, Aufl., 2012, § 1004 Rn. 78.

④ BGHZ 31, 308, 319；*BGH* NJW 1966, 647, 649.

73　　　　　　如果已经有过违法侵害，这一事实在非竞争性领域也可以证成一种可推翻的推定（Vermutung），即存在重复性侵害的危险。[①] 这样一种推定可以在例外的情形下被推翻。诸如，当（曾经发生的）侵害是在极为特殊的一次性情景下发生的。

74　　　　　　在反不正当竞争法中（《德国反不正当竞争法》第 8 条第 1 款第 2 种情形），原则上只有在以下情况下重复性侵害的危险才消除，即侵害人向被侵害人或者一个有权利对侵害行为进行追究的主体作出一项自愿接受惩罚声明。这一基本原则也同样适用于基于民事侵权法所产生的不作为请求权；但是，在严苛程度上存在差别。原因在于，不正当竞争领域中的侵害行为通常情况下旨在追求巨大的经济利益，而民事侵权中的侵害人的动机则可以是多种多样的。这一特殊性应当在确定重复性危险的推定可被推翻的要求时予以考虑。因此，个案的具体情形具有决定性的作用，尤其是侵害的严重程度、侵害行为的具体情况、侵害重复发生的可能性高低以及最为主要的侵害人的动机。[②]

75　　　　　　cc）潜在的权利侵害（侵害首次发生的危险）。（在最近一次庭审时）必须存在侵害首次发生的危险（对比：《德国反不正当竞争法》第 8 条第 1 款第 2 句）。（此处法律所要求的）必要条件是，存在一种以客观事实为基础的担忧，即某人将来会第一次从事违反其不作为义务的行为。[③] 诸如，当（1）请求权的对方已经为从事侵害行为作出了努力，或者（2）行为人的特定行为丧失了其（此前）合法依据。根据德国联邦最高法院的观点，针对特定的图像而言，（权利人）并不享有一种一般性的禁止对图像重复进行公开的请求权。原因在于，图像的公开在另外一种情境下可能是法律所允许的。[④] 此外，德国联邦最高法院还认为，权利人针对将来类似的或者"实质上同样的"的图片新闻报道并不享有超出具体侵害形式的预防性不作为请求权。[⑤] 该法院认为，反不正当竞争法领域中禁止规避行为的基本原则并不能移转到图片新闻报道法中。对私人领域进行法律保障中所涉及的利益衡量，即公众的信息利益和肖像人的正当利益，对于尚未公布的图像而言，尤其是在其公开的具体情形尚未可知的情况下，是无法进行的。这样的论证是难以令人信服的。原因在于，实质上同样的经营行为及其具体的发生情形起初也是未知的。诸如，一项起初为法律所禁止的行为在另外一种情形下则可能是法律允许的。宪法所保障的一般人格权主体应当获得如同《德国反不正当竞争法》第 1 条第 1 句中所列人员和组织同样的法律保护。尤其是必须针对采取小幅变动（geringfügige Änderung）的方式所实施的规避行为应当提供法律保障。因此，在涉及以违法的方式对权利人的图像进行公开的案件中，应当将对权利人的法律保障范围扩展到针对实质上同样的图像所

---

①　*BGH* NJW 1994，1281，1283.
②　*BGH* NJW 1944，1281，1283.
③　MuenchKomm-BGB/*Rixecker*，§ 12 Anh. Rn. 201.
④　*BGH* NJW 2004，1795，1796.
⑤　*BGH* GRUR 2008，446，Rn. 10.

实施的侵害行为。[1] 联邦最高法院在涉及针对特定图像或者实质上的同一图像公开的预防性不作为诉讼请求权上的迟疑态度导致的结果是，该法院仅以禁止对一个图像的公开作为标准，而在禁止判决中并不考虑图像公开的背景环境。这种隔离的观察方式不值得肯定。反之，正确的做法应当是，结合某一特定的背景或者实质上同样的背景，将（预防性的）禁止请求权的保护范围扩展到某一特定的图像或者实质上同一个图像中来。通过这一方式可以把某一特定图像或者实质上同样图像的公开可能是法律所允许的这种可能性也充分考虑在内。只有通过这样的方式才可以实现对肖像人人格权的有效保护。

　　示例：杂志出版社 A 将偷偷拍摄的德国知名体育运动员 B 的度假照片进行了公开；而此公开行为并未获得 B 运动员的事前同意，或者也不存在能够合理化公开行为的文字新闻报道。（对于此侵权行为）A 出版社作出了自愿接受惩罚声明。根据该声明，A 有义务不再从事将已经公开的照片再次进行传播的行为（即就特定的图像公开行为而言，这一声明排除了发生重复性侵害行为的危险）。但是，B 运动员对于该声明（所实现的法律保护）并不满意，通过提起诉讼的方式要求 A 出版社承担不传播所有涉及其私人日常生活领域的图像的义务，尤其是那些由 A 出版社所发行的杂志已经公开的图像以及"实质上一样的"图像。根据联邦最高法院的观点，原告这样的诉讼请求没有法律依据。因为原告 B 运动员并不享有一种如此广泛的不作为请求权。从结果上来看，联邦最高法院驳回 B 运动员的诉讼请求无疑是正确的。一种脱离具体情形的对涉及 B 私人生活领域的任何图像的公开都采取预防性禁止的诉讼请求过于宽泛。除此之外，通过 A 所作出的自愿接受惩罚声明已经不存在发生重复性侵害的危险。由于不存在首次侵害的危险，所以预防性不作为的诉讼请求也没有法律依据。但是，与联邦最高法院的观点不同，根据笔者所支持的观点，在存在发生首次侵害危险的情况下，如果本案原告的不作为诉讼请求是针对将来在与被告已经进行的涉案文字报道或者实质上与之相同的文字新闻报道的背景下，对同样的图像或者实质上与之相同的图像进行公开的行为，那么法院应当支持该诉讼请求。

　　dd）请求权的内容。不作为请求权的内容范围取决于首次进行侵害行为的危险或者侵害重复性危险的范围。在侵害行为不作为之诉中，《德国反不正当竞争法》第 8 条第 1 款第 1 句第 2 种情形意义上的重复性侵害之危险不仅存在于具体的侵害行为中，而且存在于那些发生轻微变化但实质上相同的行为中。[2] 但是，由于反不正当竞争法的规定较之于民事侵权法更加严格，因而，前者中的基本原则不能以同样的方式适用到民事侵权行为中。基于这一原因，不作为之诉应当原则上仅针对具体的侵害形式（konkrete Verletzungsform）。[3] 在涉及对特定的图像进行违法公布的情况下，不作为请求权仅能以对该图像的再次公开为对象。

①　*Lettl*，NJW 2008，2160，2162.

②　*BGH* WRP 1944，421，424；2000，1258，1260.

③　Palandt/*Sprau*，Einf. v. § 823 Rn. 23.

（三）审查顺序

77　　　　根据《德国美摄著作权法》第 22 条及以下的规定，因侵害肖像权而产生的不作为请求权应以以下顺序来进行审查：

类推适用《德国民法典》第 12 条第 2 句、第 862 条第 1 款第 2 句和第 1004 条第 1 款第 2 句所规定的不作为之诉

　　1. 类推适用《德国民法典》第 12 条第 2 句、第 862 条第 1 款第 2 句、第 1004 条第 1 款第 2 句的合理性

　　2. 对《德国美摄著作权法》第 22 条及以下所规定肖像权的侵害

　　3. 侵害重复性的危险或者侵害首次进行的危险

　　4. 请求权的内容

三、澄清请求权（Gegendarstellung）

78　　　　澄清请求权（Gegendarstellungsanspruch）自身构成一种独立的请求权。该请求权并不依附于《德国民法典》第 823 条及以下诸条中所规定的民事请求权。澄清请求权规定在涉及新闻、广播电视以及媒体的各种法律中以及联邦与各个州之间的国家协议（Staatsverträge）中（参见示例：《巴伐利亚州新闻媒体法》（BayPressG）第 10 条；《勃兰登堡州媒体法》（BbgPG）第 12 条）。澄清请求权属于媒体法中的特殊法律制度。该法律制度旨在保障《德国基本法》第 2 条第 1 款以及第 1 条第 1 款所赋予公民个体针对自身在媒体、广播和电视中如何展示个人的宪法性自决权。尤其是在出现图像混淆或者（新闻报道中）图像与文字不对应的情况下，应当考虑通过纠错性的图像公开来进行澄清。这一类型请求权的审查顺序依据其各自的请求权法律基础来进行审查。

四、损害赔偿请求权

79　　　　一项基于侵害肖像权的损害赔偿请求权总是以侵害人的过错（Verschulden）为前提条件（《德国民法典》第 276 条）。[①] 尽管对《德国美摄著作权法》第 22 条及以下诸条的违反并不以过错为前提条件，但由于侵害这些法律规定所保障的权利所产生的请求权首先必须结合《德国民法典》第 823 条第 2 款的规定才能实现（《德国美摄著作权法》第 22 条及以下属于《德国民法典》第 823 条第 2 款意义上的"保护性法律"），所以《德国民法典》第 276 条意义上的过错也是必要的前提条件（《德国民法典》第 823 条第 2 款第 2 句）。在判断某权利侵害行为是否是因过错而为时，尤其是对新闻媒体而言，更加应当适用严格的标准。

（一）财产损失的赔偿

80　　　　aa）请求权的基础。基于侵害肖像而导致的财产损失的损害赔偿请求权基础首

---

① BGHZ 143，199，202f.

先应当考虑《德国民法典》第823条第2款结合《德国美摄著作权法》第22条及以下作为请求权基础；作为补充性的还可以考虑《德国民法典》第823条第1款的规定。需要注意的是，与侵害一般人格权的精神性利益不同的是，在涉及对一般人格权的财产性组成部分实施侵害的情况下，侵害的强度（Intensität）并不是决定性要素。[①] 即是说，法律并不要求必须是一项极为严重的侵害。如果一般人格权的财产性组成部分受到侵害，诸如，权利人对自身图像所享有的权利（《德国美摄著作权法》第22条），则侵害人应当赔偿权利人因人格权受到侵害而遭受的损害。被侵害人（抑或在其死亡后，其继承人）可以以三种方式计算其损害[②]（关于损害的三种计算方式参见第十一章边码72及以下）。

　　bb）审查顺序。根据《德国美摄著作权法》第22条及以下的规定，因侵害对自身肖像所享有的权利而产生的损害赔偿请求权以及损害的产生的审查按照以下顺利来进行：　　　　　　　　　　　　　　　　　　　81

《德国民法典》第823条第2款结合《德国美摄著作权法》第22条及以下所规定之损害赔偿请求权

　　1.《德国美摄著作权法》第22条及以下的规定作为《德国民法典》第823条第2款意义上的"保护性法律"

　　2. 对《德国美摄著作权法》第22条及以下所规定对自身肖像所享有权利的侵害

　　3. 过错（《德国民法典》第823条第2款第2句、第276条）

　　4. 损害赔偿的类型和范围（《德国民法典》第249条及以下：三种损害计算方式）

（二）精神性损害的赔偿（Ersatz immaterieller Schäden）

　　aa）请求权基础。根据《德国民法典》第253条第1款的规定，非财产上的损　　82
害之金钱赔偿，仅以法律所规定的情形为限。就侵害对自身肖像所享有权利而言，并不存在这样的法律规定。而《德国民法典》第253条第2款也不适用，因为对于这样一种权利的侵害，诸如，基于营利的目的[③]将某人的图像进行非法的公开，不能与对自由的剥夺（Freiheitentziehung）相提并论。此外，与《德国民法典》第823条第1款的规定不同的是，该法第253条第2款并未对其他绝对性权利规定一个兜底条款（Auffangtatbestand）。如今尽管司法判例依据《德国民法典》第823条第1款结合《德国基本法》第2条第1款和第1条第1款的规定在特定条件下确认了习惯法上认可的主张非财产损害的请求权，以便履行国家保护一般人格权免受第三人侵害的义务。[④] 而这里赔偿（Genugtuung）和预防（Prävention）的考量居

---

① *BGH* NJW 2000，2195，2199.
② BGHZ 20，345，353f.；*BGH* NJW 2000，2195，2201.
③ Vgl. etwa den Herrenreiterfall von BGHZ 26，349.
④ *BverfG* NJW 2004，2371，2372；*BGH* NJW 2005，215，216.

于首要地位。①

83　　　　　赋予受侵害人因严重的人格权侵害主张金钱损害赔偿的权利的法律基础在宪法（Verfassungsrecht）和民法（Zivilrecht）中。金钱损害赔偿并不构成《德国基本法》第 103 条第 2 款意义上的刑事惩罚。基于这一原因，金钱损害赔偿并不因"禁止二重起诉（或称一事不再理；Stafklageverbrauch；《德国基本法》第 103 条第 3 款）"的规定而被完全排除。因此，（即便）在法院针对一项特定的人格权侵害行为，诸如，对特定图像以违法的方式进行公开，即便在另外一个诉讼程序中对其他人已经作出了金钱损害赔偿的处罚，也不影响损害赔偿请求权的存在。②

84　　　　　bb) 前提条件。根据（联邦宪法法院和联邦最高法院的）司法判例③，由于侵害一般人格权而产生的非财产损害的赔偿请求权必须具备以下两个前提条件：（1）存在对人格权的严重侵害（schwerwiegende Verletzung）；（2）基于侵害的类型不能够以其他方式〔以不作为进行补偿（Genugtuung durch Unterlassung）；澄清报道或者撤销〕对受侵害人所遭受之损害进行令人满意的补偿。④ 是否存在一项对人格权的严重侵害，从而有必要对所造成的损害支付金钱赔偿，取决于个案的具体情形，尤其是取决于侵害的范围，诸如，所涉及的新闻报道传播的规模、被侵害人利益和声誉受损的持续时间和所涉及的范围、行为人的动机和理由、过错的程度大小、被侵害人的知名程度及其社会层次、（侵害行为）对其职业活动的影响以及新闻报道的渲染形式。

　　　　示例：将尚是儿童的卡洛琳公主的女儿与其父母在一起的日常生活照片作为配图的新闻报道构成一种对人格权的严重侵害。因为在这种情形下，儿童的人格发展以及媒体持续性的跟踪报道对父母——子女之间的自然关系产生的危险需要采取特别的保护措施。⑤

85　　　　　重复性的和顽固性（Wiederholung und Hartnäckigkeit）的侵害行为便可以满足对人格权的严重侵害这一构成要件，即便是单次的侵害本身尚不构成严重侵害。⑥

　　　　示例：下述情形中便构成顽固性的侵害，即一家出版社反复性地对（侵害权利人利益的）图像进行公开，而由于该行为对于人格权的侵害，被侵害人于每次侵害行为发生后都及时地对侵害人进行了警告（abmahnt），而该出版社（在收到警告之后）每次都作出了自愿接受惩罚声明，并且一家法院多次针对侵害人的行为颁发了临时性禁令。

86　　　　　与撤销或者纠正案件不同的是，在涉及对自身肖像所享有的权利所实施的侵害的案件中，被侵害人仅享有金钱损害赔偿请求权。考虑到其他赔偿方式（的欠缺），在对金钱损害赔偿的前提条件是否具备进行审查时应当采取较之于其他人格权侵害

---

①　*BGH* NJW 1996，984；*Koerner*，NJW 2000，241.

②　*BGH* NJW 2005，215，216.

③　*BverfG* NJW 2000，2197；2004，592；BGHZ 132，13，27.

④　BGHZ 128，1，12；132，13，27；*BGH* NJW 2005，215，217.

⑤　*BGH* NJW 2005，215，216.

⑥　*BGH* NJW 1996，985；NJW 2005，215，217.

行为更为宽松的标准。①

　　cc）法律后果。在对金钱损害赔偿的计算中，应当以对被侵害人的补偿、预防　87
（侵害再次发生的）理念以及对人格权侵害的强度作为标准。根据个案的具体情形，
上述要素可以产生不同的效力。② 也就是说，（这些要素的影响）取决于个案的具体
情形。其中包括：过错的程度、（出版物的）发行量大小（Auflagenstärke）、传播
的程度和公布的范围。赔偿的额度必须具有威慑性的效果（Hemmungseffekt）。如
果将人格权的商业化作为提高发行量的手段，那么基于预防（侵害行为再次发生
的）考量应当将确定所得收益也作为确定损害赔偿额度的影响因素。③ 至于侵害人
是否同时对其他权利主体的人格权实施了侵害行为，对于损害赔偿额的确定则是无
关紧要的。此外，被侵害人是否已经由于另外一个出版社的侵害行为而获得了赔
偿，对于损害赔偿额的确定而言同样是无关紧要的。④

　　示例：一家出版社在屡次收到（权利人）警告，从而多次自愿接受惩罚声明并
被法院以临时性禁令的方式进行处罚的情况下，依然再次公布侵害儿童人格权的图
像，诸如，摩纳哥公主卡洛琳的女儿，那么，75 000 欧元的损害赔偿金是适当的。⑤

　　dd）审查顺序。因侵害《德国美摄著作权法》第22条及以下所规定的（权利　88
人）对自身肖像所享有的权利所产生的请求权以及非财产性损害的产生应当依照以
下顺序进行审查：

**《德国民法典》第823条第1款结合《德国美摄著作权法》第22条及以下结合
《德国基本法》第1条第1款和第2条第1款所规定之损害赔偿请求权**

　　1. 超出《德国民法典》第253条的规定认可非财产损害的合理理由

　　2.《德国美摄著作权法》第22条及以下所规定对自身肖像所享有权利作为
《德国民法典》第823条第1款意义上的"其他权利"

　　3. 对《德国美摄著作权法》第22条及以下所规定之肖像权利的严重侵害

　　a）对《德国美摄著作权法》第22条及以下所规定之肖像权的侵害

　　b）侵害的严重性

　　4. 以其他方式无法弥补侵害行为所导致的损害

　　5. 过错（《德国民法典》第276条）

　　6. 损害赔偿的形式和范围

五、返还义务和价值补偿义务（Herausgabe und Wertersatz）

（一）无因管理（《德国民法典》第687条第2款第1句、第681条第2句、第667条）

　　aa）前提条件。明知无权将他人事务当作自己事务而管理，但依然从事管理行　89

---

① *BGH* NJW 1996，985ff.
② *BGH* NJW 2005，215，216.
③ *BGH* NJW 1995，861，865；2005，215，218.
④ *BGH* NJW 2005，215，218.
⑤ *BGH* NJW 2005，215，218.

为的人，本人有权请求管理人返还所有因管理行为而获得的收益（《德国民法典》第 687 条第 2 款第 1 句、第 681 条第 2 句、第 667 条）。《德国民法典》第 687 条第 2 款第 1 句的适用以对人格权的违法和故意侵害为前提条件。某人将他人的人格权以一种被侵害人本人本可以有偿利用的方式加以经济利用，则属于将他人事务（fremdes Geschäft）当作自己事务管理，诸如，将自己的肖像用于产品的宣传。有疑问的是，一家新闻企业（Pressunternehmen）在以违法的方式，诸如，由于对肖像的歪曲，对某人的肖像进行公开是否构成将他人事务当作自己事务来管理。产生这种疑问的原因在于，肖像人自身是绝不会自行进行此种类型的公开行为。

90　　　　一项处于他人权利和利益范围的事务属于他人事务（Fremd ist ein Geschäft）。① 这一前提条件似乎（scheint）在非法的图像公开中，诸如，对一个人的肖像进行歪曲的公开，也得到满足。但是，有学者主张②，给他人人格权造成侵害的方式只有在满足下述条件的情况下才能构成将他人事务当作自己事务管理，即在涉及财产价值的"分离"的情况下，在个案的具体情形中对人格权财产性价值的利用是普遍现象，而且这种利用并非是通过权利人本人，而是通过第三人来进行的。

　　　示例：某人在未经事前同意的情况下，将一位演员的肖像以收取授权许可费的方式用于广告宣传，这种情况属于将他人事务当作自己事务管理。

91　　　　与之相反，如果权利人对于其肖像的利用（诸如，歪曲的利用）的许可自始便被排除在外，便不构成将他人事务当作个人事务管理。以下论据也不应当作为反对认定（在对图像进行歪曲利用的情况下）属于对他人事务进行无因管理的理由，即被侵害人自身根本就不会以媒体企业所采取的利用方式来管理其事务，诸如，对图像进行公开。③ 原因在于，即便是出于实现有效的法律保障的目的，在对是否对他人的权利构成侵害的情况下，不能取决于权利人自身是否愿意抑或是否能够对其权能进行（经济上）的利用。如果第三人在没有获得合法依据的情况下擅自决定对权利人对自身肖像所享有的权利加以（经济）利用，则该第三人进入了他人权益的范围并且将他人事务作为自己事务来管理。④

92　　　　bb）审查顺序。因侵害《德国美摄著作权法》第 22 条及以下所规定的对自身肖像所享有的权利而导致的返还请求权应当以下述顺序来进行审查：

《德国民法典》第 687 条第 2 款第 1 句、第 681 条第 2 句、第 667 条所规定之返还请求权

　　1. 将他人事务当作自己事务管理

　　a）事务（Geschäft）

　　b）他人事务

　　c）对事务的管理（Führung des Geschäfts）

---

① MuenchKomm-BGB/*Seiler*，§ 677 Rn. 4.

② MuenchKomm-BGB/*Seiler*，§ 687 Rn. 20；正确的批评意见参见 *Petersen*，Medienrecht, 5. Aufl. , 2010, § 6 Rn. 51。

③ *Petersen*，Medienrecht, 5. Aufl. , 2010, § 6 Rn. 51.

④ MuenchKomm-BGB/*Rixecker*，§ 12 Anh. Rn. 235.

　　d）将该事项当作自己事务对待

　　2. 明知缺乏对事务进行管理的正当理由

（二）不当得利（《德国民法典》第812条第1款第1句）

　　aa）请求权基础。根据《德国民法典》第812条第1款第1句第2种情形的规定，一项因对肖像权侵害而产生的不当得利请求权是普遍获得认可的。而此种请求权相较于依据《德国民法典》第812条第1款第1种情形的规定因给付而产生的不当得利请求权居于附属地位。① 当然，与损害赔偿请求权不同的是，这样一种请求权并不以补充为目的，而是旨在耗尽（侵害人）基于对他人权利分配内容（Zuweisungsgehalt）的侵害而获得之收益。就人格权的表现形式而言，诸如，对自身肖像所享有的权利，至少在以下情况下存在财产性的分配内容，即当姓名和肖像能够通过，示例：商号、商标或者广告等形式，在法律允许的范围内进行经济利用。

　　示例：生前非常知名的演员保罗·达尔克（Paul Dahlke）不仅享有《德国民法典》第823条第2款结合《德国美摄著作权法》第22条及以下所规定的请求权，而且依据《德国民法典》第812条第1款第1句第2种情形的规定，他还享有针对任何人的，未经其事前同意不得对其肖像进行商业利用的请求权。②

　　侵害人必须返还（herausgeben）其以侵害（权利人）权益为代价而取得的收益。不当得利的客体是对（权利人）图像的利用。由于这一客体的返还已经不可能，因而，应当根据《德国民法典》第818条第2款的规定返还其价额（Wertersatz）。某人在缺乏正当理由的情况下对他人图像进行商业利用的事实表明，他认可了该他人图像的经济价值。应当返还的价额尤其是涵盖基于对人格权的财产性组成部分进行销售（Vermarktung）而取得的利益。③ 通常情况下，这包括因为取得必要的许可而节省的佣金。佣金数额的确定应当参照市场交易中相应权利的利用通常所需支付的适当许可费用的数额（基于许可类推的虚拟许可费用）。对此，应当根据个案中的具体情形来确定，尤其是传播范围的大小以及广告宣传效果。至于被侵害人本不会对其权利进行经济利用，或者由于法律的限制性规定（诸如，《德国基本法》第66条）不允许进行经济利用这一事实，并不与上述价额返还义务相冲突。④ 唯一具有决定性的是，侵害人对权利人人格权的财产性组成部分的分配内容（Zuweisungsgehalt）实施了侵害，并且因此事实上也获得了其不应享有的经济利益，而被侵害人并没有以获得报酬的方式参与到这一经济利益的分配当中。⑤ （价额）返还请求权并不构成被侵害人同意的拟制（fungiert），而是属于因对被侵害人专属支配权能的侵害而进行的补偿（Ausgleich）。

　　bb）审查顺序。因对《德国美摄著作权法》第22条及以下所规定之对自身肖

93

94

95

---

① Vgl. nur MuenchKomm-BGB/*Rixecker*，§ 12 Anh. Rn. 234.

② BGHZ 20，345，350.

③ *BGH* GRUR 1987，128.

④ *BGH* WRP 2007，83 Rn. 12-Ruecktritt den Finanzministers［财政部长辞职案］。

⑤ *BGH* NJW 1979，2205，2206.

像所享有的权利的侵害而产生的返还请求权或者价额返还请求权应当依照以下顺序
进行审查：

《德国民法典》第 812 条第 1 款第 1 第 2 种情形、第 818 条所规定之返还请求权
或价额返还请求权

1. 获得某种利益（etwas erlangt）

2. 以其他方式（in sonstiger Weise）：对他人权利分配内容（Zuweisungsge-
halt）的侵害，即对《德国美摄著作权法》第 22 条及以下所规定之对自身肖像所享
有之权利的侵害

3. 没有法律依据

4. 法律后果

a）不当得利的返还（《德国民法典》第 812 条第 1 款第 1 句第 2 种情形、第
818 条第 1 款），或者

b）价额的返还（《德国民法典》第 818 条第 2 款）

附录

测试题一：魔山

案情

Anton Antonitsch（A）是一位布景师和电影美术指导。他创作了故事片"魔山"中的所有布景和美术指导，并因此获得了联邦电影奖的表彰。A 和制片人 Potz Plitz（P）口头订立了"电影创作者雇佣合同"。据此，A 将每周获得 2 000 欧元，直至完成电影"魔山"的美术指导工作。除此之外，关于权利授予的问题，P 对 A 朗读了出自一本合同手册中的下列规定，而 P 在和艺术家签订合同时通常都会使用这些规定并且 P 和 A 最终就此也达成了一致：

"通过签订该合同，电影创作者将所有他们通过合同的工作关系而得到的对著作权和邻接权所享有的使用权和利用权，排他地让与给电影制作人，用于电影的制作和利用，而没有内容、时间或者空间上的限制。"

签订合同时，相对于销售传统的录像带，销售数码形式存储的电影且可以在自己的再现设备上播放（DVD）的方式并不为人所知。在 P 表示同意之后，Betram Beiersdorfer（B）销售 DVD 版的故事片"魔山"。此时，录像带依然被广泛使用。A 援引自己的权利，要求 B 停止这一行为。他是否有权？

答题建议

依据《德国著作权法》第 97 条第 1 款第 1 句第 2 种情况，A 对 B 的停止侵害请求权

依据《德国著作权法》第 97 条第 1 款第 1 句第 2 种情况，A 要求 B 停止销售 DVD 版本的电影"魔山"，需要满足以下前提：（1）A 的一项著作权或者其他受《德国著作权法》保护的权利受到了 B 的侵害以及（2）存在重复的危险。

I. B 非法侵犯了一项著作权或者其他受《德国著作权法》保护的权利

1. 电影美术指导是否受著作权法保护

A 所完成的对电影"魔山"的美术指导必须受著作权法的保护。根据《德国著作权法》第 2 条第 1 款第 4 项、第 2 款，符合该项前提。对此的一个证据是，A 因为电影美术指导而获得了联邦电影奖。

2. A 的法律地位是否受侵害

如果 B 有权销售 DVD 版的电影"魔山"，则 B 对 A 的法律地位——尤其是根据《德国著作权法》第 15 条第 1 款、第 16 条第 1 款、第 17 条第 1 款所得出的——并没有造成侵害。这要求，他已经获得了一项针对销售的使用权。一项这样的使用权可能从下列途径中得出，即（1）A 已经将其在电影美术指导上的著作权的使用权让与了 P 并且（2）P 通过授权 B 销售 DVD 版的电影"魔山"的方式，将其在电影上的全部权利，包括 A 所享有的使用权，转让给了 B。也就是说，就通过销售DVD 来利用电影"魔山"而言，B 必须基于无缝的法律链条而成为使用权的所有人。

a）A 对 P 的使用权让与

通过作者而让与使用权是可能的。它通常——也就是此处的情况——通过（原则上没有形式要求）合同来实现。但是只有当合同有效时，权利的转让才有效。此处可以考虑，是否违反了《德国民法典》第 307 条以及/或者《德国著作权法》第31a 条第 1 款第 1 句。

    aa）违反《德国民法典》第 307 条第 1 款和第 2 款？ A 和 P 所签订的合同中关于权利让与的规定是 P 从一本合同手册中摘出的，并且被经常用于与艺术家之间的合同。因此，这就构成了一个为了多次使用而事先拟定的且包含《德国民法典》第 305 条第 1 款所规定的一般交易条款的条款。A 与 P 所签订的雇佣合同，应当属于劳动合同。也就是说，对于这样的一个合同应当适用《德国民法典》第 305 条及后续条文，除了《德国民法典》第 305条第 2 款、第 3 款的例外（《德国民法典》第 310 条第 4 款第 2 句）。但是有利于 P 的全面的权利授予可能违反了《德国民法典》第 307 条第 1 款和第 2 款，因而无效。但是，对于所有已知的使用方式的权利授予都符合为了电影作品上的权利而现有的法定解释规则（《德国著作权法》第 89 条第1 款），因此并不总是违反法定的范例（《德国民法典》第 307 条第 2 款第 1项）。从著作权法的目标转让理论中也无法推断出不同之处（《德国著作权法》第 31 条第 5 款）。对于《德国著作权法》第 31 条第 5 款的一般解释规则来说，《德国著作权法》第 89 条第 1 款对于电影作品的解释规则原则上具有优先性。[①]

    bb）违反《德国著作权法》第 31a 条第 1 款第 1 句？在合同中，A 让与 P 全部的使用权。因为该项权利让与适用于全部的使用权且不受限制，因此其也可以适用于未知的使用形式。但是，这样的约定的有效性必须以书面形式为前提（《德国著作权法》第 31a 条第 1 款第 1 句）。如果没有遵守这一形式要求，则约定无效（《德国民法典》第 125 条第 1 句）。此时并不存在《德国著作权法》第 31a 条第 1 款第 2 句的例外构成要件，因为 A 有偿且

---

    ① BGHZ 163，109，114-Der Zauberberg；Schricker/Loewenheim/*Katzenberger*，§ 89 UrhG Rn. 3；Dreier/Schulze/*Dreier*，§ 89 UrhG Rn. 2.

排他地让与了权利。因此产生了一个问题，用 DVD 来储存电影作为当时不为人所知的利用形式，是否属于未知的使用方式。虽然在让与权利之时，在存储光盘（DVD）上以数码形式存储电影作品的可能性还不为人所知；而且对于传统的录像带来说，DVD 也提供了很多技术上的优势。但是这并不构成一种在技术上和经济上独立的利用形式，从而使 B 据此开启了新的、前所未有的利用的可能性。但是《德国著作权法》第 31a 条第 1 款第 1 句规定的未知的使用方式只能是一种具体的、在技术上和经济上独立的作品的利用形式。[①] 单纯的技术上的革新，虽然创造了一种新的利用形式，但是没有开启经济上独立的销售的可能性，就不属于新的使用方式。

著作权法的理想状态要求一种在经济上独立的利用方式，其基础在于作者应当适当参与分享对其作品的经济上的使用（参见《德国著作权法》第 11 条第 2 句）。《德国著作权法》第 32c 条（通过至今未知的使用方式的使用的合理报酬）应当防止，作者无法分享新的技术发展所带来的收益；应当由作者单独决定，他是否以及以何种报酬而允许通过新发明的利用形式来使用他的作品。与此同时，在经济上独立的使用形式的特征也注意到了作者的合同相对人的利益，其可能已经进行了大额的投资。在经济上独立的利用形式要求，新技术开辟出了新的销售市场。

DVD——并非一种未知的使用形方式——从较长的时间来看会取代传统的录像带，无法开辟新的市场。一种新的利用形式是否会开启新的销售市场，要根据市场另一方的需求行为，通常来说就是消费者，来判断。录像带被广泛地使用。DVD 并没有为在家里播放电影打开新的销售市场。

cc）中期结论。销售 DVD 版的电影"魔山"并不构成《德国著作权法》第 31a 条第 1 款第 1 句规定的当时未知的使用方式。因此 A 和 P 之间的口头协议是有效的。通过雇佣合同，A 将 DVD 版的电影"魔山"的复制权和发行权有效地让与给了 P。由于不具有经济上独立的利用形式，因而只是对当时已知的使用方式，即利用电视设备在家播放电影的一种技术上的变化。

b）P 转让使用权给 B

案情中没有 P 转让使用权给 B 可能无效的线索。尤其是 P 作为 A 的使用权的所有人也可以有效地将权利转让给 B。然后 B 有权利用 DVD 版的电影"魔山"，所以 B 的利用行为并未非法侵害 A 的权利。

结论

根据《德国著作权法》第 97 条第 1 款第 1 句第 2 种情况，A 无权要求 B 停止销售 DVD 版电影"魔山"。

---

① BGHZ 133，281，287 f.-Klimbim；128，336，341-Videozweitauswertung III；163，109，115-Der Zauberberg.

测试题二：对世界性声誉的商业利用

案情

安洁·安德斯（Antje Anders，简称 A）是一年前去世的世界知名女演员贝缇娜·安德斯（Bettina Anders，简称 B）的唯一继承人。卡尔·卡尔森（简称 C）自 B 死亡之后起经营带有 B 图像的商品（诸如，T 恤衫、咖啡杯）并且非常成功。C 认为，他的做法是（不需要任何条件）法律允许的。因此，当 A 向 C 主张要求后者返还商品销售所取得的收益时，C 非常吃惊。

问题：A 的主张有法律依据吗？

解决方案

第一种方案

A 根据《德国民法典》第 687 条第 2 款第 1 句、第 681 条第 2 句和第 667 条的规定对 C 享有盈利返还请求权。

由于 C 缺乏主观故意，所以，A 不能依据《德国民法典》第 687 条第 2 款第 1 句、第 681 条第 2 句和第 667 条的规定对 C 享有盈利返还请求权。

第二种方案

A 根据《德国民法典》第 823 条第 1 款结合《德国美摄著作权法》第 22 条及以下的规定对 C 享有盈利返还请求权。

就对自身肖像所享有的权利而言，《德国民法典》第 823 条第 2 款结合《德国美摄著作权法》第 22 条及以下的规定属于《德国民法典》第 823 条第 1 款的特别法（lex specialis）。

1. 《德国美摄著作权法》第 22 条作为《德国民法典》第 823 条第 2 款意义上的"保护性法律"

《德国民法典》第 823 条第 2 款意义上的"法律（Gesetz）"包括任何一种法律规范，不仅仅是形式意义上的法律。而《德国美摄著作权法》第 22 条的规定满足这些前提条件。一个法律规范在以下条件下构成旨在为他人提供法律保障，即当该规范旨在为单一主体或者单一的群体的权益受到的侵害提供法律保障。《德国美摄著作权法》第 22 条及以下的规定旨在保障作为一般人格权表现的对自身肖像所享有的权利，因此，是旨在保障他人（的权益）。据此，《德国美摄著作权法》第 22 条及以下的规定属于《德国民法典》第 823 条第 2 款意义上的保护性法律。

2. 对 A 权利的侵害

或许存在一项 B 对其自身肖像所享有之权利的侵害。在满足以下两个条件下，这一侵害可能会导致对 A 的一项权利的侵害：（1）B 对自身肖像所享有的权利并非仅在保障人格的精神性利益，而且为人格的财产性利益提供保障；（2）B 对其肖像所享有的权利中相应的部分，即保障财产性利益的组成部分移转给 A。

a）一般人格权对财产性利益的保护

一般人格权以及其特殊的表现形式首要地是为保障精神性利益，尤其是包括人格的价值承认与尊重人格的请求权（Wert-und Achtungsanspruch）。所以在涉及对这些权利实施侵害的情况下，除了防卫请求权，还应当将损害赔偿请求权纳入考量范围。而损害赔偿请求权不仅旨在实现对财产损害的赔偿，而且以对非财产性损害的金钱补偿为指向。后者的前提条件是，案件涉及（对权利人的权益构成）严重干涉而且所造成的侵害也不能以其他方式能够令人满意地获得补偿。

除此之外，一般人格权及其特殊的表现也对个人的财产性利益提供法律保障。个人肖像的插图、姓名及其其他人格的特征（诸如，嗓音）可以具有极大的经济价值。未经权利人许可而对其人格特征用于经营目的多数情况对精神性利益造成的侵害较小，更大的侵害反而是对权利人的商业利益造成的损害。

b）（权利）财产性价值部分移转给 A

B 的一般人格权中的财产性组成部分或许由于 A 作为 B 的唯一继承人（《德国民法典》第 1922 条第 1 款）而移转给 A。这一权利移转的前提条件是，所涉及的人格权的组成部分是可以继承的。

一般人格权中旨在保障精神利益的高度个人性的组成部分作为高度个人性的权利是不可放弃（unverzichtbar）和不得（有偿）转让（unveräußerlich）的，意即不可移转，也不可继承。根据联邦最高法院的观点[1]，支持的理由有以下几个方面：

- 出于对死后人格权的有效保护考量，继承人应当被置于权利主体的法律地位。
- 如果在请求权人知晓权利受侵害的事实之前，权利侵害行为已经终止了，那么，防卫请求权所提供的法律保障将空置。
- 被继承人通过其生前付出所获得的财产价值应当由其继承人或者其他后人享有。
- 为了保持死者生平事迹（Lebensbild），在符合死者意愿的前提下，继承人应当享有与死者生前同样的请求权。

根据以上理由，作为财产性权能的主体只有继承人纳入考量范围。由于 A 是 B 的唯一继承人，因而，B 的一般人格权中的财产性组成部分已经移转给 A。

c）对 B 肖像权的侵害

存在非法的干扰是任何一种防卫请求权和赔偿请求权的前提条件。在存在一般性的正当理由的情况下，这个条件不具备，尤其是存在受侵害人的有效事前许可（Einwilligung）的情况下更是如此。此外，由于存在所谓的"开放性构成要件"，这里并不适用合要件性（Tatbestandsmäßigkeit）表征违法性（Rechtswidrigkeit）的基本原则。据此，单纯的事实确认，即某人对其人格权实施了侵害，并不能确认侵害的违法性。而是应当在个案中综合考虑所有情形，尤其是比例原则的要求，以此来确定所涉及的侵害是否具有正当理由。具有关键意义的标准是权益衡量原则（Prinzip der Güter-und Interessenabwägung）。在对权益衡量原则进行适用的过程中，考虑到对人格权的财产性组成部分的侵害与对精神性组成部分之侵害的区别，

---

[1] BGHZ 143，214，222 ff. -Marlene Dietrich.

权利侵害的严重程度（Intensität）并不是关键要素。也就是说，并非必须涉及严重的侵害。

C 通过以下方式对 B 的肖像权（《德国美摄著作权法》第 22 条及以下）实施了侵害，即 C 在未征得 B 以及在 B 死后未征得作为权利人 A（《德国美摄著作权法》第 22 条第 3 句）的必要事前同意的情况下，将 B 的图像用于商品之上并进行销售。由于 C 是在 B 死后一年将其肖像印在商品上并进行销售的，所以《德国美摄著作权法》第 22 条第 2 句所规定的 10 年期间尚未经过。根据《德国美摄著作权法》第 23 条第 1 款的规定，该法第 22 条第 3 句所规定的"事前许可的必要性"也是不可或缺的（nicht entbehrlich）。作为世界知名的演员，尽管 B 属于绝对的时事人物（《德国美摄著作权法》第 23 条第 1 款第 1 项），但是，如果他人对其肖像的利用仅是出于满足个人经营利益的需要（如同本案中那样），那么，不存在公众的一般信息利益。因此，根据《德国美摄著作权法》第 23 条第 2 款的规定，存在 B 的正当利益。

3. 过错（Verschulden）

C 对其行为的实施具有过错。如果能够尽到交易中所必要的注意义务，C 本不应该认为，可以在未征得不久前去世的 B 的唯一继承人和亲属 A 的事前同意的情况下，对 B 的肖像用于商业经营。

4. 损害赔偿请求权的类型和范围（《德国民法典》第 249 条及以下）

C 应当就由于其人格权侵权行为给 A 已经造成和将来还会产生的损害进行赔偿。A 可以采取三种方式来计算其损害的额度。[1] 三种损害计算方式仅是涉及对一项统一的损害赔偿请求权的三种不同的计算方式，而并不是针对三种不同的请求权。受侵害人可以依据个人意愿选择以下三种损害计算方式：（1）具体的损害，包括损失的利润（《德国民法典》第 249 条及以下）；（2）适当的（拟制）授权许可费用（授权许可类比）；（3）侵害人所获盈利返还。受侵害人可以在这三种计算方式中选择，而且原则上也可以在诉讼中从一种计算方式变更到另外一种。该选择权只有在义务获得履行之后或者对请求权进行发生法律效力的认可之后才消灭。但应注意的是，被侵害人不得将不同的计算方式进行累积或者彼此相互结合（累积禁止）。

a）授权许可类比（Lizenzanalogie）

依据授权许可类比进行的损害的计算与不当得利的补偿相适应（《德国民法典》第 812 条第 1 款第 1 句、第 818 条第 2 款）。根据这些规则，较之于一个基于授权许可合同，通过支付许可费（而获得使用权）的被许可人而言，侵害人原则上应处以一种不好，但也不差的法律地位。因此，基于损害计算的目的，需要拟制（fungiert）一份授权许可合同并确定以下问题，即如果合同当事人预先知道将来的发展和（对他人肖像）利用的期限和规模的话，理性思考的合同当事人会如何确定授权许可的费用。唯一的前提条件是，授权许可合同所涉及的客体法律上是可能的，并且许可的授予在交易中为较为常见，受侵害人在没有获得报酬的情况下本不会允许他

---

① BGHZ 143，214，232-Marlene Dietrich.

人使用。据此，为支付的授权许可费用的额度表征了（indiziert）了（权利人）损害的产生。在侵害人履行损害赔偿的情况下，并不导致双方之间缔结授权许可合同，从而使得侵害人获得使用权。被侵害人依然可以禁止将来的侵害行为。

b）侵害人所获盈利返还（Herausgabe des Verletzergewinns）

通过侵害人盈利返还来实现损害的补偿与无因管理中的返还请求权（《德国民法典》第 687 条第 2 款第 1 句、第 681 条第 2 句、第 667 条）相对应；但是，前者在适用范围上要超越后者。这是因为，侵害人盈利返还请求权也适用于仅因过失而从事的侵害行为。侵害人盈利返还的义务是基于以下法理考量，即侵害人保有其基于对他人非物质权益或者一种类似权利的无权使用而获取的盈利，是不公平的（unbillig）。这里应当进行的法律拟制是，假设没有侵害人所实施的权利侵害行为，权利人本可以通过对其权利的利用获得同样的盈利。对此，需要被侵害人应当在《民事诉讼法》第 287 条的框架内进行举证，即侵害行为极有可能（mit Wahrscheinlichkeit）对其造成了损害并且给侵害人带来了盈利。侵害人的盈利通常情况下对应于被侵害人因丧失的交易而导致的损害。至于被侵害人是否能够如侵害人一样获得同样多的盈利，这是无关紧要的。应当予以返还的盈利份额按照《民事诉讼法》第 287 条的规定来估算。

结论

A 可以向 C 要求损害赔偿。在损害赔偿额度确定上，A 可以在三种损害计算方式中进行选择。据此，A 可以要求 C 返还其盈利（Gewinnherausgabe）。

Indizwirkung	证据效力	*2* 30ff.
Informationen	信息	
-Schutz der zur Rechtewahrnehmung erforderlichen ～	一保护执行法律所必要的～	*11* 6
Informationsgesellschaftsrichtlinie	信息社会指令	*1* 42
Informationsinteresse	信息利益	*12* 12f.，15，46，48，50，60
Informationswert	信息价值	*12* 48ff.
Interessen	利益	
-berechtigte～des Abgebildeten oder seiner Angehörigen	一被拍摄者或者其亲属的合法～	*12* 1，12，16，**32ff.**，59
-berechtigte～des Besitzers	一占有者的合法～	*4* 112
-des Abbildenden und der Allgemeinheit	一拍摄者与公共的～	*12* 56ff.
-geistige und persönliche ～	一精神与个人的～	*4* 25，27
-ideelle～des Urhebers	一作者的思想～	*4* 2；*5* 73，95
-kommerzielle ～	一商业～	*12* 59ff.
-materielle～des Urhebers	一作者的物质～	*4* 2；*5* 73，95
-öffentliches Interesse	一公共利益	*12* 12ff.，28ff.，32，46，48，50，60
-wirtschaftliches～an der Veräußerung	一对转让所享有的经济～	*4* 122
Interessenabwägung	利益衡量	
-Abwägungsmaßstab (KUG)	一衡量的标准（《美术与摄影作品著作权法》）	*12* 46ff.
-Ansprüche des Urhebers	一作者的请求权	*11* 27，110f.，132
-Arbeits-und Dienstverhältnis	一劳动与雇佣关系	*5* 113
-bei Ausübung des Nutzungsrechts	一行使使用权中	*5* 79，91，98，100
-bei Miturheberschaft	一共同作者的情况下	*3* 18，38
-Beschränkung des Urheberrechts	一著作权的限制	*4* 14，28
-Entstellung	一歪曲	*4* 25，28
-Privatsphärenschutz	一私人空间的保护	*12* 49ff.
-Recht am eigenen Bild	一肖像权	*12* 14，25，**32ff.**，**46fff.**
-Schranken des Urheberrechts	一著作权的界限	*6* 56
Internet-Provider	网络提供者	*11* 94，105
Interoperabilität	共同使用性	*8* 40
Intimsphäre	隐私	*12* 33
Inverkehrbringen	发行	*2* **133ff.**；*4* 46，48
Investition，wesentliche	大规模投资	*9* **29ff.**
Karikatur	讽刺画	*4* 106；*12* 5
Katalog	目录手册	*6* 55ff.
Kausalitätsprinzip	因果律	*5* 16
Kennzeichnungspflicht	标记义务	*11* 7
Klammerteilauswertung	片段许可协议	*4* 105
Kleine Münze	小硬币	*2* 25，60，72，76，80，88；*8* 9
Kontrahierungszwang	强制缔约	*1* 50；*5* 82，105
Kopienversand	寄送复制件	*6* **46ff.**
Kopierschutz	防拷贝保护	*8* 35，48

图书在版编目（CIP）数据

德国著作权法/（德）图比亚斯·莱特（Tobias Lettl）著；张怀岭，
吴逸越译．—2版．—北京：中国人民大学出版社，2019.4
（外国法学精品译丛）
书名原文：Urheberrecht
ISBN 978-7-300-26770-8

Ⅰ.①德… Ⅱ.①图…②张…③吴… Ⅲ.①著作权法-德国 Ⅳ.①D951.63

中国版本图书馆 CIP 数据核字（2019）第 032484 号

外国法学精品译丛

主编　李　昊

德国著作权法（第 2 版）

[德]　图比亚斯·莱特（Tobias Lettl）　　著

张怀岭　吴逸越　译

Deguo Zhuzuoquanfa

出版发行	中国人民大学出版社			
社　　址	北京中关村大街 31 号		**邮政编码**	100080
电　　话	010 - 62511242（总编室）		010 - 62511770（质管部）	
	010 - 82501766（邮购部）		010 - 62514148（门市部）	
	010 - 62515195（发行公司）		010 - 62515275（盗版举报）	
网　　址	http://www.crup.com.cn			
	http://www.ttrnet.com（人大教研网）			
经　　销	新华书店			
印　　刷	北京东君印刷有限公司			
规　　格	185 mm×260 mm　16 开本		**版　　次**	2019 年 4 月第 1 版
印　　张	19 插页 1		**印　　次**	2019 年 4 月第 1 次印刷
字　　数	402 000		**定　　价**	59.80 元